SYSTÈME
PÉNITENTIAIRE
AUX ÉTATS-UNIS.

SAINT-DENIS. — IMPRIMERIE DE PREVOT ET DROUARD.

SYSTÈME PÉNITENTIAIRE
AUX ÉTATS-UNIS

ET

DE SON APPLICATION EN FRANCE;

SUIVI D'UN APPENDICE

SUR LES COLONIES PÉNALES

Et de Notes statistiques;

PAR MM.

GUSTAVE DE BEAUMONT
ET ALEXIS DE TOCQUEVILLE,

Membres de l'Institut et de la Chambre des Députés.

TROISIÈME ÉDITION

Augmentée du Rapport de M. de Tocqueville sur le projet de Réforme des prisons, et du texte de la loi adoptée par la Chambre des Députés.

PARIS.
LIBRAIRIE DE CHARLES GOSSELIN,
30, RUE JACOB.

MDCCCXLV.

AVERTISSEMENT DE L'ÉDITEUR.

Le livre dont j'offre ici la troisième édition a subi toutes les épreuves de la critique et de la publicité. Examiné par les journaux, analysé dans les Revues françaises et étrangères, couronné, aussitôt après son apparition, par l'Académie française, qui lui a décerné le prix de M. de Monthyon, il a été successivement traduit en allemand, en anglais, en portugais, etc., etc.; et sous les auspices des témoignages éminents qui se sont élevés en sa faveur, il a désormais pris sa place parmi les ouvrages classiques sur le système pénitentiaire.

Son succès n'a pas été moindre à l'étranger qu'en France. Il est juste de dire que la célébrité des écrivains qui n'ont point dédaigné de le traduire garantissait à la traduction un succès auquel ne pouvait prétendre, par elle-même, l'œuvre de deux jeunes auteurs qui, à cette époque, étaient tout à fait inconnus.

Aux États-Unis, l'ouvrage de MM. de Beaumont et de Tocqueville a été traduit par le docteur Lieber, auteur de l'Encyclopédie américaine *(Encyclopedia americana)*, et de plusieurs autres écrits non moins estimés. La traduction allemande est due au docteur Julius, auteur distingué d'un très bon livre sur le système pénitentiaire (1), et qui a dévoué toute son existence à la noble cause de la réforme des prisons.

Avant que la traduction du docteur Lieber parvînt en Angleterre, une autre traduction partielle y avait déjà été publiée par M. W.-B.-S. Taylor, membre de plusieurs société philanthropiques de Londres (2),

Depuis l'apparition de cet ouvrage, la cause de la réforme pénitentiaire a fait de rapides progrès. Sa nécessité est admise par tout le monde; et déjà tous les gouvernements et tous les hommes pratiques y ont mis la main. C'est, à vrai dire, une cause gagnée. Elle sera cependant encore discutée pendant longtemps, parce que, d'accord sur le but à poursuivre, on est encore en dispute sur le moyen. Chacun sait que le projet de loi destiné à réaliser la réforme des prisons et adopté par la chambre des députés, ne sera cette année ni voté ni même discuté par la chambre des pairs, qui, si on le lui défère, se bornera à nommer une commission chargée de l'examiner et de préparer un rapport dont la discussion sera forcément remise à une autre session. On comprend que cette discussion, nécessairement ajournée à l'an prochain, n'aura point son cours à la chambre des pairs, sans que la loi, telle que les députés l'ont votée, subisse quelques amendements dont l'effet sera de ramener le débat devant la chambre élective. Ainsi, il est vrai de dire que la question des prisons, destinée encore à de

---

(1) *Leçons sur les prisons*, 2 vol. in-8°; traduction française de M. H. Lagarmite.

(2) Origin and outline of the penitentiary system, translated from the french official report of MM. G. de Beaumont et A. de Tocqueville, 1833.

graves controverses, n'a jamais été plus actuelle et d'un intérêt tout à la fois plus théorique et plus pratique. L'éditeur de cet ouvrage croit donc faire une chose aussi utile qu'opportune en publiant dans le format le plus accessible au public une nouvelle édition d'un livre qui a des premiers jeté de vives lumières sur cette grave question d'économie sociale, et qui, gagnant à l'épreuve du temps, a été sans cesse invoqué comme une autorité dans les dernières discussions parlementaires. Jaloux du reste de mettre le lecteur au courant de toutes les phases que la question pénitentiaire a traversées jusqu'à ce dernier moment, l'éditeur donne, à la fin du livre de MM. de Beaumont et de Tocqueville, le texte complet du rapport fait par celui-ci au nom de la commission chargée d'examiner le projet de loi, et qui, comme on sait, à servi de base à la solide et brillante discussion dont cette loi a été le sujet au sein de la chambre élective. On trouvera également à la suite du rapport le projet de loi tel que la commission l'avait amendé, et tel que la chambre l'a adopté.

Juin 1844.

INTRODUCTION

A LA SECONDE ÉDITION.

Les publicistes de tous les pays, qui, soit dans les livres, soit à la tribune politique, ont examiné la question du système pénitentiaire, sont d'accord sur un certain nombre de principes. Ainsi, l'objet du système est de rendre meilleurs des criminels que la société a momentanément retranchés de son sein, ou tout au moins de s'opposer à ce que, dans leur prison, ils ne deviennent plus méchants. Les moyens pour parvenir à ce double but sont le silence et l'isolement. On reconnaît universellement qu'il ne saurait exister de bon régime de prison, si les détenus ont la liberté de communiquer ensemble le jour et la nuit. La corruption qui naît, pour les condamnés, de leurs rapports mutuels dans la prison est un fait si notoire et si bien constaté, qu'il échappe, par sa certitude même, à toute discussion; et ce qu'on a dit à cet égard de plus énergique, pour signaler le mal dans toute son horreur, est malheureusement au-dessous de la réalité.

Ceux qui s'entendent le mieux sur cette théorie sont, il est vrai, souvent en désaccord sur les moyens d'exécution. Les uns voudraient que la solitude du prisonnier fût absolue, et que, jeté dans une cellule, il y demeurât nuit et jour en face de son crime, sans qu'il lui fût loisible de chercher, dans le travail, une distraction à sa misère; les autres, en admettant le même principe, demandent que la faveur accordée au prisonnier de travailler dans sa cellule tempère les rigueurs de son isolement. Ceux-ci pensent qu'une solitude adoucie de la sorte est encore trop sévère; et ils voudraient que, placés durant la nuit dans leurs cellules, les prisonniers en sortissent pendant le jour pour travailler dans les ateliers communs, sous la condition d'un silence inviolable. Il en est aussi qui croient la discipline pénitentiaire si intimement liée à l'observation du silence, que, pour l'obtenir, ils ne reculent devant l'emploi d'aucun moyen, pas même celui des peines corporelles; d'autres, enfin, condamnent un pareil châtiment comme contraire à l'humanité, et le repoussent d'ailleurs comme inutile, dans le persuasion où ils sont que ce cruel moyen de répression n'est pas absolument nécessaire pour maintenir le silence durant le travail commun des prisonniers. Mais, quoique divergeant sur ces différents modes d'application, tous proclament unanimement ce principe fondamental de tout système pénitentiaire, la séparation des détenus dans la prison, soit par la cellule qui isole les corps, soit à l'aide du silence qui divise les intelligences.

C'est l'examen de ces différents essais, tentés aux États-Unis, qui forme l'objet de l'ouvrage dont nous offrons ici la seconde édition.

Depuis notre retour d'Amérique et la première publication de ce livre, le système pénitentiaire, dont nous avons essayé de montrer l'origine et les progrès, a pris dans les États-Unis une nouvelle extension.

Nous disions, en 1831 : « Sur les vingt-quatre États de « l'Union, neuf seulement ont adopté un nouveau système « de prison (1). »

Ces États étaient ceux de New-York, de Pennsylvanie, du Massachussetts, du Connecticut, du Maryland, du Kentucky, du Tennessee, du Maine et du Vermont.

Depuis ce temps, de nouveaux pénitenciers se sont élevés dans le New-Hampshire, dans le New-Jersey, dans l'Ohio, dans la Georgie, dans l'Illinois, dans l'Indiana, et dans le district de Colombie (2).

Ainsi il ne reste plus que neuf États et trois *Territoires* (3) qui manquent de pénitencier, et il est bon de faire observer que, sur ces neuf États, qui n'ont fait dans leurs prisons aucune amélioration, sept sont des États à esclaves, qui, par le

---

(1) Voyez p. 26 de la première édition.

(2) Voyez Report of William Crawford on the penitentiairles of the United-States ; 11 août 1834.

(3) Les *Territoires* sont des divisions du territoire américain, qui n'ont point encore le droit de se gouverner elles-mêmes, et qui demeurent soumises au

fait seul de l'esclavage existant dans leur sein, sont communément hostiles à toute innovation, et ne participent en quelque sorte qu'à leur insu au mouvement de réforme qui s'opère autour d'eux. Ces États sont ceux de la Caroline du Nord, de la Caroline du Sud, d'Alabama, de Mississipi, de la Louisiane, du Missouri, de la Virginie (1), du Rhode-Island, et de Delaware.

La rivalité que, dans le cours de ce livre, nous avons signalée entre le système de Philadelphie, c'est-à-dire l'isolément absolu de jour et de nuit, avec travail dans la cellule, et le système d'Auburn, dont la solitude pendant la nuit et le travail commun durant le jour forment le caractère distinctif; cette rivalité, disons-nous, qui s'est montrée dès l'origine, n'a pas cessé depuis d'exister. Philadelphie persiste, sinon à croire, du moins à soutenir que la discipline du pénitencier, de Cherryhill est supérieure à celle d'Auburn, de Singsing et de Wethersfield, et la législature de Pennsylvanie a voté les fonds nécessaires à l'achèvement de ce magnifique établissement, auquel elle serait attachée par les énormes sacrifices qu'elle a déjà faits, alors même qu'elle éprouverait le tardif regret de se les être imposés. Non-seulement la Pennsylvanie est demeurée dans la voie où seule d'abord elle était entrée, mais un autre État, le Nouveau-Jersey, a marché sur ses traces, et le pénitencier qui se construit en ce moment à Lamberton est fondé sur le même principe que celui de Cherryhill. Toutes les autres prisons récentes se sont établies sur le modèle d'Auburn; celle de Colombus (Ohio), qui contiendra 700 cellules, et qui, en 1834, était déjà à moitié construite, est exécutée avec une économie qui mérite d'être remarquée: chaque cellule ne reviendra pas à plus de 593 fr. (2).

C'est ainsi que de nouvelles expériences viennent chaque

Congrès, tant que celui-ci ne les a pas investies de l'indépendance qui n'appartient qu'aux États. Les trois Territoires dont il est ici question sont ceux de Michigan, d'Arkansas et de la Floride.

(1) La Virginie a un pénitencier, celui de Richmond; cependant nous la classons parmi les États qui n'ont point amélioré leurs prisons, parce qu'à Richmond une faible portion des condamnés est soumise au régime de l'isolement, et que les cellules solitaires dans lesquelles ils sont renfermés, et où tout travail leur est interdit, sont si mal disposées qu'elles ne les empêchent point de converser ensemble.

(2) Voyez Crawford's Report, appendix, p. 126.

jour fortifier les heureuses innovations dont nous avons présenté le tableau.

Les doctrines en cette matière ne sont plus traitées de vaines théories; non-seulement en Amérique, mais en Europe, en Angleterre, en Suisse, en Belgique, elles ont passé des livres dans la législation, essayées sous des formes diverses, réalisées avec plus ou moins de succès, mais partout reconnues meilleures que l'ancien système dont elles ont pris la place.

Il se passe cependant en Angleterre et en France deux faits étranges. On peut dire avec justesse que, dans ces deux pays, l'opinion publique appelle de ses vœux un régime pénitentiaire fondé principalement sur les règles qui viennent d'être énoncées : et néanmoins, dans la Grande-Bretagne, ce système ne s'organise qu'incomplètement; et, en France, il est à peine question de l'établir.

Recherchons les causes de ces phénomènes dont nous pourrions douter, s'ils n'étaient placés sous nos yeux.

En Angleterre, il n'existe, à vrai dire, que trois sortes de peines en matière criminelle : la mort, la déportation et l'emprisonnement. Durant l'année 1834, 480 criminels y ont été condamnés à mort, 4,053 à la déportation, et 10,716 à l'emprisonnement.

On comprend aisément que ces derniers sont les seuls auxquels le système pénitentiaire soit applicable.

Dans sa dernière session (1835), le Parlement anglais a décrété que tous les condamnés à la prison seraient détenus suivant le principe cellulaire. Ce n'était pas assez : les criminels, de quelque nature que ce soit, ceux que frappe la peine de mort, ceux que menace la déportation ou l'emprisonnement, sont d'abord prévenus, et, en cette qualité, renfermés dans une prison; la nouvelle loi anglaise veut que, pendant leur détention, ils soient assujétis non à un système *pénitentiaire,* car le mot de *pénitence* suppose une *faute,* et ils sont présumés innocents tant qu'ils n'ont pas été déclarés coupables, mais à un régime d'ordre et d'isolement qui, en les séparant les uns des autres, empêche les plus criminels de corrompre, et les moins coupables d'être corrompus. Tels sont les termes de ces deux importantes dispositions :

« Pour empêcher la contagion du vice, et pour bien assu-
« rer l'établissement d'un système uniforme de discipline,

« il y aura entière séparation des personnes, excepté aux heu-
« res de travail, d'exercices religieux et d'instruction (art. 4).
« Toute communication entre les prisonniers sera interdite
« *avant* et *après* le jugement (art. 5). »

Il était d'autant plus important de comprendre les prévenus dans la disposition nouvelle, qu'en Angleterre les détentions provisoires, celles qui précèdent le jugement, sont en général très longues. Il n'y a d'assises que tous les six mois; or, nous verrons tout à l'heure que le plus grand nombre des prévenus est condamné à moins de six mois, d'où il suit que beaucoup subissent avant le jugement un emprisonnement plus long que celui auquel ils sont définitivement condamnés (1).

Ces dispositions, décrétées l'été dernier, n'ont pu sans doute recevoir encore leur exécution. On a calculé que, pour les mettre en pratique, il faut environ 21,000 cellules (2); or les prisons d'Angleterre, à l'amélioration desquelles on travaille depuis longtemps, en contiennent déjà environ 11,000 (3); reste donc à peu près 10,000 cellules à construire, pour que le nouveau système puisse être mis en vigueur. Les cellules existantes ne sauraient produire aucun effet salutaire, aussi longtemps que leur nombre sera incomplet. Car, dans toute prison où la quantité des détenus surpasse celle des cellules, il y a nécessité d'en placer deux ou plus dans la même; et dès lors la cellule, au lieu d'être la source d'un bien, occasionne un plus grand mal. Mais, le jour où les 10,000 cellules qui manquent seront édifiées, les 11,000 qui déjà sont faites deviendront utiles et bienfaisantes; et, comme on ne manquera point de mettre à profit les bâtiments existants dans les anciens établissements, c'est-à-dire les salles de réunion, les dortoirs, les préaux devenus inutiles, l'arrangement de cellules dans ces différents édifices sera moins dispendieux que ne l'eût été leur entière création au

---

(1) Remarquons, à cette occasion, que, chez nous, l'arrestation provisoire n'a point la même durée : en France, la presque totalité des crimes et délits est jugée dans le troisième mois à partir de l'arrestation du prévenu. Voyez *États de la justice criminelle*, 1835, p. 238 et suiv.

(2) Le chiffre exact est 20,576. Voyez Crawford's Report, appendix, p. 163 et 167.

(3) Le chiffre exact est 11,349. Voyez Crawford's Report, appendix, p. 163 et 167.

sein de prisons toutes neuves. On estime à 7,396,000 fr. le prix de cette reconstruction ; ce qui met à 653 fr. le prix de chaque cellule nouvelle.

La réforme qui, sous ce rapport, va s'opérer en Angleterre, et dont tout à l'heure nous signalerons les vices, sera certes une grande œuvre. Nous disons qu'elle va s'opérer, car l'impulsion est donnée par l'opinion publique ; et c'est le gouvernement central qui, pour la première fois en cette matière, dirigera et surveillera l'exécution.

Jusqu'alors, les prisons d'Angleterre avaient été régies, dans les villes à corporations, par les magistrats municipaux ; dans les autres, par les autorités des comtés et par les juges de circuit (1). On conçoit que la liberté dont jouissait chaque localité de construire et de gouverner ses prisons selon les principes qu'il lui plaisait d'adopter devait amener une disparité très grande parmi ces établissements, et faire naître dans le système général, comme dans tous les détails de discipline intérieure, une infinité de bigarrures, peu satisfaisantes pour les esprits logiques. Il eût été difficile de trouver dans tout le royaume deux prisons semblables : celle-ci datait du temps de Cromwell, celle-là n'existait que d'aujourd'hui ; l'une conservait toutes les traditions de l'ancien système, l'autre essayait la nouvelle discipline pénitentiaire ; dans la première, classification, et quelquefois mélange pur et simple des condamnés et des prévenus ; dans la seconde, séparation de tous ; ici, l'ordre, le travail, l'économie ; là, l'oisiveté, l'imprévoyance, la confusion. Parmi les prisons nouvelles, les anomalies n'étaient pas moins grandes. Les unes, comme celle de Wakefield, s'élevaient sur le modèle d'Auburn, ne prenant au principe de l'isolement que la séparation cellulaire de nuit ; celles-là, comme la prison de Springfield, faisant revivre le système abandonné en Amérique du pénitencier de Pittsburg, tenaient nuit et jour les condamnés dans des cellules solitaires, où il ne leur était pas permis de travailler ; d'autres, à l'imitation de la prison de Philadelphie, apportaient à la rigueur de l'isolement absolu l'adoucissement du travail dans la cellule. Parmi tous ces établissements, les plus semblables entre eux différaient tou-

---

(1) Il y a 136 prisons de comté, et 171 de corporation. Voyez Crawford's Report, appendix, p. 162 et suiv.

jours en quelque point important, soit par la nature du travail, tantôt productif, tantôt stérile (1), soit par le caractère de la discipline, souvent exempte de rigueurs extrêmes, et d'autres fois toute fondée sur l'emploi des châtiments corporels.

Ces diversités et ces contradictions qui se retrouvent, du reste, à l'infini dans toutes les institutions sociales et politiques de la Grande-Bretagne, ont conduit les réformateurs des prisons à la pensée d'en centraliser l'administration.

La nouvelle loi dont nous parlions tout à l'heure contient, entre autres dispositions, un article ainsi conçu :

« Art. 1. Il y aura dans toutes les prisons et maisons de cor-
« rection du royaume un système uniforme de discipline.

« Art. 2. Afin d'assurer cette uniformité de discipline, les
« règlements qui régissent la prison seront désormais sou-
« mis à l'approbation du secrétaire d'État, au lieu des ju-
« ges des assises comme jusqu'à présent.

« Art. 17. Aux réunions des juges de paix, à la Saint-Mi-
« chel, on spécifiera douze jours pour la visite et l'inspection
« des prisons. »

La dernière disposition que nous citons ici indique assez que les localités ne conserveront que l'inspection des établissements dont le gouvernement central prend désormais la direction (2).

La loi pénale étant uniforme dans tout le pays, il semble que l'emprisonnement, qui n'est autre chose que le mode d'exécution de cette loi, exige, plus que tout autre objet, une administration centrale. Ce sera cependant une grande question de savoir si le nouveau principe que vient d'adopter à ce sujet le parlement anglais sera, dans l'avenir, bienfaisant pour les prisons elles-mêmes. Ce n'est point ici

---

(1) Comme dans le cas du tread-mill.

(2) Il ne résulte pas, des termes mêmes de la loi, que le gouvernement central soit chargé de la construction ou de l'arrangement des prisons conformément au nouveau plan ; les comtés et les corporations ne paraissent donc point dépouillées de leurs attributions à cet égard. Mais voici ce qui arrivera : ou les localités obéiront à la loi, en bâtissant tout aussitôt des établissements pénitentiaires sur le plan prescrit, ou bien, ce qui sera peut-être le cas le plus habituel, elles s'y refuseront ; alors le gouvernement central leur dira : Vous ne faites pas ce que la loi vous prescrit, je vais le faire pour vous. Dans l'un et l'autre cas, le même but sera atteint.

le lieu de traiter cette question grave..... Quoi qu'il en soit, à ne voir que les résultats immédiats et présents, comme le système cellulaire doit servir de base à la réforme qui a été décrétée, il est difficile de ne pas considérer l'invasion du gouvernement dans le domaine des prisons comme un fait, du moins quant à présent, favorable à leur cause.

Il faut le reconnaître, lorsqu'en Angleterre un principe est admis, son exécution ne se fait pas attendre. Le sort d'une entreprise qui, pour réussir, n'a besoin que d'argent, n'est point incertain. Aussi, serions-nous surpris si plusieurs années s'écoulaient avant que le plan d'amélioration dont il s'agit fût entièrement exécuté !

Nous avons dit en commençant que ce serait une grande œuvre. En effet, alors même qu'elle n'aurait d'autre objet que l'établissement de cellules solitaires pour les prévenus, c'en serait assez pour qu'on dût la bénir et l'admirer. La séparation individuelle des prévenus dans les maisons d'arrêt est le point de départ de tout bon régime d'emprisonnement. Avant de songer à la régénération des coupables, il faut tâcher d'abord de ne pas corrompre ceux qui peut-être sont innocents. A l'avenir cette corruption ne souillera plus les prisons d'Angleterre.

Réparons, à cette occasion, une omission que nous avons commise un peu plus haut. Tout à l'heure nous parlions des réformes qui s'accomplissent chaque jour dans les prisons des États-Unis; et nous avons oublié d'en signaler le progrès peut-être le plus important, c'est-à-dire l'adoption du régime cellulaire pour les prévenus. La Pennsylvanie en donne dans ce moment le premier exemple; jusqu'alors les condamnés au-dessous d'un an étaient renfermés pêle-mêle dans la prison de Walnut-Street, et les prévenus dans celle d'Archstreet; en 1831, la législature de Pennsylvanie a décrété l'établissement d'une prison cellulaire pour les prévenus et les condamnés à moins d'un an; le 2 avril 1832, la première pierre de l'édifice a été posée, et depuis ce temps les travaux se poursuivent. L'établissement contiendra 408 cellules (1).

Si tout est bon pour les prévenus dans les dispositions décrétées par le parlement anglais, on apercevra du premier coup d'œil ce qu'elles ont d'étroit et d'incomplet quand on

(1) Voyez Crawford's Report, appendix, p. 17.

les applique aux condamnés. En général, les peines d'emprisonnement prononcées par les cours de justice d'Angleterre sont trop courtes pour que l'influence d'un régime quelconque de détention se fasse sentir. Citons un exemple : sur les 10,716 individus condamnés à la prison en 1834, il n'y en a eu qu'un seul dont la peine ait excédé trois années, et que cinq qui aient encouru un emprisonnement de deux à trois ans; 308 ont été condamnés depuis un an jusqu'à deux ans de détention; 1,582, de six mois à un an, et 8,825, à moins de six mois (1). Ainsi, pour les 4 cinquièmes des condamnés, la peine ne dure que quelques jours ou quelques mois au plus.

Le seul mérite de l'emprisonnement solitaire sera, en pareil cas, de préserver le détenu de toute contagion funeste; ce sera sans doute un grand bienfait; mais cet avantage n'est pas le seul qu'on demande au système pénitentiaire, qui, non-seulement doit empêcher la corruption du prisonnier, mais encore le rendre meilleur. Or, si la réforme morale des méchants est possible, elle ne peut résulter que d'un long isolement, de profondes méditations, de l'habitude du travail et de la soumission continue à une règle : ces impressions, ces habitudes, un jour de régime ne saurait les donner.

Le système pénitentiaire sera encore défectueux en Angleterre sous un autre point de vue : c'est un principe élémentaire en cette matière que, pour assurer les effets de l'emprisonnement, il faut que le condamné qu'un bon système de détention à corrigé possède, à sa sortie de prison, des moyens d'existence, sans lesquels il serait de nouveau poussé au crime par la misère; or, ces moyens d'existence, où les trouvera-t-il, si ce n'est dans l'exercice d'une profession? Il faut donc que, pendant leur séjour dans la prison, les condamnés apprennent un métier ou une industrie.

Mais comment enseigner une profession aux détenus qui ne passent dans la prison que quelques jours, quelques semaines ou quelques mois ? Outre que le temps est insuffisant, la dépense serait considérable; l'État supporterait tous les frais de l'apprentissage, et l'on verrait le détenu libéré de sa peine le jour où son travail commencerait à devenir productif. Aussi, dans le plus grand nombre des prisons d'Angleterre, les prisonniers sont-ils uniquement occupés au *tread-*

---

(1) Voyez Tables shewing the number of criminal offenders, 1834.

mill; dans quelques-unes, la roue que les détenus font tourner met en mouvement une meule à blé; dans d'autres, cette roue tourne à vide. C'est, en tous cas, un travail matériel auquel ils se livrent sans avoir besoin de rien apprendre, et qui les fatigue sans leur apprendre rien. Aussi est-il juste de dire que, lorsqu'ils sortent du pénitencier, les condamnés libérés se trouvent dans une situation pire qu'ils n'étaient en y entrant, puisque, outre une égale misère, ils ont de plus la tache inhérente à leur séjour dans la prison.

Réduit à d'aussi étroites proportions, le nouveau régime de prisons établi en Angleterre doit, sous certains rapports, être considéré comme une heureuse réforme; mais on voit qu'il mérite à peine le nom de système pénitentiaire?

Pourquoi donc, entrée dans cette voie de réforme, l'Angleterre s'est-elle arrêtée au commencement de la route? D'où vient qu'ayant adopté les principes d'un bon régime de détention, elle n'en fait l'essai que sur les criminels qui, par la nature de leur peine, ne peuvent en retirer aucun bienfait, et tandis que l'opinion publique paraît se prononcer en faveur d'un système pénitentiaire applicable à tous les condamnés, pourquoi persiste-t-on à déporter hors du territoire anglais tous ceux qui, à raison de la durée de leur peine, seraient seuls efficacement soumis à ce régime?

Jetons sur ces questions un coup d'œil rapide. Remarquons d'abord que la fondation des colonies pénales de l'Australie et la mise en action du système sur lequel elles reposent sont un des rares objets judiciaires dont est chargé le gouvernement central en Angleterre, pour lequel il a une administration générale, des employés permanents, un budget spécial. C'est déjà une raison pour que l'état de choses existant se maintienne : car un grand nombre de fonctionnaires doivent toute leur existence à sa conservation. Sans doute, lorsque le gouvernement a résolu un changement, la centralisation lui donne de grandes facilités pour l'exécuter, alors même que l'opinion publique ne le réclame pas. Lorsque, au contraire, c'est l'opinion publique qui provoque cette innovation, il suffit, pour qu'on ne l'effectue pas, que les agents du gouvernement, quelquefois les plus obscurs, ne s'y montrent pas favorables. Peut-être serait-il juste de dire qu'en Angleterre le gouvernement central conserve les colonies pénales, dont on ne veut plus, et n'adopte que partiellement le régime pénitentiaire que l'on voudrait tout entier.

Examinons toutefois jusqu'à quel point le sentiment public, en Angleterre, exige qu'on substitue, dans tous les cas, l'emprisonnement à la déportation.

Il nous semble que, parmi les causes qui, dans ce pays, luttent en faveur du système pénitentiaire, quelques-unes sont indépendantes de l'intérêt de la société et de celui des détenus. La réforme des prisons est sans doute protégée, en Angleterre, par des convictions fortes et éclairées ; mais, pour un grand nombre, le système pénitentiaire n'a d'autre mérite que d'être une théorie nouvelle ; la presse s'en empare et l'exalte : c'est, de plus, une chose chère : c'en serait assez pour qu'en Angleterre elle fût à la mode ; et puis, ce système prospère aux États-Unis, et l'Angleterre ne veut, sous aucun rapport, demeurer en arrière de l'Amérique. N'est-ce pas, d'ailleurs, de toutes les institutions américaines, celle que la Grande-Bretagne peut imiter avec le moins de danger ?

A l'égard des prisonniers que le système a en vue, la sollicitude n'est pas toujours la même : tel qui vante la théorie, prend peu de souci de ceux qu'elle concerne. C'est une opinion assez commune en Angleterre, que tout repris de justice est irrévocablement acquis au crime. On entretient peu d'espoir de le ramener à une vie honnête et pure ; beaucoup croient qu'il ne sortira de prison que pour commettre de nouveaux attentats : et le jour où il entre dans le pénitencier, il a déjà sa place marquée dans la colonie pénale. Étrange condition ! les mêmes individus qui gardent la colonie pénale pour y placer les méchants dont ils n'espèrent aucun amendement élèvent des pénitenciers magnifiques qui n'auraient de valeur que si l'on y renfermait les criminels envoyés dans l'Australie !

Cependant, tel n'est point le sentiment du plus grand nombre ; en général, les partisans du système pénitentiaire sont, dans ce pays si éminemment religieux, des hommes pieux et éclairés qui aiment cette théorie nouvelle parce qu'elle offre une espérance de régénération aux plus grands criminels, et donne toujours à la société une garantie d'ordre. Ils se rendent compte très logiquement des motifs qui doivent faire renoncer aux colonies pénales ; et, s'il ne s'agissait que de choisir entre deux théories, ils préfèreraient sans doute, dans tous les cas, le régime pénitentiaire à la déportation. Mais les colonies pénales sont protégées par un fait grave.

Ce fait, c'est leur existence même et l'énormité des frais que leur institution a coûté. Nous l'avons dit précédemment, l'Angleterre est engagée dans une voie dont elle ne sait plus comment sortir; quand la pensée lui vient de renoncer à la déportation, elle est aussitôt retenue par le souvenir des sacrifices immenses qu'elle a déjà faits pour l'établir.

Les objections qui s'élèvent contre ce système pénal, et que nous avons développées dans l'appendice de ce livre, n'ont cependant fait que se fortifier. Nous avions remarqué que le principal défaut de ce châtiment était de ne point inspirer aux coupables et à ceux qui seraient tentés de le devenir, cette terreur salutaire qui doit être le premier objet de toutes les prescriptions pénales.

C'était, en effet, à l'époque où nous écrivions le texte de la première édition de cet ouvrage, une vérité reconnue en Angleterre, que la transportation dans les colonies de la Nouvelle-Galle du Sud n'était envisagée avec effroi ni par les coupables frappés de la peine, ni par les malfaiteurs qui n'en sont encore que menacés; et les exemples étaient très fréquents de criminels qui, préférant à la monotomie de l'emprisonnement la vie aventureuse de l'exilé, mêlaient à leurs crimes les circonstances propres à faire tomber sur leur tête la peine de la déportation.

On s'évertue tous les jours à chercher la cause de l'accroissement des crimes en Angleterre. Cette augmentation est, en effet, de nature à troubler les esprits. La moyenne annuelle des condamnés dans ce pays était, en 1805 et 1806, de 2,649, et elle a été, en 1833 et 1834, de 15,084. Cependant, la population de l'Angleterre, qui ne comptait, en 1805, que 9,429,000 habitants, n'en possède guère aujourd'hui plus de 14 millions. Ainsi, la population n'a pas à beaucoup près augmenté de moitié, et le nombre des crimes a sextuplé. Le nombre des crimes, dit M. Crawford, a pris un accroissement qui défie le pouvoir de toutes les institutions pénales (1). Les éléments dont se compose cette augmentation méritent aussi d'être analysés. Non-seulement les crimes en général s'accroissent, mais encore on voit se multiplier les attentats

---

(1) Voyez Crawford's Report, p. 30.

qui, par leur nature, dénotent la plus grande corruption. Tels sont les crimes contre les mœurs et contre la propriété. M. Édouard Ducpétiaux, dont les travaux statistiques sont bien connus, a montré cette effrayante progression dans le vol, l'assassinat et l'infanticide (1). Nous entendons dire souvent qu'en Angleterre, comme dans tous les pays où la civilisation se développe rapidement, le nombre des crimes contre les personnes diminue, en même temps que celui des attentats contre la propriété augmente. C'est une erreur. Les crimes contre les personnes sont, comme les attentats contre la propriété, en croissance continue, disproportionnée avec l'augmentation de la population; on peut dire seulement que l'augmentation des crimes contre la propriété est encore plus rapide (2). L'âge des coupables mérite aussi d'être remarqué, car n'est-ce pas par l'enfance et la jeunesse que commence la corruption des sociétés? Or, nous trouvons en Angleterre que sur 22,451 accusés en 1834, il y en avait 9,078, c'est-à-dire près de la moitié, âgés de vingt-un ans au moins. Nous sommes ici heureux de faire observer que les états de la justice criminelle de France nous donnent un chiffre fort différent. Sur 7,315 accusés en 1833, il n'y en a eu que 1,228 qui

(1) V. *Statistique comparée de la criminalité en France, en Belgique et en Angleterre*, par Ed. Ducpétiaux. 1835, Bruxelles, p. 45.

(2) C'est ce que montre très bien M. Ducpétiaux dans le tableau qu'il présente, page 43, où l'on voit la moyenne annuelle du nombre des individus traduits en justice à quatre époques différentes, de 1810 à 1833, en distinguant les offenses contre les personnes et les offenses contre les propriétés.

Offenses contre les personnes.			
1810 à 1812, 3 ans, moyenne.	1813-1819, 7 ans.	1820-1826, 7 ans.	1827-1833, 7 ans.
338	369	476	704
Offenses contre les propriétés.			
1810 à 1812.	1813-1819.	1820-1826.	1827-1833.
5,268	9,859.	12,887.	17,764.

Ainsi, en Angleterre, dans le cours de 23 ans, les crimes contre les personnes ont plus que doublé, et contre les propriétés ont plus que triplé.

eussent moins de 21 ans, c'est-à-dire environ 1 septième. A l'égard des prévenus correctionnels, sur 59,113 individus traduits en justice pour délits communs, il n'y en a eu que 9,454 qui fussent âgés de moins de 16 ans, c'est-à-dire un peu plus du sixième (1).

Ce progrès effrayant des crimes dans la Grande-Bretagne est un fait propre à jeter dans une méditation profonde tous les hommes que préoccupe l'avenir des sociétés modernes.

Et d'abord, pour combattre le mal, on en recherche la cause.

Les uns attribuent cette augmentation à l'usage immodéré des liqueurs fortes, qui, dit M. Crawford, p. 30, menace de corrompre la moralité des classes ouvrières dans les grandes villes, en même temps qu'il rend impuissantes les barrières que l'éducation, les lois civiles et pénales essaient d'opposer au progrès du crime. Ceux-ci voient le principe du mal dans l'instruction et les lumières, qui, en se répandant parmi le peuple, lui donnent de nouveaux besoins et de nouvelles passions qu'il ne peut satisfaire ; ceux-là s'en prennent aux machines, qui, en augmentant les travaux mécaniques, diminuent la main-d'œuvre, et privent, par conséquent, beaucoup d'ouvriers du travail qui les faisait vivre honnêtement ; il en est d'autres qui contestent l'augmentation qu'on déplore, et prétendent qu'il n'y a pas proportionnellement plus de crimes qu'autrefois, mais qu'il y en a seulement un plus grand nombre de constatés : ce qui, disent-ils, s'explique par une meilleure police judiciaire et des lois criminelles plus douces; on découvre plus de délits, parce que les agents sont plus vigilants, et on en punit davantage, parce que les peines sont moins sévères.

Sans imputer à ces diverses causes, qui ont plus ou moins de réalité, l'augmentation dont il s'agit, ne serait-il pas plus naturel de voir dans cet accroissement la conséquence logique d'un châtiment inefficace.

Ce n'est guère qu'au commencement du siècle actuel que les colonies pénales, dans l'Australie, ont été mises en vigueur; et c'est précisément depuis cette époque qu'on a remarqué l'accroissement de criminalité qui épouvante la société anglaise.

Cette insuffisance des colonies comme institution pénale

---

(1) Voyez *États de la justice criminelle en France*, p. 127.

fut solennellement proclamée, en 1832, par une enquête de la Chambre des communes; et, à cette occasion, plusieurs voix généreuses s'élevèrent pour demander qu'au système de la déportation, désormais jugé inefficace, on substituât le régime pénitentiaire, qui contient une si grande puissance de réforme et d'intimidation. Nul ne traita cette grande question avec plus d'éloquence et de logique que l'archevêque de Dublin, le Dr Whately, dont tous les écrits portent l'empreinte d'une haute raison et d'un rare talent (1).

Tout annonçait que la déportation allait succomber sous les efforts de ses puissants et nombreux adversaires; cependant elle est demeurée le châtiment des crimes; le système pénitentiaire n'a été appliqué qu'à la répression des délits.

Pourquoi ce fait?

Nous l'avons déjà dit : c'est qu'il est malaisé de revenir sur ses pas, surtout quand on est engagé dans une voie funeste et ténébreuse. On a, pour fonder les colonies pénales, dépensé des sommes énormes dont on ne se résigne point à faire le sacrifice.

Et puis, c'est encore une opinion partagée en Angleterre par un grand nombre de gouvernants, qu'il faut à tout prix se débarrasser de la population des malfaiteurs.

Il est vrai, vous diront ces hommes d'État, que c'est, pour des colonies, une mauvaise semence qu'un noyau de population fourni par les cours d'assises!! Mais si, en versant ses poisons sur un sol étranger, l'Angleterre devient plus forte et plus heureuse, que lui importent les destins de la terre de Van-Diemen?

Ils vous concèderont que, pour ces colonies, dont un demi-siècle a déjà épuré le vice originaire, c'est un affreux malheur que de recevoir chaque jour de nouveaux germes de corruption, et de voir se renouveler ainsi la souillure dont elles travaillent incessamment à se laver.

Ils avoueront qu'un pareil système de châtiment ne répond aucunement à l'un des objets principaux de toute condamnation pénale, savoir, la réforme morale du condamné; et ils conviendront que, dans l'Australie, les rapports continuels des condamnés entre eux perpétuent, si même ils

---

(1) Voyez *Thoughts on secondary punishments.* By Richard Wately D. D. London, 1832.

n'accroissent pas la somme de leurs vices et de leur immoralité; mais, après avoir concédé tout cela, ils répètent : l'Angleterre est délivrée de la plaie de leur présence, et c'est là le premier besoin.

Nous ignorons ce qu'il y a de vrai dans un tel langage. Nous savons que la situation de la Grande-Bretagne est difficile; que ce pays a une population ouvrière et pauvre dont il est embarrassé; que les ouvriers honnêtes manquent souvent de travail; que de la maison des pauvres à la prison il n'y a qu'un pas; qu'il est malaisé d'établir un système d'emprisonnement en vertu duquel les condamnés trouvent à vivre de leur travail en sortant de prison, lorsque les ouvriers honnêtes, qui n'ont jamais failli, manquent souvent d'ouvrage, et ne rencontrent souvent de refuge que dans l'asile des indigents (1).

Nous savons ces choses, et cependant nous protesterons de toutes nos forces contre ces doctrines immorales, qui, pour vous délivrer d'un péril peut-être exagéré, peut-être chimérique, vous font adopter un moyen évidemment malhonnête. Nous n'admettrons jamais les maximes iniques de cette politique égoïste, qui peut se réduire à ces termes : « Il est vrai que nous faisons mal; nous violons toutes les lois de la morale et de la justice; mais ce mal, cette iniquité, nous profitent. »

Si l'on veut combattre avec succès ceux qui professent de pareils principes, il ne faut point les accuser d'injustice envers les hommes, ni d'impiété envers Dieu, il faut leur montrer qu'ils se trompent dans leurs calculs, et que ce qui leur paraît utile est, en réalité, préjudiciable à leurs intérêts. On conçoit, dès lors, qu'à ces partisans des colonies pénales on ne doit présenter d'autre argument que celui qui résulte contre elles de leur peu de puissance d'intimidation. Qu'importe, en effet, de purger la société des criminels qui l'infestent, si de nouveaux malfaiteurs reparaissent aussitôt; si la cause qui devait arrêter les progrès du crime l'ac-

---

(1) Ceux qui veulent se former une juste idée du paupérisme en Angleterre doivent consulter, avant tout, l'introduction remarquable dont M. William Nassau-Senior, l'un des hommes politiques les plus distingués de l'Angleterre, a fait précéder l'enquête exécutée par ordre du gouvernement anglais sur la question des *poor-laws*.

célère, et si, à mesure que les coupables sont exilés dans la colonie, l'inefficacité, on pourrait presque dire l'attrait de ce châtiment, comparé aux autres peines, les fait renaître en plus grand nombre dans la mère-patrie ?

La puissance de ce raisonnement a été comprise des partisans de la déportation. Le mal était incontestable ; voici comment ils ont imaginé d'y remédier.

Ils ont dit : « La déportation est une peine qui n'effraie pas ; nous en ferons un châtiment terrible. Le sort du condamné qu'on exile dans l'Australie cessera d'être envié par les criminels ; car nous y bâtirons des prisons, et le déporté y subira tout à la fois la peine du bannissement et de la captivité. On croit, en Angleterre, que la vie des condamnés transportés à la Nouvelle-Galle du Sud s'y écoule douce et paisible, au milieu des soins du commerce ou de l'agriculture : on saura bientôt que la colonie pénale est fondée sur un code de sang ; que tous les déportés y sont soumis à une discipline arbitraire et impitoyable ; que les plus heureux sont les exilés, dont la condition est pareille à celle des esclaves ; qu'enfin il n'y a pour le déporté ni indulgence ni grâce à espérer. »

Adoptant ce système, le gouvernement anglais arrêta que désormais les condamnés à la déportation seraient divisés en trois classes. Les déportés de la première seraient placés dans un établissement pénal (*penal settlement*), où, séquestrés du reste des hommes, et soumis à toutes les rigueurs d'une discipline inflexible, ils travailleraient sans relâche et sans salaire. Les criminels de la seconde classe, traités moins sévèrement, seraient cantonnés sur les routes publiques, où ils travailleraient chargés de fers ; ceux de la troisième, les seuls pour lesquels la discipline serait vraiment indulgente, seraient admis chez des habitants libres de la colonie, pour y travailler en qualité de serfs. Cette troisième classe serait la récompense d'une bonne conduite dans les deux autres, par l'une desquelles il faudrait toujours commencer. Le gouvernement et les autorités locales auraient le pouvoir arbitraire de désigner la classe de chaque condamné ; de le placer alternativement dans une, puis dans une autre, de le faire passer tantôt d'une classe sévère à une plus douce, tantôt d'une moins rigoureuse à une plus sévère.

C'était, disait le gouvernement à ses agents dans l'Australie, le seul moyen de sauver la colonie pénale, et de la défendre contre les attaques de ses détracteurs (1).

Les instructions du gouvernement anglais ont été ponctuellement suivies, et l'on va voir comment le gouverneur de la Nouvelle-Galle du Sud venge la colonie des calomnies de ses adversaires. Tel est le résumé de sa réponse : « J'ai,
« dit-il, acompli les intentions du gouvernement anglais;
« on n'accusera plus le système pénal de la déportation
« d'être trop doux ! nous l'avons rendu sévère. Les con-
« damnés de la première classe sont séquestrés dans l'île de
« Norfolk, et là, le traitement qu'on leur fait subir est si ri-
« goureux, qu'on en a vu plusieurs commettre des crimes
« capitaux dans le seul but de se faire conduire à Sidney,
« siége de la justice coloniale, risquant la chance d'être
« pendus contre celle de s'évader durant le transport d'un
« lieu à l'autre.

« Ceux de la seconde classe étaient, il est vrai, à une
« époque un peu antérieure, soumis à une discipline beau-
« coup trop relâchée ; mais, depuis quelque temps, et par
« une sorte de prévision des intentions du gouvernement, on
« en a resserré les liens. Maintenant une force militaire
« imposante veille sans cesse sur le lieu des travaux ; la plus
« légère négligence, la moindre désobéissance, le plus faible
« écart, sont réprimés par le surveillant, qui a le pouvoir
« discrétionnaire de punir jusqu'à concurrence de cin-
« quante coups de fouet. A l'égard des condamnés apparte-
« nant à la troisième catégorie, qu'on peut nommer la classe
« privilégiée, ils sont sans doute gouvernés avec plus d'in-
« dulgence, puisqu'ils vivent avec les colons. Cependant ils
« travaillent pour ceux-ci sans salaire, et, s'ils commettent
« quelque méfait, s'ils oublient le respect qu'ils doivent à
« leurs maîtres, s'ils violent les règles de la tempérance, et,
« en un mot, s'il se glisse dans leur conduite *rien qui soit*
« *déshonnête ou irrégulier* (2), ils sont justiciables de tout
« juge de paix, qui peut leur infliger, à sa discrétion et

---

(1) Voyez *Correspondence Between the secretary of state for the colonial department and the governors of the australian provinces.* 13 août 1834.

(2) Voyez p. 7 et 8, *Correspondence*, etc. Ce sont les propres termes du règlement : « Drunkenness, disobedience of orders, neglect of work, absconding from the employment of government, or his or her master, abusive language to his or her master or overseer, or *orther disorderly* or *dishonest conduct.* »

« selon les circonstances, l'un de ces quatre châtiments :
« 1° Cinquante coups de fouet ;
« 2° Les fers et le travail public sur les routes ;
« 3° L'emprisonnement avec travail forcé n'excédant pas
« deux mois ;
« 4° La réclusion solitaire, sans travail, au pain et à l'eau,
« ne pouvant dépasser quatorze jours.
« Ceux qui représentent le sort du déporté de troisième
« classe comme préférable à la condition de l'honnête ou-
« vrier dans la mère-patrie, parce que le premier est mieux
« nourri que le second, ne doivent pas perdre de vue que
« celui-ci est fouetté et mis en prison pour des faits qui
« n'attireraient aucun châtiment sur la tête de l'autre. Vous
« voyez que le régime des trois classes de déportés ne mérite
« point les reproches de mansuétude qu'on lui adresse. »

Telle est la substance de la réponse qu'a faite le gouverneur de la Nouvelle-Galle au secrétaire d'État des colonies, à la date du 15 janvier 1834 (1).

Il joint à sa lettre un document que nous ne saurions passer sous silence.

Avant que le gouvernement de la Grande-Bretagne eût donné des ordres pour prescrire dans la Nouvelle-Galle une discipline plus sévère, les habitants libres de la colonie, qui exploitent le travail gratuit des condamnés, avaient déjà pris l'initiative à cet égard, et, dans une pétition adressée au gouverneur, ils avaient exposé leurs griefs. D'abord, disaient-ils, l'instrument avec lequel on fouette les délinquants est si peu efficace, qu'il est, parmi les déportés, un sujet de pure dérision ; en second lieu, la discipline à laquelle sont soumis les déportés en état de punition est si molle, qu'elle n'est plus un frein pour les condamnés ordinaires. Ceux-ci, gâtés par l'extrême douceur des lois et de la police, s'accoutument à regarder leurs maîtres comme des tyrans cruels ; et il naît de là dans leur âme des sentiments dangereux de haine et de rébellion (2).

Jaloux de vérifier le mérite de ces plaintes, le gouverneur

---

(1) Voyez *Correspondence Between*, etc., supr.

(2) Voyez *Pétition des propriétaires et habitants libres des districts de Hunter de Newcastle et de Port-Stephens*, adressée à son excellence le major-général Bourke, gouverneur. (*Correspondence Between*, etc., etc., p. 24 et 25).

ordonna à tous les surintendants de police d'assister, en personne, pendant un mois, chacun dans leur district, à l'infliction des châtiments corporels; d'examiner, pendant l'opération, les effets de la peine sur le corps du patient; comme aussi de bien constater la nature de l'instrument mis en usage pour punir.

Conformément à cette instruction, les fonctionnaires que nous venons de nommer ont présidé à toutes les distributions de coups de fouet donnés depuis le 1er jusqu'au 30 septembre 1833; et il est curieux de voir le procès-verbal qu'ils ont dressé de chaque cas particulier. Ce procès-verbal a été adressé par eux au gouverneur, qui l'a transmis au secrétaire d'État des colonies; en voici un passage, que nous prenons au hasard :

Bureau de police de Maitland.

1° Denys Mac Donald. — Insolence et négligence. 50 coups de fouet. Le dos de cet homme paraît très lacéré; au vingtième coup, le sang a paru, et a continué de couler jusqu'à la fin.

2° John Lawrence. — Négligence. 50 coups de fouet. Le dos paraît considérablement lésé; cependant il ne saigne que faiblement.

3° John Field. — Sa faute est de s'être caché pour ne pas faire son service. 50 coups de fouet; après le vingt-cinquième coup, le dos est devenu tout noir.

4° Henry Brown. — Ivrognerie. 25 coups de fouet. Le dos n'a pas paru déchiré; mais le patient jetait des cris affreux.

5° Thomas Greenwood. — Désobéissance et absence sans permission. 50 coups de fouet. Lacération profonde.

6° James Hull. — Menaces à un surveillant. 50 coups. Dos lacéré et saignant beaucoup. Il paraît souffrir beaucoup.

7ª James Denison. — Absence sans permission. 25 coups de fouet. Il saigne beaucoup.

8° Henry Holt. — Ivrognerie. 25 coups de fouet. Après le quinzième coup, le dos devient noir.

9° Henry Wood. — Ivrognerie. 25 coups. *Id., id.*

10° William Hill. — Absence sans permission. 50 coups

de fouet. Le sang coule à profusion; le patient paraît souffrir beaucoup.

11° Daniel Sullivan. — Désobéissance. 25 coups de fouet. Dos déchiré, mais ne saignant pas. Il manque de se trouver mal.

Suit l'énumération de deux cent quarante-sept cas analogues, et présentés à peu près dans les mêmes termes; quelquefois seulement la description est moins brève, et le tableau est présenté sous des couleurs plus animées.

Nous voyons (1) à l'article du compte-rendu de la police de Sidney :

N° 4. James Clayton. — Absence sans permission et négligence de ses devoirs. 50 coups de fouet. Au cinquième coup la peau est déchirée, et il s'échappe un peu de sang. Le patient se rend maître de ses souffrances en se serrant les lèvres. La peau de cet homme est d'une épaisseur tout à fait extraordinaire, et des châtiments précédents lui ont endurci tout à la fois le corps et l'âme. C'est ce qu'on appelle ici un *vrai gibier de police*. Je suis d'avis, néanmoins, que, si les premières corrections qu'il a reçues lui avaient été administrées aussi vigoureusement que celle-ci, elles auraient subjugué ce caractère indomptable.

N° 9. Édouard Davis. — Ivrognerie et manquement, par paroles, envers son maître. 50 coups de fouet. Cet homme n'avait jamais été puni précédemment. Au premier coup de fouet, il a jeté les hauts cris; au quatorzième, sa peau a été déchirée, et il n'a pas cessé de crier de toutes ses forces. J'estime que douze coups auraient été une peine suffisante. Quand on eut fini de le fouetter, il criait encore..... (2).

Ici, le surintendant de police exprime une opinion d'indulgence, puisqu'il estime que douze coups de fouet auraient assez puni un homme à qui toutefois on en a donné cinquante. Ailleurs, il s'en trouve dont les observations tendent toutes à une plus grande sévérité.

« Je considère, dit celui-ci, que le fouet est, par la nature de la corde qui le compose, et la grossièreté de sa construction, dépourvu de la puissance qui lui appartenait jadis de faire souffrir les patients, ceux même qui étaient fouettés

(1) Page 31.
(2) *Ibid.*

pour la seconde ou la troisième fois..... (1). » Suit l'indication des réformes à faire pour rendre au fouet sa vertu primitive.— « La corde du fouet, dit cet autre (2), est peut-être assez forte, mais la tresse en est trop douce ; quoiqu'elle meurtrisse la peau, elle ne fait que rarement sortir le sang ; il en résulte que le coupable ne ressent point au degré désirable ces douleurs aiguës et cuisantes que le fouet doit produire. »

Un autre vante en ces termes la supériorité de sa justice : « Ici le fouetteur est un jeune homme de forces athlétiques. Entre l'infliction de chaque coup, on observe une pause, après laquelle l'exécuteur continue sa tâche, appliquant chaque coup avec la même force..... (3). » Nous n'avons pas le courage de continuer ces horribles détails.

— En résumé, il est officiellement établi que, dans le cours d'un mois, il a été bien et dûment distribué aux insolents, paresseux, ivrognes et insubordonnés de la colonie, 9,934 coups de fouet ; ce qui, multiplié par le nombre des mois de l'année, amène le chiffre de 119,208 coups de fouet donnés chaque année dans les colonies pénales de l'Australie.

Notez que ce chiffre ne comprend pas les châtiments disciplinaires qui sont infligés, dans l'île de Norfolk, aux condamnés de la première classe. Ceux-ci sont placés, en quelque sorte, hors la loi ; on ne s'enquiert point de leur destinée ; on ne compte point les coups de fouet qu'ils reçoivent. Qu'importe, en effet ? Une fois entrés dans l'île, ils n'ont de contact qu'avec leurs gardiens, vis-à-vis desquels ils sont comme en état de guerre. La discipline qui les contient est violente, parce que le fait seul de leur présence en face de leurs geôliers, moins nombreux qu'eux, est une constante menace de mort. On conçoit donc très bien que le régime auquel sont soumis les condamnés de deuxième et troisième classe soit beaucoup plus doux, et qu'avec eux on en soit quitte à raison d'une moyenne annuelle de 120,000 coups

---

(1) Page. 34.
(2) Page. 40. — Voici le texte même : « The cord may be sufficiently heavy, but of too soft a twist ; although it bruises, bleeding but seldom is caused : consequently the offender escapes that acute pain and smarting to the extent so desirable should be experienced under the lash. »
(3) Page. 40.— Paramatta office.

de fouet, et de 50 exécutions à mort sur 40,000 déportés (1).

Arrêtons-nous ici un instant; reposons-nous un peu des tristes émotions que nous venons d'éprouver. Est-ce bien au xix⁰ siècle, et chez un peuple qui marche en tête de la civilisation, qu'on fait subir à des hommes un traitement digne des nations sauvages et des temps barbares? — On nous objectera peut-être la discipline usitée dans l'armée anglaise, dans la marine française, dans les prisons américaines. — Et pourquoi donc, nous dira-t-on, plaindre les déportés de la Nouvelle-Galle du Sud, soumis à un régime tout semblable? — Nous n'avons rien à répondre à cet argument, sinon que cette discipline est barbare et cruelle; qu'elle est telle partout où on l'emploie; qu'ici elle nous révolte peut-être davantage, parce que nous la voyons froidement décrite dans toute son horreur; que l'homme peut bien avoir le droit de tuer son semblable, mais non de le torturer, et que nous repoussons sans examen un code pénal fondé sur le sang et sur les supplices.

Examinons cependant. Pour prouver que la peine de la déportation est efficace, on vient de nous démontrer qu'elle est exécutée avec inhumanité. D'abord sa cruauté même suffirait pour nous la faire exclure. Mais est-on bien sûr que sa puissance de répression soit une conséquence nécessaire de sa barbarie? — Sur ce point, nous croyons que le doute est permis. Quelles que soient les tortures que la discipline de Sidney prodigue aux déportés dans l'Australie, nous sommes fort enclins à penser que, dans un grand nombre de cas, on verra les criminels craindre plus l'emprisonnement que la déportation, dont les rigueurs excessives se concilient avec certains avantages et priviléges toujours refusés aux condamnés des prisons. — Ainsi il existe des prisons d'Angleterre où l'on ne donne que du pain aux détenus (2); au contraire, dans la Nouvelle-Galle, les condamnés de la troisième catégorie, qui forment l'immense majorité, reçoivent par semaine douze livres de froment, trois livres et demie de maïs, sept livres de viande, deux onces de sel et deux onces de savon (3).

---

(1) En Angleterre, sur plus de 14 millions d'habitants, il n'y a eu, en 1834, que 34 exécutions.

(2) Crawford's, p. 33.

(3) Voyez p. 9, *Correspondance.*

Dans toute la colonie on entretient de vivres et de vêtements les femmes et les enfants des condamnés. Les déportés de la première catégorie, les parias de l'île de Norfolk, trouvent eux-mêmes souvent de grands adoucissements à leur sort. C'est ainsi qu'on leur permet quelquefois de communiquer librement avec leurs femmes; et le commandant de l'île accorde à tous ceux dont la conduite est bonne la propriété d'un petit jardin qu'ils cultivent à leur profit. Je ne sais si les êtres dépravés qu'atteint, en Angleterre, la sévérité des lois pénales, seront très intimidés par un châtiment rigide qui se mêle à un si bon régime matériel. Ne sont-ils pas tombés dans un abrutissement et une dégradation qui permettent de les comparer aux animaux domestiques pour qui le vivre est toute la vie; chez lesquels la douleur cesse quand le corps ne souffre plus, parce qu'ils n'ont plus d'âme pour sentir des peines morales; et qui se résignent à être fouettés, pourvu que la main qui les bat les engraisse?—Si telle était l'impression produite par le régime des colonies pénales sur le malfaiteurs anglais, il en résulterait qu'un châtiment odieux serait stérile, et qu'il outragerait la nature sans être utile à la société.

Ce régime si cruel, et quelquefois si indulgent, de la déportation, n'a pour lui, comme système pénal et répressif, que ses rigueurs accidentelles et ses supplices fugitifs. Mais, sous ce dernier rapport même, que devons-nous en penser? Toutes les sévérités commandées par le gouvernement anglais seront-elles exécutées dans la colonie?— Sur ce point encore, on peut élever bien des doutes. Pour rendre la déportation un châtiment terrible, l'Angleterre a besoin de l'entourer de toutes les rigueurs que l'imagination peut inventer; mais l'intérêt de la colonie est différent. Car, s'il réclame des sévérités pour les déportés, il n'en demande que dans une certaine mesure.

L'Angleterre rejette de son sein des malfaiteurs qu'elle a flétris, et son unique objet est, en se débarrassant d'eux, de leur infliger une peine qui effraie les méchants.

L'intérêt naturel de la colonie, au contraire, est de tirer parti des bras qu'on lui envoie, et de ne sévir contre les déportés qu'autant qu'il le faut pour n'avoir rien à redouter d'eux.

Aussi, ne serions-nous pas surpris quand il se trouverait

chez le gouverneur dont nous avons analysé le rapport certain penchant à assombrir le tableau qu'il présente des traitements que subissent les condamnés, de même qu'il est peut-être enclin à ne décrire qu'imparfaitement les concessions indulgentes qui leur sont faites. Il est clair que son rapport a pour objet de démontrer que la déportation, qu'on représentait comme si douce et si bénigne, est au contraire la plus effroyable des peines. Et cependant, comme ce fonctionnaire est un homme de bonne foi et de vérité, qui, tout en défendant la colonie, ne veux point tromper le gouvernement dont il a reçu ses pouvoirs, nous le voyons combattre expressément les instructions ministérielles dans leurs prescriptions les plus importantes et les plus rigoureuses. Citons-en un exemple.

Afin d'aggraver le châtiment de la transportation, le gouvernement anglais voulait, ainsi que nous l'avons exposé plus haut, que tout déporté fût d'abord employé aux travaux publics (c'est-à-dire rangé dans la deuxième classe), et qu'il n'eût accès dans la troisième, c'est-à-dire qu'il ne fût susceptible d'être placé au service particulier des colons libres, qu'après sept ans de la première peine.

« Il se peut, répond le gouverneur, que, sous le point de vue de la plus grande intimidation qu'on se propose, un pareil plan fût efficace ; mais la réforme des coupables et l'intérêt de la colonie ne doivent pas non plus être tout à fait perdus de vue, et ces deux objets seraient évidemment sacrifiés, si tous les condamnés, sans distinction, devaient, à leur débarquement, être assujétis aux travaux forcés pour le compte de l'État et demeuraient irrévocablement dans cette situation pendant une période fixe de sept années (1). »

Le magistrat explique qu'une telle mesure tuerait la colonie, qui ne se soutient que par le travail des déportés au service des colons : que, d'ailleurs, une aussi excessive rigueur rendrait impossible l'administration de la colonie ; qu'il faut, pour gouverner des hommes, et surtout des hommes corrompus, une alternative de châtiments et de récompenses ; que la peine la plus sévère ne doit être infligée que sous la condition d'être adoucie lorsque le coupable devient, par sa

---

(1) *Correspondence*, p. 47.

conduite, digne d'indulgence; qu'autrement, la certitude d'une infortune sans remède précipite les condamnés dans le désespoir et dans toutes les violences qui en sont la suite.

Ainsi se trouvent en présence les deux intérêts de la mère-patrie et de la colonie. D'une part, impossibilité de garder la peine de la déportation, si, par de nouvelles rigueurs, on la rend plus dure que l'emprisonnement, et, de l'autre, impossibilité de conserver la colonie, si, par une aggravation de châtiment, on ruine les colons et on exaspère les condamnés. Dans ce conflit, il ne nous paraît pas douteux que l'intérêt de la colonie ne l'emporte définitivement. Quelles que soient les instructions que donne l'Angleterre à ses agents, elle n'obtiendra point qu'une société placée à 4,000 lieues d'elle se suicide pour le plus grand bien de la mère-patrie.

La Nouvelle-Galle du Sud continuera à recevoir des déportés tant qu'elle aura besoin de bras pour défricher son territoire et qu'elle sera trop faible pour adresser au gouvernement anglais les mots de Franklin; mais, aussi longtemps qu'elle leur ouvrira ses ports, elle tâchera de les exploiter comme des instruments de son bien-être matériel : l'Angleterre les lui enverra pour les punir; la colonie les acceptera pour s'en servir. C'est une tendance que celle-ci a toujours montrée et qu'elle suivra davantage à mesure qu'elle deviendra plus forte et plus puissante.

Cette certitude, qu'à une époque donnée la colonie refusera de recevoir les déportés, suffirait seule pour faire condamner un système qui manque d'avenir; mais quand on présente cet argument aux partisans de la déportation, ils vous répondent : « Advienne que pourra ; en attendant, du moins, l'Angleterre est purgée des brigands qui l'infestent. »

Ainsi, la déportation a coûté pour son établissement des sommes énormes qui seront entièrement perdues le jour où il faudra renoncer à l'envoi des condamnés dans l'Australie.

L'Angleterre allait abandonner ce genre de châtiment dont elle reconnaissait l'impuissance, lorsqu'elle a imaginé d'en accroître les rigueurs pour le rendre efficace; mais nous avons vu qu'à cet égard elle fait d'inutiles efforts, et qu'il faut bien se résigner à laisser le châtiment tel qu'il est, sous peine d'anéantir la colonie. Le tableau coloré de quelques cruautés stériles fera gémir quelques amis de l'humanité, sans épouvanter les méchants.

Ainsi doivent s'évanouir les espérances qu'on avait conçues de donner à la déportation dans la Nouvelle-Galle une véritable puissance d'intimidation, et nous ferons encore remarquer à ce sujet que, fût-il survenu une altération réelle dans le régime des déportés de la Nouvelle-Galle, il faudrait encore, pour que cette innovation fût profitable, qu'elle fût bien connue en Angleterre de toute la population qui alimente les cours d'assises.

C'est depuis longtemps une opinion générale, parmi les malfaiteurs dans la Grande-Bretagne, que la peine de la déportation est peu redoutable (1); or, les opinions et les préjugés des masses se changent difficilement, plus difficilement en Angleterre que partout ailleurs.

Peut-être objectera-t-on que des accidents arrivés récemment sont cependant propres à terrifier les individus condamnés à la déportation ; que, depuis trois années, trois vaisseaux chargés de déportés pour la Nouvelle-Galle du Sud ont fait naufrage, et livré aux abîmes de l'Océan des centaines de femmes, d'hommes et d'enfants ; qu'ainsi, ce voyage, qui souriait à l'imagination des criminels, pourrait bien aujourd'hui leur causer une impression de crainte.

Il nous semble que les faits dont on parle ici n'ont aucune gravité ou en ont trop. Si, comme tout le doit faire penser, le gouvernement anglais n'est en rien complice, ni directement ni indirectement, ni par mauvais vouloir ni par négligence, des malheurs affreux et ordinairement si rares qui, dans un si court espace de temps, se sont trois fois renouvelés, il ne faut y voir qu'une déplorable fatalité, une série d'accidents dont, suivant des lois inconnues, mais certaines, le retour sera d'autant moins probable, qu'ils ont été coup sur coup plus multipliés.

Si, au contraire, de pareilles catastrophes avaient une cause périodique et permanente, et si on les considérait comme l'auxiliaire indispensable d'un châtiment inefficace

---

(1) Les condamnés appartenant à la population agricole de l'Angleterre craignent beaucoup la déportation, parce qu'ils tiennent au sol, à leur village, à leur famille, à leur patrie. Mais elle n'inspire que peu de terreur aux criminels des villes, qui, n'ayant, pour la plupart, ni lieux de résidence ni affections de famille, voient, dans la déportation, moins un châtiment qu'un moyen aventureux de se créer une patrie et une existence nouvelles.

en soi, nous n'aurions plus à discuter, et nous demanderions seulement depuis quand on a le droit de tuer des hommes, parce qu'on est inhabile à les punir (1).

Présentons ici une dernière considération qui nous paraît grave. Nous avons dit que la déportation, quoique destinée à punir les crimes, effraie moins que l'emprisonnement qui est réservé pour le châtiment des délits. Nous avons dit encore que bien des criminels aiment mieux commettre un crime qui les fait déporter, qu'un délit qui les fait mettre en prison. Nous ajouterons que cette préférence accordée à la déportation va être singulièrement accrue, en Angleterre, par l'établissement universel du système pénitentiaire pour tous les condamnés à l'emprisonnement. Le système cellulaire, qu'on organise en ce moment dans toutes les prisons d'Angleterre, est assurément bien supérieur au régime d'emprisonnement dont il prend la place; mais on ne peut nier aussi que l'un de ses avantages ne soit sa sévérité même.

L'isolement, qui, comme moyen préventif de la corruption, est un si grand bienfait pour les détenus eux-mêmes, est aussi, de toutes les mesures de discipline, celle qui leur fait sentir le plus vivement toute l'étendue de leur peine.

On conçoit que si déjà l'emprisonnement est plus redouté en Angleterre que la transportation, il inspirera comparativement encore bien plus d'effroi, quand la nouvelle discipline, fondée sur le silence et sur la solitude, sera partout établie. Il y aura tout profit à commettre les plus grands crimes, puisqu'ils sont punis d'un châtiment qu'on redoute peu, tandis que les moindres sont frappés d'une peine qu'on craint beaucoup.

Ces faits étant posés, faudra-t-il s'étonner de l'accroissement des délits dans la Grande-Bretagne, et imputer à la civilisation, au progrès des lumières, au commerce, à l'industrie et à mille autres causes de ce genre, l'augmentation

---

(1) Il ne serait pas loyal d'accuser le gouvernement anglais par insinuation et sous la forme d'une prétérition ; mais nous poserons nettement les questions suivantes : « Le gouvernement anglais prend-il, pour le transport des condamnés à la déportation, les précautions que l'humanité commande? S'assure-t-il que les vaisseaux de transport sont en bon état ; que l'équipage est suffisant en nombre et en capacité? ou bien livre-t-il les condamnés à des entrepreneurs, abandonnant leur sort à la grâce de Dieu, à la cupidité des traitants et à la profondeur des abîmes? »

des crimes, qu'il est plus juste d'attribuer d'abord au châtiment même destiné à les combattre ?

Quelque difficile qu'il soit pour un gouvernement d'avouer ses erreurs et de revenir sur ses pas, quand il a longtemps marché dans une mauvaise voie, nous doutons néanmoins que l'Angleterre conserve longtemps un système qui n'est mis en vigueur qu'à l'aide de moyens outrageants pour l'humanité, et qui, pour produire les effets qu'on lui demande, exigerait le déploiement de nouvelles rigueurs.

Les législations pénales de tous les peuples modernes tendent évidemment à s'adoucir. Voyez la peine de mort en France. Depuis 1825, époque à laquelle les comptes de la justice criminelle ont commencé à être publiés, la peine de mort n'a pas cessé de décroître. En 1826, 139 individus sont condamnés à mort; en 1827, 106; en 1828, 111; en 1829, 83; en 1830, 92; en 1831, 108; en 1832, 90, et en 1833, 50. Cette répugnance pour les châtiments sanguinaires ne se montre pas seulement dans les sentences de la justice, elle se trouve non moins sensible dans les actes du pouvoir exécutif; c'est ainsi que nous voyons diminuer chaque année le nombre des exécutions; il a été de 111 en 1826; de 76 en 1827; de 75 en 1828; de 60 en 1829; de 38 en 1830; de 25 en 1831; de 41 en 1832; de 34 en 1833. On remarquera peut-être que, depuis 1832, le nombre des personnes exécutées est, proportionnellement au nombre des condamnés à mort, plus considérable que durant les années précédentes ; mais il ne faut pas perdre de vue que la faculté donnée au jury de proclamer en faveur du condamné des circonstances atténuantes l'ayant investi d'une sorte de droit de grâce, il en résulte que, toutes les fois qu'il n'use point de cette faculté, il rejette en quelque sorte le pourvoi du condamné. Il suit de là encore que le gouvernement se trouve jusqu'à un certain point dans l'impossibilité morale de gracier celui que le jugement du pays a déclaré indigne de pardon.

Nous remarquons la même tendance aux États-Unis d'Amérique. En Pennsylvanie, si nous divisons en deux parties la période de temps qui s'est écoulée de 1778 à 1832, c'est-à-dire un espace de 54 ans, nous trouvons dans la première partie, qui comprend de 1778 à 1805, 75 exécutions à mort; et seulement 33 dans la seconde partie, de 1805 à 1832; résultat d'autant plus remarquable que, durant cette période, la population croissait immensément (1). Dans le Massachussetts, nous ne voyons que 19 exécutions pendant un laps de 30 années (2). Dans le Vermont, il n'y a pas eu une seule exécution depuis 1814 (3). La même impulsion d'humanité suit son cours en Belgique. Pour nous former une idée exacte de l'usage qui a été fait de la peine de mort dans ce pays, depuis 1800 jusqu'à ce jour, prenons le tableau que nous offre sur ce sujet M. Ed. Ducpétiaux.

PÉRIODES.	EXÉCUTIONS.	CONDAMNATIONS pour assassinat, empoisonnement et parricide.
5 ans finissant en 1804.	235	150
5 ans — en 1809.	88	82
5 ans — en 1814.	71	64
5 ans — en 1819.	26	42
5 ans — en 1824.	23	38
5 ans — en 1829.	22	34
5 ans — en 1834.	aucune.	20

En Angleterre, où la peine de mort est si prodiguée, nous allons observer un phénomène analogue à ceux qui viennent de fixer notre attention : ainsi, de 1813 à 1819, nous voyons 6,584 individus condamnés à mort; de 1820 à 1826, 7,659; et de 1827 à 1833, 9,451. Mais, tandis que le nombre des condamnations à mort augmente à chaque période avec celui des crimes, nous allons voir le nombre des exécutions diminuer. Ainsi, dans la première période, il y a eu 662 exécutions; dans la seconde, 528; et dans la troisième seulement 391 (4). Ainsi le nombre des crimes capitaux et des condamnations à mort s'est accru d'un tiers, et celui des exécutions a décru de plus de moitié. Remarquons ici combien l'Angleterre, si prodigue de sentences sanguinaires, est sobre d'exécutions; en 1834, il y a eu dans ce pays 480 condamnations à mort, et seulement 34 exécutions; en France, nous en avons eu tout juste le même nombre sur cinquante condam-

---

(1) Voyez Rapport de M. Crawford, appendice, page 22.
(2) Voyez *id.*, page 63.
(3) Voyez *id.*, page 64.
(4) *Statistique comparée de la criminalité en France, en Belgique*, etc., p. 53.

nations. N'accusons point ici le pouvoir exécutif de France : la différence vient de ce que nos lois pénales ne sont point barbares comme celles de l'Angleterre. Nous pouvons les prendre au sérieux et les appliquer telles qu'elles sont; celles de l'Angleterre seraient inexécutables si elles n'étaient tempérées par les mœurs.

Nous terminerons sur ce point par une dernière observation : c'est que, quand l'intérêt social exige du sang, l'humanité fait encore entendre ses droits. En Pennsylvanie, quand un individu est condamné à mort, l'exécution se fait dans l'enceinte des murs de la prison du lieu où le jugement a été rendu; il n'y a de présents que le shériff, le procureur-général du comté, un médecin, douze citoyens respectables, choisis par le shériff, un ministre de l'Évangile, si le condamné le fait appeler, et les aides de l'exécuteur. Sous aucun prétexte, un enfant ne peut être présent (loi du 10 avril 1834) (1). En France, les exécutions ont encore lieu sur la place publique; mais, à Paris, cette place publique est déserte; personne, excepté les agents nécessaires, n'est prévenu du jour et de l'heure; le coup se fait à la dérobée : le bourreau se cache comme un assassin.

C'est ainsi que chez toutes les nations les plus civilisées s'opère en même temps et comme d'un commun accord la réforme des lois qui blessent l'humanité. Croit-on que ce mouvement s'arrêtera? que l'Angleterre, économe de sang sur son territoire, en sera prodigue sur le sol de l'Australie; qu'elle ajoutera de nouveaux supplices à un système pénal pour le maintien duquel il faut déjà une distribution annuelle de 120,000 coups de fouet?

Quant à nous, nous sommes heureux de le déclarer, les tristes efforts que fait l'Angleterre pour aggraver son régime de déportation déjà si cruel achèvent de nous en montrer les vices, et nous apercevons un bien parmi les maux que nous déplorons : ce bien c'est le complément de l'expérience que l'Angleterre a fait de la déportation, et, lorsqu'en France on saura à quel prix on fonde et on entretient une colonie pénale, peut-être verra-t-on s'éteindre pour ne revivre jamais les dernières et rares convictions qui, parmi nous, luttent encore en faveur de ce mode de répression.

(1) Voyez Crawford's, Report, appendice, p. 19.

Il sera désormais reconnu comme incontestable :

1° Que la fondation d'une semblable colonie (en supposant qu'on ait à sa disposition une terre lointaine pour l'établir) est une entreprise longue et très dispendieuse ;

2° Que c'est un bien triste noyau de société, que la réunion de malfaiteurs choisis parmi tout ce que la prison et la société renferment de plus pervers et de plus corrompu ;

3° Que si, par le cours des années, une colonie ainsi formée s'épure et parvient à rejeter son écume, elle doit naturellement repousser avec horreur les nouvelles semences de vice et de corruption que la mère-patrie lui envoie chaque année ;

4° Qu'un pareil système est défectueux en ce qu'il est temporaire et cesse d'être exécuté le jour où la colonie est intéressée à repousser les déportés qu'on lui envoie, et assez forte pour résister à la mère-patrie ;

5° Que d'ailleurs la déportation ne produit point les effets qu'on doit attendre de tout système pénal, savoir le châtiment des coupables, et l'intimidation de tous ceux qui pourraient le devenir. A la vérité, on parvient à punir le déporté et à rendre la déportation une peine terrible en joignant l'emprisonnement à l'exil et le fouet au servage ; mais on tombe alors dans plusieurs excès pires que le mal dont on cherche le remède ; en effet, si l'on bâtit des prisons dans la colonie, on a tout à la fois les dépenses de la transportation et celles de l'emprisonnement ; on cumule deux peines dont la réunion est cruelle ; enfin, on ne rend la transportation un châtiment efficace qu'à l'aide de supplices qui suffisent pour la faire repousser.

S'il est vrai de dire que la déportation est condamnée sans retour, ajoutons que le système pénitentiaire n'a plus de rival; et puisqu'il se développe chaque jour parmi les peuples un sentiment marqué de répugnance pour les châtiments sanguinaires, les tortures et les supplices, ne peut-on pas déjà entrevoir le temps où le code des nations civilisées, rétrécissant chaque jour le cercle des peines capitales, ne connaitra plus en quelque sorte qu'un seul châtiment, la privation de la liberté. Or, le système pénitentiaire n'est autre chose que l'ensemble des règles morales auxquelles est soumis le criminel captif, que la société s'efforce de rendre meilleur : en même temps qu'elle le place dans l'impossibilité de nuire,

Tandis qu'en Angleterre les condamnés pour crimes continuent à être déportés, malgré le mauvais succès des colonies pénales, en France, le gouvernement s'obstine à conserver un régime vicieux d'emprisonnement, en dépit de l'opinion publique qui le condamne et qui réclame l'adoption d'un bon système pénitentiaire.

En 1831, l'administration avait paru désireuse de sortir de la vieille routine suivie jusque alors, et la mission qui nous fut donnée de parcourir les États-Unis, pour y faire une enquête sur les principes théoriques et pratiques du système pénitentiaire, attestait une pensée d'amélioration. Nous avons livré au ministère des travaux publics plusieurs rapports où sont constatés tout à la fois la théorie et le succès de la discipline nouvelle que nous avons observée en Amérique. Cette enquête eut, dès l'abord, un résultat assez remarquable : des peuples voisins, frappés de l'exemple que leur donnait la France, trouvèrent que c'était une œuvre utile que d'explorer une institution sociale sur le sol qui l'avait vue naître, et des commissaires envoyés par eux allèrent recommencer aux États-Unis les travaux et les recherches que nous venions d'exécuter. En Angleterre, cette mission a été confiée à un homme d'un véritable mérite, M. William Crawford, qui a consigné ses investigations dans un rapport remarquable où le moraliste et l'homme d'Etat peuvent puiser d'excellentes idées et une infinité de documens précieux : description exacte des prisons d'Amérique et d'Angleterre, analyse de leur discipline ; examen des divers systèmes en vigueur ; plans figuratifs des pénitenciers, suivant les différents modes de construction ; tableaux statistiques de la justice criminelle aux États-Unis et dans la Grande-Bretagne ; documents statistiques sur l'instruction primaire aux États-Unis, etc., etc.; en un mot, tout ce qui se rattache, ne fût-ce que par le plus faible lien, à la question des prisons, s'y trouve compris (1). Ce rapport n'a pas été stérile en Angleterre, et la loi de ré-

---

(1) Le rapport de M. Crawford serait excellent à consulter en France, si l'on pensait sérieusement à la réforme de nos prisons selon le système américain. Ce rapport contient en effet des données pratiques et notamment des plans bien supérieurs à ceux que nous avons rapportés. Et, en disant ceci, nous ne prétendons point faire preuve de modestie : M. Crawford avait reçu du gouvernement anglais, pour l'aider dans l'accomplissement de sa mission, une somme fort considérable (3,000 l. st. 75,000 fr.), ce qui le met-

forme, qui vient d'être adoptée par le parlement anglais pour les prisons d'Angleterre, n'est autre chose que le résumé des conclusions de M. Crawford.

Le docteur Julius, de Berlin, chargé d'une mission semblable par le gouvernement prussien, parcourt en ce moment même les États-Unis. Son retour en Europe sera nécessairement suivi d'une publication importante sur la question des prisons, qui depuis de longues années est l'unique objet de ses travaux et de ses méditations. Ainsi, en Europe, l'impulsion est donnée à la reforme. Cette impulsion, c'est la France qui l'a déterminée; mais, après avoir produit cet élan, que fait-elle?

Pour bien apprécier à cet égard la situation actuelle, il faut distinguer les actes de l'administration des faits qui se passent en dehors d'elle. Nous croyons pouvoir le dire sans blesser la vérité, le ministère de l'intérieur est entièrement inactif.

En dehors de l'administration centrale, le mouvement de réforme que nous avons vu naitre se continue (1): la presse est unanime à solliciter l'amélioration de nos prisons; c'est un sujet purement social, auquel les passions politiques sont étrangères, et que, par un heureux accord, tous les organes de la publicité envisagent sous le même point de vue. Nous devons sans doute attribuer à cette parfaite homogénéité de sentiments la bienveillance uniforme que notre ouvrage a rencontrée dans tous les journaux et toutes les revues qui en ont présenté l'analyse. Cette parfaite concordance d'opinions sur une question importante, dans un temps où les croyances communes sont si rares, n'est-elle pas un fait de quelque gravité (2)?

L'administration de l'intérieur, fidèle aux vieilles tradi-

---

tait à même de n'épargner aucune dépense utile, tandis que, remplissant une mission gratuite, et que nous avions acceptée telle, nous devions nous réduire aux frais absolument nécessaires.

(1) L'ancien inspecteur-général des prisons de la Seine, M. Moreau Christophe, doit très incessamment publier, sous le titre d'*Essai sur les prisons de Paris*, un ouvrage qui ne saurait manquer de répandre, sur la question du système pénitentiaire, de nouvelles clartés. Nous ne connaissons point encore cette production, que nous attendons avec impatience. M. Moreau Christophe a le bonheur de joindre, à la science des théories, la connaissance approfondie des faits et de la pratique. Cet ouvrage paraîtra chez le libraire Fournier.

(2) Parmi les publications qui, dans ces derniers temps, ont servi le plu

tions, reste stationnaire ; mais en même temps que le ministère dans les attributions duquel les prisons sont placées suit le courant de la routine, une autre administration, celle du département de la guerre, subissant l'influence du mouvement de réforme qui se fait tout autour d'elle, a décrété l'érection d'un pénitencier sur le plan des prisons d'Amérique. Une prison militaire se construit en ce moment à Saint-Germain-en-Laye ; on a consacré à cet objet i portant le château royal de cette ville, dans l'intérieur duquel on dispose autant de cellules qu'on y doit renfermer d'individus. Cette prison est destinée à contenir les militaires condamnés disciplinairement à la peine de l'emprisonnement par les conseils de guerre.

Certes, aucune innovation ne pouvait être plus précieuse que celle-ci ; l'expérience a démontré combien il est triste d'associer aux malfaiteurs ordinaires, aux voleurs et aux filous qui forment le fond de toutes les prisons civiles, des condamnés militaires dont le délit n'a souvent qu'une gravité relative à leur profession, et qui, coupables seulement d'une infraction aux règles de la discipline, n'ont d'ailleurs nullement enfreint les lois de l'honneur et de la probité. Ils entrent honnêtes dans la prison, et en sortent corrompus.

Ce mal est un des premiers auxquels on ait songé dans la Grande-Bretagne à porter remède ; et nous voyons, dans un rapport fait par le docteur Cleland, sur le pénitencier de Glasgow, combien les chefs de corps de l'armée anglaise se félicitent du droit qui leur a été accordé de faire subir, dans les cellules solitaires de cette prison, les peines d'emprisonnement auxquelles leurs soldats ont été militairement condamnés (1).

L'administration de la ville de Paris vient aussi de terminer un établissement qui, malgré ses vices de construction,

efficacement la cause du système pénitentiaire, nulle n'a mérité davantage de fixer l'attention publique que l'ouvrage de M. Léon Faucher sur la réforme des prisons. On y trouve exposées, avec toute la netteté de style et la vigueur de pensées qui appartiennent à l'auteur, les vices du système actuel d'emprisonnement, en même temps que les principes nouveaux sur lesquels la réforme doit être fondée.

(1) Voyez *Glascow Bridewell or house of correction*, 3 août 1835, by James Cleland. — Voyez aussi la note première, à la fin de l'introduction.

ne mérite pas moins d'être remarqué, parce qu'il offre encore une application des principes nouveaux appelés désormais à gouverner les prisons. Nous voulons parler de la prison de la rue de la Roquette, dans laquelle 4 ou 500 jeunes délinquants seront détenus suivant le régime cellulaire. Le Nouveau-Bicêtre, dont les murs s'élèvent en face de la *prison-modèle* de la rue de la Roquette, mérite également que nous en fassions mention. A la vérité, rien n'y est calculé pour l'établissement d'un régime de réforme morale; car la construction des cellules en est tellement vicieuse, que les détenus peuvent s'entendre de l'une dans l'autre. On laisse les prisonniers communiquer librement ensemble tout le jour; c'est une prison de passage... Mais enfin les cellules pour la nuit sont un bien, et constituent à elles seules une réforme qui doit être signalée.

La ville de Lyon vient aussi de construire de nouvelles prisons sur la base de l'isolement et du silence : l'une d'elles est destinée aux jeunes condamnés. En 1833, nous voyons le conseil-général de l'Yonne demander l'établissement du système pénitentiaire pour tout le royaume. Dans sa dernière session (1835), le conseil-général d'Indre-et-Loire a voté des fonds pour l'établissement d'une prison cellulaire à Tours, destinée aux prévenus et aux condamnés correctionnels à un an d'emprisonnement et au-dessous (1).

Remarquons, à cette occasion, l'heureuse révolution qui s'est opérée dans l'esprit des conseils-généraux. En 1825, un publiciste distingué constata que, dans une seule année, 42 conseils-généraux avaient exprimé un vœu favorable à l'établissement d'une colonie pénale propre à recevoir les condamnés pour crimes. En 1833, la déportation ne trouve plus que 3 conseils-généraux qui l'invoquent (2), et encore, sur ces trois, deux voudraient qu'on l'appliquât, non aux condamnés, mais aux forçats libérés : système infiniment préférable sans doute à la déportation des condamnés, mais qui fait naître cependant quelques objections graves; car quelle contrée a-t-on en vue pour recevoir les déportés ? — La colonie d'Alger : on le dit franchement. Or ce pays n'a pas même le mérite des colonies anglaises,

---

(1) Voyez la note seconde, à la fin de l'introduction.
(2) Ceux de l'Aisne, de la Charente et du Pas-de-Calais.

l'éloignement ; le déporté serait bientôt revenu en France, s'il désirait le retour. On pourrait, il est vrai, le retenir à l'aide d'une police rigoureuse. Mais les frais de justice criminelle seront doublés, s'il faut, après avoir payé fort cher la détention des condamnés, les soumettre encore, après leur sortie des prisons, à une surveillance dispendieuse ; et puis n'est-ce donc pas un inconvénient que de peupler de scélérats une colonie naissante (1) ?

Quoi qu'il en soit, la réforme pénitentiaire a beaucoup à espérer des conseils-généraux : là est le progrès, là est l'avenir, là est aussi l'indépendance. A présent que ces conseils sont le résultat de l'élection ; on doit trouver en eux les véritables organes des besoins du pays ; leurs votes ne seront plus désormais une manifestation stérile : ils auront la puissance qui naît du droit et de la liberté.

Espérons que le mouvement de réforme que nous voyons dans les conseils de département, dans les villes, dans l'opinion publique, ne sera point paralysé par l'administration centrale.

Quand nous avons dit que cette administration ne fait rien, nous nous trompions, et c'est une erreur que nous sommes heureux de reconnaître. Le ministère de l'intérieur a récemment introduit dans la partie la plus intéressante du régime pénitentiaire une innovation qui mérite d'être signalée. On sait que, d'après nos lois pénales, l'enfant âgé de moins de 16 ans, qui est acquitté par le jury comme ayant agi sans discernement, peut être cependant, selon le pouvoir discrétionnaire des magistrats, renfermé jusqu'à sa majorité dans une maison de correction ; or, cette maison de correction, où la loi l'envoie dans le but de combattre ses mauvais penchants par une bonne éducation, ne sert, au contraire, qu'à developper ses vices ; et l'enfant qui entre mauvais sujet dans ces sortes d'établissements en sort, au bout de quelques années, initié à tous les secrets du crime. Pour remédier à ce mal, le ministère de l'intérieur et celui de la justice ont concerté leurs efforts, et lorsqu'un enfant traduit en justice se trouve dans la situation qui vient d'être décrite, le procureur du roi en donne avis au préfet du département, qui

---

(1) Comme institution pénale, une colonie n'est bonne que pour recevoir des condamnés libérés.

s'efforce de procurer au jeune délinquant, acquitté faute de discernement, une place d'apprenti chez quelque particulier. On nous a assuré qu'il y a deja 2 ou 300 enfants placés de la sorte, par suite de cet accord entre la justice et l'admistration. Dans l'Est, où l'industrie est plus avancée et où l'on a plus besoin de bras, beaucoup d'enfants recueillent le bienfait de cette innovation, qui leur assure une existence honnête au lieu d'une vie toute devouée au crime; mais cette réforme n'a point encore pénétré dans l'Ouest, où les préjuges contre les repris de justice ont conservé toute leur force, et où on ne saurait obtenir d'un particulier qu'il reçoive chez lui, comme apprenti, un enfant sorti des prisons. Cette amélioration est cependant precieuse; mais c est malheureusement la seule. A part cette innovation, qui n'enleve au système corrupteur de nos prisons qu'une bien faible partie de son influence, l'administration centrale de l'interieur soutient en tous points l'etat de choses existant.

Nous sommes loin, sans doute, d'accuser ses intentions, que nous devons croire excellentes: nous admettons qu'elle fait des efforts pour ameliorer; qu'elle a des agents zeles dont quelques-uns sont tout a la fois remarquables par leurs lumieres et par leurs talents; et nous sommes persuades qu'elle tire d'un mauvais systeme tout le bien qu'on en peut tirer. Mais nous savons aussi qu'il est difficile d'echapper au joug des vieilles habitudes. Le *péril d'innover* est le mot sacramentel de toutes les administrations, et il faut avouer que l'absurdité de certaines reformes proposees semble legitimer l'opposition aux reformes les plus sages (1).

Mais en même temps qu'elle repousse les tentatives d'une philanthropie mal entendue, l'administration centrale combat malheureusement avec la même force les amis les plus éclairés de la reforme des prisons.

---

(1) Nous connaissons un administrateur qui a montré beaucoup d'étonnement de ce que le ministre de l'intérieur n'approuvait pas la proposition qu'il avait faite de donner des gilets de flanelle à tous les détenus d'une prison. Ne serait-ce pas, lui répondit le ministre, rendre aux détenus un mauvais office? Comment, à leur sortie de prison, pourraient-ils s'entretenir de ce genre de vetement do t ils ne pourraient plus se passer, parce qu'ils en auraient pris l'habitude? Il faudrait donc que le gouvernement leur fît une pension pour les aider à satisfaire un besoin qu'ils n'auraient point connu sans lui?

Ainsi, tandis qu'une voix universelle s'élève pour proscrire le système funeste de la confusion des detenus dans les prisons, l'administration seule le defend. Tout le monde reconnaît que les communications des détenus entre eux ne peuvent être que pernicieuses; l'administration ne les interdit pas.

Personne n'ignore que la plus grande corruption se pratique dans les preaux et dans les dortoirs; cette corruption suit son cours sans que rien l'arrête; dans les préaux, les entretiens des criminels ne sont point troubles; dans les dortoirs, on a la pretention de les empêcher, mais en vain : la vigilance des gardiens est aisément trompée : leur sollicitude so meille bientôt durant la nuit; mais le vice ne s'endort pas si vite.

Ce detestable système, dont une affreuse dépravation mutuelle est le résultat, l'administration le croit et le soutient bon; elle se vante d'obtenir un silence parfait dans les ateliers de travail, comme si les prisonniers qui ont conversé ensemble une partie du jour et de la nuit avaient besoin de parler pour s'entendre; comme s'il était de quelque intérêt pour la moralité des detenus que ce silence soit observé, lorsque, dans d'autres instants, la liberté des communications est entiere; comme si ce silence, en supposant qu'il soit obtenu, profitait à qui que ce soit, si ce n'est à l'entrepreneur qui exploite le travail des detenus.

Il y a bien d'autres abus encore universellement condamnés, et que l'administration persiste à protéger de sa puissance. Qui ne connait dans les prisons la plaie des cantines? qui ne sait qu'avec de l'argent le plus abominable scélérat se fera dans la prison une existence matériellement douce, tandis que le malheureux qui ne sera coupable que d'un léger delit, mais pauvre, subira le regime de la prison dans toute sa rigueur? Allez à la Conciergerie : là se trouve un homme execrable, un criminel bon logicien, un assassin athée, Lacenaire; ce misérable, auquel un public blasé est tenté de donner des admirations, parce qu'il excelle dans le cynisme, cette vertu des temps modernes, et que, passé maitre dans la pratique du crime, il sait encore merveilleusement le parler; ce meurtrier philosophe qui ne croit qu'à la matière, et qui ne voit pas pourquoi il ne tuerait pas son semblable pour vingt francs, quand le tigre déchire sa proie sans autre instinct que celui de sa cruauté, Lacenaire est dans les prisons de Paris, et savez-vous à quel régime il est soumis? — Chaque matin, on met sous ses yeux les articles des journaux où l'on parle de lui ; il faut que cet égoïste sanguinaire jouisse encore dans la plus personnelle des passions, l'orgueil. Il saura que tout le monde s'occupe de lui; qu'on raconte les moindres évènements de sa vie; que l'on discute gravement ses opinions; que ses paroles les plus indifférentes sont commentées, et plus d'un scélérat obscur enviera sa gloire (1). Durant le jour on vient lui rendre visite; Lacenaire a sa cour. Il daigne s'entretenir longuement avec celui-ci; cet autre a reçu de lui une lettre obligeante; un troisième a été honoré d'une communication plus précieuse encore, d'une pièce de vers. L'auteur y déroule les plus gracieuses images : c'est un rêve charmant où sont délicatement entremêlés les fleurs, les parfums et les femmes!!!.. Quelle belle imagination! quelle organisation puissante!!... Et le stupide admirateur ne voit pas que, sur cette robe d'innocence, avec laquelle joue le crime, il y a des gouttes de sang; il ne devine pas que cet homme fort finira comme un lâche, et ne voit pas que celui qui, par égoïsme, tue sans pitié, ne saurait mourir avec courage! Un peintre entre à la Conciergerie : il vient prendre le portrait de Lacenaire : ne faut-il pas conserver précieusement les traits d'un grand homme?—Si du moins c'était une étude philosophique à laquelle on se livrât; et si on essayait, en examinant la tête du monstre, de saisir les caractères extérieurs de cette nature sauvage et dégradée, rien de mieux alors; mais non, c'est une industrie qui s'exerce : Lacenaire écrit ses mémoires, et l'éditeur a besoin de placer en tête de cette œuvre le portrait de l'auteur : les Mémoires de Lacenaire! Pourquoi donc cette main, qui ne peut plus tuer, est-elle libre de tracer sur le papier les théories qui tuent? Vous, geôlier; vous, police; vous, magistrats, vous resserrez quelquefois étroitement le pauvre prisonnier; quelquefois vous ne laissez pas arriver jusqu'à lui la lettre d'un père, les lar-

---

(1) Il y a peu de temps, un criminel vulgaire, accusé devant la cour d'assises, fit un plaidoyer en mauvais vers, qu'il commença ainsi :

« Paraissant sur ce banc où s'assit Lacenaire,
« Ne suis-je pas encore heureux dans ma misère !
. . . .

mes d'une sœur, l'adieu d'un ami qui part pour l'exil ; vous en avez le droit, droit contestable en principe, droit rigoureux qui peut-être n'aurait pas dû vous être si largement concédé, mais qui, puisque vous le possédez, devrait quelquefois du moins tourner au profit de l'ordre. La police des prisons vous appartient sans réserve ; rien n'y entre, rien n'en sort que sous votre bon plaisir. Pourquoi donc cette faveur accordée à la pensée qui recèle le crime ? Est-ce parce qu'elle menace la société tout entière, et qu'elle promet une vaste corruption ? Pourquoi ces communications libres entre le prisonnier dont vous avez le dépôt, et le monde qui l'a repoussé de son sein avec horreur ? — En voici la raison : Il y a dans toutes les prisons une cantine ; cette cantine fournit aux condamnés, pour leur argent, des suppléments de nourriture et de boisson ; c'est une entreprise industrielle. Mais la plupart des détenus ne pouvant rien acheter parce qu'ils n'on point d'argent, l'intérêt de la cantine est qu'ils s'en procurent. Or, la cantine est gérée par l'entrepreneur, qui a dans la prison une influence considérable ; on peut donc compter que ce qui est de son intérêt sera fait ; Lacenaire est donc laissé libre d'écrire ses mémoires, de se faire peindre, de traiter pour la vente de ses œuvres posthumes, parce que ce traité lui vaut une somme d'argent comptant, qu'il dépensera immédiatement dans la prison. Lacenaire ne boit dans sa prison que des vins fins : que ne lui envoie-t-on aussi des prostituées ? Cela manque à ses joies ; ce serait l'orgie de l'échafaud. Pourquoi en effet distinguer entre telle ou telle débauche ? Celle que vous tolérez, l'ivresse, n'est-elle pas la plus abrutissante de toutes ? N'est-ce pas une haute immoralité que de laisser au scélérat dont les jours sont comptés celle des voluptés qu'il estime le plus, et dans laquelle il va perdre le reste d'intelligence qui lui ferait peut-être détester ses forfaits !

Cet abus des cantines n'est pas seulement dans les prisons de Paris, il existe dans toutes les maisons centrales de détention ; et c'est là le régime que l'dministration défend !

Ce régime, ces abus monstreux, sont-ils attaqués dans les journaux, l'administration n'en tient compte : les journaux ne spéculent-ils pas sur le scandale et sur le mensonge ? On doit, en règle générale, ne jamais rien croire de ce qu'ils disent, et la perfection serait de ne pas les lire.

3.

L'agression vient-elle des chambres, dans ce cas on suit une autre tactique.

Vous attaquez, dit l'administration de l'intérieur, le système actuel des prisons; ce système est excellent : mais supposons qu'il soit mauvais, il faut, avant de le changer, savoir ce que vous mettrez à sa place. Or, que proposez-vous? le système pénitentiaire américain? Mais c'est un système ruineux : voyez ce qu'a coûté en Angleterre l'erection du fameux penitencier de Milbank; chaque cellule est revenue à plus de 10,000 fr. On répond au gouvernement que le pénitencier de Milbank a été construit avec un luxe de depenses qu'aucun gouvernement ne voudrait imiter; qu'aux États-Unis, où d anciennes prisons avaient coûté fort cher à établir, on a élevé des pénitenciers sur le principe cellulaire à très peu de frais; qu'en France une prison faite selon le système actuel coûte au moins 1,000 fr. par detenu, tandis qu'établie suivant le principe cellulaire, elle reviendrait à une somme moindre. Soit, dit l'administration, mais c'est un système dont l'utilité est contestable; car quel en est l'objet? c'est de reformer les detenus : or, il n'atteint point ce but; et en Angleterre, où il est établi, on voit le crime augmenter dans une bien plus grande proportion qu'en France, où il n'existe pas (1).

C'est à la vérité un pur sophisme; nous avons établi précédemment que l'accroissement des crimes dans un pays ne prouve point le vice des prisons, qui peuvent être très bonnes, en même temps qu'il se développe dans la société des éléments nouveaux d'immoralité; c'est l'augmentation des condamnés en recidive qui seule démontre que le système d'emprisonnement est mauvais. Or, on ne sait pas bien ce chiffre; et puis, ignore-t-on que le système pénitentiaire qui sera bientôt établi en Angleterre ne l'est point encore: qu'il n'existe que 10,000 cellules pour 20,000 detenus; que le pénitencier de Milbank est à peu près le seul où les prisonniers soient réellement soumis à la discipline pénitentiaire; enfin ne sait-on pas que même à l'égard des detenus de Milbank, on a peu de chances de reforme morale à esperer, parce que l'absence de travaux utiles dans la prison suffit pour vicier le système tout entier? Enfin est-il équitable d'opposer

---

(1) Ce raisonnement se trouve dans les observations présentées aux chambres par le ministre de l'intérieur, à l'appui de la loi des comptes.

aux partisans du système américain, l'Angleterre, où la réforme des prisons ne fait que commencer, tandis qu'on passe légèrement sur les États-Unis, où cette réforme est beaucoup plus avancée? Ne pourrait-on pas, tout en reconnaissant qu'il existe entre la situation de la France et celle de l'Amérique du Nord des différences notables, admettre qu'il a été fait dans ce dernier pays d'heureuses expériences qui vaudraient bien un essai de notre part?

Mais, reprend ici l'administration de l'intérieur, comment essayer un système dont les châtiments corporels forment la base essentielle? Et sur ce point l'administration exprime des sentiments d'humanité qu'on aime toujours à rencontrer dans tous les agents du gouvernement. Certes, nous n'avons jamais fait l'apologie du fouet, et nous avons déjà déclaré hautement que si un pareil moyen disciplinaire était indispensable pour mettre en pratique le système dont il s'agit, il fallait renoncer en France à son exécution; il est manifeste qu'un pareil châtiment répugne à nos mœurs autant qu'il révolte la nature; mais nous dirons aussi : Puisque le pénitencier de Wethersfield, établi sur le plan d'Auburn, se maintient et prospère sans qu'on ait recours à aucune peine corporelle, ne peut-on pas en conclure que cette sorte de châtiment n'est pas absolument nécessaire au succès d'une prison fondée sur le principe de l'isolement de nuit et du travail commun pendant le jour? et si cette espérance est légitime, pourquoi ne pas tenter de la réaliser?

Cette objection étant repoussée, en voici venir une autre également fondée sur la sévérité des moyens mis en usage pour pratiquer le système pénitentiaire : toute communication étant interdite aux détenus entre eux, il en résulte qu'après avoir travaillé en silence dans les ateliers communs, ils se retirent, à l'heure du déjeûner et du dîner, dans leurs cellules. Jamais ils ne se réunissent dans un préau, d'où il suit qu'ils n'ont jamais de récréations communes. A ce sujet, les réflexions suivantes sont présentées par un employé supérieur de l'administration des prisons, qui a fort courtoisement, mais pourtant avec quelque amertume, publié contre notre ouvrage la seule attaque dont il ait été l'objet (1):

(1) Voyez *Observations sur les maisons centrales de détention, à l'occasion de l'ouvrage de MM. de Beaumont et de Tocqueville.* Par M. Delaville de Mirmont,

« Autant que je puis me le rappeler, dit-il, MM. de Beaumont et de Tocqueville ne disent pas si, dans le système pénitentiaire, dont je m'occupe, les détenus sont renfermés dans leurs cellules pendant les récréations, ou s'ils se promènent dans des préaux communs. Je me trompe, ajoute en note l'écrivain, MM. de Beaumont et de Tocqueville disent, p. 59, qu'à Auburn et à Wethersfield, et dans les autres prisons de même nature, le travail n'est interrompu qu'à l'heure des repas, et qu'il n'y a pas un seul instant consacré à la récréation. Pas un seul instant de repos! Je n'ai plus rien à dire, sinon que les coups de fouet sont le digne complément d'un pareil système.

« La rentrée dans les cellules est impraticable, ajoute M. Delaville après cette exclamation ; car, si déjà il est à peu près impossible que des gardiens ouvrent chaque matin et referment chaque soir 12 à 1500 portes, que sera-ce lorsqu'il faudra recommencer cette opération plusieurs fois dans la journée? Condamnerez-vous d'ailleurs vos prisonniers à ne jamais prendre l'air, à ne jamais faire le moindre exercice? Si, au contraire, les détenus sont rassemblés dans des cours pendant les moments de repos, comment espérer qu'ils y gardent un profond silence? comment même l'exiger d'eux? et alors, je le demande de nouveau, que devient le système pénitentiaire?

« La réunion des détenus dans les préaux est évidemment, dit en terminant sur ce point M. Delaville, le plus grand, le seul obstacle aux améliorations morales, et, d'un autre côté, il me paraît impossible de les priver d'un exercice qui leur est aussi nécessaire que la nourriture et le sommeil. Je ne pense pas qu'il y ait moyen de vaincre la difficulté que je signale ici : tout ce qu'on peut faire, c'est de diminuer le mal en établissant des classifications (1). »

Arrêtons-nous ici un instant : la question que vient de discuter l'administration, par l'organe de M. Delaville, est grave ; elle touche au fond même du système pénitentiaire, au silence, sans lequel il n'y a point de système possible; or, l'administration des prisons déclare ici 1° que le silence, en

---

maître des requêtes, inspecteur-général des maisons centrales de détention. 1833.

(1) Voyer p. 17.

pareil cas, serait absolument nécessaire pour remédier à un mal affreux ; 2° que cependant elle reconnaît que le maintenir serait impossible, parce qu'il faudrait recourir à des moyens impraticables ; 3° que ce silence serait cruel, 4° et enfin qu'il attaquerait la vie même des détenus.

Il y a là bien des erreurs.

Remarquons d'abord la situation étrange de l'administration, qui voit un mal, en mesure l'étendue, l'exagère même, puisqu'elle lui attribue à lui seul toute la corruption des prisons, dont il n'a que sa part, et puis elle déclare naïvement que ce mal est incurable. Est-ce donc là ce régime d'emprisonnement qui, dites-vous un peu plus haut, est bon en lui-même, qu'il ne s'agit que de perfectionner? Améliore-t-on ce qui est radicalement vicieux?

Le silence, dites-vous, serait absolument nécessaire parmi les prisonniers, tandis qu'ils ne travaillent pas; mais les moyens à l'aide desquels on pourrait faire régner ce silence au milieu d'eux sont impraticables. Les fera-t-on rentrer dans leurs cellules à l'instant où ils quittent leurs ateliers? Mais, à chaque entrée et sortie, il faudra donc ouvrir 12 à 1500 portes?.... Et voilà une impossibilité matérielle. Sur ce point, nous déclarons formellement que l'administration des prisons de France se trompe : nous n'avons point sans doute toute l'expérience pratique de ses agents, mais nous pouvons au moins rendre compte du peu que nous avons vu : or, à Singsing, à Wethersfield, à Charlestown près de Boston, où nous avons observé maintes et maintes fois le régime des prisonniers dans tous ses détails, nous avons toujours reconnu que la sortie des ateliers et l'entrée des détenus dans leur cellule, soit pour le déjeûner, soit pour le dîner, s'exécutait dans un ordre admirable et avec une incroyable rapidité : chaque entrée et chaque sortie de ce genre ne prennent que quelques minutes. Nous n'avons pas vu ouvrir 1500 portes toutes à la fois, parce qu'il n'y avait 1500 cellules dans aucun des pénitenciers que nous avons visités; mais nous avons remarqué cette promptitude d'exécution dont nous parlons dans la prison de Singsing, qui contenait 800 condamnés; et ce nombre, au delà duquel une réunion de criminels ne peut être que dangereuse, suffit sans doute pour que la facilité du fait dont il s'agit soit appréciée.

Mais n'est-il pas cruel de ne donner, après le travail, aucune recréation aux prisonniers ? — Quoi ! s'écrie l'administration des prisons de France, pas un instant de repos ! digne complement d'un systeme dont le fouet est la base fondamentale.

Prenez garde de tomber ici dans la confusion. Nulle part nous n'avons dit qu'il ne fallût donner aucun repos aux prisonniers, qui, dans le systeme américain, ont d'autant plus besoin de délassement qu'ils travaillent beaucoup; mais le repos que nous réclamons est tout autre chose que la recréation commune, que nous repoussons de tous nos efforts.

Le plus grand nombre des ouvriers libres qui, en France, gagnent péniblement leur vie, n'ont d'autre repos que celui qu'ils prennent à l'heure des repas, et nous ne voyons pas trop pourquoi des criminels que la societé a fletris excitent un interêt si vif, qu'on pousse des exclamations d'attendrissement, et qu'on est près de verser des larmes à l'idée de leur infliger une privation que subissent tous les travailleurs honnêtes. Renferme dans sa cellule, après qu'il a travaille, le prisonnier delasse son corps en même temps qu'il prend les aliments necessaires à sa subsistance; ce repos du jour doit être court; autrement la nuit, destinee aussi à reposer les prisonniers, serait trop longue, et il importe qu'elle ne le soit pas, dans l'interêt même de leur moralité. Nous croyons qu'un tel système vaut mieux que le mélange corrupteur qui nait des récrétions communes.

Mais, dit-on encore, la réunion des détenus dans les préaux est aussi necessaire aux prisonniers que la nourriture et le sommeil; en d'autres termes, les priver de cet exercice, c'est leur ôter la vie. Sur quelles experiences l'administration de l'intérieur fonde-t-elle cette opinion ? Pour nous, sans nous perdre dans de vaines theories et dans des declamations stériles, nous répondrons à des allégations par des faits.—C'est, dites-vous, un systeme meurtrier que celui qui prive les détenus de la recreation dans les preaux. — Mais d'où vient donc que les prisonniers qui, dans les penitenciers, n'ont ni preaux ni recreations, se portent mieux et meurent moins que dans les prisons où l'exercice des preaux leur est accorde? Ce fait est cependant incontestable.

Il y avait aussi en Amérique, avant l'établissement du système pénitentiaire, des prisons toutes semblables à celles que nous possedons aujourd'hui, et dans lesquelles régnait la même liberté de communication aux heures de repos. Telles étaient les prisons de Walnut-Street, à Philadelphie, et Newgate, a New-York. Or, à Walnut-Street, il y avait, terme moyen, chaque année, 1 deces sur 16 individus, et a Newgate 1 sur 19. — Dans les nouveaux etablissements, fondes sur les principes de l isolement et du silence, la mortalité est infiniment moindre : à Singsing, il meurt 1 détenu sur 37 ; à Wethersfield, 1 sur 44 ; a Baltimore, 1 sur 49 ; à Auburn, 1 sur 56 ; à Boston, 1 sur 58.

La comparaison entre les nouveaux pénitenciers d'Amérique et les prisons de France conduit au même resultat : des documents irrécusables prouvent que la mortalité, dans nos maisons centrales de détention, est annuellement dans la proportion de 1 sur 14.

Et la raison de ces différences est facile à saisir : les communications qui naissent de la reunion des detenus sont, de votre aveu, une source d'affreuse corruption. — Or il n'est rien de si homicide que le vice : la cellule où, après le travail, le condamné se repose dans l'isolement, est donc plus humaine que le preau, où, sous la forme d'une récréation innocente, il ne trouve que de criminels amusements.

Du reste, si l'on pensait que, pour certains detenus, par exemple ceux qui ne font qu'un travail tres peu fatigant, l'exercice dans les préaux est absolument nécessaire, ce dont il nous est permis de douter, il serait tres facile de le leur procurer sans violer la loi du silence : et l'objection que présentent à cet égard ceux que nous combattons n'est point aussi grave qu'ils le paraissent croire. Le moyen fort simple d'y remedier a été trouvé dans le pénitencier de Milbank, en Angleterre, où les prisonniers passent une demi-heure environ dans les préaux apres chaque repas, sans entretenir entre eux la plus legere communication. Pour arriver à ce resultat, on les soumet à une sorte d'exercice militaire ; on leur fait faire des évolutions en tous sens, mais en ayant soin qu'ils soient toujours placés à la file des uns des autres, et jamais côte à côte, de telle sorte qu'ils ne puissent se parler sans se retourner, auquel cas ils seraient aperçus et severement punis. A la verité, c'est un surcroit de travail pour les gardiens, mais ce ne serait pas sans doute une raison pour qu'un pareil système soulevât chez nous des objections.

Disons-le donc, ceux qui, au nom de la nature et de l'humanité, maintiennent d'aussi tristes abus, appliquent mal à propos les principes sacrés qu'ils invoquent.

C'est sans doute ce même esprit de philanthropie peu éclairée qui porte l'organe de l'administration à s'écrier un peu plus loin.

« On s'occupe beaucoup des moyens d'isoler, pour qu'ils ne se corrompent pas entre eux, les individus condamnés, c'est-à-dire convaincus de délits ou de crimes, et subissant la peine qu'ils ont méritée; et l'on ne *songe pas à garantir* de la contagion les prévenus que l'on doit toujours supposer innocents; cependant il est reconnu que c'est surtout dans les maisons d'arrêt que les prisonniers se pervertissent. Là sont confondus pendant des mois entiers, et dans le plus complet désœuvrement, l'homme véritablement innocent, le malheureux que l'extrême misère aura entraîné à commettre un léger larcin, le voleur de profession, le forçat libéré, etc. — Pour remédier à ce mal, établira-t-on, dans toutes les maisons d'arrêt et de justice, des cellules où, pour éviter toute communication dangereuse, les prisonniers seront enfermés sans en sortir jamais, jusqu'après le prononcé de leur jugement? Mais alors vous condamnez tous les prévenus à la peine affreuse du secret; et, pour satisfaire à la morale, vous outragez l'humanité. Je laisse la solution de cette difficulté à de plus habiles que moi (1). »

La question qu'examine ici l'organe de l'administration n'est pas nouvelle. Il se trompe d'abord quand il suppose que le système pénitentiaire ne comprend point, dans sa sphère, les prévenus ou accusés.

Sans doute, si on l'entend dans un sens restreint, le *système pénitentiaire*, c'est-à-dire celui à l'aide duquel on obtient le *repentir* du coupable, ne s'applique qu'à des condamnés; mais, en le prenant dans un sens plus large, on l'étend à tous les individus mis en prison; et ceux qui ont exposé les théories du système pénitentiaire ont toujours reconnu que l'établissement des maisons d'arrêt avec cellules solitaires pour les prévenus devrait précéder toute autre institution. Ils ont été plus logiques que celui auquel

(1) Voyez *id.*, p. 17 et 18.

nous répondons ; et, au lieu de dire: « Plus le mal est grand, moins il faut le guérir, » ils ont pensé qu'il fallait porter le remède là où ils voyaient le principe de la corruption. Nous croyons avoir montré clairement, dans le cours de cet ouvrage, comment il est arrivé que, sous ce rapport, la pratique ne s'est pas d'abord accordée avec la théorie (1). Du reste, s'il est vrai qu'on ait agi peu rationnellement aux États-Unis, en construisant, pour les criminels condamnés, les premières cellules solitaires qu'il fallait destiner aux prévenus, on a vu, par l'exposé qui précède, que la faute de logique commence à se réparer ; et l'érection d'une prison cellulaire à Philadelphie, pour les prévenus, prouve à l'administration des prisons de France qu'il est des pays où l'on songe à préserver les détenus de l'effroyable corruption des prisons. — On y a songé aussi en Écosse, où il existe un pénitencier à cellules destinées aux prévenus (2); on y a songé aussi en Angleterre, où l'on a décrété (l'été dernier) l'établissement universel de cellules solitaires pour les prévenus dans toutes les maisons d'arrêt. Voilà donc trois peuples un peu civilisés qui ont cru pouvoir faire exécuter un système dont l'administration des prisons de France nous dit qu'on n'a jamais eu et qu'on ne doit jamais avoir l'idée ! Ne peut-on pas cependant conclure de ces exemples que l'établissement de cellules solitaires pour les prévenus n'est pas une invention tellement inhumaine qu'il faille la repousser sans examen (3) ?

Eh bien ! examinons-la un instant : on admet l'existence du mal; mais ici encore voilà une plaie sans remède. — Nous disons, nous, que le remède existe, et qu'il est bien simple : pour que les prévenus ne se corrompent pas dans les prisons, isolez-les. — Eh quoi ! s'écrie notre adversaire, les isoler ! vous allez traiter comme des coupables des prévenus peut-

(1) Voyez chapitre Ier.
(2) Celui de Glascow.
(3) Le digne rapporteur de la commission chargée, par le conseil-général d'Indre-et-Loire, de présenter un plan de discipline pour les prisons de Tours, pensait aussi aux prévenus, quand il disait : « La société doit surtout veiller sur les prévenus, sur les accusés, qui, jusqu'à leur jugement, sont innocents pour elle. Les *détenir* ne suffit pas, il faut encore les préserver de la contagion ; leur épargner la société, la conversation, la vue des criminels ; je ne conçois pour cela qu'un moyen, c'est l'isolement.... »

être innocents, les condamner à la peine affreuse du secret, et, *pour satisfaire à la morale, outrager l'humanité !!*

Réduisons ces paroles à leur juste valeur : cela est nécessaire ; car là encore il y a beaucoup d'erreurs en peu de mots.

De deux choses l'une, ou l'accusé est innocent, ou il es coupable.

Commençons par la première hypothèse, celle de l'innocence : c'est l'ordre naturel des idées ; car l'accusé est présumé innocent, tant que le jury ne l'a pas déclaré coupable.

Eh bien ! nous le demandons, lequel vaut le mieux pour un homme injustement accusé d'être jeté dans une prison pêle-mêle avec des malfaiteurs de toute sorte dont le contact seul est flétrissant, ou bien d'attendre le jour du jugement pendant un mois, deux mois, six mois s'il le faut, dans une cellule solitaire, où il est à l'abri de toute souillure. Vous parlez des horreurs de l'isolement : il y a, pour l'honnête homme, quelque chose de pire que la solitude la plus cruelle, c'est la société des méchants.

Pourquoi donc d'ailleurs présentez-vous ici un tableau si terrible de cette solitude, de cette *peine affreuse du secret*, à laquelle seront soumis indistinctement tous les prévenus ?

Non, les prévenus ne seront point mis au *secret*, par cela seul qu'on les aura isolés les uns des autres.

Dans leur isolement, ils ne seront point traités comme des coupables ; ils pourront, sauf la défense du juge, et sous la réserve des précautions d'ordre et de discipline, recevoir la visite de leurs parents et de leurs amis.

Ils ne seront soumis à aucun travail forcé, et ne feront que celui qu'ils réclameront comme un délassement, comme un bienfait ; nul d'entre eux ne sera empêché de lire dans sa cellule, s'il sait lire, s'il lui plaît de lire, et s'il a des livres. A quoi se réduira donc cet affreux supplice du secret ? — A un seul point : à la cessation des rapports du prévenu avec des criminels souillés de tous les vices et de toutes les immoralités.

Objectera-t-on que les prévenus, dans les bonnes prisons de notre temps, sont séparés des condamnés, et que, tout prévenu étant présumé innocent, il n'y a point de corruption mutuelle à craindre de la part de détenus qui ne sont point criminels ?

Cette objection repose sur un sophisme.

Oui, tout prévenu pris individuellement est présumé innocent, jusqu'à la preuve légale de son crime; cependant il n'est pas moins certain, parce que c'est une vérité démontrée par l'expérience et par la statistique, que, sur 100 accusés pris en masse, il y en a au moins 60 (1) qui sont coupables.

Mêler des prévenus les uns aux autres, c'est donc nécessairement confondre le crime avec l'innocence, et exposer celle-ci à des souillures dont elle doit être garantie.

Nous disons que 60 accusés sur 100 sont criminels : cela est certain avant que le jugement soit prononcé; mais, tant que le jugement n'est pas rendu, on ignore quels sont les innocents, et quels sont les coupables. Leur nombre est en quelque sorte determiné d'avance par une loi fatale dont nous ignorons la règle; mais quels sont les individus qui composeront la part du crime et celle de l'innocence?— C'est ce que nul ne sait; voilà pourquoi, malgré la certitude que les trois cinquièmes des prévenus sont des coupables, chacun d'eux a individuellement le droit d'être traité comme s'il était innocent; et ce droit est pour la société une obligation rigoureuse; elle ne peut dire à l'accusé : Je vous mêle, dans la prison, à des êtres qui ne sont pas pires que vous; car ils ne sont qu'accusés, et, comme vous, présumés innocents.— Chacun de ceux-ci peut répondre : L'ensemble des accusés présumés innocents produira les trois cinquièmes de coupables, et moi qui prétends appartenir à la part de l'innocence, je ne veux point être associé à celle du crime.

A la vérité, le prévenu qui est criminel dira avec raison qu'il ne trouve aucun inconvénient à ce qu'on le confonde avec des individus innocents; mais il ne saurait raisonner ainsi sans prouver combien les prévenus innocents sont intéressés à être séparés de lui. En resumé, la société dit au prévenu : Si vous êtes innocent, je dois vous préserver de la souillure de ceux qui sont coupables; si vous êtes coupable, je ne veux pas que vous puissiez souiller de votre contact ceux qui sont innocents.

Nous venons de raisonner dans la supposition que le prévenu mis en prison est innocent; maintenant admettons l'hypothèse de sa culpabilité : les raisonnements que nous venons de faire conservent toute leur force.

(1) V. Comptes de la justice criminelle en France, depuis 1825 jusqu'à ce jour.

Je conviens qu'il pourra se rencontrer des prévenus, même dans le chiffre des non coupables, qui aimeront mieux s'exposer à la contagion des communications mutuelles, que de demeurer purs dans l'isolement ; en un mot, ils craindront plus un ennui de quelques mois, ou même de quelques jours dans la solitude, que des rapports d'où naîtront une distraction momentanée et une éternelle corruption. Il nous semble qu'en pareil cas le goût de chaque prisonnier ne doit pas être consulté: il s'agit de savoir, en morale et en pratique, où est le vrai et l'honnête. La question étant résolue, la loi viendra au secours de ces âmes faibles et indolentes, qui n'ont ni l'énergie du crime ni celle de la vertu, et qui, menacées de la plus affreuse corruption, la subissent, non qu'elles l'aiment, mais parce qu'elles n'ont pas la force de souffrir un peu pour s'en préserver.

Il est une dernière objection que présente l'administration des prisons de France contre le système pénitentiaire, et celle-ci est puisée dans la loi même.

L'art. 614 du Code d'instruction criminelle est ainsi conçu :

« Si quelque prisonnier use de menaces, injures ou violences, soit à l'égard du gardien ou de ses préposés, soit à l'égard des autres prisonniers, il sera, sur les ordres de qui il appartiendra, resserré plus étroitement, enfermé seul, même mis aux fers en cas de fureur ou de violence grave, sans préjudice des poursuites auxquelles il pourrait avoir donné lieu. »

Et l'on dit : Puisque l'isolement est indiqué par le législateur comme châtiment disciplinaire en cas d'inconduite, il faut bien en conclure que la solitude n'est point l'état naturel et légal des prisonniers dociles. Soumettre tous les prisonniers, prévenus ou condamnés, au régime de l'isolement et du silence, c'est donc violer la loi, qui veut qu'on n'inflige ces rigueurs qu'aux détenus rebelles à la discipline.

S'il était vrai qu'on ne pût, sans violer la loi, établir le régime pénitentiaire, quelle que soit la supériorité de ce nouveau système sur l'ancien, certes il faudrait se résigner en attendant une loi nouvelle.

Mais le respect que l'administration montre ici pour la loi ne tient-il pas un peu au désir de protéger l'état de choses existant contre toute innovation ?

Ce qui fait naître nos doutes à cet égard, c'est que nous la verrons tout à l'heure, quand ses plans l'exigeront, adopter sans scrupule les sévérités même qu'elle réprouve ici comme illégales. Examinons donc sans prévention le point de droit.

Et d'abord, en supposant qu'une loi fût nécessaire pour introduire dans nos prisons le régime du silence et de l'isolement, il nous semble qu'une pareille loi serait facile à obtenir des chambres; et dans le cas où le système pénitentiaire trouverait des contradicteurs, ce serait l'occasion d'une discussion grave, et nous ne doutons pas que la victoire ne restât à ses partisans.

Mais faut-il donc une loi pour modifier le régime des prisons?

De quoi s'agit-il? — De substituer au principe corrupteur de la confusion des prisonniers un régime qui, en les isolant les uns des autres, les préserve de toute contagion. Or, où trouver une loi qui s'oppose à ce changement? On cite l'article 614 du Code d'instruction; que dit cet article? Il indique l'isolement absolu comme un des moyens disciplinaires auxquels on peut avoir recours pour rétablir l'ordre, quand l'ordre a été troublé; mais de ce que le prisonnier contrevenant à la discipline peut être, d'après la loi actuelle, puni par le silence et l'isolement, s'ensuit-il que l'isolement et le silence ne puissent, en aucun cas, être imposés aux prisonniers dociles? En d'autres termes, la faculté, accordée par la loi, d'isoler les détenus en cas d'infraction aux règlements de la prison a-t-elle pour conséquence nécessaire que les prisonniers qui se montrent soumis ne puissent être jamais ni moralement ni matériellement séparés; qu'ils doivent être libres, à tous instants, de s'entretenir ensemble.

Conclura t-on, de l'article 614 du Code d'instruction criminelle, que les prisonniers ne sauraient être isolés pendant la nuit? — Non, assurément : on convient que les communications des prisonniers pendant la nuit ne sauraient être que funestes, et l'administration concède l'isolement de la nuit. Soutiendra-t-on que la liberté des communications a été tellement garantie aux prisonniers, que c'est violer sa volonté que de leur interdire la parole durant les heures de travail?—Non, tel n'est pas le système de l'administration, car elle s'efforce d'établir le silence dans les ateliers: la voilà donc forcée d'accorder l'isolement de nuit et le silence durant le travail ; que reste-t-il donc de ces communications libres qui, dit elle, sont assurées au prisonnier, et dont il ne peut être privé que par l'effet d'une peine disciplinaire? — Il ne reste que la récréation dans les préaux !

Mais cette recréation commune dans les préaux est précisément, selon vous, le pire des maux, la source principale de la corruption ; quoi ! la loi voudrait que tous les jours, pendant une quantité de temps déterminée, les prisonniers, criminels ou innocents, grands ou petits coupables, fussent si bien confondus les uns avec les autres, communiquassent ensemble si intimement et se transmissent si bien toutes leurs impressions, qu'il n'y eût pas un vice individuel qui ne devînt en quelques jours le vice commun ; pas une lepre qui d'un membre ne s'étendît subitement à tout le corps ; non, la loi, en comprenant l'isolement au nombre des moyens à employer pour retablir l'ordre de la prison, n'a point entendu poser un principe et interdire la solitude dans tout autre cas.

La disposition de l'article 614 est purement règlementaire et disciplinaire ; elle ne cree pas le régime des prisons ; elle le regle selon l'état de choses existant à cette epoque. Or, quel etait, lors de la publication du Code d'instruction criminelle, le régime universellement en vigueur dans nos prisons? Le même qu'aujourd'hui, celui de la confusion générale des detenus? Cette confusion etait alors, comme aujourd'hui, un fait bien plus qu'une theorie; les condamnés sont entassés pêle-mêle dans nos prisons, non parce que les lois le veulent ainsi, mais parce que nos prisons sont construites de telle sorte qu'on ne saurait y placer autrement les condamnés. Le Code de 808 part donc de ce point, que tous les prisonniers sont confondus dans la prison? Maintenant, il prevoit des rebellions, des revoltes, des infractions à la discipline, et il signale les moyens qu'on pourra prendre pour les réprimer. Or, il est bien clair que, parmi ces moyens, l'isolement, c'est-a-dire la division des forces dont se compose la population detenue, est un des meilleurs et des plus sûrs. l'isolement, du reste, n'est pas le seul moyen disciplinaire que la loi indique; apres avoir enfermé seul le prisonnier rebelle, on pourra encore le charger de fers. Mais de ce que la loi emploie, dans un cas, l'isolement comme un moyen, d'ordre en faveur de la prison, il ne s'ensuit pas que ce même isolement ne puisse, dans d'autres circonstances, être mis en usage comme un moyen d'ordre et de moralité en faveur du condamné.

Si l'on reconnaît que la loi n'exclut ni la séparation nocturne ni le silence, soit pendant les travaux, soit pendant les moments de repos, c'est reconnaître, en d'autres termes, que la loi en vigueur autorise l'etablissement du système d'Auburn et de Wethersfield.

Ici se présente une objection. Ne peut-on pas dire : Ce qui précède est applicable aux detenus condamnés qui travaillent; mais, selon le regime actuel de nos prisons, les prevenus ne travaillent jamais. Or, on conçoit bien qu'on soumette sans trop de peine au silence cinquante prisonniers occupés dans le même atelier; quoique silencieux, chacun d'eux est pour les autres une compagnie; et le travail est un intérêt qui abrège les heures. Mais on comprend aussi qu'il serait impossible de reunir dans une salle le même nombre de prévenus, et, tandis qu'ils seraient dans l'oisiveté la plus profonde, de les obliger à un silence absolu. Comment donc faire ici? Notez que si dans ce cas le silence est plus difficile à faire observer, parce que les prisonniers sont totalement oisifs, il est, par la même raison, plus indispensable que jamais ; car peut-on calculer sans effroi tout ce que peuvent produire de mauvais desseins, de combinaisons criminelles, de vices raffinés, une reunion de malfaiteurs qui n'ont absolument rien à faire durant les vingt-quatre heures du jour, sinon à penser? Cette consideration seule explique pourquoi il se pratique plus de corruption dans les maisons d'arrêt qui reçoivent les prévenus que dans les prisons destinées aux condamnés : ceux-ci travaillent, les autres ne travaillent pas (1).

Maintenant, nous le demanderons, croit-on que le legislateur, en forçant les condamnes au travail, ait voulu rendre leur condition plus douce que celle des prévenus; et qu'en n'assujetissant ceux-ci a aucune tâche journaliere, il ait entendu aggraver leur etat ? Non, sans doute; cependant telle serait la consequence qu'il faudrait tirer, s'il etait vrai que, d'après nos lois sur les prisons, il fût possible de soustraire les condamnes à la corruption, tandis que les prevenus ne pourraient en aucun cas y echapper.

(1) Voyez la note troisième, à la fin de l'introduction.

Tout ce que nous avons dit pour prouver que l'article 614 n'élève point un obstacle légal à la séparation des condamnés s'applique, et à plus forte raison, aux prévenus.

Ne voyons-nous pas, en effet, que, dans les maisons d'arrêt, chaque fois qu'il entre un prévenu plus riche que ses camarades de prison, cet individu, s'il a quelque moralité, demande et obtient dans la prison une chambre particulière, dans laquelle il s'isole, et se met, ce qui s'appelle, à la pistole? Là, il demeure d'ordinaire dans la solitude la plus absolue, en attendant le jour du jugement. Certes, nous n'avons jamais entendu alléguer en pareil cas que la loi s'opposât à l'isolement des prévenus; or, que demandons-nous? Que chaque prévenu, riche ou pauvre, ait, non une chambre de luxe, mais une cellule où il puisse, à l'abri des impuretés qui l'entourent, attendre le moment de paraître devant ses juges. Dira-t-on qu'il faut distinguer le cas où le prévenu réclame l'isolement comme une faveur de celui où on le lui imposerait malgré lui? Cette distinction ne nous paraît pas fondée. Nous voulons bien concéder qu'on ne pourrait soumettre les prévenus à l'isolement avant le jugement, si dans tous les cas cet isolement était usité comme châtiment disciplinaire; mais la meilleure preuve que ce n'est pas toujours un châtiment, c'est que nous le voyons souvent sollicité et accordé comme une faveur. Or, remarquez-le bien : s'il était vrai que l'isolement fût essentiellement une peine disciplinaire, on ne l'emploierait jamais que comme tel, et on le refuserait aux prévenus qui le réclameraient comme une grâce; car les peines ne sont point une affaire de goût, mais d'exemple.

L'isolement des prévenus, dans les maisons d'arrêt, étant tantôt invoqué comme moyen d'ordre pour l'administration, tantôt comme moyen de salut pour les prévenus, on voit bien que ni la loi ni la coutume ne s'opposent à ce que les prévenus soient tous, et dans tous les cas, isolés avant le jugement, si leur intérêt et celui de la société l'exigent. Il ne faut pas non plus perdre de vue que les objections qu'on présente contre la solitude absolue des condamnés soumis à une longue détention perdent toute leur force dès qu'on ne place dans la cellule solitaire que des prévenus qui n'attendent leur jugement que quelques mois et souvent quelques jours? Enfin, séparé dans sa cellule de tous les autres prisonniers, le prévenu, ainsi que nous l'avons déjà dit, y reçoit, sous la reserve des mesures d'ordre et de police, la visite de sa famille et de ses amis ; non contraint de travailler pour la prison, il se livrera aux travaux manuels ou intellectuels qu'il lui plaira de choisir ; en un mot, on le laissera autant que possible en contact avec le monde honnête, on ne l'isolera que des méchants.

Tous les arguments que nous avons présentés en faveur des condamnés à de longues peines d'emprisonnement, et des prévenus, s'appliquent tous, et avec une nouvelle force, aux individus contre lesquels une courte peine d'emprisonnement a été prononcée. Le châtiment dont ils sont atteints étant léger, la présomption est que leur délit n'est pas grave, et, s'ils sont moins criminels, on doit veiller d'autant plus à ce que leur corruption ne soit pas accrue (1). Il est vrai qu'on aura peu de temps pour les soumettre à un régime qui les rende meilleurs ; mais ce temps, si court pour la régénération morale, serait bien long et bien efficacement employé, s'il etait consacré à les corrompre. Qu'on ne perde pas de vue ces tristes verités : que la reforme morale, même avec le silence et l'isolement, est toujours incertaine; que la corruption, avec le melange des detenus, ne l'est jamais; que, dans la science perfectionnée, le meilleur système sera celui qui rendra bons des méchants; mais que, dans l'état actuel et réel des choses, le régime le plus parfait est peut-être celui qui empêche les méchants de devenir pires.

Nous croyons avoir démontré qu'une loi n'est pas nécessaire pour l'etablissement du système pénitentiaire en France, et que les principes de silence et d'isolement sur lesquels ce systeme repose ne sont nullement incompatibles avec la législation existante. En Angleterre, on a fait une loi pour établir un systeme pénitentiaire applicable aux prévenus comme aux condamnés. Ce n'est pas qu'on jugeât cette loi nécessaire

---

(1) Nous lisons, dans le rapport fait par M. le vicomte de Bretignères au conseil-général d'Indre-et-Loire, ces paroles pleines de verité :

« Moins le détenu est coupable, plus il doit bénir l'isolement auquel vous le soumettez ; car vous le préservez d'une contagion funeste et d'un contact avilissant par des criminels plus endurcis, si vous n'osez espérer de les rendre à la société meilleurs qu'elle ne les a livrés, vous avez du moins la certitude qu'ils ne sortiront pas de vos mains plus corrompus que vous ne les avez reçus. » (V. p. 16.)

pour introduire dans les prisons les principes de l'isolement et du silence : depuis vingt ans, ces principes avaient pénétré dans un grand nombre d'établissements, sans qu'aucune voix se fût élevée pour dénoncer une violation de la légalité; mais on a fait une loi pour généraliser un bien qui, jusqu'alors, n'avait été que partiel. Voilà comme une loi serait bonne en cette matière ; elle n'est pas nécessaire, mais elle serait utile: elle servirait à montrer la voie que l'administration doit suivre. Dans l'état actuel des choses, l'administration centrale des prisons, libre de faire, ne fait rien : une loi l'obligerait d'agir. Si nous avons combattu la nécessité d'une loi sur la matière, c'est que, d'une part, nous pensons qu'on pourrait en effet s'en passer, et que, de l'autre, il nous a paru que cette prétendue nécessité était exploitée en France comme un moyen de ne rien réformer. L'administration, par respect pour la loi, ne veut point qu'on change l'état actuel des prisons, et elle ne présente point la loi qui, selon elle, serait nécessaire pour autoriser des innovations ; c'est un cercle vicieux dont il faut pourtant sortir.

Après avoir indiqué l'heureuse réforme qu'a introduite l'administration centrale dans le régime auquel sont soumis les jeunes délinquants acquittés par les cours de justice faute de discernement, nous avons dit qu'elle n'avait fait rien de plus : nous le répétons encore; mais l'équité veut que nous ajoutions qu'elle prépare d'autres changements. Si nous sommes bien informés, on a dressé au ministère de l'intérieur le plan d'un pénitencier modèle pour 200 détenus. Il contiendra 200 cellules séparées ; les détenus passeront la nuit dans leurs cellules, et travailleront dans des ateliers communs pendant le jour. Outre les cellules ordinaires, il y aura dans l'établissement un certain nombre de cellules tout à fait solitaires pour le jour et pour la nuit, où seront placés les prisonniers qui auront refusé de travailler; ceux qui auront violé la règle du silence, ceux enfin qui auront manqué, en quelque manière, à la discipline. Enfin les détenus travailleront au profit de l'État, et ne recevront d'autre indemnité que celle qu'il plaira à l'administration de leur donner. C'est, à vrai dire, le système d'Auburn, moins la peine du fouet. Ce pénitencier, où seront envoyés des condamnés choisis dans toutes les prisons de France, va, dit-on, être établi à Limoges, point central. On consulte en ce moment l'Académie des sciences sur le meilleur mode de ventilation à adopter. Au printemps prochain, les travaux de construction commenceront. Si cet établissement réussit, l'administration centrale en élèvera d'autres sur le même modèle.

Certes, à ne considérer que cette esquisse du plan projeté, l'administration mérite, selon nous, des éloges sans réserve. En effet, alors même que nous avons exprimé les vœux les plus ardents en faveur de l'organisation générale du système pénitentiaire en France, nous avons toujours pensé que ce serait une chose sage que d'instituer d'abord un pénitencier-modèle (1), dont le succès ferait naître d'autres établissements de même nature ; ce mode de procéder nous paraissait d'autant plus prudent, qu'on rencontre, en France, des obstacles qui n'existent pas dans tous les pays où le système pénitentiaire a été mis en vigueur, entre autres l'impossibilité de recourir aux châtiments corporels et l'insuffisance du mobile religieux. Quelle que soit la confiance qu'on ait dans un principe et dans son efficacité, il est bon de l'essayer avant d'en faire une application générale. Nous sommes donc, jusqu'ici, parfaitement d'accord avec l'administration. Mais si un essai est nécessaire, on reconnaîtra aussi qu'il doit être tenté d'une manière équitable et loyale.

Voyons comment l'administration se propose de faire l'expérience. Voici le projet : on sait que, dans toutes les maisons centrales de détention, il y a un certain nombre de criminels, chez lesquels tout espoir de retour au bien est perdu à jamais, et qui, renommés pour leur scélératesse profonde, pour leur habileté à combiner des plans d'évasion et pour leur caractère intraitable, sont colportés de prisons en prisons, parce que, dans aucune, on ne parvient à les dompter. C'est pour les condamnés de ce genre que le nouveau pénitencier se prépare. Ces condamnés seront recrutés dans toute la France. Disons-le nettement, on a fait tout juste l'inverse de ce qu'il fallait faire.

Après avoir dit, en 1832 (2) :

« Nous pensons que le gouvernement ferait une chose utile en établissant un pénitencier-modèle, construit sur le plan des prisons d'Amérique, et gouverné, autant que possible, se-

(1) Voyez p. 185 de la première édition.
(2) Voyez id.

lon les règles disciplinaires qui sont usitées dans ces prisons».

Nous ajoutions :

« On aurait soin de ne placer dans le pénitencier que de nouveaux condamnés; car si on introduisait subitement le noyau d'une ancienne prison, on soumettrait difficilement aux rigueurs de la nouvelle dicipline des individus accoutumés au régime tolérant de nos maisons centrales. »

Notre conseil, qui était celui de l'expérience, ne paraît pas devoir être suivi. Au lieu de prendre parmi de nouveaux condamnés les moins coupables, on fera dans des prisons infectées d'une vieille corruption un choix de bandits et de scélérats émérites.

Certes, l'administration centrale aurait l'intention de porter au système pénitentiaire un coup mortel, qu'elle n'aurait pu rien inventer de plus efficace : on conçoit en effet qu'une pareille expérience, tentée sur de semblables éléments, ne possède pas une seule bonne chance en sa faveur, et réunit contre elle toutes les mauvaises. Non-seulement poursuivre la réforme morale d'êtres aussi profondément pervers serait une pure chimère, mais encore il ne nous paraît guère possible d'espérer qu'on parvienne à soumettre au régime du silence des criminels accoutumés aux communications mutuelles et habitués à se jouer de toutes les rigueurs disciplinaires. Et puis, si, en dépit de toute vraisemblance, on reussissait, par une sorte de tour de force, à les dompter et à les faire plier sous la règle de cet austere régime, quel bien en résultera-t-il? Aucun. On ne régénerera pas des méchants depravés jusqu'au fond de l'âme ; le systeme pénitentiaire n'aura pas même le mérite de rallentir les progrès d'une corruption qui, suivant desormais une impulsion fatale, ne s'arrêtera qu'à son apogée. — Et lorsque des condamnés libérés, sortis de ce pénitencier, commettront de nouveaux et de plus effroyables crimes que les premiers, on s'ecriera : « Voyez l'efficacité du nouveau systeme! ceux qu'on a soumis à son influence sont pires que les détenus de nos prisons ordinaires ; laissons donc une vaine theorie nee d'hier, et revenons au bon vieux régime de nos maisons centrales, qui a pour lui l'autorité de tous les siècles passés. »

Assurément, nous sommes bien loin de croire que telle soit la pensée de l'administration : non, elle ne veut point, en établissant le pénitencier de Limoges, tuer le systeme pénitentiaire dans son berceau ; sans doute, si nos prédictions sinistres se réalisent, elle ne s'en fera point une arme contre une théorie à laquelle on ne pourrait équitablement imputer, en cette circonstance, un infructueux essai. Mais ce que l'administration ne dira pas, d'autres le diront peut-être ; et la foule, qui trop souvent ne voit que la surface des choses, sera tentée d'attribuer au principe un échec dont le mode d'exécution aura seul été la cause.

Nous disons que l'administration centrale des prisons n'agit point envers le système pénitentiaire avec tant de perfidie : comment donc expliquer l'érection du péditencier de Limoges sur une base si manifestement vicieuse ? — La réponse est facile.

Nous avons censuré amèrement l'établissement de Limoges, parce que nous l'avons un instant considéré comme une prison pénitentiaire, et qu'envisagé sous ce rapport, il ne répond en effet aucunement au but de son institution.

Mais il est évident que tel n'est pas le point de vue de l'administration : elle ne fonde point le pénitencier de Limoges pour réformer des criminels ou pour les préserver d'une funeste contagion mutuelle ; elle bâtit une prison où elle fera régner une discipline rigoureuse, pour dompter ceux qu'il était presque impossible de soumettre par un régime moins sévère. Ce qu'elle emprunte au système pénitentiaire, ce n'est point son influence morale et religieuse, ses espérances de régénération, l'impression puissante des bonnes habitudes ; elle lui demande ses rigueurs, ses cellules, son silence, et elle ne voit dans tout cela que des moyens plus efficaces et plus faciles de réduire des caractères obstinés. Soumis à ce régime, les scélérats qu'elle mettra dans la nouvelle prison demeureront méchants ; mais peu importe, si, à l'aide de la nouvelle règle, on les a rendus plus dociles. L'établissement projeté n'a donc aucune espèce de ressemblance avec une prison pénitentiaire ; ce n'est pas un système pénitentiaire qu'on organise, mais un système d'intimidation. La maison de Limoges ne sera rien de plus qu'une maison de détention, renforcée de toutes les rigueurs que l'isolement et le silence peuvent prêter ; elle remplacera le Mont-Saint-Michel, où l'on envoyait tous les criminels que n'avait pu réduire la discipline ordinaire des maisons centrales ; seulement, placée au centre de la France, elle aura l'avantage de recevoir des condamnés de tous les départements, tandis qu'il n'en venait au Mont-Saint-Michel que des maisons centrales de l'Ouest. Et pourtant l'etablissement de Limoges est annonce comme une prison penitentiaire!!

On peut trouver à cette prison l'avantage d'attirer sur un seul point toute l'écume des maisons centrales, et de soustraire ainsi la masse des prisonniers au contact funeste d'une minorité plus corrompue : mais on atteindrait le même but en plaçant ces criminels d'elite dans toute autre prison, qu'elle contint ou non des cellules. Cette consideration est donc encore tout à fait etrangere au systeme penitentiaire.

Remarquons, en terminant sur ce point, que l'administration, qui represente le systeme penitentiaire comme ne pouvant s'etablir sans une violation de loi, devient moins scrupuleuse et plus hardie dans ses interpretations, lorsqu'il faut executer un plan conçu par elle.

C'est ainsi que nous ne la voyons point arrêtée, dans son projet de prison à Limoges, par l'article 614 du Code d'instruction criminelle, qu'elle oppose, dit-on, aux partisans de l'isolement et du silence.

Nous ne la blâmerons point de ce qu'ici elle croit pouvoir agir sans offenser la législation existante ; car nous pensons qu'en effet elle ne la viole pas ; mais elle, de son côté, devrait-elle accuser d'une infraction aux lois ceux qui ne font autre chose que ce qu'elle fait elle-même? — Elle va plus loin que nous, lorsqu'elle songe à supprimer de son chef le pécule des condamnés ; certes, nous n'avons jamais approuvé les bases sur lesquelles ce pecule est établi dans nos prisons, conformément aux lois en vigueur, mais enfin ces lois l'ont réglé ainsi en termes exprès : peut-on, sans violer leurs dispositions, supprimer ce qu'elles ont creé?

Nous avons plus d'une fois, dans le cours de cette introduction, laissé voir le chagrin réel que nous eprouvons de ce qu'en France la reforme des prisons n'avance point; cette réforme se fera cependant, nous n'en doutons pas. Il dependrait du pouvoir central, si puissant chez nous, de l'executer le premier ; mais, s'il demeure inactif et stationnaire sur ce point, le mouvement viendra de regions moins elevees ; les departements, dont il faut esperer que la vie locale va commencer, mettront la main a l'œuvre, sous le bon plaisir de leur tuteur; et quand ils auront construit de bonnes maisons de justice pour les accusés et de bonnes maisons d'arrêt pour les prévenus et condamnés correctionnels, il faudra bien que l'administration des prisons reforme aussi ses maisons centrales, qui, autrement, seraient les seules mauvaises; il le faudra, parce qu'alors l'opinion publique, sous la tutelle de laquelle elle est à son tour placée, lui en imposera l'obligation.

Avançons donc de tous nos efforts dans la voie de cette réforme bienfaisante, et, de peur de nous égarer dans notre route, ne perdons jamais de vue les grands principes qui doivent nous servir de guide. N'oublions pas, quand la philanthropie excite notre pitié pour un malheureux isolé, de réserver un peu de nos sympathies pour un intérêt plus grand encore, celui de la société tout entière; défions-nous de ces vues étroites et mesquines qui n'aperçoivent que l'individu, et jamais la masse des hommes, et rappelons-nous éternellement cette pensée d'un grand philosophe: que c'est une grande cruauté envers les bons que la pitié pour les méchants. Tout en reconnaissant l'étendue du sujet qu'embrasse la réforme, sachons en voir la limite. La loi pénale a une grande et imposante mission, qui ne s'accomplit pas toute dans l'intérieur des prisons. Ce n'est pas seulement pour reformer les criminels qu'on les prive de leur liberté; c'est d'abord pour les punir, et ce châtiment, quand on le leur inflige, ce n'est pas eux qu'on a eu vue, car alors la peine ne serait qu'une vengeance. La répression s'adresse à la société elle-même, à ceux de ses membres que la terreur des peines retient seule, à ces êtres faibles qui chancelleraient entre le crime et la vertu, si le crime n'était pas malheureux, à toutes ces âmes dépravées qui ne distinguent le bien que par les peines dont la loi flétrit le mal. L'intérêt social, qui n'est autre que l'intérêt de la masse honnête, exige donc que les méchants soient punis avec sévérité. Il faut seulement que ces rigueurs ne soient jamais inutilement prodiguées; qu'elles soient équitablement mesurées sur l'étendue des atteintes portées à la société; et que, toujours en harmonie avec les mœurs des peuples, elles se concilient avec les saintes lois de la morale et de l'humanité.

Voilà un premier point qui est en dehors du système pénitentiaire: ce système ne prend le condamné que dans sa prison; il accepte la peine telle que la loi sociale l'a décretée;

le mode suivant lequel cette peine sera subie est seul de sa compétence; il ne lui appartient donc ni de prolonger ni d'abréger la durée des peines; c'est donc un système antisocial que celui de ces philanthropes qui veulent que le criminel condamné à vingt ans d'emprisonnement soit mis en liberté au bout d'un an de détention, si, après un an, il a été moralement réformé. Dans le régime qu'on impose au criminel dans sa prison, c'est encore la société qu'il faut avoir en vue; en s'efforçant de le rendre meilleur, ou tout au moins de le préserver d'une plus grande corruption, on agit sans doute dans son intérêt, mais on travaille surtout au profit de la société, dans le sein de laquelle il doit rentrer après l'expiration de sa peine. Repoussons donc ces théories efféminées et débiles qui ne placent l'humanité envers les détenus que dans les améliorations matérielles; qui permettent aux criminels de se corrompre les uns les autres, parce qu'il serait cruel de leur imposer le silence, et les jettent pêle-mêle la nuit dans des dortoirs communs, parce qu'il serait inhumain de les isoler.

Enfin, il est une pensée qui doit dominer toutes les autres. Nous avons reconnu que la nouvelle doctrine, fondée sur le silence et l'isolement, est meilleure que le système de la confusion des détenus. Eh bien ! n'en doutons pas, cette doctrine portera son fruit. Après le mal de manquer de principes, le plus grand est de ne pas se confier dans ceux qu'on a.

NOTES

DE L'INTRODUCTION.

NOTE I.

Ayant eu souvent l'occasion de remarquer les bons effets que produisait sur les soldats envoyés à Bridewell par les conseils de guerre l'emprisonnement solitaire, substitué aux châtiments corporels, je me crois autorisé à publier les faits suivants :

Le 28 juillet 1835, étant allé visiter les cellules des soldats, j'y vis le nommé Robert More, du 10ᵉ de hussards, condamné à trente jours, et Richard Mortimer, du même régiment, condamné à trente-cinq jours. Ces hommes m'informèrent qu'ils préféreraient recevoir deux cents coups de fouet que de rester plus longtemps soumis à l'emprisonnement solitaire. Thomas Lyndh, du 77ᵉ régimen d'infanterie, condamné à cent vingt jours, et qui en avait déjà passé soixante-deux dans sa cellule, m'assura que, pour en sortir, il consentirait volontiers à recevoir cinq cents coups de fouet; et Abraham Gibbon, condamné à quatre mois d'emprisonnement, et qui avait déjà passé quarante-huit jours au pénitencier, me dit que, pour obtenir sa liberté, il se soumettrait sans peine à recevoir autant de coups fouet qu'il en pourrait supporter, suivant l'estimation du médecin. Les autres soldats tinrent le même langage, et il ne faut pas s'en étonner : un homme accoutumé à la société de ses camarades et à jouir de toutes les choses nécessaires à la vie doit éprouver le plus extrême désir d'être soustrait à la solitude du pénitencier; aux yeux d'un homme d'action, il n'y a rien qui puisse paraître pire que la détention sans travail dans une cellule. La peine est plus grande encore pour ceux qui ne savent pas lire : quant à ceux qui le savent, la Bible est leur seule compagne.

Le Mutiny act (la loi relative aux délits militaires), qui autorise les officiers commandants de corps à envoyer dans les prisons ordinaires les soldats condamnés par les conseils de guerre, statue que six pences (environ douze sous) seront payés chaque jour pour leur entretien.

Les officiers, chefs de corps, dont les soldats, en vertu de l'acte précité, avaient été enfermés dans Bridewell, ont écrit au gouverneur de cette prison. On verra par l'extrait suivant de leurs lettres quelle haute estime ils professaient pour le Bridewell de Glascow.

Le lieutenant-colonel Duffy, commandant le régiment du roi, s'exprime en ces termes, à la date du 5 janvier 1827 :

« Sur le point de quitter Glascow avec le régiment que je commande, je suis heureux de vous dire combien l'établissement que vous dirigez m'a été utile pour corriger les soldats de mon corps. Son influence a été telle, que j'ai pu, pendant les neuf mois de mon séjour, ne pas recourir une *seule* fois à l'usage des châtiments corporels. Il est impossible de fournir une preuve plus forte des avantages que présente votre prison. »

Le major Hall, commandant le dépôt du 72e régiment, dit dans une lettre, datée des casernes de Paisley, le 3 juin 1835 : Je n'hésite pas à déclarer que le traitement que subissent les détenus dans votre établissement me paraît infiniment plus utile, comme châtiment des coupables, et moyen de prévenir les crimes, qu'aucun système que j'aie vu suivre dans les prisons ou maisons de correction que j'ai eu l'occasion de visiter. »

Le lieutenant-colonel Wetherall, commandant le 2e bataillon du régiment royal, écrivait d'Athlone, le 5 juin 1835 : « En résultat, les effets produits sur nos soldats par l'emprisonnement dans le Bridewell de Glascow ont été mille fois plus salutaires que ceux produits par la détention de ces mêmes délinquants dans les autres prisons dont j'ai déjà été obligé de faire usage. »

Le major Stephenson, commandant le 6e régiment de dragons, exprimait l'opinion suivante dans une lettre datée des casernes d'York, le 11 juin 1835 : « Ces hommes, dit-il, m'ont paru attacher, en général, peu d'importance à être envoyés dans une prison ; mais tous m'ont semblé redouter le Bridewell de Glascow, et je suis sûr que cette crainte a produit de très bons effets. Ayant eu souvent l'occasion de visiter le Bridewell de Glascow, ainsi que les autres prisons dans lesquelles nos hommes ont été détenus, j'ai toujours considéré que, pour détenir et punir des soldats, la première prison était infiniment supérieure à toutes les autres. »

Le lieutenant-colonel Wildman, du 6e dragons, tandis qu'il était en garnison à Glascow, visitait souvent le Bridewell, examinant avec le plus grand soin les effets que produisait l'emprisonnement solitaire sur les soldats (*Glascow Bridewell or house of correction by James Cleland*, 3 août 1835, pages 5 et 6).

NOTE II.

Le projet voté par le conseil-général du département d'Indre-et-Loire contient d'excellentes dispositions.

— Ainsi suppression de la cantine, source d'abus et de désordre universellement reconnue telle.

Suppression de la pistole, d'où naissent les plus révoltantes inégalités dans le régime de l'emprisonnement. Il est inique que le criminel riche soit mieux dans la prison que le criminel pauvre. S'il y avait une distinction à établir, le pauvre, pour lequel sa misère est une circonstance atténuante, devrait être traité avec plus d'indulgence que le riche.

— Isolement de nuit dans des cellules, base fondamentale de toute réforme.

— Silence pendant le travail dans les ateliers. L'isolement de nuit, sans le silence durant le jour, perd tout son prix.

Pourquoi faut-il qu'un plan fondé sur des principes aussi sages contienne une disposition qui leur enlève presque toute leur efficacité?

— « La prison, dit-on, sera pourvue de préaux, dans lesquels les détenus seront placés suivant *des catégories de sexe et de moralité*. Un comité de notables citoyens déterminera, d'après les antécédents, la conduite et le caractère de chaque prisonnier, dans quelle catégorie il doit être classé. »

— Nous avons dit dans le cours de cette introduction ce que nous pensons des préaux et de récréations communes; il nous paraît évident que la réunion dans les préaux suffit pour vicier radicalement un système qui, sans elle, serait parfait. Sans parler ici des frais de construction qui sont considérablement accrus par l'établissement des préaux, nous demanderons à quoi sert d'isoler avec soin, soit par des murailles, soit par le silence, des individus qu'on a soin, chaque jour, de mêler ensemble; comme si l'on voulait annuler, à mesure qu'ils se produisent, les bienfaits de la réflexion, du travail et de la solitude.

La mesure à l'aide de laquelle le conseil-général d'Indre-et-Loire espère remédier au mal est malheureusement illusoire.

L'impossibilité et l'inutilité des classifications sont désormais reconnues.

Prend-on pour base des classifications la nature des délits? mais qui ne voit que, sous des noms différents, la presque totalité des attentats que la loi punit prennent leur source dans une même cause impulsive? Le banqueroutier, le faussaire, l'assassin, le vagabond, sont des voleurs sous des dénominations diverses; le même mobile les fait agir, leur corruption est de même nature : qui se chargera de les classer? A l'exception d'un petit nombre de délits dont une sorte de violence brutale est la source, et qui, par cette raison, n'entraînent la preuve d'aucune immoralité, tous les attentats dont la nomenclature se trouve dans nos codes supposent dans leurs auteurs, non une égale, mais une semblable perversité.

— La classification qu'il est impossible d'établir entre les crimes de dénominations différentes n'est pas plus praticable pour les délits qui portent le même nom ; il y a une infinité de degrés intermédiaires entre tel ou tel voleur ; la loi n'en établit que trois ou quatre entre celui qu'elle punit de 24 heures d'emprisonnement et celui qu'elle envoie aux travaux forcés à perpétuité ; mais il en existe mille que la loi n'a point déterminés. La moindre corruption s'accroîtra toujours de la corruption plus grande. Notez que le coupable frappé par la loi de la peine la plus grave n'est pas toujours le plus dépravé. Souvent son crime est aggravé légalement par des circonstances de violence qui prouvent plutôt la grossièreté que l'immoralité du coupable ; au contraire, le voleur condamné à une faible peine est quelquefois plus profondément corrompu que le forçat. L'âge lui-même de ces voleurs ne prouve rien : une triste expérience démontre encore que, chez la plupart des jeunes délinquants, une affreuse corruption a devancé les années, et, dans cet enseignement mutuel du crime, la classe des jeunes égalera au moins celle des plus âgés.

Si vous laissez ensemble tous ceux dont la dépravation a un caractère semblable, vous ne séparez personne ; si vous voulez séparer tous ceux dont la corruption diffère en quelque chose de celle des autres, il vous faut en venir à les isoler tous, et vous arrivez ainsi à une cellule pour chaque détenu ; quelle sera donc la base des classifications ? Quel Dieu descendra sur la terre pour les exécuter ? Qui apportera à un pareil travail la supériorité d'intelligence et la faculté d'intuition dont il faudrait être doué ? A qui sera-t-il donné de descendre au fond des consciences pour y distinguer cette infinie variété de moralités différentes dont aucun signe extérieur ne montre le degré dans l'échelle du crime ? Après bien des essais inutiles, on en viendra toujours à ce résultat inévitable, savoir : qu'on appréciera la moralité des prisonniers par leur conduite dans la prison. — Ce qui est le pire des systèmes, puisqu'il est encore reconnu que les plus soumis parmi les détenus sont ordinairement les plus lâches et les plus dépravés.

C'est l'erreur dans laquelle on est tombé dernièrement, dans une maison de détention, où l'on a cru classer les bons en éloignant d'eux les mauvais, à mesure que ceux-ci se faisaient connaître.

« Le directeur de Clairvaux (dit M. Delaville, dans la brochure
« que nous avons déjà citée), ne pouvant, faute de renseignements,
« distinguer sûrement les bons, a séquestré les mauvais qui se
« font bientôt connaître. Il a affecté un quartier tout à fait isolé aux
« plus mauvais sujets de sa maison. Cette mesure, dont l'idée lui
« appartient, a produit d'excellents effets, et je pense qu'on
« pourra l'introduire utilement partout. »

— D'excellents effets ! — Non, ceux que vous avez séquestrés sont les plus turbulents sans doute, et sont d'ordinaire les plus dangereux, dans un établissement où l'ordre matériel est tout. — Mais ce ne sont point les plus méchants; les criminels infâmes ne font point tant de bruit, et ne s'exposent point aux rigueurs de la discipline; ils se livrent paisiblement à leurs penchants vicieux, à leurs cyniques entretiens, à leurs monstrueuses liaisons.

Et puis, qu'on y prenne bien garde : en admettant les classifications une fois établies avec tout le discernement qu'on voudra supposer, qu'aura-t-on produit? Peu de chose. En effet, en supposant qu'il fût possible de former des catégories de détenus parfaitement égaux en criminalité, qu'en résulterait-il ? — C'est que le méchant à un certain degré ne pourrait corrompre le méchant à un degré moindre. Mais il n'en faudrait pas tirer la conséquence qu'il n'y aura plus de communications funestes de condamné à condamné. On sait, en effet, que des coupables réunis, en les supposant tous arrivés au même niveau dans le crime, deviennent tous pires par le fait seul de leur association. Mais pourquoi traiter ici une question qui est désormais jugée? L'impossibilité des classifications parmi les criminels n'est-elle pas depuis longtemps démontrée avec toute la certitude d'une vérité mathématique? Elle est le point de départ de toute réforme. N'est-il pas triste de voir cette vérité combattue par un écrivain distingué, qui, placé à la tête de l'administration des prisons, peut exercer sur la question du système pénitentiaire la double influence de son autorité et de son talent?

En voyant le conseil-général d'Indre-et-Loire tomber dans la même erreur, la seule qui puisse être signalée dans un plan si sagement conçu, n'est-il pas permis de penser que ce mélange de quelque mal à un projet d'ailleurs complètement bon provient de l'influence administrative? Le gouvernement soutient le système qui repose sur la confusion des détenus; il est naturel que, par l'entremise de ses préfets, il tâche de faire prévaloir ses doctrines. —Si les départements réformaient tous leurs prisons, il n'y aurait plus que les prisons centrales qui retinssent les vices de l'ancien système, ce qui ferait élever contre elles une clameur universelle. Cependant, le gouvernement, qui veut conserver ce système vicieux, non-seulement parce qu'il le croit bon, mais surtout parce qu'il serait fort cher d'en établir un nouveau, travaille de toutes ses forces à ralentir le mouvement qui porte les localités à la réforme. Les conseils-généraux qui veulent régénérer les prisons départementales ont donc à lutter contre de grands obstacles. Ces difficultés se reproduiront sous mille formes différentes, mais la sagesse et la fermeté des conseils-généraux sauront en triompher.

NOTE III.

Tous les hommes qui ont quelque expérience sur le sujet des prisons savent que c'est dans la maison d'arrêt, c'est-à-dire dans la prison des prévenus, que la corruption des criminels commence et s'achève presque aussitôt. Il est curieux de trouver cette vérité proclamée avec une énergie assez remarquable par un scélérat fameux, Lacenaire, qui, peu de temps avant sa dernière condamnation, écrivait dans les journaux sur la question du système pénitentiaire. Voici l'article qu'il adressa au *Bon sens*, et que ce journal inséra dans la *Tribune des prolétaires*, où il accueillait la correspondance des ouvriers.

SUR LES PRISONS ET LE SYSTÈME PÉNITENTIAIRE EN FRANCE.

« Au sein de cette civilisation entraînante qui a porté ses bienfaits jusque chez les classes les plus humbles de la société, comment se fait-il que les greffes de la police correctionnelle et des cours d'assises enregistrent chaque jour tant de crimes et de délits ? A la surface d'une population si éclairée, si industrielle, pourquoi flotte et s'agite l'écume immonde et fétide de tous les malfaiteurs, que revomissent périodiquement dans la société les bagnes et les maisons de réclusion ? Une chose bien digne de remarque, c'est que, sur le nombre considérable de malheureux qui peuplent ces lieux d'infamie et de misère, près des trois quarts sont en récidive reconnue ou cachée de peines correctionnelles.

« Je vais d'abord indiquer le mal, c'est-à-dire ce qui existe en ce moment : j'indiquerai ensuite le remède, c'est-à-dire ce qui devrait être, et j'émettrai mon opinion sur les meilleurs moyens à employer afin qu'une première condamnation, au lieu de corrompre et de pervertir entièrement le détenu, serve, au contraire, à son amendement, et lui permette de rentrer dans la société sans en devenir le paria ou le fléau.

« Un jeune homme se livre à ses passions, étouffant la voix de l'honneur, foulant aux pieds les principes de probité qu'il a puisés dans son enfance au sein de sa famille, mais qui n'ont pas encore eu le temps de jeter des racines bien profondes. Il commet un léger délit. Aussitôt la police s'en empare et le plonge vivant dans ce cloaque nommé Dépôt de la Préfecture. Que rencontrera-t-il à son entrée ? des forçats évadés qui viennent se faire ressaisir à Paris, des forçats qui ont rompu leur ban et quitté le lieu de leur surveillance, des forçats libérés arrêtés en flagrant délit à commettre de nouveaux crimes; enfin, d'autres voleurs, escrocs, filous par goût, par état, presque de naissance, race gangrenée, frelons de la société, mauvais sujets incorrigibles, et qui, pour n'être pas allés au bagne, n'en valent pas mieux, et sont depuis longtemps incapables d'aucune pensée honnête, d'aucune action généreuse.

« Que va devenir notre jeune imprudent au milieu de cette étrange société? C'est là que, pour la première fois, il va entendre résonner le langage barbare des Cartouche et des Poulailler, l'infâme argot! c'est là que, du consentement même des gardiens chargés de la surveillance du Dépôt, il va voir les faveurs, la préséance, accordées aux vétérans du crime, aux célèbres du genre; eux seuls ont le droit reconnu de pressurer, de vexer, de fouiller même tout à leur aise les pauvres diables que mille circonstances peuvent amener momentanément au milieu d'eux. Et malheur à notre jeune homme s'il ne se met bien vite à l'unisson de leur ton, de leurs principes et de leur langage; il est bientôt reconnu pour un faux-frère et déclaré indigne de s'asseoir à côté *des amis!* Alors il n'y a sorte de vexation à laquelle il ne soit soumis, sans pouvoir en aucune manière y échapper; des réclamations à ce sujet seraient mal accueillies par les gardiens mêmes, toujours enclins à protéger les *lurons*, et ne feraient qu'exciter contre lui la colère du prévôt de la salle, qui d'ordinaire est un ancien forçat, ainsi que de la meute de ses complaisants.

« Au milieu de ce dévergondage, de ce cynisme de gestes et de propos, de récits horribles et dégoûtants de crimes, le malheureux, pour la première fois, rougit d'un reste de pudeur et d'innocence qu'il avait en entrant; il a honte d'avoir été moins scélérat que ses confrères, il craint leurs railleries, leurs mépris. Car enfin, qu'on ne s'y trompe pas, il y a de l'estime et du mépris jusque sur les bancs des galères, ce qui nous explique pourquoi quelques forçats y sont plus à l'aise qu'au sein de la société de laquelle ils ne peuvent plus attendre que le mépris, et personne ne consent volontiers à vivre avec le mépris de ceux qui l'entourent. Aussi, notre jeune homme, qui le redoute, va prendre exemple sur de bons modèles, sur ce qu'il y a de mieux dans le genre... Il va se former sur leur ton, leurs manières, il va les imiter; leur langue, dans deux jours, il la parlera aussi bien qu'eux; alors ce ne sera plus un *pauvre simple*, alors les *amis* pourront lui toucher la main sans se compromettre.

« Notez bien que jusqu'ici ce n'est qu'une gloriole de jeune homme qui rougit de passer pour un apprenti dans la partie. Le changement porte moins sur le fond que sur la forme. Deux ou trois jours au plus dans cet égout n'ont pu le pervertir encore tout à fait; mais soyez tranquille, le premier pas est fait, il n'est pas pour s'arrêter en si beau chemin, et son éducation, qui vient de s'ébaucher sous les voûtes de la Préfecture de police, va se perfectionner à la Force et se terminera à Poissy ou à Melun. »

INDICATION

DES PIÈCES JUSTIFICATIVES.

Les auteurs ont, à leur retour d'Amérique, déposé entre les mains de M. le ministre du commerce et des travaux publics 6 volumes in-folio, contenant les documents dont le détail suit :

PREMIER VOLUME.

Massachussetts.

1° Rapport de l'année 1820 sur la prison de Charlestown près Boston.
2° Rapport pour l'année 1821.
3°   id.   id.   1822.
4°   id.   id.   1823.
5°   id.   id.   1824.
6°   id.   id.   1825.
7°   id.   id.   1826.
8°   id.   id.   1827.
9°   id.   id.   1828.
10° Rapport des inspecteurs du nouveau pénitencier pour l'année 1829.
11° Rapport pour 1830.
12° Lois de l'État du Massachussetts, concernant le pénitencier, et règlement de la prison.
13° Quelques documents statistiques sur la prison, et manuscrit du surintendant, qui nous en a fait la remise.
14° Règlement de l'ancienne prison (1823).

Connecticut.

15° Rapport de la commission chargée d'inspecter l'ancienne prison de Newgate (1825).
16°   id.   id.   pour 1826.
17° Rapport de la commission chargée de construire une nouvelle prison (1827).
18° Rapport des inspecteurs de la prison de Wethersfield (1828).
19°   id.   id.   id.   id.   (1829).
20°   id.   id.   id.   id.   (1830).
21°   id.   id.   id.   id.   (1831).
22° Lois du Connecticut, relatives au système pénitentiaire (1827).
23° Tableau statistique des crimes et délits depuis 1790 jusqu'à 1831.

INDICATION DES PIÈCES JUSTIFICATIVES. 77

24° Lettre à nous adressée par M. Barett, chapelain de Wethersfield, sur le système pénitentiaire (7 octobre 1831).
25° Copie d'un contrat entre le surintendant de Wethersfield et un entrepreneur.
26° Note manuscrite à nous remise par M. Barett, sur la discipline de Wethersfield (octobre 1831).

DEUXIÈME VOLUME.

New-York. — Ancienne prison de Newgate.

1° Document original à nous remis par le secrétaire d'État (M. Flagg), contenant un rapport sur Newgate, du 31 décembre 1817; un autre du 31 décembre 1818, et un troisième du 20 janvier 1819.
2° Rapport du contrôleur de l'État de New-York sur Newgate (2 mars 1819).
3° Rapport des inspecteurs de la prison de Newgate, du 21 janvier 1820.
4°   id.   id.   id.   de 1824 et 1827, pour 1823 et 1826.
5° Tableaux statistiques présentant le nombre et la nature des crimes dans l'État de New-York, copiés par nous sur les registres de la prison de Newgate.
6° Tableaux statistiques présentant le nombre des détenus, celui des graciés, des évadés et des morts, ainsi que le chiffre des dépenses de l'ancienne prison de Newgate depuis 1797 jusqu'en 1819.

Pénitencier de Singsing.

7° Rapport des inspecteurs à la législature (1825).
8°   id.   id.   id.   de 1827 pour 1826.
9°   id.   id.   id.   de 1828 pour 1827.
10°   id.   id.   id.   de 1829 pour 1828.
11°   id.   id.   id.   du 6 janvier 1830.
12°   id.   id.   id.   du 5 janvier 1831.
13°   id.   id.   id.   du 12 janvier 1832.
14° Rapport de M. Hopkins sur M. Elam Lynds (19 mars 1831).
15° Note manuscrite sur la discipline de Singsing (elle nous a été remise par M. Wiltse, le surintendant de cette prison).
16° Plan de Singsing et note de M. Cartwright, contenant un devis et une estimation des dépenses de cette prison.

Pénitencier d'Auburn.

17° Rapport manuscrit des commissaires chargés de l'inspection d'Auburn (16 mars 1818).
18° Rapport des inspecteurs de la prison d'Auburn, du 1ᵉʳ février 1819.
19°   id.   id.   id.   pour l'année 1820.
20°   id.   id.   id.   du 1ᵉʳ janvier 1824 pour 1823.
21°   id.   id.   id.   du 26 janvier 1825 pour 1824.
22°   id.   id.   id.   du 2 février 1826 pour 1825.
23°   id.   id.   id.   du 8 janvier 1827 pour 1826.

24° id, id, id. du 5 janvier 1828 pour 1827.
25° id. id. id, du 1er janvier 1829 pour 1828.

TROISIÈME VOLUME.

Continuation d'Auburn.

1° Rapport des inspecteurs de la prison d'Auburn du 18 janv. 1830 pour 1829.
2° id. id. id. du 24 janv. 1831 pour 1830.
3° id. id. id. du 30 janv. 1832 pour 1831.
4° Précis sur la construction et la discipline d'Auburn, par Gershom Powers (1826).
5° Rapport de Gershom Powers sur la prison d'Auburn (1828).
6° Lettre de Gershom Powers, en réponse à Edward Livingston (1829).
7° Rapport de MM. Hopkins et Tibbits sur la prison d'Auburn (13 janvier 1827).
8° Remarques de Gershom Powers sur les châtiments disciplinaires (1828).
9° Enquête sur la discipline d'Auburn et sur le système de l'entreprise.
10° Note manuscrite à nous remise par l'agent comptable (Clark) d'Auburn, relative à l'ordre et à la discipline de cette prison.
11° Conversation que nous avons eue avec M. Smith, chapelain de la prison d'Auburn.

QUATRIÈME VOLUME.

Maryland.—Ancienne prison et nouveau pénitencier de Baltimore.

1° Documents législatifs concernant le pénitencier du Maryland (1819).
2° Règlement du nouveau pénitencier (22 décembre 1828).
3° Rapport des directeurs du pénitencier (23 décembre 1828).
4° Rapport des directeurs du pénitencier (21 décembre 1829).
5° id, id. du 20 décembre 1830.
6° Observations de M. Niles sur le pénitencier (22 décembre 1829).
7° Lettre de M. Mac-Evoy sur le même sujet (4 décembre 1831).
8° Tableau des exécutions à mort dans le Maryland depuis 1786 jusqu'à ce jour.

Pennsylvanie. — Prisons de Walnut-Street, de Pittsburg, et pénitencier de Cherry-Hill.

9° Rapport à la législature sur le système pénitentiaire (27 janvier 1821).
10° Notice de Roberts Vaux sur le système pénitentiaire de Pennsylvanie (1826).
11° Lettre de Roberts Vaux à William Roscoe sur le même sujet (1827).
12° Lettre d'Edward Livingston à Roberts Vaux sur le même sujet.
13° Observations sur le même sujet, par le docteur Bache (1829).
14° Description du nouveau pénitencier (1829).
15° Constitution de la société des prisons de Philadelphie.
16° Premier et deuxième rapports sur le nouveau pénitencier (1831).
17° Actes de la législature contenant les nouvelles lois pénales, combinées avec le nouveau système pénitentiaire. Règlement de la prison.

18° Lettre du docteur Bache sur le nouveau système pénitentiaire, contenue dans un numéro du journal *of Law*.
19° Trois numéros du *Hazard's Register*, contenant des documents statistiques sur le système pénitentiaire de la Pennsylvanie.
20° Lettre de Samuel Wood sur le système pénitentiaire (1831).
21° Rapport des commissaires rédacteurs du code pénal de Pennsylvanie (24 décembre 1627).
22° Du système pénitentiaire en Pennsylvanie, par Mease (1828).

CINQUIÈME VOLUME.

Documents généraux sur le système pénitentiaire, ou s'y rattachant indirectement.

1° Six rapports de la société des prisons de Boston, depuis 1826 jusqu'en 1832.
2° Rapport de M. Gray, relatif à la création d'ateliers de travail pour les condamnés libérés.
3° Rapport servant d'introduction au code de discipline des prisons, par Edward Livingston (1627).
4° De l'abolition de la peine de mort, par le même.
5° Réflexions sur le système pénitentiaire, par M. Carey, de Philadelphie (1831).
6° Essai sur le code pénal de Pennsylvanie, par Tyson.
7° Rapport de 1831 sur la société de temperance de New-York.
8°   id.   id.   de Pennsylvanie.
9° Statistique médicale de Philadelphie, par Emerson (1831).
10° Rapport sur les écoles primaires de Pennsylvanie (1831).
11° Lois relatives aux écoles de Pennsylvanie.
12° Trois tableaux statistiques sur l'état sanitaire de Baltimore.
13° Rapport sur les fonds destinés aux écoles du Connecticut.
14° Lettre à nous adressée par M. Elam Lynds sur le système pénitentiaire (10 octobre 1831).
15° Opinion de M. Elam Lynds sur le système pénitentiaire (note manuscrite à nous remise par lui-même, le 8 juillet 1832).
16° Tableau statistique sur le nombre des crimes dans l'Ohio.
17° Autre tableau   id.   id.   depuis 1815.
18° Lettre de l'honorable M. Mac-Léan, juge de la cour suprême des États-Unis, sur le système pénitentiaire.
19° Tables statistiques des condamnations prononcées dans la ville de New-York par la cour d'*oyer and terminer*, depuis 1785 jusqu'à 1795.
20° Tables statistiques des condamnations prononcées par la cour suprême.
21° Id. id. depuis l'année 1800 à 1810, et depuis 1820 jusqu'à 1830.
22° Tableau général des condamnations prononcées dans l'État de New-York pendant l'année 1830 pour crimes, délits et contraventions (à l'exception des jugements rendus par les magistrats de police).
23° Manuscrit de M. Welles, juge (à Wethersfield), contenant son opinion sur le système pénitentiaire, le devis d'une prison pour 500 détenus, et l'estimation des dépenses d'entretien.
24° Copie d'une lettre adressée à M. Hozack de New-York par William Roscoe.

SIXIÈME VOLUME.

Maison de refuge (New-York).

1° Discours d'ouverture pour la maison de refuge de New-York (1826).
2° Rapport de 1827 sur la maison de refuge.
3° id. 1828 id.
4° id. 1829 id.
5° id. 1830 id.
6° id. 1831 id.
7° id. 1832 id.
8° Règlement de la maison de refuge de New-York, et appel aux habitants de New-York par la commission des prisons, à l'effet d'obtenir des secours de charité.

Philadelphie et Boston.

9° Appel des directeurs de la maison de refuge de Philadelphie, à l'effet d'obtenir des fonds (1826).
10° Discours prononcé par M. J. Sergeant pour l'ouverture de la maison de refuge de Philadelphie.
11° Nouvel appel des directeurs de la maison de refuge à leurs concitoyens (1828).
12° 1er rapport sur la maison de refuge de Philadelphie (1829).
13° 2e rapport id. (1830).
14° 3e rapport id. (1831).
15° Règlement de la maison de refuge de Boston (1830).
16° Rapport de la commission chargée de l'établissement d'une maison de refuge à Baltimore.
17° Modèle d'un contrat d'apprentissage pour les jeunes délinquants de Philadelphie.
18° Enquête sur la maison de refuge de New-York.
19° Divers documents, au nombre de sept, sur la maison de refuge de New-York.

Le tout composant cent vingt-sept articles qui, classés, ainsi qu'il est dit ci-dessus, dans 6 volumes in-folio, ont été déposés, par M. le ministre du commerce et des travaux publics, dans les archives du ministère.

Le maître des requêtes, secrétaire-général du ministère du commerce et des travaux publics, reconnaît avoir reçu de MM. de Beaumont et de Tocqueville les volumes ci-dessus désignés, qui ont été déposés aux archives du ministere, section de la bibliothèque.

Le maître des requêtes, secrétaire-général,
Signé : EDMOND BLANC.

AVANT-PROPOS.

La société éprouve de notre temps un malaise qui nous paraît tenir à deux causes :

L'une, toute morale; il y a dans les intelligences une activité qui ne sait où se dépenser, dans les esprits une énergie à laquelle il manque un aliment, et qui dévore la société, faute d'autre proie.

L'autre toute matérielle; c'est la gêne de la population ouvrière qui manque de travail et de pain, et dont la corruption, commencée dans la détresse, va s'achever dans la prison.

Le premier mal tient à la richesse intellectuelle de la population; la seconde, à la misère des classes pauvres.

Comment fermer la première de ces plaies? Son remède paraît dépendre plus des circonstances que des hommes. A l'égard de la seconde, plus d'un effort a déjà été tenté pour la guérir; mais on ne sait point encore si le succès était possible.

Telle est l'insuffisance des institutions humaines, qu'on voit sortir de funestes conséquences des établissements dont la théorie ne promet que d'heureux effets.

En Angleterre, on a cru tarir la source du crime et de la misère en donnant à tous les malheureux du travail ou de l'argent; et l'on voit s'accroître chaque jour dans ce pays le nombre des pauvres et celui des criminels.

Il n'est pas une institution philanthropique dont l'abus ne touche à l'usage.

L'aumône la mieux adressée fait naître de fausses misères, et tout secours offert à un enfant délaissé en fait abandonner d'autres. Plus on regarde ce triste spectacle donné par la bienfaisance publique combattant sans succès les souffrances humaines, plus on reconnaît qu'il y a des maux contre lesquels il est généreux de lutter, mais que nos vieilles sociétés semblent impuissantes pour guérir.

Cependant la plaie existe, apparente à tous les yeux. Il y a en France deux millions de pauvres, et quarante mille condamnés libérés, sortis des bagnes ou des autres prisons (1).

Effrayée d'un mal aussi menaçant, l'opinion publique en demande le remède au gouvernement, qui ne le guérit point, peut-être parce qu'il le juge incurable.

Cependant, s'il est vrai que ce vice social ne puisse être extirpé, il paraît également certain qu'il existe des circonstances qui contribuent à l'aggraver, et des institutions dont l'influence le rend moins funeste.

Diverses voix s'élèvent en ce moment pour indiquer au gouvernement la marche qu'il doit suivre.

Les uns demandent l'établissement des colonies agricoles dans les parties encore incultes du sol français, sur lesquelles on utiliserait les bras des condamnés et des pauvres.

Ce système, qui obtient un grand succès en Hollande, est digne de fixer l'attention des hommes politiques (2).

Il en est d'autres qui, frappés surtout du danger que présentent pour la société les condamnés libérés, dont la corruption s'est accrue dans la prison, pensent qu'on remédierait à une grande partie du mal, si, pendant la détention des criminels, on les soumettait à un système pénitentiaire qui, au lieu de les dépraver davantage, les rendît meilleurs.

---

(1) V. Des Colonies agricoles, par M. Huerne de Pommeuse ; Tableaux statistiques à la fin du volume.

(2) Voyez l'ouvrage indiqué dans la note précédente.

Persuadés que la réforme morale du criminel est impossible, et que sa présence dans la société est un danger toujours imminent, quelques écrivains, dont l'un vient d'être couronné par l'Académie française, voudraient que tous les malfaiteurs fussent déportés hors de France (1).

Au milieu de ce choc d'opinions diverses dont quelques-unes ne seraient pas inconciliables entre elles, il nous a semblé qu'il pouvait être utile d'introduire dans la discussion quelques documents authentiques sur l'un des points importants qui sont en litige.

Telle a été l'origine du voyage que nous avons entrepris sous les auspices du gouvernement français.

Chargés de faire une enquête aux États-Unis sur les principes théoriques et pratiques du système pénitentiaire, nous avons accompli cette mission; le gouvernement a reçu notre rapport (2); maintenant c'est au pays que nous devons rendre compte de nos travaux.

Si nos recherches sont jugées utiles, nous le devrons surtout à la généreuse hospitalité que nous avons reçue aux États-Unis. Partout dans ce pays les établissements de tous genres nous ont été ouverts, et tous les renseignements fournis avec un empressement dont nous avons été vivement touchés.

On a compris en Amérique l'importance de notre enquête; et les fonctionnaires publics de l'ordre le plus élevé, comme les hommes voués à la vie privée, se sont efforcés à l'envi de nous en faciliter l'accomplissement.

(1) M. Ernest de Blosseville, auteur de l'Histoire des Colonies pénales dans l'Australie. Paris, 1831. Le système de la déportation, auquel l'opinion publique en France semble assez *généralement* favorable, nous paraît environné de dangers et d'obstacles. Voyez Appendice sur les Colonies pénales.

(2) Ce Rapport a été remis à M. le Ministre du commerce et des travaux publics. M. le comte d'Argout l'a accueilli avec un intérêt dont les auteurs doivent lui témoigner ici leur gratitude.

Nous n'avons eu aucun moyen de reconnaître tant de bienveillance. Mais si ce livre doit, par la publicité, parvenir jusqu'en Amérique, nous sommes heureux de penser que les habitants des États-Unis trouveront ici une faible expression de notre profonde reconnaissance.

SYSTÈME PÉNITENTIAIRE.

PREMIÈRE PARTIE.

CHAPITRE PREMIER.

HISTORIQUE DU SYSTÈME PÉNITENTIAIRE.

Naissance du système pénitentiaire en 1786. — Influence des quakers. — Prison de Walnut-Street à Philadelphie ; ses vices et ses avantages. — Le duc de La Rochefoucauld-Liancourt. — Régime de Walnut adopté par plusieurs États ; ses funestes effets. — Origine d'Auburn. — Pittsburg. — Cherry-Hill. — Expérience fatale de l'emprisonnement solitaire absolu : elle est suivie du système d'Auburn, fondé sur l'isolement et le silence : succès de ce système dans plusieurs États de l'Union. — Wethersfield : création de Singsing, par M. Elam Lynds. — Institution des maisons de refuge dans l'État de New-York. — La Pennsylvanie abandonne le système de la solitude absolue sans travail : nouveau régime d'emprisonnement combiné avec de nouvelles lois pénales. Quels États n'ont encore fait aucune réforme dans leurs prisons ; en quoi cette réforme est incomplète dans les États où elle a lieu. — Barbarie de quelques lois criminelles dans certains États. — Résumé.

Quoique le système pénitentiaire aux États-Unis soit une institution nouvelle, son origine remonte à des temps qui déjà sont loin de nous. La première pensée d'une réforme dans les prisons d'Amérique appartient à une secte religieuse de la Pennsylvanie. Les quakers, dont les principes repoussent toute effusion de sang, avaient toujours protesté contre les lois barbares que les colonies tenaient de la mère-patrie. En 1786 leur voix parvint à se faire entendre, et, à partir de cette époque, la peine de mort, la mutilation et le fouet, furent successivement abolis dans presque tous les cas par la législature de Pennsylvanie (1) ; les condamnés eurent désormais un sort moins cruel à subir. La peine de l'emprisonnement fut substituée aux châtiments corporels, et la loi autorisa les tribunaux à infliger l'emprisonnement solitaire dans une cellule, pendant le jour et la nuit, à tous les coupables de crimes capitaux. C'est alors que fut instituée à Philadelphie la prison de Walnut-Street. Les condamnés y furent classés selon la nature de leurs crimes, et des cellules particulières furent construites pour renfermer ceux que les cours de justice avaient condamnés à l'isolement absolu : on se servait aussi de ces cellules pour dompter les résistances des individus qui ne se soumettaient pas à la discipline de la prison. Les détenus solitaires ne travaillaient pas (2).

Cette innovation était bonne, mais incomplète.

On a reconnu depuis l'impossibilité de soumettre des criminels à une classification utile ; et l'emprisonnement solitaire sans travail a été condamné par l'expérience. Il est toutefois juste de dire que l'essai de cette théorie ne fut point assez long pour être décisif ; la faculté accordée à tous les juges de la Pennsylvanie par les lois du 5 avril 1790 et du 22 mars 1794, d'envoyer à la prison de Walnut des condamnés qui précédemment auraient été détenus dans les geôles particulières des comtés, ne tarda pas à produire dans cette prison un tel encombrement, que les difficultés de la classification s'accrurent, en même temps que le nombre des cellules devint insuffisant (3).

A vrai dire, il n'y avait point encore de système pénitentiaire aux États-Unis.

Si l'on demande pourquoi ce nom fut donné au régime d'emprisonnement qui venait d'être établi, nous répondrons qu'alors, comme aujourd'hui, on confondait en Amérique

---

(1) Aujourd'hui la peine de mort n'est prononcée par le code de Pennsylvanie que dans le cas d'assassinat, d'empoisonnement et d'incendie.

(2) Ces cellules étaient et sont encore au nombre de trente dans la prison de Walnut-Street.

(3) Voyez Letter from Samuel Wood, to Thomas Keltera. Philadelphia, 1831.

V. Notices of the original and successive efforts to improve the discipline of the prison at Philadelphia, and to reform the criminal Code of Pensylvania, by *Roberts Vaux*.

l'abolition de la peine de mort avec le système pénitentiaire. On disait : *Au lieu de tuer le coupable, nos lois le mettent en prison : donc nous avons un système pénitentiaire.*

La conséquence n'était pas juste. Il est bien certain que la peine de mort appliquée à la plupart des crimes est inconciliable avec un régime d'emprisonnement ; mais, cette peine abolie, le système pénitentiaire n'existe pas virtuellement : il faut encore que le criminel dont on a épargné la vie soit placé dans une prison dont le régime le rende meilleur. Car, si ce régime, au lieu de le réformer, ne faisait que le corrompre davantage, ce ne serait plus un *système pénitentiaire*, mais seulement un *mauvais système d'emprisonnement.*

On a longtemps partagé en France l'erreur des Américains à cet égard. En 1794, le duc de La Rochefoucauld-Liancourt publia une notice intéressante sur la prison de Philadelphie ; il déclara que cette ville avait un excellent système de prison, et tout le monde le répéta (1).

Cependant la prison de Walnut-Street ne pouvait produire aucun des effets qu'on attend de ce système. Elle avait deux vices principaux : elle corrompait par la contagion des communications mutuelles les condamnés qui travaillaient ensemble ; elle corrompait par l'oisiveté les individus plongés dans l'isolement.

Le vrai mérite de ses fondateurs fut d'abolir les lois sanguinaires de la Pennsylvanie, et, en y introduisant un nouveau système de détention, de provoquer sur ce point l'attention publique. Malheureusement on ne distingua point dès l'abord ce qui, dans cette innovation, était digne d'éloges de ce qui méritait le blâme.

La peine de l'isolement appliquée au criminel pour le conduire à la réforme par la réflexion repose sur une pensée philosophique et vraie. Mais les auteurs de cette théorie ne l'avaient point entourée de ce qui pouvait la rendre praticable et salutaire. Cependant leur erreur ne fut point si tôt aperçue, et le succès de la prison de Walnut-Street, vantée aux États-Unis encore plus qu'en Europe, accrédita dans l'opinion ses vices comme ses avantages.

Le premier État qui se montra jaloux d'imiter la Pennsyl-

---

(1) Voyez Des prisons de Philadelphie, par un Européen (La Rochefoucauld-Liancourt), l'an IV de la république. Paris.

vanie fut celui de New-York, qui, en 1797, adopta avec de nouvelles lois pénales un nouveau système de prison.

L'emprisonnement solitaire sans travail y fut admis comme à Philadelphie; mais, de même qu'à Walnut-Street, il fut réservé pour ceux qui étaient spécialement condamnés à le subir par les cours de justice, et pour les contrevenants aux règlements de la prison. L'emprisonnement solitaire n'était donc point alors le régime ordinaire de l'établissement, il était le partage exclusif des grands criminels, qui, avant la réforme des lois pénales, eussent été condamnés à mort. Du reste, les coupables d'un ordre inférieur étaient entassés pêle-mêle dans la prison; à la différence des détenus dans les cellules, ils devaient travailler pendant le jour, et le seul châtiment disciplinaire que leur gardien fût en droit de leur infliger, en cas d'infraction aux règlements, était l'emprisonnement solitaire au pain et à l'eau.

La prison de Walnut-Street eut d'autres imitateurs : le Maryland, le Massachussetts, le Maine, le Nouveau-Jersey, la Virginie, etc., adoptèrent successivement le principe de l'emprisonnement solitaire appliqué seulement à une certaine classe de criminels (*a*); dans chacun de ces États, la réforme des lois criminelles précéda celle des prisons.

Nulle part ce système d'emprisonnement n'eut le succès qu'on en espérait. Il était en général ruineux pour le trésor public; il n'opérait jamais la réforme des détenus (1); tous les ans la législature de chaque État votait des allocations de fonds considérables pour soutenir les pénitenciers, et le retour perpétuel des mêmes individus dans les prisons prouvait l'inefficacité du régime auquel ils étaient soumis (2).

(1) V. Rapport à la législature, par le contrôleur de l'État de New-York. 2 mars 1819.

V. Cinquième Rapport de la Société des prisons de Boston, p. 422, 423 et 454.

V. aussi Rapport sur la prison du Connecticut et sur celle du Massachusetts.

(2) « ..... C'est une triste vérité que la plupart des condamnés ne se réforment point pendant leur détention, mais au contraire s'endurcissent dans leur méchanceté, et sont, après leur libération, plus vicieux et plus consommés dans le crime qu'ils ne l'étaient auparavant.... »

(Rapport du 20 janvier 1819, à la législature de New-York.)

De tels résultats semblaient démontrer le vice du système tout entier; cependant, au lieu d'accuser la théorie elle-même, on s'en prit à son exécution. On pensa que tout le mal venait de l'insuffisance du nombre des cellules et de l'encombrement des détenus dans la prison, et que le système, tel qu'il était établi, serait fécond en heureuses conséquences si l'on ajoutait quelques constructions nouvelles aux prisons déjà existantes. On fit donc de nouveaux frais et de nouveaux efforts.

Telle fut l'origine de la prison d'Auburn (1816).

Cette prison, devenue depuis si célèbre, fut établie d'abord sur un plan essentiellement vicieux; elle se bornait à quelques classifications, et chacune de ses cellules était destinée à recevoir deux condamnés (1) : c'était de toutes les combinaisons la plus malheureuse; il vaudrait mieux confondre cinquante criminels dans le même appartement, que d'en mettre deux ensemble. Cet inconvénient fut bientôt senti, et, en 1819 la législature de l'État de New-York décréta l'érection d'un nouveau bâtiment à Auburn (l'aile du nord), afin d'augmenter le nombre des cellules solitaires : toutefois, il faut remarquer qu'on n'avait point encore l'idée du système qui depuis a prévalu. On ne pensait pas à soumettre au système cellulaire la totalité des condamnés; on voulait seulement en faire l'application à un plus grand nombre; — dans le même temps, les mêmes théories amenaient les mêmes essais à Philadelphie, où le peu de succès de la prison de Walnut aurait convaincu les habitants de la Pennsylvanie de son impuissance pour le bien, si ceux-ci, à l'exemple des habitants de New-York, n'eussent trouvé, dans des fautes d'exécution, un motif d'absoudre le principe.

En 1817, la législature de la Pennsylvanie décréta l'érection du pénitentier de Pittsburg, pour les comtés de l'Ouest, et, en 1821, celle du pénitencier de Cherry-Hill, pour la ville de Philadelphie et les comtés de l'est (2).

Les principes qui devaient être suivis pour la construction de ces deux établissements n'étaient point cependant en tout

---

(1) La prison d'Auburn, c'est-à-dire l'aile du sud, bâtie en 1816, 1817 et 1818, contenait soixante-une cellules, et vingt-huit chambres dans chacune desquelles on pouvait placer de huit à douze condamnés.

(2) Cherry-Hill est le nouveau pénitencier de Philadelphie, mis en vigueur seulement en 1829.

conformes à ceux qui avaient présidé à l'érection de Walnut: dans cette dernière prison, les classifications formaient le système dominant, dont l'emprisonnement solitaire n'était qu'un accessoire ; dans les prisons nouvelles, on abandonnait les classifications, et une cellule solitaire devait être préparée pour recevoir chaque condamné. Le criminel ne devait quitter sa cellule ni le jour ni la nuit, et tout travail lui était interdit dans sa solitude. Ainsi, l'emprisonnement solitaire absolu, qui, à Walnut, n'était qu'un accident, devait être le fond du système de Pittsburg et de Cherry-Hill.

L'expérience qu'on allait faire promettait d'être décisive ; on ne ménagea aucune dépense pour donner aux nouveaux établissements une construction digne de leur objet, et les édifices qui s'élevèrent ressemblèrent moins à des prisons qu'à des palais.

Cependant, avant même que les lois qui avaient ordonné leur érection fussent exécutées, on avait, dans l'État de New-York, essayé la prison d'Auburn. De grands débats s'agitaient, à cette occasion, au sein de la législature; et le public était impatient de connaître le résultat des nouvelles expériences qui venaient d'être faites.

L'aile du nord ayant été presque finie en 1821, on y avait placé quatre-vingts criminels, en donnant à chacun d'eux une cellule particulière (*b*). Cet essai, dont on se promettait un si heureux succès, fut fatal à la plupart des détenus : pour les réformer, on les avait soumis à un isolement complet; mais cette solitude absolue, quand rien ne la distrait ni ne l'interrompt, est au-dessus des forces de l'homme, elle consume le criminel sans relâche et sans pitié; elle ne réforme pas, elle tue.

Les malheureux sur lesquels se fit cette expérience tombèrent dans un état de dépérissement si manifeste, que leurs gardiens en furent frappés ; leur vie parut en danger, s'ils restaient plus longtemps dans la prison, soumis au même régime : cinq d'entre eux, pendant une seule année, y avaient déjà succombé (*c*); leur état moral n'était pas moins inquiétant : l'un d'eux était devenu fou; un autre, dans un accès de désespoir, avait profité d'un moment où le geôlier lui apportait quelque chose, pour se précipiter hors de sa cellule, en courant le péril, presque inévitable, d'une chute mortelle.

Sur de pareils effets, le système fut jugé définitivement. Le gouverneur de l'État de New-York fit grâce à vingt-six des détenus solitaires ; ceux auxquels cette faveur ne fut point accordée sortirent pendant le jour, et furent admis à travailler dans les ateliers communs. Depuis cette époque (1823), le système de l'isolement sans restriction cessa entièrement d'être pratiqué à Auburn : — on acquit bientôt la preuve que ce régime, funeste à la santé des criminels, était impuissant pour opérer leur réforme. Sur les vingt-six condamnés auxquels le gouverneur avait fait grâce, quatorze revinrent peu de temps après dans la prison, par suite de nouvelles condamnations (1).

Cette expérience si funeste à ceux qui furent choisis pour la subir était de nature à compromettre le sort du système pénitentiaire. Après les désastreux effets de l'isolement, il était à craindre qu'on n'en repoussât entièrement le principe ; c'etait une réaction naturelle. On eut plus de sagesse ; on persista à penser que la solitude qui fait réfléchir les criminels, et les sépare les uns des autres, exerce une influence bienfaisante ; et on rechercha seulement le moyen d'éviter les inconvénients de l'isolement, en conservant ses avantages. On crut y parvenir en laissant les condamnés dans leurs cellules pendant la nuit, et en les faisant travailler, pendant le jour, dans des ateliers communs, au milieu d'un silence absolu.

MM. Allen, Hopkins et Tibbits, qui, en 1824, furent chargés, par la législature de New-York, d'inspecter la prison d'Auburn, y trouvèrent établie cette discipline nouvelle. Ils en firent un grand éloge dans leur rapport, et la législature sanctionna le nouveau système par son approbation formelle.

Ici se présente une obscurité qu'il n'a point été en notre pouvoir de dissiper. Nous voyons le fameux système d'Auburn naître tout à coup et sortir de la combinaison ingénieuse de deux éléments qui semblent, au premier coup d'œil, incompatibles, l'isolement et la réunion. Mais ce que nous n'apercevons pas clairement, c'est le créateur de ce système, dont il faut bien pourtant que quelqu'un ait eu la pensée première...

L'État de New-York en est-il redevable au gouverneur

(1) V. Rapport de Gershom Powers, 1828, et note manuscrite d'Elam Lynds.

Clinton, dont le nom, aux États-Unis, se rattache à toutes les entreprises utiles et bienfaisantes?

Faut-il en faire honneur à M. Cray, l'un des directeurs d'Auburn, auquel le juge Powers, qui fut lui-même à la tête de cet établissement, paraît en attribuer le mérite?

Enfin, M. Elam Lynds, qui a certainement contribué beaucoup à mettre ce nouveau système en pratique, peut-il revendiquer aussi la gloire de l'avoir inventé (1)?

Nous ne chercherons point à résoudre ces questions, intéressantes pour les personnes que nous venons de nommer, et pour le pays qui les a vues naître, mais peu importantes pour nous.

L'expérience d'ailleurs ne nous apprend-elle pas qu'il y a des innovations dont l'honneur n'appartient à personne, parce qu'elles sont dues à des efforts simultanés et aux progrès du temps.

L'établissement d'Auburn obtint dès son début un succès extraordinaire, et il ne tarda pas à exciter au plus haut degré l'attention publique. Il se fit alors dans les esprits une révolution remarquable; la direction d'une prison, confiée jadis à d'obscurs geôliers, fut ambitionnée par des hommes occupant dans le monde une haute position sociale : et l'on vit M. Elam Lynds, ancien capitaine de l'armée des États-Unis, et le juge Powers, magistrat d'un rare mérite, s'honorer dans l'opinion et à leurs propres yeux en remplissant les fonctions de directeurs d'Auburn.

Cependant l'adoption d'un système cellulaire appliqué à tous les condamnés de l'État de New-York rendait insuffisante la prison d'Auburn, qui, après les accroissements successifs qu'elle avait reçus, ne contenait que cinq cent cinquante cellules (2); la nécessité d'une prison nouvelle se faisait donc sentir. Ce fut alors que le plan de Singsing fut

---

(1) L'opinion presque générale aux États-Unis attribue à M. Elam Lynds la création du système définitivement adopté dans la prison d'Auburn. Cette opinion est aussi celle de MM. Hopkins et Tibbits, chargés, en 1826, d'inspecter la prison d'Auburn. V. p. 23 ; et de M. Livingston. V. son Introduction à un système de lois pénales, p. 13, édition de 1827, Philadelphie. Nous n'avons trouvé cette opinion contestée que dans une lettre adressée par M. Powers à M. Livingston, en 1829. V. cette lettre, p. 5 et suivantes.

(2) En 1823, il n'y avait encore à Auburn que 380 cellules. Le 12 avril 1824, la législature ordonna la construction de 170 cellules de plus.

arrêté par la législature (1825). Ce plan fut exécuté d'une manière qui mérite d'être rapportée.

M. Elam Lynds, qui venait de faire ses preuves à Auburn, dont il était le directeur, quitte cet établissement, prend avec lui cent détenus accoutumés à lui obéir, les conduit sur le lieu où la prison projetée doit être bâtie, et là, campé sur les bords de l'Hudson, sans asile pour le recevoir, sans murailles pour enfermer ses dangereux compagnons, il les met à l'œuvre, faisant de chacun d'eux un maçon ou un charpentier, et n'ayant pour les maintenir dans l'obéissance d'autre force que la fermeté de son caractère et l'énergie de sa volonté.

Pendant plusieurs années, les condamnés, dont le nombre fut successivement augmenté, travaillèrent ainsi à bâtir leur propre prison ; et aujourd'hui le pénitencier de Singsing contient mille cellules, toutes construites par les criminels qui y ont été renfermés (1).

A la même époque (1825), on voit naître dans la ville de New-York un établissement d'une autre nature, mais qui n'occupe pas une moindre place parmi les innovations dont nous retraçons l'histoire. Nous voulons parler de la maison de refuge instituée pour les jeunes délinquants. Il n'est point d'établissement qui soit mieux d'accord avec l'expérience. On sait que la plupart des hommes auxquels la justice criminelle inflige ses rigueurs ont été malheureux avant de devenir coupables. L'infortune est surtout dangereuse pour ceux qu'elle a frappés dans un âge encore tendre ; et il est bien rare que l'orphelin sans patrimoine et sans amis, ou l'enfant abandonné de ses parents, évitent les piéges qui sont tendus à leur inexpérience, et ne passent en peu de temps de la misère au crime. Touchées du sort des jeunes délinquants, plusieurs personnes charitables de la ville de New-York conçurent le plan d'une maison de refuge, destinée à leur

---

(1) La manière dont M. Elam Lynds a bâti Singsing trouverait sans doute des incrédules, si le fait que nous racontons ici n'était tout récent et de notoriété publique aux États-Unis ; pour le comprendre, il faut savoir toutes les ressources que peut trouver un homme énergique dans la nouvelle discipline des prisons d'Amérique ; si l'on veut se former une idée du caractère de M. Elam Lynds, et de ses opinions sur le système pénitentiaire, on n'a qu'à lire la Conversation que nous avons eue avec lui, et que nous avons cru devoir noter tout entière. V. n° 11.

servir d'asile et à leur procurer l'éducation et les moyens d'existence que la fortune leur avait refusés : 30,000 dollars (159,000 fr.) furent le produit d'une première souscription : ainsi s'éleva par la puissance seule d'une association de bienfaisance un établissement éminemment utile, et qui vaut mieux peut-être que les prisons pénitentiaires, puisque celles-ci punissent le crime, tandis que la maison de refuge a pour objet de le prévenir.

L'expérience faite à Auburn, dans l'État de New-York, des funestes effets de l'isolement sans travail, n'empêchait point la Pennsylvanie d'en continuer l'essai; et, dans le cours de l'année 1827, le pénitencier de Pittsburg commença à recevoir des prisonniers. Chaque détenu y fut renfermé jour et nuit dans une cellule, où il ne lui fut pas permis de travailler. Cette solitude, qui en principe devait être absolue, ne fut point telle par le fait. La construction de ce pénitencier est tellement vicieuse, qu'il est très facile d'entendre d'une cellule ce qui se passe dans l'autre; de cette manière, chaque détenu trouvait dans l'entretien de son voisin une distraction quotidienne, c'est-à-dire l'occasion d'une corruption inévitable; et comme ces criminels ne travaillaient pas, on peut dire que leur seule occupation était de se corrompre mutuellement. Cette prison était donc pire que celle de Walnut elle-même; car, au moyen de leurs rapports entre eux, les détenus de Pittsburg ne se réformaient pas plus que ceux de Walnut-Street; et tandis que ceux-ci donnaient à la société l'indemnité de leur travail, les autres passaient tout leur temps dans une oisivité nuisible à eux-mêmes, et onéreuse au trésor public (*d*).

Le mauvais succès de cet établissement ne prouvait rien contre le système qui lui avait donné naissance, puisque des vices de construction en rendaient l'exécution impossible; cependant il commença à refroidir les partisans des théories sur lesquelles il était fondé. Cette impression devint plus vive encore dans la Pennsylvanie, lorsqu'on y apprit les désastres causés par la solitude sans travail dans la prison d'Auburn, et l'heureux succès de la nouvelle dicipline fondée sur l'isolement de nuit avec travail commun pendant le jour (1).

(1) Ce ne fut pas seulement dans la prison d'Auburn que l'emprisonnement solitaire sans travail exerça sur la santé morale et physique des détenus la plus

Avertie par des résultats si frappants, la Pennsylvanie parut craindre de s'être engagée dans une mauvaise voie; elle sentit le besoin de soumettre à un nouvel examen la question de l'emprisonnement solitaire sans travail, mis en vigueur à Pittsburg, et admis en principe pour le pénitencier de Cherry-Hill, dont la construction était déjà fort avancée.

La législature de cet État nomma donc une commission, à l'effet d'examiner quel était le meilleur système d'emprisonnement. MM. Charles Shaler, Edward King et T.-L. Wharton, commissaires chargés de cette mission, ont, dans un rapport extrêmement remarquable, exposé les divers systèmes qui étaient alors en vigueur (20 décembre 1827), et ils terminent leur discussion en recommandant le nouveau régime d'Auburn, dont ils proclament la supériorité (1).

L'autorité de cette enquête fut puissante sur l'opinion; cependant elle souleva de graves oppositions : Roberts Vaux dans la Pennsylvanie, Edward Livingston dans la Louisiane, continuaient à soutenir la doctrine de l'isolement absolu des criminels. Ce dernier, dont les écrits sont empreints d'une si haute philosophie, avait préparé pour la Louisiane un code criminel et un code de réforme pour les prisons. Ses théories profondes, peu comprises de ceux auxquels il les destinait, avaient plus de succès dans la Pennsylvanie, pour laquelle elles n'étaient point faites. Dans cet ouvrage supérieur, M. Livingston admettait, pour la plupart des cas, le principe du *travail des détenus :* aussi se montrait-il bien moins le défenseur de Pittsburg que l'adversaire d'Auburn; il reconnaissait la bonne discipline de cette dernière prison, mais il s'élevait avec force contre les châtiments corporels mis en usage pour la maintenir. M. Livingston et ceux qui soutenaient les mêmes doctrines avaient un fait puissant à com-

---

funeste influence. Les expériences faites dans les prisons du Maryland, du Maine, de la Virginie et du New-Jersey ne furent pas plus heureuses ; on cite, dans cette dernière prison, les noms de dix individus que l'emprisonnement solitaire a tués. V. le cinquième Rapport de la Société de Boston, p. 422. Dans la Virginie, lorsque le gouverneur cessa de gracier les condamnés, il fut sans exemple que l'un d'eux survécût à une attaque de maladie.

(V. Rapport des rédacteurs du Code pénal de Pennsylvanie, p. 30.)

(1) Ce rapport est un des documents législatifs les plus importants qui existent sur les prisons d'Amérique. Il a été, en Europe, l'objet d'une étude toute spéciale de la part de certains publicistes.

battre : c'était l'incertitude de leurs théories non encore éprouvées, et le succès constaté du système qu'ils attaquaient. La prospérité d'Auburn allait toujours croissant : partout on vantait les merveilleux effets de sa discipline, et on les trouvait retracés chaque année avec une grande énergie dans un ouvrage justement célèbre en Amérique, et qui a puissamment contribué à porter l'opinion publique des États-Unis sur le système pénitentiaire au point où elle est arrivée : nous voulons parler des rapports annuels publiés par la Société des prisons de Boston. Ces rapports, qui sont l'œuvre de M. Louis Dwight, donnent au système d'Auburn une préférence marquée (*e*).

Tous les États de l'Union étaient témoins attentifs de la lutte engagée entre les deux systèmes contraires.

Dans ce pays fortuné, qui n'a ni voisins pour l'inquiéter au-dehors, ni dissensions intérieures qui le troublent au-dedans, il ne faut, pour exciter au plus haut degré l'attention publique, que l'essai de quelque principe d'économie sociale. Comme l'existence de la société n'est point mise en péril, la question n'est pas de vivre, mais d'améliorer.

La Pennsylvanie était peut-être plus qu'aucun autre État intéressée aux débats qui s'agitaient : rivale de New-York, elle devait se montrer jalouse de conserver en tout le rang que sa civilisation avancée lui donne parmi les États les plus éclairés de l'Union américaine.

Elle adopta un système qui convenait tout à la fois à l'austérité de ses mœurs et à ses susceptibilités philanthropiques ; elle repoussa l'isolement sans travail, dont l'expérience de toutes parts lui signalait les funestes effets, et elle conserva la séparation absolue des prisonniers, châtiment sévère qui, pour être infligé, n'a pas besoin du secours des châtiments corporels.

Le pénitencier de Cherry-Hill, soumis à ces principes, n'est donc autre chose qu'une combinaison de Pittsburg et d'Auburn. On a gardé de Pittsburg l'isolement de nuit et de jour, et dans la cellule solitaire on a introduit le travail d'Auburn (*f*).

Cette révolution dans le régime des prisons de la Pennsylvanie fut immédiatement suivie d'une réforme générale des lois criminelles. Toutes les peines furent adoucies; les rigueurs de l'emprisonnement solitaire permettaient d'en abréger la durée : la peine de mort fut abolie dans tous les cas, excepté dans celui de meurtre prémédité (*g*).

Tandis que les États de New-York et de la Pennsylvanie faisaient dans leurs lois de graves réformes, et adoptaient chacun un différent système d'emprisonnement, les autres États de l'Union ne demeuraient point impassibles et inactifs en présence du grand spectacle qui leur était offert.

Dès l'année 1825, le plan d'une nouvelle prison sur le modèle d'Auburn avait été adopté par la législature du Connecticut; et le pénitencier de Wethersfield avait succédé à l'ancienne prison de Newgate.

Malgré le poids que la Pennsylvanie venait de mettre dans la balance en faveur de l'isolement absolu avec travail, le système d'Auburn, c'est-à-dire le travail en commun pendant le jour avec isolement pendant la nuit, continua à obtenir la préférence; le Massachussetts, le Maryland, le Tennessee, le Kentucky, le Maine, et le Vermont, ont tour à tour adopté le plan d'Auburn, et l'ont pris pour modèle des nouvelles prisons qu'ils ont fait construire (1).

Plusieurs États ne se sont pas bornés à établir des prisons pour les criminels condamnés, mais ils ont aussi, à l'imitation de New-York, fondé pour les jeunes délinquants ces maisons de refuge qui sont comme un appendice du système pénitentiaire. Ces établissements ont été organisés à Boston en 1826 et à Philadelphie en 1828. Tout annonce que Baltimore aura bientôt aussi sa maison de refuge.

Il est du reste facile de prévoir que l'impulsion de réforme donnée par New-York et Philadelphie ne s'arrêtera pas aux États que nous avons nommés plus haut.

Grâce à l'heureuse rivalité qui règne entre tous les États de l'Union, et à la publicité qui lie entre elles toutes les parties de ce corps immense, chaque État suit les réformes qui sont faites chez les autres, et se montre impatient de les imiter.

Il ne faudrait point aujourd'hui juger tous les États-Unis par le tableau que nous venons de présenter des innovations admises par quelques-uns d'entre eux.

(1) Depuis que MM. de Beaumont et de Tocqueville ont visité notre pays, la législature du New-Jersey a fait une loi dont l'objet est de fonder un pénitencier d'après le système établi à Philadelphie. Le lecteur doit se rappeler cette note, en lisant plusieurs autres endroits de l'ouvrage.

(*Note du traducteur américain*, p. 11.)

Accoutumés comme nous le sommes à voir notre gouvernement central attirer tout à lui, et imprimer dans les diverses provinces à toutes les parties de l'administration une direction uniforme, nous nous figurons quelquefois qu'il en est de même dans les autres pays; et comparant la centralisation de Washington avec celle de Paris, les États particuliers de l'Union à nos départements, nous sommes tentés de croire que les innovations qui se font chez les uns ont nécessairement lieu chez les autres (1). Il n'arrive cependant rien de semblable aux États-Unis.

Ces États, qu'un lien fédéral rassemble dans un même faisceau, sont, pour tout ce qui concerne leurs intérêts communs, soumis à une seule autorité (2). Mais en dehors de ces intérêts généraux ils conservent toute leur indépendance personnelle, et chacun d'eux est maître souverain de se gouverner comme il lui plaît. Nous avons parlé de neuf États qui ont adopté un nouveau système de prisons : il y en a quinze qui n'ont encore fait aucun changement (3).

Dans ces derniers, l'ancien système règne dans toute sa force : encombrement des détenus, confusion des crimes, des âges et quelquefois des sexes, mélange des prévenus et des condamnés, des criminels et des détenus pour dettes, des coupables et des témoins (4); mortalité considérable, évasions fréquentes, absence de toute discipline; point de silence qui conduise les criminels à la réflexion; point de travail qui les

---

(1) M. Charles Lucas, qui a publié sur le système pénitentiaire un ouvrage fort estimé, est tombé dans l'erreur sur ce point.

« Deux systèmes, dit-il, se présentent, l'un exclusif à l'Ancien Monde, et l'autre au Nouveau. Le premier est le système de déportation suivi par l'Angleterre et la Russie, le second est le système pénitentiaire établi dans *tous les États de l'Union.* »

« ...... Le régime pénitentiaire, dit-il un peu plus loin, que Caleb Lownes donna en 1791 à la Pennsylvanie, d'où il se répandit *presque simultanément dans tous les États de l'Union*..... »

Voyez Du système pénal et du système répressif en général, par M. Charles Lucas. Introduction, p. 58, 59, et 60.

(2) Celle du congrès.

(3) Dans l'Ohio, dans le New-Hampshire et dans quelques autres États, il y a bien un régime d'emprisonnement établi, mais c'est un mauvais régime de prisons, et non un SYSTÈME PÉNITENTIAIRE.

(4) Voyez Notes sur l'emprisonnement pour dettes et sur l'emprisonnement des témoins, n°s 7 et 8.

accoutume à gagner honnêtement leur vie; l'insalubrité du lieu qui détruit la santé; le cynisme des conversations qui corrompent; l'oisiveté qui déprave; l'assemblage, en un mot, de tous les vices et de toutes les immoralités : tel est le spectacle offert par les prisons qui ne sont point encore entrées dans la voie de la réforme.

A côté d'un État dont les pénitenciers pourraient servir de modèle, on en trouve un autre dont les prisons offrent l'exemple de tout ce qu'on doit éviter. Ainsi l'État de New-York est sans contredit l'un des plus avancés dans la voie de la réforme, et le New-Jersey, qui n'est séparé de lui que par un fleuve, a retenu tous les vices de l'ancien système (1).

L'Ohio, qui possède un code pénal remarquable par la douceur et l'humanité de ses dispositions, a des prisons barbares. Nous avons gémi profondément lorsqu'à Cincinnati, visitant la maison d'arrêt, nous y avons trouvé la moitié des détenus chargés de fers, et le reste plongé dans un cachot infect; et nous ne pourrions peindre l'impression douloureuse que nous avons éprouvée, lorsque, examinant la prison de la Nouvelle-Orléans, nous y avons vu des hommes confondus pêle-mêle avec des pourceaux, au milieu de toutes les ordures et de toutes les immondices (2). En renfermant les criminels, on ne songe point à les rendre meilleurs, mais seulement à dompter leur méchanceté; on les enchaîne comme les bêtes féroces; on ne les corrige pas, on les abrutit (3).

S'il est vrai que, dans le pays que nous venons de passer en

---

(1) Voyez la note de la page 97.

(2) Le lieu qui renferme les criminels condamnés, à la Nouvelle-Orléans, ne saurait être appelé une prison : c'est un affreux cloaque dans lequel ils sont entassés, et qui ne convient qu'à ces animaux immondes qu'on y trouve réunis aux prisonniers : il est à remarquer que tous ceux qui y sont détenus ne sont point esclaves; c'est la prison des hommes libres. Il paraît, du reste, que la nécessité d'une réforme dans le régime des prisons est sentie à la Louisiane : le gouverneur de cet État nous a dit qu'il demanderait incessamment à la législature une allocation de fonds pour cet objet. Il paraît également certain que le système d'emprisonnement dans l'Ohio va être entièrement changé.

(3) En général, pour leurs prisons comme pour tout le reste, les États du Sud sont fort en arrière du Nord. Dans quelques-uns d'entre eux, la réforme du régime des prisons n'est nullement réclamée par l'opinion publique; tout récemment, on a aboli dans la Géorgie le système pénitentiaire, qui y avait été établi un an auparavant.

revue, le système pénitentiaire soit totalement inconnu, il est également certain que ce système est incomplet dans les États même où il est en vigueur (1). Ainsi à New-York, à Philadelphie, à Boston, il y a des prisons nouvelles pour renfermer les condamnés dont la peine excède soit une, soit deux années d'emprisonnement; mais des établissements de même nature n'existent point pour recevoir les individus dont la peine est moindre, ou ceux qui, avant d'être jugés, sont arrêtés comme prévenus (2). A l'égard de ceux-ci rien n'a été changé: désordre, confusion, mélange des âges et *des moralités*, tous les vices de l'ancien régime se retrouvent pour eux : nous avons vu dans la maison d'arrêt de New-York (Bridwell) plus de cinquante prévenus réunis dans la même salle (3). Ces détenus sont ceux pour lesquels on aurait dû d'abord créer des prisons bien réglées. On conçoit en effet que le prévenu qui n'a pas été déclaré coupable, et le condamné qui n'a commis qu'un léger délit, doivent être entourés d'une protection plus grande que les coupables plus avancés dans le crime, dont la culpabilité a été reconnue.

Les prévenus sont quelquefois innocents et toujours pré-

---

(1) Si la loi du 30 mars 1831 est exécutée dans la Pennsylvanie, cet État aura bientôt le système d'emprisonnement le plus complet qui ait existé aux États-Unis. Cette loi prescrit l'érection d'une prison sur le plan de l'emprisonnement solitaire, destinée à recevoir les prévenus, les détenus pour dettes, les témoins et les condamnés à une courte peine d'emprisonnement. — Voyez Acts of the general assembly relating to the eastern penitentiary and to the new prisons of the City and County of Philadelphia, page 24.

(2) La prison de Blackwell-Island, à New-York, tout nouvellement construite, est la seule qui ait été faite pour recevoir les condamnés à de courtes peines d'emprisonnement (for small offenses).

*Cent acres de terre, dans l'île Blackwell, ont été achetés par la ville de New-York en 1828. Elle y a établi un bâtiment à l'instar de celui de Wethersfield, destiné à revevoir 200 mendiants et vagabonds, qui travaillent durant la semaine et reçoivent quelque intruction le dimanche.

(*Note du traducteur allemand.*)

(3) Dans cette prison, où il n'y a que *des prévenus*, on ne tient aucun compte de la différence des crimes dont ils sont inculpés, de la jeunesse des uns, de la vieille corruption des autres. Tous ces individus n'ont pas un lit, pas une chaise, pas une planche, pour se coucher ou pour reposer leur tête. Ils n'ont pas de cour où ils puissent respirer un air pur. — A quelques pas de là il y a une prison parfaitement ordonnée, dans laquelle on renferme les criminels *condamnés*. Aux États-Unis, on trouve les meilleures prisons et les plus vicieuses.

sumés tels. Comment tolère-t-on qu'ils trouvent dans la prison une corruption qu'ils n'y ont pas apportée?

S'ils sont coupables, pourquoi les placer dès l'abord dans une maison d'arrêt propre à les corrompre davantage, sauf à les réformer ensuite dans la prison pénitentiaire, où ils seront envoyés après leur condamnation (*j*)?

Évidemment il y a lacune dans un système de prisons qui présente de semblables anomalies.

Ces contradictions choquantes proviennent surtout du défaut d'ensemble dans les diverses parties d'administration aux États-Unis.

Les grandes prisons (state prisons), correspondantes à nos maisons centrales, appartiennent à l'État, qui les dirige; viennent ensuite les prisons du comté, qui en a la gestion; et enfin les prisons de la cité, qui sont régies par celle-ci.

Les administrations particulières dans les États étant à peu près aussi indépendantes entre elles que les États le sont entre eux, il en résulte qu'elles n'agissent jamais de concert et simultanément. Tandis que l'une fait une réforme utile dans le cercle de ses pouvoirs, l'autre reste inactive et attachée aux traditions de la routine.

Nous verrons plus loin comment cette indépendance des localités, qui nuit à l'ensemble de tous leurs actes, a pourtant une influence bienfaisante en imprimant à chacune d'elles, dans la voie qu'elle suit librement, une marche plus prompte et plus énergique.

Du reste, nous ne signalerons pas plus longuement ce qu'il y a de défectueux dans le système des prisons aux États-Unis : si la France veut un jour imiter les pénitenciers d'Amérique, il lui importe surtout de connaître ceux qui peuvent servir de modèle. Les nouveaux établissements seront donc seuls l'objet de notre examen.

Nous voyons par ce qui précède que peu d'États ont complètement changé leur système d'emprisonnement : le nombre de ceux qui ont modifié leurs lois pénales est encore plus restreint. Plusieurs d'entre eux possèdent encore une partie des lois barbares qu'ils ont reçues de l'Angleterre.

Nous ne parlons point des États du Sud, où l'esclavage est en vigueur : partout où une moitié de la société est cruellement opprimée par l'autre, on doit s'attendre à trouver dans la loi de l'oppresseur une arme toujours prête à frapper la nature qui se révolte ou l'humanité qui se plaint. La peine de mort et les coups, voilà tout le code pénal des esclaves (1). Mais si nous jetons un coup d'œil sur les États eux-mêmes qui n'ont plus d'esclaves, et dont la civilisation est la plus avancée, nous verrons cette civilisation s'allier, chez les uns, à des lois pénales pleines de douceur, et se mêler, chez les autres, à toutes les rigueurs du code de Dracon.

Qu'on rapproche seulement des lois de la Pennsylvanie celles de la Nouvelle-Angleterre, qui est peut-être le pays le plus éclairé de l'Union américaine. Dans le Massachussetts, il y a dix crimes différents qui sont punis de mort; entre autres, le viol et le vol avec effraction (2). Le Maine, le Rhode-Island et le Connecticut, comptent le même nombre de crimes capitaux (3). Parmi ces lois, quelques-unes contiennent les supplices les plus infamants, tels que le pilori; d'autres, des cruautés révoltantes, telles que la marque et la mutilation (4). Il en est aussi qui prononcent des amendes dont le taux est l'équivalent d'une confiscation (5). Tandis qu'on trouve ces restes de barbarie dans des États qui sont en pos-

---

(1) On n'a point de prisons pour renfermer les *esclaves* : l'emprisonnement coûte trop cher ! la mort, le fouet, l'exil ne coûtent rien ! de plus, pour les exiler, on les vend, ce qui rapporte.

(2) Nous comprenons dans ce nombre les crimes contre le gouvernement fédéral, celui de haute trahison contre les États-Unis, la piraterie, le vol de la malle qui porte les dépêches du gouvernement.

(3) Les lois de ce dernier État prononcent aussi dans sept cas particuliers la peine de l'emprisonnement perpétuel.

(4) Une loi du Connecticut porte que la mère qui cache la mort de son enfant naturel sera exposée aux galères pendant une heure, ayant une corde nouée autour du cou.

Une autre loi du Massachussetts porte une amende contre la fornication; elle ajoute que si le condamné ne paie pas cette amende dans les vingt-quatre heures, il recevra dix coups de fouet. Le coupable de blasphème est, d'après les lois du même pays, condamné au pilori et au fouet. Celui qui, dans le Rhode-Island, commet le crime de faux, est condamné au pilori. Pendant son exposition, on lui coupe un morceau de chaque oreille et on le marque à l'aide d'un fer brûlant de la lettre C (*counterfeiting*). Après tout cela, il subit un emprisonnement qui n'excède pas six années *.

(5) Par exemple, une loi de l'État de Delaware prononce pour un seul crime une amende de 10,000 dollars (53,000 fr.).

* Nous n'avons pas besoin de dire que de pareilles lois sont tombées en désuétude.

(*Note du traducteur américain*, p. 16.)

session d'une vieille civilisation, il en est d'autres qui, nés d'hier, ont banni de leurs lois tous les châtiments cruels que ne justifie pas l'intérêt de la société. Ainsi l'Ohio, qui n'a certainement pas les lumières de la Nouvelle-Angleterre, possède un code pénal beaucoup plus humain que ceux de Massachussetts et du Connecticut.

Tout auprès d'un État où la réforme des lois pénales semble arrivée à son apogée, on en trouve un autre dont les lois criminelles sont empreintes de toutes les brutalités de l'ancien système. C'est ainsi que les États de Delaware et de New-Jersey, si arriérés dans la voie des innovations, touchent à la Pennsylvanie, qui, sous ce rapport, marche à la tête de tous les autres (1).

Nous oublierions l'objet de notre rapport, si nous nous arrêtions davantage sur ce point. Nous avons dû présenter un aperçu de la législation pénale aux États-Unis, parce qu'elle exerce sur la question même qui nous occupe une influence nécessaire.

On conçoit, en effet, jusqu'à quel point les peines qui dégradent le coupable sont incompatibles avec l'objet du système pénitentiaire, qui se propose de le réformer. Comment espérer de relever la moralité d'un homme qui porte sur son corps des signes indélébiles de son infamie, soit que la mutilation de ses membres rappelle incessamment son crime, soit que

---

(1) Les lois de l'État de Delaware prononcent la peine de mort contre six crimes différents (non compris les crimes capitaux prévus par la loi fédérale des États-Unis). — Voici comment elles punissent le faux : le coupable est condamné à une amende, au pilori, à trois mois d'isolement dans une cellule ; à l'expiration de sa peine, le condamné porte derrière le dos, pendant un an au moins et cinq ans au plus, la lettre F (forgery) empreinte sur son habit en couleur écarlate ; cette lettre doit être longue de six pouces et en avoir deux de largeur.

L'emprisonnement est puni ainsi qu'il suit :

Le coupable peut être condamné à une amende de 10,000 dollars, à une heure de pilori, et à être fouetté publiquement ; il doit recevoir soixante coups de fouet *bien appliqués*, dit la loi (*well laid on*) ; ensuite il subit quatre ans d'emprisonnement, après lesquels il est vendu comme esclave pour un temps qui n'excede pas quatorze ans.

Voici une autre peine grave prononcée pour un bien faible délit : vingt-un coups de fouet sont le chatiment de celui qui prétend être sorcier ou magicien. Dans le Nouveau-Jersey, tout individu condamné en récidive pour meurtre, viol, incendie, vol, faux, et sodomie, est puni de mort.....

la marque imprimée sur son front en perpétue le souvenir (1)?

Ne doit-on pas faire des vœux pour que les dernières traces d'une barbarie qui s'éteint disparaissent de tous les États-Unis, et notamment de ceux qui ont adopté un système pénitentiaire avec lequel elles sont inconciliables, et dont l'existence les rend plus choquantes (2)?

Du reste, ne blâmons point ce peuple de s'avancer lentement dans la voie des innovations. Des changements semblables ne doivent-ils pas être l'ouvrage du temps et de l'opinion publique! — Il y a aux États-Unis un certain nombre d'esprits philosophiques qui, pleins de théories et de systèmes, sont impatients de les mettre en pratique; et s'ils étaient maîtres de faire eux-mêmes la loi du pays, ils effaceraient d'un trait de plume toutes les vieilles coutumes, auxquelles ils substitueraient les créations de leur génie et les décrets de leur sagesse. A tort ou à raison, le peuple ne va pas aussi vite qu'eux; il consent à des changements, mais il les veut successifs et partiels (*k*). Peut-être cette réforme prudente et réservée, opérée par un peuple entier dont toutes les habitudes sont pratiques, vaut-elle mieux que les essais précipités qui seraient dus à l'enthousiasme des esprits ardents et à la séduction des théories (3).

(1) Aux États-Unis, la marque se place ordinairement sur le front.... Au mois de juin 1829, on marquait encore, à Boston, les condamnés en récidive au moment de leur sortie de prison, en les tatouant sur le bras; on y écrivait ces mots *Massachussetts state prison* (prison centrale du Massachussetts). Cette coutume a été abrogée le 12 juin 1829.

(2) Nous ne contestons point à la société le droit de punir de mort ceux de ses membres qui ont violé ses lois. Nous croyons même que la conservation de cette peine, dans certains cas, est encore indispensable au maintien de l'ordre social. Mais nous pensons également que toutes les fois que la peine de mort est portée dans la loi sans une absolue nécessité, elle n'est plus qu'une cruauté inutile, et un obstacle au système pénitentiaire, qui a pour objet de réformer ceux dont la société épargne la vie.

(3) Parmi les philosophes qui, aux États-Unis, demandent l'abolition de la peine de mort, on doit distinguer M. Edw. Livingston. Il ne dispute point à la société le droit d'ôter la vie à ceux de ses membres qu'elle est intéressée à retrancher de son sein; il soutient seulement que ce châtiment terrible, qui peut frapper sans remède un accusé innocent, ne produit point en général les effets qu'on en attend, et qu'il est efficacement remplacé par des peines moins rigoureuses qui causent à la société des impressions moins vives,

Quels que soient du reste les obstacles qui restent encore à vaincre, nous n'hésitons pas à le déclarer, aux États-Unis la cause de la réforme et du progrès nous paraît assurée.

L'esclavage, cette honte d'un peuple libre, voit chaque jour échapper à son joug quelques-uns des territoires sur lesquels il étendait son empire ; et les hommes mêmes qui possèdent le plus d'esclaves ont au fond de leur âme la conviction intime que l'esclavage n'aura pas une longue durée.

Chaque jour voit s'adoucir quelqu'une des peines qui blessent l'humanité ; et dans les États les plus civilisés du Nord, où ces peines sont encore écrites dans les lois, leur application est devenue si rare, qu'elles sont comme tombées en désuétude.

Le mouvement d'amélioration est imprimé. Les États qui n'ont encore rien fait ont la conscience de leur tort ; ils envient le sort de ceux qui les ont précédés dans la carrière, et sont impatients de les imiter (1).

Enfin c'est un fait digne de remarque que la modification des lois pénales et celle du régime des prisons sont deux réformes associées l'une à l'autre, qui, aux États-Unis, ne sont jamais séparées.

Nous n'avons point mission spéciale pour nous expliquer sur la première ; la seconde seule fixera notre attention.

Les divers États chez lesquels nous avons vu un système pénitentiaire en vigueur poursuivent tous le même but : l'amélioration du régime des prisons. Mais ils emploient, pour y arriver, des moyens différents. Ce sont ces moyens divers qui ont été l'objet de notre investigation.

---

mais plus durables. Placée sur ce terrain, la question n'est pas résolue, mais elle est ramenée à ses véritables termes.

V. Remarks on the expediency of abolishing the punishment of death. By Edward Livingston. Philadelphie, 1831.

(1) Depuis que nos auteurs ont visité les États-Unis, la législature de New-Jersey a décrété la fondation d'un pénitencier d'après le système de Philadelphie, et celle du New-Hampshire, un autre d'après le système d'Auburn.

(*Note du traducteur américain*, p. 18.)

CHAPITRE II.

Discussion. — Objet du système pénitentiaire. — Première section : quels sont les principes fondamentaux de ce système ? — Deux systèmes distincts : Auburn et Philadelphie. — Examen de ces deux systèmes. — En quoi ils sont semblables : en quoi ils diffèrent.

Le système pénitentiaire, dans son acception propre, ne s'applique qu'à des individus condamnés et soumis à la peine de l'emprisonnement pour expiation de leur crime.

Dans un sens moins restreint, on peut l'étendre à toutes personnes détenues, soit que leur détention précède, soit qu'elle suive le jugement, c'est-à-dire selon que ces personnes sont arrêtées comme prévenues d'un crime, ou comme condamnées pour l'avoir commis ; dans cette acception large, le système pénitentiaire comprend les prisons de toute espèce, maisons centrales, maisons d'arrêt et de refuge, etc., etc.

C'est aussi dans ce dernier sens que nous l'entendrons.

Nous avons déjà dit qu'aux États-Unis les prisons correspondantes à nos maisons d'arrêt, c'est-à-dire celles qui sont destinées aux prévenus arrêtés provisoirement et aux individus condamnés à une courte peine d'emprisonnement, n'ont subi aucune réforme. En conséquence nous n'en parlerons point : nous ne pourrions présenter à cet égard qu'une théorie ; et c'est aux observations pratiques que nous devons surtout nous attacher.

Nous allons donc immédiatement porter notre attention sur les pénitenciers proprement dits, dans lesquels sont renfermés aux États-Unis les condamnés qui, selon nos lois, seraient envoyés aux maisons centrales de correction, de détention et aux bagnes.

La peine d'emprisonnement, dans les différents États où elle est prononcée, n'est point variée comme dans nos lois. Chez nous on distingue l'emprisonnement simple, la réclusion, la détention et les travaux forcés ; chacune de ces peines a des traits qui lui sont propres ; l'emprisonnement, aux États-Unis, a un caractère uniforme ; il ne diffère que dans sa durée.

Il se divise en deux classes principales : 1° l'emprisonnement d'un mois à un ou deux ans, appliqué aux infractions de police et aux délits ; 2° l'emprisonnement depuis deux ans jusqu'à vingt, ou à perpétuité, lequel sert à réprimer les crimes plus graves.

C'est pour les condamnés qui se trouvent dans ce second cas qu'il existe aux États-Unis un système pénitentiaire (1).

1° En quoi consiste ce système et quels en sont les principes fondamentaux ?

2° Comment est-il mis en action ?

3° Par quels moyens disciplinaires est-il maintenu ?

4° Quels résultats ont été obtenus sous le point de vue de la réforme des détenus ?

5° Quels ont été ses effets sous le rapport financier ?

6° Quels enseignements pouvons-nous emprunter à ce système pour l'amélioration de nos prisons ?

Telles sont les questions principales sur lesquelles nous présenterons le résumé de nos observations et de nos recherches.

Après avoir rempli cette tâche, nous terminerons notre rapport par l'examen des maisons de refuge pour les jeunes délinquants : ces établissements sont plutôt des écoles que des prisons, mais elles ne forment pas moins une partie essentielle du système pénitentiaire, puisque le régime auquel ces jeunes détenus sont soumis a pour objet de punir ceux qui ont été déclarés coupables, et se propose la réforme de tous.

SECTION PREMIÈRE.

En quoi consiste le système pénitentiaire, et quels sont ses principes fondamentaux ?

On reconnaît aux États-Unis deux systèmes parfaitement distincts : le système d'Auburn et celui de Philadelphie.

---

(1) Nous nous appliquerons exclusivement à développer le système pénitentiaire des États-Unis, parce qu'il a été seul l'objet de nos investigations. Si l'on désire des documents sur les prisons d'Europe, on peut consulter l'ouvrage très remarquable qui a été publié l'année dernière par MM. Julius, Lagarmite et Mittermayer, intitulé *Leçons sur les prisons*.

Singsing dans l'État de New-York, Wethersfield dans le Connecticut, Boston dans le Massachussetts, Baltimore dans le Maryland, se sont formés sur le modèle d'Auburn (1).

De l'autre côté se trouve la Pennsylvanie toute seule.

Les deux systèmes, contraires entre eux sur des points importants, ont cependant une base commune sans laquelle il n'y a point de système pénitentiaire possible : cette base, c'est l'isolement des détenus (*l*).

Quiconque a étudié l'intérieur des prisons et les mœurs des détenus a acquis la conviction que la communication de ces hommes entre eux rend impossible leur réforme morale, et devient même pour eux la cause inévitable d'une affreuse corruption. Cette observation, que justifie l'expérience de chaque jour, est devenue aux États-Unis une vérité presque populaire, et les publicistes qui s'entendent le moins sur le mode d'exécution du système pénitentiaire s'accordent sur ce point, qu'aucun bon système ne saurait exister sans la séparation des criminels (2).

On a cru longtemps que, pour remédier au mal qui naît de la communication des détenus entre eux, il suffisait d'é-

---

(1) Le Kentucky, le Tennessee, le Maine et le Vermont, ont aussi adopté le même système; mais cette innovation, chez eux, est trop récente pour fournir des documents utiles.

(2) Voyez le rapport des commissaires-rédacteurs du Code pénal de Pennsylvanie, 1828, — p. 16 et notamment p. 22. — Voyez la lettre de Roberts Vaux à Roscoe, 1827, — p. 9.— *Id.* le rapport fait par la commission du pénitentier de Baltimore au gouverneur Kent, le 23 décembre 1828. — *Id.* Rapport servant d'introduction au Code de discipline des prisons, d'Edward Livingston, p. 31. Et la lettre du même à Roberts Vaux, 1828. — *Id.* Rapport de John Spencer à la législature de New-York.

L'emprisonnement solitaire des États-Unis avait beaucoup d'adversaires. Parmi ses plus célèbres antagonistes, on citait William Roscoe de Liverpool et le général Lafayette : le premier est revenu sur l'opinion qu'il s'en était formée, depuis qu'il a su que le travail était admis dans les cellules solitaires de Philadelphie (V. sa lettre au D. Hozak de New-York, écrite le 13 juillet 1830, peu de temps avant sa mort.) Quant au général Lafayette, il a toujours combattu avec force le châtiment de la solitude. « *Cette peine*, dit-il, *ne corrige point le coupable.* J'ai passé dans l'isolement plusieurs années à Olmutz, où j'étais détenu pour avoir fait une révolution ; et dans ma prison je ne rêvais que révolutions nouvelles. »

Du reste, l'opinion du général Lafayette, qu'avait fait naître l'ancien système de solitude sans travail établi d'abord à Philadelphie, s'est peut-être modifiée comme celle de W. Roscoe, depuis que ce système a subi lui-même de graves changements.

tablir dans la prison un certain nombre de classifications. Mais, après avoir essayé ce moyen, on en a reconnu l'impuissance. Il y a des peines pareilles et des crimes appelés du même nom, mais il n'y a pas deux moralités qui soient semblables; et toutes les fois que des condamnés sont mis ensemble, il existe nécessairement une influence funeste des uns sur les autres, parce que, dans l'association des méchants, ce n'est pas le moins coupable qui agit sur le criminel, mais le plus dépravé qui a action sur celui qui l'est moins.

Il faut donc, dans l'impossibilité de classer les détenus, en venir à la séparation de tous (m).

Cette séparation, qui empêche le méchant de nuire aux autres, lui est favorable à lui-même.

Jeté dans la solitude, il réfléchit. Placé seul en présence de son crime, il apprend à le haïr : et si son âme n'est pas encore blasée sur le mal, c'est dans l'isolement que le remords viendra l'assaillir.

La solitude est une peine sévère, mais un tel châtiment est mérité par le coupable. « Une prison destinée à punir, dit « M. Livingston, cesserait bientôt d'être un objet d'effroi, « si les condamnés qui la remplissent y entretenaient à « leur aise les relations de société dans lesquelles ils se com- « plaisaient avant d'être détenus (1). »

Cependant, quel que soit le crime du coupable, on ne doit point lui arracher la vie, quand la société ne veut que le priver de sa liberté. Tel serait cependant le résultat de l'isolement absolu, si aucune distraction ne venait en adoucir la rigueur.

Voilà pourquoi le travail est introduit dans la prison. Loin d'être une aggravation de peine, il est pour les détenus un véritable bienfait.

Mais alors même que le criminel n'y trouverait pas un allégement à ses souffrances, il n'en devrait pas moins être forcé de s'y livrer. C'est l'oisiveté qui l'a conduit au crime; en travaillant, il apprendra comment on vit honnêtement.

Sous un autre rapport, le travail du criminel est encore nécessaire : sa détention, dispendieuse pour la société quand il est oisif, devient moins onéreuse quand il travaille.

Les prisons d'Auburn, de Singsing, de Wethersfield, de

---

(1) Voyez introduction au Code de la discipline des prisons.

Boston et de Philadelphie, reposent donc sur ces deux principes réunis : l'isolement et le travail. Ces principes, pour être salutaires, ne doivent point être séparés : l'un est inefficace sans l'autre.

Dans l'ancienne prison d'Auburn, on a essayé l'isolement sans travail, et les détenus qui ne sont pas devenus fous, ou qui ne sont pas morts de désespoir, ne sont rentrés dans la société que pour y commettre de nouveaux crimes.

A Baltimore, on essaie en ce moment le système du travail sans l'isolement, et cet essai ne paraît pas heureux.

Tout en admettant la moitié du principe de la solitude, on repousse l'autre; le pénitencier de cette ville contient un nombre de cellules égal à celui des détenus qui sont renfermés pendant la nuit; mais pendant le jour on leur permet de communiquer ensemble. Assurément la séparation de nuit est la plus importante; cependant elle ne suffit pas. Les rapports que des criminels ont entre eux sont nécessairement corrupteurs; et ces rapports doivent être évités, si l'on veut préserver les détenus de toute contagion mutuelle (n).

Bien pénétrés de ces vérités, les fondateurs du nouveau pénitencier de Philadelphie ont voulu que chaque prisonnier fût renfermé dans une cellule particulière le jour comme la nuit.

Ils ont pensé que la séparation absolue et matérielle des criminels pouvait seule les garantir d'une souillure réciproque, et ils ont adopté le principe de l'isolement dans toute sa rigueur. D'après ce système, le condamné, une fois jeté dans sa cellule, y reste enfermé jusqu'à l'expiration de sa peine : il est séparé du monde entier; et le pénitencier, plein de malfaiteurs comme lui, mais isolés les uns des autres, ne lui présente même pas une société dans la prison. S'il est vrai que, dans les établissements de cette nature, tout le mal vienne des rapports que les détenus ont entre eux, on est forcé de reconnaître que nulle part ce vice n'est plus sûrement évité qu'à Philadelphie, où les prisonniers sont dans l'impossibilité matérielle de communiquer ensemble. Et il est incontestable que cet isolement parfait met le prisonnier à l'abri de toute contagion funeste (1).

Comme dans aucune autre prison la solitude n'est plus complète qu'à Philadelphie, nulle part aussi la nécessité du

---

(1) V. Enquête sur le pénitencier de Philadelphie, n° 10.

travail n'est plus absolue. Aussi il serait inexact de dire que, dans le pénitencier de Philadelphie, on impose le travail; on peut dire avec plus de raison que la faveur de travailler est accordée. Lorsque nous avons visité ce pénitencier, nous nous sommes entretenus successivement avec tous les prisonniers (*o*). Il n'en est pas un seul qui ne nous ait parlé du travail avec une sorte de reconnaissance, et qui ne nous ait exprimé l'idée que sans le secours d'une occupation constante, la vie lui serait insupportable (1).

Pendant les longues heures de solitude, que deviendrait, sans cette distraction, l'homme livré à lui-même, en proie aux remords de son âme et aux terreurs de son imagination? Le travail remplit la cellule solitaire d'un intérêt : il fatigue le corps, et repose l'âme.

Il est assez remarquable que ces hommes, dont la plupart ont été conduits au crime par la paresse et la fainéantise, soient réduits, par les tourments de l'isolement, à trouver dans le travail leur unique consolation : en détestant l'oisiveté, ils s'accoutument à haïr la cause première de leur infortune; et le travail, en les consolant, leur fait aimer le seul moyen qu'ils auront un jour de gagner honnêtement leur vie.

Les fondateurs d'Auburn reconnaissent aussi la nécessité de séparer les prisonniers, d'empêcher entre eux toute communication, et de les soumettre à l'obligation du travail; mais, pour arriver au même but, ils suivent une voie différente.

Dans cette prison, comme dans celles qui sont instituées sur son modèle, les détenus ne sont renfermés dans leurs cellules solitaires que pendant la nuit. Durant le jour, ils travaillent ensemble dans des ateliers communs, et comme ils sont assujétis à la loi d'un silence rigoureux, quoique réunis, ils sont encore isolés par le fait. Le travail en réunion et en silence est donc le caractère qui distingue le système d'Auburn de celui de Philadelphie...

En raison du silence auquel les détenus sont condamnés, cette réunion n'offre, dit-on, aucun inconvénient, et présente beaucoup d'avantages.

---

(1) Tous nous disaient que le dimanche, jour de repos, était plus long pour eux que toute la semaine.

Ils sont réunis, mais aucun lien moral n'existe entre eux. Ils se voient sans se connaître. Ils sont en société, sans communiquer ensemble; il n'y a entre eux ni aversions ni sympathies. Le criminel qui médite un projet d'évasion ou un attentat à la vie de ses gardiens ne sait pas dans lequel de ses compagnons il peut trouver assistance. Leur réunion est toute matérielle, ou, pour mieux dire, leurs corps sont ensemble, et leurs âmes isolées; et ce n'est pas la solitude du corps qui est importante, c'est celle des intelligences. A Pittsburg, les détenus, quoique matériellement séparés, ne son pas seuls, puisqu'il existe entre eux des communications morales. A Auburn, ils sont réellement isolés, quoique aucun mur ne les sépare.

Leur réunion dans les ateliers du travail n'a donc rien de dangereux; elle a de plus, dit-on, un mérite qui lui est propre, celui d'accoutumer les détenus à l'obéissance.

Quel est l'objet principal de la peine relativement à celui qui la subit? C'est de lui donner des habitudes sociables, et d'abord de lui apprendre à obéir. La prison d'Auburn a sur ce point, disent ses partisans, un avantage manifeste sur celle de Philadelphie.

La réclusion perpétuelle dans une cellule est un fait irrésistible qui dompte le détenu sans combat, et dépouille ainsi sa soumission de toute espèce de moralité; renfermé dans cette étroite enceinte, il n'a point, à proprement parler, de discipline à observer. Quand il se tait, il garde un silence obligé; s'il travaille, c'est pour échapper à l'ennui qui l'accable : en un mot, il obéit bien moins à la règle établie qu'à l'impossibilité physique d'agir autrement.

A Auburn, au contraire, le travail, au lieu d'être une consolation pour les détenus, est, à leurs yeux, une tâche pénible à laquelle ils seraient heureux de se soustraire. En observant le silence, ils sont incessamment tentés d'en violer la loi. Ils sont soumis à la discipline, et pourtant ils peuvent ne pas l'être. Ils ont quelque mérite à obéir, parce leur obéissance n'est pas une *nécessité*. C'est ainsi que le régime d'Auburn donne aux détenus des habitudes de sociabilité qu'ils ne trouvent point dans la prison de Philadelphie (*p*).

On voit que le silence est la base principale du système d'Auburn; c'est lui qui établit entre tous les détenus cette séparation morale qui les prive de toutes communications dangereuses, et ne leur laisse des rapports sociaux que ce qu'ils ont d'inoffensif.

Mais ici se présente contre ce système une autre objection grave : les partisans de la prison de Philadelphie disent que la prétention de réduire à un silence absolu un grand nombre de malfaiteurs rassemblés est une véritable chimère, et que cette impossibilité ruine de fond en comble le système dont le silence est l'unique fondement (1).

Nous pensons qu'il y a beaucoup d'exagération dans ce reproche. Assurément on ne peut admettre l'existence d'une discipline poussée à un tel degré de perfection, qu'elle garantisse l'observation rigoureuse du silence parmi un grand nombre d'individus réunis, que leur intérêt et leurs passions excitent à communiquer ensemble. On peut dire cependant que si, dans les prisons d'Auburn, de Singsing, de Boston et de Wethersfield, le silence n'est pas toujours strictement observé, les cas d'infraction sont si rares qu'ils sont peu dangereux.

Admis, comme nous l'avons été, dans l'intérieur de ces divers établissements, et y venant à toute heure du jour sans être accompagnés de personne, visitant tour à tour les cellules, les ateliers, la chapelle et les cours, nous n'avons jamais pu surprendre un détenu proférant une seule parole; et cependant nous avons consacré quelquefois des semaines entières à l'observation de la même prison.

Il existe à Auburn une disposition de lieu qui facilite singulièrement la découverte de toutes les contraventions à la discipline. Chacun des ateliers où travaillent les détenus est environné d'une galerie de laquelle on peut les voir sans être vu d'eux. Nous avons souvent, à la faveur de cette galerie, épié la conduite des prisonniers, que nous n'avons pas trouvés en défaut une seule fois. Il y a d'ailleurs un fait qui prouve mieux qu'aucun autre jusqu'à quel point le silence

---

(1) Voyez Lettre de Livingston à Roberts Vaux, 1828, p. 7 et 8. Il existe certainement des exemples qui prouvent l'observation du silence dans quelques cas : cela est si vrai que, dans chacune des prisons dont l'examen nous occupe, il y a eu des punitions infligées à ceux qui ont été surpris en faute sur ce point ; on doit ajouter qu'un certain nombre de contraventions reste toujours inconnu. Mais la question n'est pas de savoir s'il y a quelques infractions ; ces infractions sont-elles de nature à détruire l'ordre de l'établissement et à empêcher la réforme des détenus? Tel est le point à examiner.

est maintenu par cette discipline ; c'est ce qui se passe à Singsing. Les détenus de cette prison sont occupés à extraire de la pierre dans des carrières situées hors de l'enceinte du pénitencier ; de telle sorte que 900 criminels, surveillés par 30 gardiens seulement, travaillent en liberté, au milieu d'une campagne ouverte, sans qu'aucune chaîne charge leurs pieds ni leurs mains. Il est clair que la vie des gardiens appartiendrait aux détenus, si la force matérielle suffisait à ces derniers ; mais la force morale leur manque. Et pourquoi ces 900 malfaiteurs réunis sont-ils moins forts que les 30 individus qui les commandent ? C'est que les gardiens communiquent librement entre eux, concertent leurs efforts, et ont la toute-puissance de l'association, tandis que les condamnés, séparés les uns des autres par le silence, ont, malgré leur force numérique, toute la faiblesse de l'isolement. Supposez un instant que les détenus aient la moindre facilité de communication, aussitôt l'ordre est renversé : la réunion de leurs intelligences, opérée par la parole, leur a appris le secret de leur force, et leur première infraction à la loi du silence détruit la discipline tout entière.

L'ordre admirable qui règne à Singsing, et que le silence seul peut maintenir, prouve donc que le silence y est observé (*q*).

Nous venons d'exposer les principes généraux sur lesquels reposent les systèmes d'Auburn et de Philadelphie : maintenant comment ces principes sont-ils mis en action ? comment et par qui les établissements pénitentiaires sont-ils administrés ? quel est l'ordre intérieur et le régime de chaque jour ? c'est ce que nous exposerons dans la section suivante.

SECTION DEUXIÈME.

ADMINISTRATION.

Administration.— Surintendant. — Greffier. — Inspecteurs. — Par qui nommés.—Leurs attributions. — Leur salaire. — Importance de leur choix.— Influence de l'opinion publique. — Régime quotidien de la prison. — Lever, coucher, travaux, repas. — Nourriture. — Point de cantine. — Point de récompense pour la bonne conduite. — Point de travaux improductifs. — Difficulté du travail dans les cellules solitaires de Philadelphie. — Entreprise : en quoi elle diffère du système établi en France. — Absence de tout pécule, excepté à Baltimore.

L'administration de la prison est partout confiée à un surintendant (1), dont l'autorité est plus ou moins étendue. A côté de lui se trouve un greffier ou agent comptable (clerk), chargé de la partie financière de l'établissement.

Au-dessus du surintendant, trois inspecteurs ont la haute direction et la surveillance morale de la prison (2); et enfin au-dessous de lui, un nombre plus ou moins considérable de gardiens inférieurs sont ses agents.

A Auburn, à Singsing, à Philadelphie et à Wethersfield, le surintendant est nommé par les inspecteurs; à Boston, il est nommé par les gouverneurs; dans le Connecticut, les inspecteurs sont désignés par la législature; dans le Massachussetts, par le gouverneur de l'État, et dans la Pennsylvanie, par la cour suprême. Partout le pouvoir qui nomme le surintendant le révoque à son gré.

On voit que le choix des personnes qui dirigent les établissements pénitentiaires appartient à des autorités graves.

A l'égard des sous-gardiens, leur nomination, dans les prisons de Singsing, de Wethersfield, de Boston et de Philadelphie, appartient au surintendant lui-même; à Auburn, ils sont choisis par les inspecteurs.

Les surintendants des prisons sont tous, à l'exception de celui de Philadelphie, tenus de donner caution suffisante de leur bonne gestion (3). Les fonctions d'inspecteurs sont gratuites à Philadelphie et à Wethersfield; elles sont légèrement rétribuées dans les autres prisons. La somme qu'ils reçoivent dans le Massachussetts équivaut à peine à leurs frais de déplacement (4). On les choisit toujours parmi les

---

(1) On le nomme indifféremment *warden, keeper, agent* ou *superintendant*.

(2) On pense en général qu'il est avantageux que les inspecteurs ne changent pas trop souvent, et qu'ils ne soient pas tous renouvelés en même temps. (V. Rapport du 20 décembre 1830 sur le pénitencier du Maryland.) A Boston, ils sont nommés pour quatre ans. (V. la loi du 11 mars 1828.) A Philadelphie, les inspecteurs du pénitencier sont exemptés du service de la milice et de la charge de jurés, d'arbitres ou de surveillants des pauvres. (V. Reglement de la prison.) Jusqu'en 1820, il y avait eu pour la prison d'Auburn cinq inspecteurs : on a reconnu que ce nombre était trop considérable; et depuis ce temps il est réduit à trois. (V. Rapport de 1820, par M. Spencer.)

(3) A Auburn, la caution est de 25,000 dollars (132,503 fr.). V. Rapport de 1832. — *Id.* à Singsing.

(4) Chaque inspecteur y reçoit 100 dollars (350 fr.). A Baltimore, la commission de surveillance reçoit annuellement 1,144 dollars (6,063 fr. 20 c.). V. Rapport de 1830.

habitants de la localité (1). Les hommes les plus distingués par leur position sociale ambitionnent la faveur de cet emploi : c'est ainsi qu'à Philadelphie, au nombre des inspecteurs du pénitencier, on remarque M. Richards, maire de la ville, et, à Boston, M. Gray, sénateur de l'État du Massachussetts.

Quoique les inspecteurs ne soient pas les agents immédiats de l'administration, ils en sont cependant les maîtres. Ils font le règlement, que le surintendant est chargé d'exécuter, et ils surveillent sans cesse cette exécution ; ils peuvent même le modifier à leur gré, selon l'exigence des circonstances ; dans aucun cas ils ne prennent part aux actes d'administration : le surintendant administre seul, parce que lui seul est responsable. Ils ont partout la même autorité légale ; cependant ils ne l'exercent point de même dans chacune des prisons qui nous occupent. C'est ainsi qu'à Singsing la surveillance des inspecteurs nous a paru superficielle, tandis qu'à Auburn et à Wethersfield leur intervention dans les affaires de la prison se fait beaucoup plus sentir.

En somme, on peut dire que les attributions des inspecteurs sont plus étendues dans la loi que dans la réalité ; tandis que le surintendant, dont l'autorité écrite n'est pas très grande, se trouve cependant l'âme de l'administration.

Le poste le plus important à remplir dans la prison est donc sans aucun doute celui de surintendant. Il est en général confié, dans les pénitenciers des États-Unis, à des hommes honorables et propres par leur talent à des fonctions de cette nature. C'est ainsi que la prison d'Auburn a eu tour à tour pour directeurs M. Elam Lynds, ancien capitaine de l'armée, et M. Gershom Powers, juge de l'État de New-York. A Wethersfield, M. Pillsbury ; à Singsing, M. Robert Wiltse ; à Boston, M. Austin, ancien capitaine de marine, sont tous des hommes distingués par leurs connaissances et leur capacité. A une grande probité et à un sentiment profond de leur devoir ils joignent beaucoup d'expérience et cette parfaite connaissance des hommes, si

---

(1) « Nous avons peu de confiance dans un système quelconque de règlement, à moins qu'il n'y ait un comité qui s'assure souvent, par des enquêtes personnelles, de l'exécution des règles. » Extrait du rapport des inspecteurs de Wethersfield, 1830.

nécessaire dans leur position. Parmi les surintendants des pénitenciers d'Amérique, nous avons surtout remarqué M. Samuel Wood, directeur de la nouvelle prison de Philadelphie, homme d'un esprit supérieur, qui, par l'influence de ses sentiments religieux, a abandonné une carrière lucrative pour se vouer au succès d'un établissement utile.

Les agents inférieurs, les sous-gardiens, ne sont aussi distingués ni par leur position sociale ni par leur talent. Ils sont cependant en général intelligents et honnêtes. Chargés de la surveillance des travaux dans les ateliers, ils ont presque toujours une connaissance spéciale et technique des professions exercées par les détenus (*r*).

Le salaire des divers employés, sans être exorbitant, est pourtant assez considérable pour fournir aux uns une existence honorable, et aux autres toutes les nécessités de la vie (1).

Du reste, ce n'est pas par l'élévation des sommes payées aux employés des prisons qu'il faut juger de leur mérite. Dans la Virginie, le surintendant de la prison de Richmond reçoit annuellement 2,000 dollars (10,600 fr.). Il est cependant directeur de l'une des mauvaises prisons des États-Unis; tandis que celui de Wethersfield, qui est une des bonnes, si ce n'est la meilleure, ne reçoit pour tout traitement que 1,200 doll. (2) (6,360 fr.). On peut faire la même observation en comparant les bonnes prisons entre elles : ainsi, dans le Connecticut, la somme totale payée pour le salaire des divers employés de Wethersfield ne s'élève qu'à 3,715 dollars 33 c. (19,680 fr. 64 c. pour cent soixante-quatorze détenus; tandis que, dans celle de Boston, la même dépense, pour deux cent soixante-seize prisonniers, se monte à 13,171 doll. 55 c. (69,809 fr. 21 c.). Ainsi, à Baston, où le nombre des détenus n'est pas le double de ceux qui sont à

---

(1) Quoique le salaire des employés dans les prisons des États-Unis soit assez élevé, il l'est beaucoup moins qu'il ne nous le parait. Les diverses industries sont, dans ce pays, si profitables que tous les hommes doués de quelque capacité trouvent facilement une carrière plus avantageuse que celle qui leur est offerte dans l'administration des prisons. Et on ne verrait pas, à la tête des pénitenciers d'Amérique, des hommes comme M. Samuel Wood, s'ils ne subissaient l'influence d'un sentiment plus noble que l'envie de faire fortune.

(2) Voyez Rapport sur la prison du Connecticut de 1820, p. 1re.

Wethersfield, les frais d'employés coûtent trois fois et demie davantage que dans cette dernière prison (1).

En exposant l'organisation des nouveaux établissements, nous avons été frappés de l'importance qu'on attache aux choix des individus qui les dirigent. Aussitôt que le système pénitentiaire paraît aux États-Unis, on voit le personnel changer de nature. On ne trouvait que des hommes vulgaires pour être geôliers *d'une prison;* les hommes les plus distingués se présentent pour administrer un pénitencier, où il y a une direction morale à imprimer.

Nous avons vu comment les surintendants, quelque élevés que fussent leur caractère et leur position, étaient soumis au contrôle d'une autorité supérieure, les inspecteurs de la prison. Mais il y a encore au-dessus d'eux, et au-dessus des inspecteurs eux-mêmes, une autorité plus forte que toutes les autres, non écrite dans les lois, mais toute-puissante dans un pays libre : c'est celle de l'opinion publique; les innovations qui se sont faites dans cette matière ayant excité l'attention générale, elle s'est portée tout entière sur ce point, et elle exerce sans obstacles sa vaste influence.

Il y a des pays où les établisements publics sont tellement considérés par le gouvernement comme sa chose personnelle, qu'il en interdit l'entrée à qui bon lui semble, de même qu'un propriétaire défend celle de sa maison, selon son bon plaisir. Ce sont des espèces de sanctuaires administratifs, dans lesquels nul profane ne peut pénétrer. Ces établissements, dans l'Amérique du Nord, sont considérés comme appartenant à tous. Aussi les prisons sont-elles ouvertes à qui veut y entrer, et chacun peut prendre connaissance de l'ordre intérieur qui y règne. Il n'y a d'exception à cette liberté que dans le pénitencier de Philadelphie. Encore peut-on, si l'on veut, visiter les édifices et l'intérieur de l'établissement. Il est seulement défendu de voir les détenus, parce que les visites du public seraient contraires au principe de solitude absolue qui fait le fond du système.

Au lieu d'éviter les regards du public, les surintendants et les inspecteurs des prisons provoquent l'examen et l'attention de tous (2). Chaque année, les inspecteurs rendent

---

(1) Voyez Tableaux statistiques, partie financière.—Salaire des employés, pièce n° 19.

(2) « It is very desirable that citizens of the state and specially glentlemen

compte, soit à la législature, soit au gouverneur, de la situation financière et de l'état moral de la prison ; ils indiquent les abus existants et les améliorations à faire. Leurs rapports, imprimés par l'ordre des législatures, sont immédiatement livrés à la publicité et à la controverse ; les journaux, dont le nombre y est immense (1), les reproduisent fidèlement. De cette manière, il n'y a pas un habitant des États-Unis qui ne sache comment sont gouvernées les prisons de son pays, et qui ne puisse, soit par ses opinions, soit par sa fortune, concourir à leur amélioration. L'intérêt général étant ainsi excité, il se forme dans chaque ville des sociétés particulières pour le progrès du régime des prisons : tous les établissements publics sont examinés avec soin ; tous les abus sont reconnus et signalés. S'il faut construire de nouvelles prisons, les particuliers joignent leurs fonds à ceux de l'État pour en faire les frais. Cette attention générale, source d'une vigilance perpétuelle, amène de la part des employés des prisons un zèle extraordinaire et une circonspection extrême, qu'ils n'auraient point s'ils étaient placés dans l'ombre. Cette surveillance de l'opinion publique, qui leur cause des gênes, leur procure aussi des dédommagements, car c'est elle qui rend leurs fonctions élevées et honorables, de basses et obscures qu'elles étaient.

Nous venons de voir les éléments dont la prison se compose. Examinons maintenant comment elle agit dans la sphère de son organisation. A l'arrivée du condamné dans la prison, un médecin constate l'état de sa santé. On lui fait prendre un bain, on lui coupe les cheveux, et on lui donne

---

honored with the power of making and administering the laws, should frequently visit this prison. » (V. Rapport de M. Niles, 1829.)

Les nouveaux établissements pénitentiaires attirent beaucoup de curieux, qui sont désireux de les visiter. Aux termes de la loi, le surintendant serait en droit de leur en refuser l'entrée ; mais il n'use jamais de ce droit ; et tous ceux qui se présentent sont admis moyennant une retribution de 25 cents (1 fr. 32 c.). Ces visites deviennent pour la prison une source de revenu, et l'administration porte en recette l'argent qui en provient. Pendant l'année 1830, la prison d'Auburn s'est créé, par cette seule voie, un produit de 1,524 dollars 87 cents (8,084 fr. 81 c.). V. Statuts nouveaux de l'État de New-York, § 64, art. 2, chap. 3, tit. 2, 4ᵉ part., 2ᵉ vol.

(1) Il y en avait 239 en 1830 dans le seul État de New-York ; et ce nombre a dû s'accroître encore depuis deux années. (V. William's Register, 1831, page 96.)

un habillement neuf, selon l'uniforme de la prison. A Philadelphie, on le conduit dans sa cellule solitaire, dont il ne sort jamais; c'est là qu'il travaille, mange et repose; et la construction de cette cellule est si complète, qu'il n'y a jamais pour lui nécessité d'en sortir (1).

A Auburn, à Wethersfield et dans les autres prisons de même nature, il est plongé d'abord dans le même isolement, mais c'est seulement pour quelques jours, après lesquels on le fait sortir de sa cellule pour l'occuper dans les ateliers (2). Dès la pointe du jour, les prisonniers sont éveillés au son d'une cloche, signal du lever : les geôliers ouvrent les portes. Les prisonniers se forment en ligne, sous la conduite de leurs gardiens respectifs, et se rendent d'abord dans la cour où ils font une halte pour laver leurs mains et leur visage, et de là dans leurs ateliers, où ils se mettent immédiatement à travailler. Le travail n'est interrompu qu'à l'heure des repas. Il n'y a pas un seul instant consacré à la récréation (3).

A Auburn, quand l'heure du déjeûner et du dîner est arrivée, les travaux sont suspendus, et tous les détenus se réunissent dans un large réfectoire. A Singsing et dans tous les autres pénitenciers, ils se retirent dans leurs cellules et y mangent chacun séparément. Cette dernière règle nous parait préférable à celle d'Auburn. Il n'est pas sans inconvénients et même sans danger de rassembler dans un même local un si grand nombre de criminels, dont la réunion rend beaucoup plus difficile le maintien de la dicipline.

Le soir, à la chute du jour, les travaux cessent, et tous les condamnés sortent des ateliers pour renter dans leurs cellules. Le lever, le coucher, les repas, la sortie des cellules, l'entrée dans les ateliers, tout, pendant le jour, se passe dans le silence le plus profond, et l'on n'entend dans la prison que le bruit de ceux qui marchent et le mouvement des ouvriers qui travaillent. Mais, quand le jour est

(1) Chaque cellule est aérée par un ventilateur, et contient une fosse d'aisances que sa construction rend parfaitement inodore. Il faut avoir vu toutes les cellules de la prison de Philadelphie, et y avoir passé des journées entières, pour se former une idée exacte de leur propreté et de la pureté de l'air qu'on y respire.

(2) Les cellules d'Auburn sont bien moins grandes que celles que la prison de Philadelphie ; elles ont sept pieds de longueur sur trois pieds et demi de largeur. Un air salubre y est entretenu par un ventilateur.

(3) A plus forte raison toute espèce de jeux de hasard y sont prohibés : les reglements sont uniformes sur ce point, et fidèlement exécutés.

fini, et que les détenus sont rentrés dans leurs cellules solitaires, le silence qui se fait dans l'enceinte de ces vastes murailles, où tant de criminels sont renfermés, est un silence de mort. Nous avons souvent traversé pendant la nuit ces galeries sonores et muettes où brille incessamment la clarté d'une lampe : il nous semblait parcourir des catacombes ; il y avait là mille êtres vivants, et cependant c'était une solitude.

L'ordre d'un jour est celui de toute l'année. Ainsi se succèdent dans une accablante uniformité toutes les heures du condamné, depuis son entrée dans la prison jusqu'à l'expiration de sa peine. Le travail remplit toute la journée; la nuit tout entière est donnée au repos. Comme le travail est pénible et rude, de longues heures de repos sont nécessaires : elles ne manquent point au détenu entre le moment du coucher et celui du lever ; et avant d'avoir dormi, comme après son sommeil, il a encore du temps pour penser à sa solitude, à son crime et à sa misère.

Tous les pénitenciers n'ont point sans doute un régime semblable, mais tous les détenus d'une prison sont traités de la même manière. Il y a encore plus d'égalité dans la prison que dans la société.

Tous portent le même habit et mangent le même pain. Tous travaillent : il n'existe à cet égard d'autre distinction que celle qui résulte de l'aptitude naturelle à telle profession plutôt qu'à une autre. Dans aucun cas, le travail ne peut être interrompu. On a reconnu l'inconvénient de fixer une tâche après l'accomplissement de laquelle le prisonnier serait libre de ne rien faire. Il est essentiel, pour le détenu comme pour l'ordre de la prison, qu'il travaille sans cesse; pour lui, parce que l'oisiveté lui est funeste; pour la prison, parce que, selon l'observation du juge Powers, cinquante individus qui travaillent sont plus faciles à surveiller que dix condamnés qui ne font rien (1).

Leur nourriture est saine et abondante, mais grossière (2);

---

(1) V. Rapport de M G. Prowers, 1828, p. 14.
(2) V. Statuts nouveaux de l'État de New-York, 2ᵉ vol., p. 707, § 57. Si l'on veut connaître en détail ce qui compose la nourriture des détenus à Auburn, voir le rapport du juge Powers, 1828, p. 43, et la note manuscrite de l'agent comptable (Clerk d'Auburn. — Pour la nourriture à Wethersfield, V. Rapport sur cette prison, 1828, p. 19.—Pour la nourriture à Boston, V. Loi du 11 mars 1828. — Pour Baltimore, V. Rules and regulations, p. 6, 1829.)

elle doit soutenir leurs forces, et ne leur procurer aucune des sensations qui ne sont qu'agréables.

Nul ne peut suivre un autre régime que celui de la prison. Toute boisson fermentée y est interdite; on n'y boit que de l'eau (1). Le condamné qui possèderait des trésors n'en vivrait pas moins comme le plus pauvre de tous : et l'on ne voit point dans les nouvelles prisons d'Amérique ces cantines qu'on rencontre dans les nôtres, et dans lesquelles se vend aux détenus tout ce qui peut satisfaire leur gourmandise. L'abus du vin y est inconnu, puisque l'usage même en est proscrit.

Cette discipline est tout à la fois morale et juste. Il ne faut point que le lieu où la société a placé les criminels pour se repentir présente des scènes de joie et de débauche; et il est inique de laisser le criminel opulent dont la richesse même augmente le crime se réjouir dans sa prison à côté du pauvre dont la misère atténue la faute (2).

L'assiduité au travail et la bonne conduite dans la prison ne font obtenir aux détenus aucun adoucissement de peine. L'expérience nous apprend que le criminel qui, dans la société, a commis les attentats les plus habiles et les plus audacieux, est souvent le moins rebelle dans la prison. Il est plus docile que les autres, parce qu'il est plus intelligent, et il sait se soumettre, quand il est sans puissance pour se révolter. Il est d'ordinaire plus adroit et plus actif au travail, surtout lorsqu'on lui indique, pour but de ses efforts, une jouissance peu éloignée; lors donc qu'on accorde aux détenus des priviléges à raison de leur conduite dans la prison, on risque beaucoup d'adoucir les rigueurs de l'em-

(1) Voyez Rapport sur la prison de Wethersfield, 1828, p. 19.

(2) Nous n'indiquons ici que les points les plus importants dont se composent l'ordre, la discipline et l'administration des pénitenciers. Pour connaître avec détail les règles établies dans les nouvelles prisons, la division des heures de la journée, la nature des travaux, les devoirs des employés, ceux des prisonniers, la nature des châtiments autorisés, les obligations imposées aux entrepreneurs, etc., etc., il faut lire le règlement de la prison du Connecticut (Wethersfield) dont nous donnons la traduction. V. n° 13.—V. aussi le règement fait pour la prison de Boston par M. Austin le surintendant (1ᵉʳ janvier 1831). — Et les deux rapports de M. Powers sur Auburn, 1826 et 1828.—Et enfin le règlement du nouveau pénitencier de Philadelphie. Nous avons aussi consulté, pour cet objet, les notes manuscrites qui nous ont été remises par l'agent comptable d'Auburn et par le surintendant de Singsing (M. Wiltse).

prisonnement pour le criminel qui les a le mieux méritées, et de priver de toutes faveurs ceux qui en seraient les plus dignes.

Peut-être, dans l'état actuel de nos prisons, serait-il impossible de les gouverner, sans le secours des récompenses accordées au zèle, à l'activité et au talent des détenus. Mais, en Amérique, où la discipline des prisons marche appuyée sur la terreur du châtiment, on n'a pas besoin, pour les diriger, d'une influence morale.

L'intérêt des détenus exige qu'ils ne soient jamais oisifs : celui de la société veut qu'ils travaillent de la manière la plus utile. On ne voit dans les nouveaux pénitenciers aucune de ces machines usitées en Angleterre, que les prisonniers font mouvoir sans intelligence, et à l'aide desquelles leur activité physique est seule exercée.

Le travail n'est pas seulement bon, parce qu'il est le contraire de l'oisivité; on veut encore qu'en travaillant le condamné apprenne une profession dont l'exercice le fera vivre à sa sortie de prison.

On n'enseigne donc aux détenus que des métiers utiles; et, parmi ces derniers, on a soin de choisir ceux qui sont les plus profitables, et dont les produits trouvent l'écoulement le plus facile (*s*).

On a souvent reproché au système de Philadelphie de rendre impossible le travail des détenus. Il est assurément plus économique et plus avantageux de faire travailler un certain nombre d'ouvriers dans un atelier commun que de donner de l'emploi à chacun d'eux dans un local séparé. Il est encore vrai de dire qu'un grand nombre d'industries ne peuvent être entreprises avec avantage par un seul ouvrier dans un lieu fort étroit; cependant l'exemple du pénitencier de Philadelphie, où tous les détenus travaillent, prouve que les professions qui peuvent être exercées par des hommes isolés sont assez nombreuses pour que ceux-ci soient occupés utilement (1). La même difficulté ne se rencontre point dans les prisons où les condamnés travaillent en commun. A Auburn, à Baltimore, on exerce une très grande variété

---

(1) Les professions pratiquées par les détenus à Philadelphie sont celles de *tisserands*, de *cordonniers*, de *tailleurs*, *menuisiers*, etc. V. Rapports annuels des inspecteurs du pénitencier de Pennsylvanie (1831).

de professions. Ces deux prisons offrent l'aspect de vastes manufactures qui réunissent toutes les industries utiles. A Boston et à Singsing, l'occupation des détenus a été jusqu'à présent plus uniforme. Dans ces deux prisons, la plupart des détenus sont employés à tailler de la pierre. Wethersfield présente, sur une petite échelle, le même spectacle qu'Auburn.

En général, le travail des détenus est adjugé à un entrepreneur, qui donne un certain prix pour chaque journée, et reçoit en échange tout ce qui est manufacturé par le détenu.

Il existe des différences essentielles entre ce système et celui qui est pratiqué dans nos prisons. Chez nous, le même homme prend à l'entreprise la nourriture, le vêtement, le travail et la santé des détenus, système nuisible au condamné et à la discipline de la prison (1); au condamné, parce que l'entrepreneur, qui ne voit dans un pareil marché qu'une affaire d'argent, spécule sur les vivres comme sur les travaux; s'il perd sur l'habillement, il se retire sur la nourriture; et si le travail produit moins qu'il ne comptait, il s'indemnise en dépensant moins sur l'entretien qui est à sa charge. Ce système est également funeste à l'ordre de la prison. L'entrepreneur ne voyant dans le détenu qu'une machine à travail, ne songe, en s'en servant, qu'au lucre qu'il veut en tirer; tout lui paraît bon pour exciter son zèle, et il s'inquiète fort peu si les dépenses du condamné sont faites au détriment de l'ordre. L'étendue de ses attributions lui donne d'ailleurs dans la prison une importance qu'il ne doit point avoir; il y a donc intérêt à l'écarter du pénitencier autant que possible, et à combattre son influence, quand on ne peut la neutraliser (*u*).

Il nous a semblé que le mal que nous signalons en ce moment était généralement évité aux États-Unis dans les nouveaux pénitenciers que nous avons visités. Dans ces établissements, on n'a adopté exclusivement ni le système de la régie ni celui de l'entreprise.

L'habillement et le coucher des détenus sont ordinaire-

---

(1) Dans la maison centrale de détention de Melun, il y a une bibliothèque assez considérable à l'usage des détenus. Elle est fournie par l'entrepreneur, auquel les prisonniers paient la location de chaque volume qu'ils lisent. On peut juger par ce fait de la nature des livres dont la bibliothèque se compose.

ment fournis par le surintendant, qui fait lui-même tous les contrats relatifs à ces objets; il évite beaucoup d'achats, en faisant manufacturer et confectionner dans la prison, par les détenus eux-mêmes, les matières nécessaires à l'habillement. A Auburn, à Singsing, à Boston, les détenus sont nourris à l'entreprise, en vertu d'un contrat qui ne doit pas être fait pour plus d'une année. A Wethersfield, c'est la prison qui pourvoit à cette dépense. L'entrepreneur, qui, à Auburn, est chargé de nourrir les prisonniers, n'est point le même qui les fait travailler.

Il existe aussi pour chaque espèce d'industrie un entrepreneur différent; les contrats étant ainsi multipliés, le même entrepreneur ne peut obtenir dans la prison qu'une influence circonscrite et passagère. A Wethersfield, non-seulement l'administration de la prison nourrit et entretien les détenus sans avoir recours à l'entreprise, mais encore c'est elle-même qui fait valoir la plus grande partie des travaux (1).

Dans tous ces établissements l'entrepreneur ne peut, sous aucun prétexte, s'immiscer dans la discipline intérieure de la prison, ni porter la moindre atteinte à ses règlements. Il ne doit entretenir aucune conversation avec les détenus, si ce n'est pour leur apprendre la profession qu'il est chargé de leur enseigner; encore ne doit-il leur parler qu'en présence et du consentement de l'un des gardiens (2).

Malgré ces sages précautions, la présence dans les prisons de l'entrepreneur ou de ses agents n'est point exempte d'inconvénients. Jadis la prison d'Auburn était en régie (3); et quand le principe de l'entreprise y fut admis, M. Elam Lynds, qui en était alors le surintendant, ne permettait pas à l'entrepreneur d'arriver jusqu'au détenu. L'entrepreneur s'engageait à payer au prix convenu les objets manufacturés provenant du travail des prisonniers, et ces objets lui étaient livrés sans qu'il en eût surveillé l'exécution. La discipline gagnait beaucoup à cet ordre de choses; s'il est avantageux de restreindre les rapports qui s'établissent entre l'entre-

----

(1) V. art. 4 de la section 1re du Règlement de la prison du Connecticut, pièce n° 13.

(2) V. Rapport de G. Powers, 1828, p. 42. — Pour Boston, V. Regulations, 1er janvier 1831.

(3) V. Rapport de Gersh. Powers, p. 41, 1828.

preneur et les détenus, il est encore meilleur de les faire cesser entièrement. Cependant un tel système d'administration était difficile et cher.

Les entrepreneurs étant privés du droit d'inspecter les travaux imposaient à la prison des conditions désavantageuses; d'un autre côté, leur exclusion des ateliers y rendait nécessaire la présence de gardiens capables d'apprendre aux détenus leur profession, et des hommes doués des connaissances techniques nécessaires à cet objet n'étaient pas faciles à trouver. Enfin, le débit des objets manufacturés était moins aisé et moins productif pour le surintendant qu'il ne l'est pour des entrepreneurs, voués exclusivement aux opérations commerciales. On est donc arrivé au système de l'entreprise tel que nous l'avons exposé; ce système, environné des garanties qui l'accompagnent, possède des avantages qui paraissent l'emporter de beaucoup sur ses inconvénients. Cependant, M. Elam Lynds semble toujours craindre que la présence tolérée des entrepreneurs dans la prison ne conduise tôt ou tard à la ruine complète de la discipline.

Nous verrons bientôt, à l'article des dépenses et revenus, que le travail des prisonniers est en général très productif. En parcourant ces divers établissements, nous avons été frappés de l'ardeur et quelquefois du talent avec lesquels les condamnés travaillent; ce qui rend leur zèle tout à fait surprenant, c'est qu'ils agissent sans intérêt. Dans nos prisons, comme dans la plupart des prisons d'Europe, il y a une part du produit des travaux qui appartient aux détenus. Cette portion, qu'on appelle le pécule, est plus ou moins considérable dans les divers pays : aux États-Unis elle est nulle. Là on admet le principe que le criminel doit à la société tout son travail, pour l'indemniser des frais de sa détention. Ainsi, pendant tout le temps de leur peine, les condamnés travaillent sans recevoir le plus léger salaire, et quand ils sortent de prison, on ne leur tient aucun compte de ce qu'ils ont fait. On leur donne seulement quelques pièces d'argent, pour qu'ils puissent se rendre au lieu dont ils se proposent de faire leur nouvelle résidence (1).

(1) La loi de l'État de New-York ne permet pas au surintendant de donner aux condamnés sortants plus de 3 dollars (15 fr. 90 c.), mais il doit leur donner les effets dont ils ont besoin pour s'habiller, sans que la valeur de

Ce système nous paraît d'une excessive sévérité. Nous ne disputons point à la société son droit, qui nous paraît incontestable, de chercher dans le travail du détenu l'endemnité que celui-ci lui doit : nous ignorons d'ailleurs jusqu'à quel point un pécule considérable est utile au condamné qui, le plus souvent, quand il sort de prison, ne voit, dans l'argent amassé par lui, qu'un moyen de satisfaire des passions d'autant plus impérieuses qu'elles ont été plus longtemps contenues. Mais quel serait l'inconvénient de donner au zèle du condamné un léger stimulant, à son activité une faible récompense ? pourquoi ne jetterait-on pas dans sa solitude, et au milieu de ses souffrances, un intérêt de gain qui, si petit qu'il fût, n'en serait pas moins pour lui d'un prix immense ? Dailleurs, n'est-il pas nécessaire qu'au jour de sa rentrée dans la société il ait, sinon des sommes considérables à sa disposition, du moins quelques moyens d'existence en attendant qu'on lui donne de l'ouvrage (1) ? Pourquoi ne pas adopter le régime de la prison de Baltimore, où, tout en reconnaissant le principe des autres pénitenciers d'Amérique, on en adoucit la rigueur ? Dans cette prison, chaque condamné a sa tâche fixée pour la journée : quand il l'a finie, il ne cesse pas de travailler, mais il commence à travailler pour lui; tout ce qu'il fait après sa tâche compose donc son pécule; et comme la remise ne lui en est faite

ces effets puisse excéder 10 dollars (53 fr.). V. Statuts nouveaux de l'État de New-York, 4ᵉ part., chap. 3, tit. 2, art. 2, § 62. — A Philadelphie, le surintendant peut donner aux criminels libérés 4 dollars (21 fr. 20 c.). — Art. 8 du règlement.) V. Rapport en 1831. — A Boston, il est autorisé à en donner 5, c'est-à-dire 26 fr. 50 c., et de plus il doit fournir à chaque détenu libéré un habillement complet (a decent suit of clothes), qui équivaut, dit-on, à une somme de 20 dollars (106 fr.). Les inspecteurs de la prison du Massachussetts paraissent regretter qu'on donne tant aux condamnés sortants. Voyez leur rapport de 1830, p. 4. — Pour Wethersfield, Voyez Rapport sur la prison du Connecticut de 1828.

(1) En général, le moment le plus dangereux pour les condamnés libérés est celui de leur sortie de prison. Il n'est pas rare que tout leur pécule ne se dépense dans les vingt-quatre heures qui suivent leur mise en liberté. A Genève, pour remédier à ce mal, on a coutume de ne point remettre aux condamnés leur pécule à l'instant de leur sortie de prison. On le leur fait parvenir un peu plus tard, lorsqu'ils sont rendus au lieu de leur nouvelle résidence. On agit de même en France depuis quelque temps pour les condamnés qui sortent des bagnes et des maisons centrales. C'est une mesure sage qu'il importe de conserver.

qu'à l'expiration de sa peine, on est sûr que l'argent qu'il a gagné de la sorte ne sera point nuisible à la discipline de l'établissement. Il y eut un temps où les détenus de Baltimore pouvaient dépenser immédiatement, en achats de comestibles, l'argent composant leur pécule. Leur travail était alors beaucoup plus productif, mais on a reconnu les inconvénients d'une pareille tolérance, destructive de toute discipline, et aujourd'hui leur pécule reste intact jusqu'à leur sortie de prison (1).

Tel est l'ordre établi dans les pénitenciers d'Amérique. Nous avons dit que ce régime s'appliquait à tous les individus passibles de l'emprisonnement dans la prison centrale (state prison); cependant jusqu'à présent les femmes condamnées n'y ont point été soumises, si ce n'est dans l'État du Connecticut. On les trouve en général confondues ensemble dans les prisons d'Amérique comme elles le sont dans les nôtres; et là, comme chez nous, elles sont exposées à tous les vices qui naissent des communications mutuelles.

Quelques personnes pensent qu'il serait fort difficile d'appliquer aux femmes un système dont le silence forme la base : cependant l'expérience qu'on en a faite à Wethersfield, où les femmes sont soumises, comme les autres détenus, à toutes les rigueurs de l'isolement cellulaire pendant la nuit, et du silence absolu pendant le jour, prouve que la difficulté n'est pas insurmontable (2). Du reste, ce ne sont pas des embarras d'exécution qui ont, sur ce point, entravé la réforme des prisons aux États-Unis. Si, dans l'application du nouveau système pénitentiaire, on a omis les femmes, ce fait doit surtout être attribué au petit nombre de crimes qu'elles commettent : c'est parce qu'elles occupent peu de place dans la prison qu'on les a négligées (3). Il en est de même de la plupart

---

(1) Voyez rapport sur le pénitencier du Maryland, du 23 décembre 1828, adressé au gouverneur Kent. Et rapport, id., de 1830.

(2) La difficulté est double.

1° On pense généralement que les femmes se résignent plus difficilement que les hommes à un silence absolu ;

2° On manque, pour les y contraindre, d'un moyen coërcitif dont on se sert pour dompter les hommes. Les lois des Etats-Unis, qui autorisent le châtiment du fouet pour punir les détenus mâles, interdisent l'infliction de cette peine disciplinaire aux femmes.

(3) V. Observations statistiques, pièce n° 173, § 4. Proportion des crimes commis par les hommes et les femmes.

La proportion des femmes condamnées aux hommes est, en Amérique, 1

des plaies sociales, dont on cherche le remède avec ardeur quand elles sont profondes ; lorsqu'elles ne sont pas graves, on ne songe pas à les guérir.

SECTION III.

MOYENS DISCIPLINAIRES.

Nécessité de distinguer entre le système de Philadelphie et celui d'Auburn. Le premier, plus facile à mettre en vigueur et à maintenir. Celui d'Auburn a pour auxiliaires les châtiments corporels. — Discipline tempérée de Wethersfield. — Pouvoir discrétionnaire des surintendants. — Question des châtiments corporels. — Quelle est leur influence sur l'état sanitaire du prisonnier.

Examinons maintenant par quels moyens disciplinaires l'ordre de choses que nous venons d'exposer s'établit et se soutient.

Comment le silence est-il rigoureusement maintenu parmi les criminels réunis? Comment obtient-on d'eux de travailler sans intérêt?

Il faut encore distinguer ici entre la discipline d'Auburn et celle de Philadelphie.

A Philadelphie, la discipline est aussi simple que le système lui-même. Le seul instant critique est celui de l'entrée dans la prison. La cellule solitaire du criminel est pendant quelques jours pleine de terribles fantômes. Agité de mille craintes, en proie à mille tourments, il accuse la société d'injustice et de cruauté, et, dans une telle disposition d'esprit, il lui arrive quelquefois de braver les ordres qu'on lui donne et de repousser les consolations qui lui sont offertes. Le seul châtiment que le règlement de la prison permette de lui infliger est l'emprisonnement dans une cellule ténébreuse avec réduction de nourriture. Il est rare qu'il faille plus de deux jours d'un tel régime pour soumettre le détenu le plus rebelle à la discipline. Lorsque le criminel a combattu les premières impressions de la solitude; dès qu'il a triomphé des

---

sur 10 ; en France, 1 sur 4 ; en Angleterre, 1 sur 5 ; à Londres, 1 sur 4 ; en Irlande, 1 sur 4 1/2 ; en Suisse, 1 sur 2 1/2 ; en Pologne, 1 sur 10, comme aux États-Unis.

(Note du traducteur allemand.)

terreurs qui le poussaient à la folie ou au désespoir; lorsque, après s'être débattu dans sa cellule solitaire, au milieu des remords de sa conscience et des agitations de son âme, il est tombé d'accablement et a cherché dans le travail une distraction à ses maux, dès ce moment le voilà dompté et soumis pour toujours aux règles de la prison. Quelle contravention à l'ordre peut-on commettre dans la solitude? La discipline tout entière se trouve dans le fait de l'isolement et dans l'impossibilité même où sont les prisonniers de violer la règle établie. Dans les autres prisons, les châtiments disciplinaires sont infligés aux détenus qui enfreignent la loi du silence, ou qui refusent de travailler. Mais le silence est facile à celui qui est seul, et le travail n'est point refusé par ceux dont il est l'unique consolation (1). Nous avons signalé l'inconvénient de l'isolement absolu, dont le vice est d'enlever à la soumission du détenu sa moralité; mais nous devons en même temps en reconnaître les avantages sous le point de vue disciplinaire, et la facilité de gouverner un établissement de cette nature sans l'emploi de châtiments rigoureux et répétés est certainement un très grand bien. Il en est qui voient dans l'ordre établi à Philadelphie un système compliqué, qui s'organise difficilement et se maintient avec peine. Ceux qui pensent ainsi nous semblent commettre une grande erreur. Le système de Philadelphie est dispendieux, mais non difficile à établir; et, une fois constitué, il se soutient de lui-même. C'est celui dont la discipline présente le moins d'embarras; chaque cellule est une prison dans la prison même, et les condamnés qui y sont détenus ne peuvent s'y rendre coupables de délits qui ne se commettent que dans l'association: il n'y a point de châtiments, parce qu'il n'y a point d'infraction.

La discipline d'Auburn, de Singsing, de Boston, de Wethersfield et de Baltimore, ne saurait avoir le même carac-

---

(1) Le condamné serait assez enclin à prendre du travail ce qu'il lui en faut pour se désennuyer et exercer son corps, et à rester oisif quand il se sent fatigué. Mais on n'admet point, et avec raison, un semblable arrangement; il faut qu'il travaille toujours ou pas du tout. S'il refuse un travail suivi, on le place dans un cachot ténébreux. Il a donc à choisir entre une oisiveté continuelle au sein de l'obscurité, et un travail non interrompu dans sa cellule. Son choix ne se fait jamais attendre longtemps, et toujours il préfère le travail. (Voyez Rapport sur Philadelphie, 1831.)

tère de simplicité : ces divers établissements ne suivent point eux-mêmes à cet égard de procédés uniformes.

A Singsing, le seul châtiment en usage pour punir les contrevenants à l'ordre établi est celui du fouet. L'application de cette punition disciplinaire y est extrêmement fréquente, et la moindre faute la fait infliger au délinquant. On préfère cette peine à toute autre pour plusieurs raisons. Elle produit immédiatement la soumission du délinquant; son travail n'est pas interrompu un seul instant; ce châtiment est douloureux, mais ne nuit point à la santé; enfin on pense que toute autre peine ne produirait point les mêmes effets (1). Le même principe est admis à Auburn, mais il est singulièrement tempéré dans son exécution. Les pénitenciers de Boston et de Baltimore, un peu plus sévères qu'Auburn, le sont cependant beaucoup moins que Singsing : Wethersfield diffère de tous les autres par son extrême douceur (*v*).

Dans cette dernière prison, on ne repousse point l'usage de châtiments corporels, seulement on en évite le plus qu'on peut l'application. M. Pillsbury, surintendant de l'établissement, nous a assuré que, depuis trois ans, il n'a été qu'une seule fois dans la nécessité d'infliger la peine des coups. C'est une rigueur à laquelle on n'a recours que lorsqu'il est bien constaté que toute autre voie plus douce a été inutilement tentée : avant d'en user, on essaie sur le détenu récalcitrant l'influence de la solitude absolue ; on l'enferme dans sa cellule jour et nuit, sans lui laisser la ressource du travail : si nous en croyons les employés de la prison, rien n'est plus rare que de voir un prisonnier résister à cette première épreuve ; à peine a-t-il subi la rigueur de l'isolement absolu, qu'il sollicite la faveur de reprendre sa place dans l'atelier commun, et se soumet de bonne grâce à toutes les exigences de la discipline. Cependant, lorsqu'il n'est pas dompté dès le premier moment, on ajoute quelques rigueurs de plus à

---

(1) On ne tient point registre des peines disciplinaires. On nous a dit qu'à Singsing il y en a à peu près cinq ou six par jour (sur 1,000 détenus). A Auburn, les punitions, qui, dans l'origine, étaient très fréquentes, sont aujourd'hui très rares. L'un des surveillants de cette prison nous disait : « Je me rappelle avoir vu, au commencement, fouetter dix-neuf détenus en moins d'une heure. Depuis que la discipline est bien établie, je suis resté une fois quatre mois et demi sans donner un seul coup de fouet.» (V. notre enquête manuscrite sur la discipline d'Auburn.)

son isolement, telles que la privation entière du jour, la diminution de sa nourriture; quelquefois aussi on lui ôte son lit, etc., etc., etc. Si le détenu s'obstine dans sa résistance, alors, et seulement alors, on cherche dans l'usage du fouet un moyen plus efficace de soumission. Les directeurs de cet établissement paraissent éprouver une aversion marquée pour les châtiments corporels; cependant ils regretteraient vivement de ne pas être investis par la loi du droit de les infliger. Ils repoussent l'application d'une peine cruelle; mais ils trouvent dans le pouvoir qu'ils ont de la prononcer un puissant moyen d'action sur les détenus.

La discipline tempérée de Wethersfield paraît suffire au succès de l'établissement. Cependant on pense dans les autres prisons que leur administration serait impossible sans l'auxiliaire du fouet. C'est l'opinion de tous les hommes pratiques que nous avons vus aux États-Unis, et notamment de M. Elam Lynds, dont nous avons parlé plus haut (1). Les législations de New-York, du Massachussetts, du Connecticut et du Maryland, ont eu la même conviction, puisqu'elles ont formellement autorisé l'infliction des châtiments corporels. Ces châtiments ont reçu aussi le sanction de l'autorité judiciaire; et le pays, par l'organe de son jury, a rendu plusieurs verdicts d'absolution en faveur de gardiens qui avouaient avoir frappé des détenus (*x*).

Nous avons signalé les différences remarquables qui existent dans la discipline de ces divers établissements; cependant tous admettent le principe des châtiments corporels; et il est juste de dire qu'il existe dans la situation particulière de chacune de ces prisons des circonstances qui tendent à expliquer la douceur ou la sévérité de son régime.

Si l'on se rappelle la nature des travaux exécutés à Singsing et l'ordre établi dans cette prison, on concevra facilement les obstacles insurmontables que la discipline y éprouverait si elle n'était soutenue par les moyens les plus énergiques de répression. Auburn n'exige pas le déploiement d'une aussi grande rigueur, parce que les mêmes périls ne menacent point l'ordre de l'établissement. Wethersfield se trouve à cet égard dans une position encore plus favorable; il renferme moins de deux cents criminels, tandis qu'Auburn en

---

(1) Voyez notre conversation avec M. Elam Lynds, à la fin du vol.

contient six cent cinquante, et Singsing plus de neuf cents. Il est clair que le nombre plus ou moins considérable des détenus et la nature des travaux rendent le pénitencier plus ou moins facile à gouverner.

Maintenant, la discipline de ces diverses prisons pourrait-elle se passer du secours des châtiments corporels? C'est une question que nous n'oserions point résoudre. Nous croyons seulement pouvoir dire que, privée de ce puissant auxiliaire, elle serait environnée d'obstacles bien difficiles à vaincre. Ses embarras seraient d'autant plus grands qu'elle repose sur une base unique, le silence absolu, et que, cette base venant à lui manquer, elle croule tout entière; or, comment maintenir parmi des criminels un silence absolu, si on ne les domine sans cesse par la terreur d'un châtiment prompt et rigoureux? Dans les prisons d'Amérique, cette discipline fondée sur les coups est d'autant plus puissante, qu'elle est exercée avec plus d'arbitraire (1). A Singsing et à Auburn, il n'y a pas de règlement écrit : les surintendants de ces prisons doivent seulement, dans leur administration, se conformer aux prescriptions verbales qu'ils reçoivent des inspecteurs, et à quelques principes écrits dans la loi. Ces principes sont : l'emprisonnement solitaire des condamnés pendant la nuit, et leur travail en silence pendant le jour. Du reste, ils jouissent, pour tous les actes d'exécution, d'un pouvoir discrétionnaire (*y*). A Singsing, le surintendant a même le droit de déléguer ce pouvoir discrétionnaire à tous ses agents inférieurs; et, dans le fait, il a transmis son autorité à trente gardiens, qui sont investis comme lui du droit de châtier les détenus. A Auburn, le surintendant a seul le pouvoir de punir; cependant la même autorité appartient aux gardiens inférieurs dans tous les cas d'urgence et de nécessité absolue. Il en est de même à Boston. A Wethersfield, le règlement de la prison est écrit (2); les employés subal-

---

(1) Nous rappellerons ici un fait remarquable, qui prouve l'efficacité de cette discipline. Le 23 octobre 1828, un incendie éclata dans la prison d'Auburn; il consuma une partie des édifices dépendants de la prison. Comme il devenait menaçant pour la vie des détenus, on fit sortir ceux-ci de leurs cellules; mais l'ordre ne fut pas troublé un seul instant parmi les prisonniers : tous s'occupèrent avec ardeur à éteindre le feu, et pas un seul ne tenta de profiter de cette circonstance pour s'évader. (V. Rapport de 1829 des inspecteurs d'Auburn.)

(2) A Boston, le règlement est écrit également, et on y trouve tracés les

ternes ne peuvent dans aucun cas exercer le droit de punir, dont le surintendant jouit seul, et qu'il exerce lui-même avec tant de modération. De grands débats s'étaient élevés dans l'État de New-York sur le point de savoir si la présence d'un inspecteur était nécessaire pour qu'on pût infliger à un détenu la peine du fouet : aux termes de la loi, cette garantie était indispensable; cependant l'obligation pour les inspecteurs d'assister à l'infliction des châtiments corporels leur causait des dérangements si fréquents et des émotions si pénibles, qu'ils ont démandé instamment d'être dispensés de ce devoir, et aujourd'hui on reconnaît aux employés le droit d'exercer la discipline sans ces témoins officiels (1). Les inspecteurs n'en conservent pas moins une grande influence sur l'application des châtiments disciplinaires. Singsing est la seule prison où leur surveillance à cet égard nous ait paru superficielle. L'administration de ce vaste pénitencier est si difficile, qu'on semble ne pas vouloir disputer aux gardiens la moindre partie de leur pouvoir absolu.

Nous n'approfondirons point ici la question de savoir si la société a le droit de punir de châtiments corporels le condamné qui ne se soumet ni à l'obligation du travail ni aux autres exigences de la discipline pénitentiaire.

Ces questions théoriques sont rarement discutées au profit de la raison et de la vérité.

Nous croyons que la société a le droit de faire tout ce qui est nécessaire à sa conservation et à l'ordre établi dans son sein : et nous concevons très bien qu'une réunion de criminels, qui tous ont enfreint les lois du pays, dont tous les penchants sont corrompus et tous les instincts vicieux, ne soient pas gouvernés dans la prison selon les mêmes principes et avec les mêmes moyens que des hommes libres dont les inspirations sont honnêtes et toutes les actions conformes aux lois. Nous concevons encore que le condamné qui ne veut rien faire soit violemment contraint de travailler, et qu'on emploie des rigueurs pour réduire au silence celui qui ne l'observe pas; le droit de la société à cet égard ne nous paraît

---

devoirs des employés. Cependant ces dispositions ne sont qu'indicatives : le surintendant et le sous-directeur ne jouissent pas moins d'un pouvoir discrétionnaire. Règlement de la nouvelle prison, p. 100.

(1) V. Rapports des inspecteurs d'Auburn, 26 janvier 1825.

pas douteux, à moins qu'elle ne puisse, à l'aide de moyens plus doux, arriver aux mêmes résultats ; mais à nos yeux la question n'est pas là.

Jusqu'à quel point l'usage des châtiments corporels peut-il se concilier avec l'objet même du système pénitentiaire, qui est la réforme du coupable? Si cette peine est ignominieuse, ne va-t-elle pas directement contre le but qu'on se propose, qui est de relever la moralité d'un homme déchu à ses propres yeux.

Cette question nous paraît la seule à examiner : mais nous ne pensons pas qu'on doive la résoudre d'une manière absolue. Il nous semble qu'elle dépend beaucoup du sentiment qui, dans l'opinion publique et dans celle des détenus, s'attache aux châtiments corporels.

Le pouvoir discrétionnaire en vertu duquel le moindre gardien d'Auburn et le dernier porte-clefs de Singsing fouettent les détenus est peu contesté aux États-Unis.

« Le droit des gardiens sur la personne des détenus, dit-
« on, est celui du père sur ses enfants, de l'instituteur sur
« ses élèves, du maître sur son apprenti, du capitaine de vais-
« seau sur les hommes de son équipage (1). »

La peine du fouet est usitée dans la marine américaine, qui n'y attache aucune idée d'infamie. Dans l'origine du système pénitentiaire, elle n'avait point été admise comme moyen de discipline. Quand on l'introduisit dans les prisons comme auxiliaire du règlement, quelques voix s'élevèrent pour la combattre; mais cette opposition était plutôt une dispute de philosophie qu'une répugnance des mœurs (2).

La Pennsylvanie est peut-être le seul des États de l'Union qui continue à protester contre l'usage des châtiments corporels, et qui les ait exclus du régime de ses prisons. Les quakers ne cessent pas de s'élever contre l'inhumanité de

---

(1) Rapport de M. G. Powers, p. 11, 1827.
(2) Nous pensons qu'ici les auteurs se servent d'expressions beaucoup trop générales. S'il était vrai qu'aux États-Unis on n'attachât point une idée spéciale d'infamie aux coups de fouet dont un prisonnier est frappé, il serait toujours certain que la peine du fouet répugne aux sentiments de la majorité. On condamne surtout le pouvoir arbitraire qu'on a donné sur ce point aux officiers de la prison. Le plus grand nombre voit dans cette question un point d'humanité plus que de philosophie.

(*Note du traducteur américain*, p. 45.)

cette peine, et à leurs réclamations philanthropiques se mêle la voix éloquente d'Édouard Livingston, qui proscrit également ce moyen de discipline de son code pénitentiaire. C'est surtout en considération des châtiments corporels usités à Auburn qu'il se déclare l'adversaire du système en vigueur dans cette prison (1).

Mais leurs paroles trouvent peu d'écho dans la plupart des États de l'Union, et aujourd'hui tous les nouveaux pénitenciers, excepté celui de Philadelphie, cherchent dans les châtiments dont il s'agit un moyen d'ordre et de discipline; les lois du pays autorisent le régime qu'elles ont adopté, et ces lois ont la sanction de l'opinion publique.

Il y a certainement dans les reproches qu'on adresse à la discipline d'Auburn beaucoup d'exagération. Et d'abord les peines corporelles ne sont point aussi fréquemment appliquées qu'on le paraît croire; nécessaires pour introduire la discipline du silence dans une prison nouvellement établie, elles sont rarement usitées pour maintenir cette discipline une fois mise en vigueur.

Maintenant le régime tout entier de ces prisons est-il, comme on le prétend, destructeur de la santé, et les rigueurs de l'isolement, comme les cruautés de la discipline, sont-elles funestes à la vie des détenus? A cet égard nous pouvons fournir des documents positifs.

Tous les détenus que nous avons vus dans les pénitenciers des États-Unis avaient l'apparence de la force et de la santé;

---

(1) « La question à résoudre, dit M. Livingston, est celle de savoir si le fouet est le moyen le plus efficace pour inculquer dans l'âme des condamnés des sentiments religieux et moraux, l'amour du travail et de la science ; et si un homme aimera mieux le travail parce qu'il aura été contraint, par les coups ou par la terreur qu'il en ressent, à faire chaque jour la tâche qui lui a été imposée. » V. Lettre de Livingston à Roberts Vaux, p. 11, 1828. — M. Gershom Powers, directeur d'Auburn, dont M. Livingston attaquait ainsi la discipline, lui répondit :

« On annonce qu'à Philadelphie les coups ne seront tolérés en aucun cas, et que la réduction de nourriture sera le principal moyen, sinon le seul, de maintenir la discipline ; en d'autres termes, que par des motifs d'humanité, afin de soumettre les détenus, on les fera mourir de faim.. » V. Rapport de 1828, p. 97.

M. Elam Lynds, avec lequel nous avons eu de nombreuses conversations sur ce sujet, nous a dit souvent qu'à l'époque où les détenus d'Auburn étaient enfermés jour et nuit dans leurs cellules sans travailler, un grand nombre d'entre eux passaient la moitié de leur temps à l'hôpital.

et si l'on compare le nombre de ceux qui y meurent avec celui des morts dans les anciennes prisons, on verra que les nouveaux pénitenciers, malgré leur régime sévère et leur discipline barbare, sont beaucoup plus favorables à la vie des détenus. M. Ed. Livingston veut qu'à la peine du fouet on substitue, comme châtiment disciplinaire, l'emprisonnement solitaire de jour et de nuit, sans travail, et avec réduction de nourriture; il ne paraît pas qu'à Wethersfield cette peine, qu'on a coutume d'y infliger de préférence aux coups, ait produit de mauvais effets. Cependant on cite dans la prison de Lamberton (New-Jersey) dix individus qui sont morts par suite de ce genre de punition, tandis qu'il n'existe pas encore d'exemple d'un détenu qui ait été victime d'un châtiment corporel (1).

Dans l'ancienne prison de Walnut-Street il y avait, terme moyen, chaque année, un décès sur seize détenus, et dans celle de New-York (Newgate), un sur dix-neuf. Dans ces deux prisons les détenus n'étaient ni seuls, ni obligés au silence, ni soumis aux châtiments corporels (2).

Dans les nouveaux pénitenciers qui ont pour fondement le silence, l'isolement et la discipline des coups, les morts sont dans une proportion infiniment moindre.

A Singsing il meurt un détenu sur trente-sept; à Wethersfield, un sur quarante-quatre; à Baltimore, un sur quarante-neuf; à Auburn, un sur cinquante-six; à Boston, un sur cinquante-huit.

Il y a plus : si l'on veut comparer la mortalité des détenus dans la prison à celle des hommes libres dans la société, cette comparaison sera encore favorable aux pénitenciers. En effet, dans la Pennsylvanie, il meurt chaque année un

---

(1) Voyez 5ᵉ Rapport de la société des prisons de Boston, p. 92.
(2) Voyez Observations statistiques, pièce n° 17. A Auburn, les détenus sont traités plus durement : à Philadelphie, ils sont plus malheureux. A Auburn, où on les fouette, ils meurent moins qu'à Philadelphie, où, par humanité, on les met dans un cachot solitaire et sombre. — Le surintendant de la prison de Walnut-Street, où les punitions disciplinaires sont douces, nous disait, lors de la visite que nous y avons faite, qu'il faut sans cesse châtier les détenus pour leurs infractions à la discipline. Ainsi les châtiments disciplinaires de Walnut-Street, plus doux que ceux d'Auburn, sont tout à la fois plus répétés et plus funestes à la vie des détenus que les punitions sévères usitées dans cette dernière prison.

individu sur trente-neuf, et dans le Maryland un sur quarante-sept. Ainsi, dans les anciennes prisons où régnait la liberté des communications, et où la discipline était douce, on mourait moitié plus que dans la société ; et dans les nouveaux pénitenciers, soumis au régime austère de l'isolement, du silence et des coups, on meurt moins (1).

Ces chiffres répondent mieux que tous les raisonnements possibles aux objections qui ont été faites.

Nous n'avons rien dit sur l'état sanitaire de la nouvelle prison de Philadelphie, qui est établie depuis trop peu de temps pour qu'on ait pu juger de ses effets. Tout nous porte à penser que le système de réclusion perpétuelle et absolue qui y est en vigueur sera moins favorable à la santé des prisonniers que le système d'Auburn. Cependant le médecin de l'établissement croit déjà pouvoir déclarer que la mortalité y sera moins considérable que dans l'ancienne prison de Walnut-Street (2).

En résumé sur ce point, il faut reconnaître que le régime des pénitenciers d'Amérique est sévère. Tandis que la société dés États-Unis donne l'exemple de la liberté la plus étendue, les prisons du même pays offrent le spectacle du plus complet despotisme. Les citoyens soumis à la loi sont protégés par elle ; ils n'ont cessé d'être libres que lorsqu'ils sont devenus méchants.

(1) V. Tables statistiques des États de New-York, de Pennsylvanie, du Connecticut, du Maryland et du Massachussetts, à la fin du vol., pièce n° 17.
(2) Voyez Rapport sur le pénitencier de Philadelphie par les inspecteurs, 1831, et Observations de M. Bache, médecin de la prison.

CHAPITRE III.

RÉFORME.

Illusions de quelques philanthropes sur le système pénitentiaire. — En quoi consistent ses avantages réels. — Les prisonniers ne peuvent se corrompre entre eux. — Moyens employés pour opérer leur réforme morale. — Instruction primaire et religieuse. — Avantages et inconvénients du système de Philadelphie à cet égard. — Le système d'Auburn, moins philosophique, dépend plus, pour son succès, des hommes chargés de son exécution. — Influence des hommes religieux sur la réforme. — Cette réforme est-elle obtenue ? — Distinguer entre la réforme radicale et la réforme extérieure.

SECTION PREMIÈRE.

Il y a, en Amérique comme en Europe, des hommes estimables dont l'esprit se nourrit de rêveries philosophiques, et dont l'extrême sensibilité a besoin d'illusions. Ces hommes, pour lesquels la philanthropie est devenue un besoin, trouvent dans le système pénitentiaire un aliment à cette passion généreuse : prenant leur point de départ dans des abstractions qui s'écartent plus ou moins de la réalité, ils considèrent l'homme, quelque avancé qu'il soit dans le crime, comme susceptible d'être toujours ramené à la vertu, ils pensent que l'être le plus infâme peut dans tous les cas recouvrer le sentiment de l'honneur ; et, poursuivant les conséquences de cette opinion, ils entrevoient une époque où tous les criminels étant radicalement réformés, les prisons se videront entièrement, et la justice n'aura plus de crimes à punir (*z*).

D'autres, peut-être sans avoir une conviction aussi profonde, marchent cependant dans la même voie ; ils se sont constamment occupés de prisons : c'est le sujet auquel se rapportent les travaux de toute leur vie. La philanthropie est devenue pour eux une sorte de profession ; et ils ont la monomanie du système pénitentiaire, qui leur semble le remède applicable à tous les maux de la société.

Nous croyons que les uns et les autres s'exagèrent le mérite de cette institution, dont on peut reconnaître les bienfaits réels, sans lui en attribuer d'imaginaires, qui ne sauraient lui appartenir.

Il y a d'abord un avantage incontestable, inhérent à un système pénitentiaire dont l'isolement forme la base principale ; c'est que les criminels ne deviennent pas dans leur prison pires qu'ils étoient en y entrant. En cela, ce système diffère essentiellement du régime de nos prisons, qui non-seulement ne rendent point les détenus meilleurs, mais encore les corrompent davantage. Chez nous, tous les grands crimes ont été, avant leur exécution, élaborés en quelque sorte dans les prisons, et délibérés dans les sociétés de malfaiteurs réunis. Telle est la funeste influence des méchants les uns sur les autres, qu'il suffit dans une prison d'un scélérat consommé, pour que tous ceux qui le voient et l'entendent se modèlent sur lui, et lui empruntent en peu de temps ses vices et son immoralité (*aa*).

Rien sans doute n'est plus funeste à la société que cet enseignement mutuel des prisons ; et il est bien certain qu'on doit chez nous à cette dangereuse contagion une population spéciale de malfaiteurs qui devient chaque jour plus nombreuse et plus menaçante. C'est un mal auquel le système pénitentiaire des États-Unis remédie complètement.

Il est constant que toute contagion morale entre les détenus est impossible, surtout à Philadelphie, où d'épaisses murailles séparent les prisonniers le jour comme la nuit. Ce premier résultat est grave, et il faut bien se garder d'en méconnaître l'importance. Les théories sur la réforme des détenus sont vagues et incertaines (1). On ne sait pas encore jusqu'à quel point le méchant peut être régénéré, et par quels moyens cette régénération peut être obtenue : mais si l'on ignore l'efficacité de la prison pour rendre meilleure les détenus, on sait, parce que l'expérience l'a fait connaître, sa puissance pour les rendre pires. Les nouveaux pénitenciers dans lesquels cette influence contagieuse est évitée ont donc obtenu un avantage capital ; et tant qu'on n'aura pas trouvé

---

(1) « .... But from a closer and more intimate view of the subject, I have rather abandoned a hope I once entertained, of the *general reformation of offenders* trhough the penitentiary system. I now think that its chief good is in the prevention of crime, by the confinement of criminals. » (M. Niles, ex-commissaire du pénitencier de Maryland, 22 décembre 1820.)

une prison dont la discipline soit évidemment régénératrice, peut-être serait-il permis de dire que la meilleure prison est celle qui ne corrompt pas.

On conçoit cependant que ce résultat, quelque grave qu'il soit, ne satisfasse pas les auteurs du système; et il est naturel qu'après avoir préservé les détenus de la corruption dont ils étaient menacés, ils aspirent encore à les rendre meilleurs. Voyons par quels moyens ils tâchent d'arriver à ce but. Nous examinerons ensuite quel est le succès de leurs efforts.

L'instruction morale et religieuse forme à cet égard toute la base du système. Dans tous les établissements pénitentiaires, on apprend à lire aux détenus qui ne le savent pas. Ces écoles sont volontaires. Quoique nul condamné ne soit contraint d'y assister, chacun considère comme une faveur d'y être admis; et lorsqu'il y a impossibilité d'y recevoir tous ceux qui se présentent, on choisit parmi les détenus ceux auxquels le bienfait de l'instruction est le plus nécessaire (1). La liberté accordée aux prisonniers de ne pas venir à l'école rend beaucoup plus zélés et plus dociles ceux qui s'y rendent volontairement : cette école se tient tous les dimanches. Elle précède l'office religieux du matin : presque toujours le ministre qui célèbre cet office l'accompagne d'un sermon dans lequel il s'abstient de toute discussion sur le dogme, pour ne traiter que des points de morale religieuse; de cette manière, l'instruction du pasteur convient tout aussi bien au catholique qu'au protestant, à l'unitaire qu'au presbytérien. Les repas des prisonniers sont toujours précédés d'une prière, faite par le chapelain attaché à l'établissement; chacun d'eux a dans sa cellule une Bible que l'État lui donne, et dans laquelle il peut lire pendant tout le temps qui n'est pas consacré au travail.

Cet ordre de choses existe dans tous les pénitenciers; mais on se tromperait beaucoup si l'on croyait qu'il y a sur ce point uniformité dans ces mêmes prisons. Les unes attachent à l'instruction religieuse beaucoup plus d'importance que les autres. Celles-ci négligent la réforme morale des détenus, tandis que celles-là en font l'objet d'un soin tout

---

(1) A Boston, on y admet tous ceux qui se présentent. (Voyez Rapport de M. Gray, p. 10 et 11.)

particulier. A Singsing, par exemple, où la nature des choses exige le développement d'une discipline si rigoureuse, la direction de l'établissement paraît n'avoir en vue que le maintien de l'ordre extérieur et l'obéissance passive des condamnés. On y dédaigne le secours des influences morales; on s'y occupe bien un peu de l'instruction primaire et religieuse des détenus, mais il est manisfeste que cet objet n'est que secondaire. Dans les prisons d'Auburn, de Wethersfield, de Philadelphie et de Boston, la réforme occupe une bien plus grande place.

A Philadelphie, la situation morale dans laquelle se trouvent les détenus est éminemment propre à faciliter leur régénération. Nous avons plus d'une fois remarqué avec étonnement le tour sérieux que prennent les idées du condamné dans cette prison. Nous y avons vu des détenus que leur disposition et leur légèreté avaient conduits au crime, et dont l'esprit avait contracté dans la solitude des habitudes de méditation et de raisonnement tout à fait extraordinaires. Le régime de ce pénitencier nous a surtout paru puissant sur les âmes douées de quelque élévation et sur les personnes que l'éducation avait polies. Les hommes intellectuels sont naturellement ceux dont l'âme est le plus troublée par l'isolement, et qui souffrent le plus d'être séparés de toute société.

Nous pouvons dire, cependant, que cette solitude absolue produit sur tous les détenus la plus vive impression. On trouve en général leurs cœurs prompts à s'ouvrir, et cette facilité à recevoir des émotions les dispose encore à la réforme. Ils sont surtout accessibles aux sentiments religieux, et les souvenirs de la famille ont sur leurs âmes une extrème puissance. Peut-être l'homme libre et qui jouit des communications sociales est-il incapable de sentir tout le prix d'une pensée religieuse jetée dans la cellule du condamné.

A Philadelphie, rien ne distrait les détenus de leurs méditations; et comme ils sont toujours isolés, la présence d'un homme qui vient s'entretenir avec eux est un bienfait immense dont ils apprécient toute l'étendue. Lors de notre visite à ce pénitencier, l'un des prisonniers nous disait : « C'est avec joie que j'aperçois la figure des surveillants qui visitent ma cellule. Cet été, un grillon est entré dans ma cour; il me semblait avoir trouvé en lui un compagnon (it looked like a company). Lorsqu'un papillon ou tout autre animal entre dans ma cellule, je ne lui fais jamais de mal (1). » Dans cette disposition de l'âme, on conçoit tout le prix qu'ils attachent aux communications morales, et l'influence que peuvent avoir sur leur esprit de sages conseils et de pieuses exhortations.

Le surintendant visite chacun d'eux au moins une fois par jour. Les inspecteurs leur font la même visite au moins deux fois par semaine, et un chapelain est chargé spécialement du soin de leur réforme morale. Avant et après ces visites, ils ne sont pas tout à fait seuls. Les livres qui sont mis à leur disposition sont pour eux une sorte de compagnie qui ne les quitte jamais. La Bible et quelquefois des feuilles détachées contenant des anecdotes édifiantes, forment leur bibliothèque. Quand ils ne travaillent pas, ils lisent, et plusieurs d'entre eux paraissent trouver dans cette lecture une grande consolation. Il y en a qui, sachant seulement les lettres de l'alphabet, se sont appris à lire eux-mêmes. D'autres, moins ingénieux ou moins opiniâtres, n'y ont réussi qu'avec le secours du surintendant ou des inspecteurs (2).

Tels sont les moyens employés à Philadelphie pour éclairer les condamnés et les rendre meilleurs.

Est-il une combinaison plus puissante pour la réforme que celle d'une prison qui livre le criminel à toutes les épreuves de l'isolement, le conduit par la réflexion au remords, à l'espérance par la religion, le rend laborieux par les ennuis de l'oisiveté, et qui, en lui infligeant le supplice de la solitude et de l'isolement, lui fait trouver un charme extrême dans l'entretien des hommes pieux, qu'autrefois il eût vus avec indifférence et entendus sans plaisir?

L'impression faite par un tel système sur le criminel est certainement profonde; l'expérience seule apprendra si cette impression est durable.

Nous avons dit que son entrée dans le pénitencier était un moment critique; celui de la sortie de prison l'est encore

---

(1) Voyez Enquête sur le pénitencier de Philadelphie, pièce n° 10.

(2) A Philadelphie, il n'y a point d'école régulièrement tenue ; mais lorsque les inspecteurs ou le surintendant voient dans un détenu de bonnes dispositions, ou, par un motif quelconque, se sentent intéressés en sa faveur, ils lui donnent plus de soins qu'aux autres, et commencent par lui procurer les premiers éléments de l'instruction. L'un des inspecteurs du pénitencier, M. Bradford, consacre beaucoup de temps à cette bonne œuvre.

davantage. Il passe tout à coup de la solitude absolue à l'état ordinaire de société : n'est-il pas à craindre qu'à l'expiration de sa peine il ne recherche avec avidité les jouissances sociales dont il a été si complètement privé? Il était mort au monde, et après un néant de plusieurs années il reparaît dans la société, où il apporte, il est vrai, de bonnes résolutions, mais peut-être aussi des passions plus vives, et d'autant plus impétueuses qu'elles ont été plus longtemps contenues.

Tel est peut-être, sous le rapport de la réforme, le plus grave inconvénient de l'isolement absolu. Ce système possède cependant un avantage qui ne doit pas être passé sous silence: c'est que les détenus soumis à ce régime ne se connaissent pas entre eux (1). Ce fait évite de graves inconvénients et amène d'heureuses conséquences. Il existe toujours un lien plus ou moins étroit entre des criminels qui ont fait connaissance dans la prison commune; et lorsqu'après avoir subi leur peine ils se retrouvent dans la société, ils sont dans une dépendance mutuelle. Compromis l'un envers l'autre, si celui-ci veut commettre un délit, l'autre est presque forcé de lui prêter assistance; il faudrait que ce dernier fût devenu vertueux pour ne pas redevenir criminel. Cet écueil, en général si funeste aux condamnés libérés, est, à la vérité, évité à demi dans la prison d'Auburn, où les détenus, se voyant sans se connaître, ne contractent mutuellement aucune liaison intime. Cependant on est encore bien plus sûr d'échapper à ce péril dans la prison de Philadelphie, où les condamnés ne se voient jamais.

Celui qui, à l'expiration de sa peine, sort de cette prison pour rentrer dans la société, ne trouve dans les autres criminels libérés, qu'il ne connaît pas, aucune aide pour faire le mal; et s'il veut entrer dans une bonne voie, il ne rencontre personne qui l'en détourne. Désire-t-il commettre de nouveaux attentats, il est livré à lui-même; et, à cet égard, il est encore isolé dans le monde comme il l'était dans la prison; si, au contraire, il veut commencer une nouvelle vie, il possède la plénitude de sa liberté.

Ce système de réforme est assurément, dans son entier, une conception qui appartient à la plus haute philosophie :

---

(1) V. 2e Rapport sur le pénitencier de Philadelphie, 1831.

en général, il est simple et facile à mettre en pratique; il présente cependant dans son exécution une difficulté assez grave. La première règle du système étant que les détenus ne peuvent communiquer ensemble, ni même se voir, il en résulte qu'il ne peut y avoir ni instruction religieuse, ni école faite en commun; de sorte que l'instituteur et le chapelain ne peuvent instruire ou exhorter qu'une seule personne à la fois, ce qui occasionne une immense perte de temps (1). Si les détenus pouvaient être réunis et participer au bienfait de la même leçon, l'instruction morale et religieuse serait bien plus facile à répandre; mais les principes du système s'y opposent.

Dans les prisons d'Auburn, de Wethersfield, de Singsing et de Boston, le système de la réforme ne repose point sur une théorie aussi philosophique qu'à Philadelphie (2). Dans cette dernière prison, le système semble opérer de lui-même, par la force seule de ses principes; à Auburn, au contraire, et dans les prisons de même nature, son efficacité dépend beaucoup plus des hommes chargés de son exécution; on voit donc concourir au succès de celle-ci des efforts extérieurs qui ne s'aperçoivent pas autant dans l'autre.

Le plan d'Auburn, qui admet la réunion des criminels pendant le jour, paraît à la vérité moins propre que celui de Philadelphie à produire la réflexion et le repentir, mais il est plus favorable à l'instruction des détenus : dans toutes les prisons soumises au même régime, l'instituteur et le chapelain peuvent, dans leurs leçons ou leurs sermons, s'adresser à la prison tout entière. A Auburn, il y a un chapelain (M. Smith) exclusivement attaché à l'établissement.

(1) A Philadelphie, on fait participer au même sermon tous les détenus qui sont dans le même corps de bâtiment ; mais comme le pénitencier aura sept parties bien distinctes, il faudra tous les dimanches sept instructions religieuses faites les unes après les autres par le même ecclésiastique, ou sept ministres du culte occupés simultanément du même objet.

(2) Les adversaires d'Auburn disent et écrivent que, dans cette prison, le système de réforme a obtenu si peu de succès, qu'il a été entièrement abandonné. — Il est permis de soutenir que les efforts qui sont tentés pour régénérer les criminels ne réussissent pas toujours ; mais il serait inexact de dire qu'à Auburn on ne vise plus à leur réforme ; nous pouvons attester, au contraire, que les hommes qui dirigent l'établissement poursuivent ce but avec une ardeur extrême. On peut voir d'ailleurs ce que M. G. Powers répond sur ce point à M. Livingston. (Letter of G. Powers to Ed. Livingston, 1829.)

Il en est de même à Wethersfield, où M. Barrett, ministre presbytérien, s'est voué tout entier aux soins du pénitencier (1). Après l'école, l'office et le sermon du dimanche, les détenus rentrent dans leurs cellules solitaires, où le chapelain va les visiter : il leur fait de semblables visites pendant les autres jours de la semaine (2), et tâche de toucher leurs cœurs en éclairant leurs consciences : les détenus éprouvent un sentiment de joie en le voyant entrer dans leur cellule. Il est le seul ami qui leur reste; il reçoit la confidence de tous leurs sentiments; s'ils ont des griefs contre des employés de la prison, ou quelque faveur à solliciter, c'est lui qui se charge de leur réclamation. En leur donnant des témoignages d'intérêt, il s'efforce de gagner de plus en plus leur confiance. Il devient bientôt initié à tous les secrets de leur vie antérieure, et connaissant la moralité de tous, il tâche d'appliquer à chacun le remède qui convient à son mal. L'ecclésiastique n'intervient du reste en rien dans la discipline de la prison. Quand les détenus sont dans leurs ateliers, il ne les distrait jamais de leur travail; et s'il reçoit une plainte, il ne lui appartient point d'y faire droit; il sollicite seulement en faveur des malheureux dont il est l'interprète. Il serait difficile de peindre le zèle dont sont animés dans l'exercice de leurs pieuses fonctions MM. Barrett et Smith, qui peut-être se font parfois des illusions sur les résultats de leurs efforts, mais sont bien sûrs au moins de s'attirer la vénération de tous ceux qui les connaissent.

Ils sont du reste admirablement secondés dans leur ministère par plusieurs personnes étrangères à l'établissement. L'école du dimanche est presque entièrement faite par des habitants du pays, demeurant à peu de distance de la prison. Ceux-ci, guidés par un sentiment d'humanité auquel se mêle un sentiment profond du devoir religieux, viennent tous les dimanches passer deux ou trois heures dans la prison, où ils exercent les fonctions d'instituteurs primaires. Ils ne se bornent pas toutefois à apprendre à lire aux prisonniers : ils s'attachent surtout à leur expliquer les passages les plus remarquables de l'Évangile. A Auburn, ce sont les élèves d'un séminaire presbytérien qui remplissent ce ministère gra-

---

(1) M. Barrett reçoit, pour tout traitement, 200 dollars (1,060 francs).
(2) Le soir, lorsqu'après leurs travaux ils sont rentrés dans leurs cellules.

tuit et religieux. L'école se fait de même à Singsing, à Baltimore et à Boston (1). Dans cette dernière ville, nous avons vu des hommes de la plus grande distinction se charger de ces obscures fonctions ; ils faisaient répéter la leçon à plusieurs criminels assemblés autour d'eux, quelquefois ils entremêlaient leurs observations de conseils si touchants, que les condamnés versaient des larmes d'attendrissement. Certes, si la réforme d'un criminel est possible par de tels moyens, c'est avec de tels hommes qu'on peut l'obtenir.

Maintenant, jusqu'à quel point cette réforme est-elle opérée par les différents systèmes que nous avons examinés ?

Avant de répondre à cette question, il serait nécessaire de s'entendre sur le sens qu'on attache au mot de réforme.

Entend-on par cette expression la réforme radicale, qui d'un méchant fait un honnête homme, et donne des vertus à qui n'avait que des vices ?

Une pareille régénération, si jamais elle a eu lieu, doit être bien rare ; de quoi s'agit-il en effet ?

De rendre sa pureté primitive à une âme que le crime à souillée. Or, la difficulté est immense. Il eût été plus facile pour le coupable de rester honnête, qu'il ne l'est de se relever après sa chute. En vain la société lui pardonne : sa conscience ne lui fait point de grâce. Quels que soient ses efforts, il ne retrouvera jamais cette délicatesse de l'honneur que donne seule une vie sans tache. Alors même qu'il prend le parti de vivre honnêtement, il n'oublie pas qu'il a été criminel ; et ce souvenir, qui le prive de sa propre estime, enlève à sa vertu sa récompense et sa garantie.

Cependant, quand on songe à tous les moyens qui sont employés dans les prisons des États-Unis pour obtenir cette

---

(1) Voyez Rapports de M. Niles, 1829, 22 décembre. Nous devons dire qu'à Singsing, l'école, quoique faite avec soin, nous paraît restreinte à un trop petit nombre de détenus. Le nombre de condamnés admis à l'école du dimanche varie de 60 à 80 : faible proportion sur 1,000. (V. Rapport de 1832, sur Singsing.) La direction de cet établissement est trop matérielle, ce qui provient sans doute de ce que le surintendant et ses agents inférieurs sont uniquement préoccupés du maintien de l'ordre extérieur, dont l'existence est sans cesse menacée. Nous avons été témoins d'un fait qui prouve quel pourrait être le succès de l'école à Singsing, si elle recevait un plus grand développement. Un pauvre nègre, qui avait appris à lire dans la prison, a récité par cœur, devant nous, deux pages de la Bible, qu'il avait étudiées durant ses loisirs de la semaine, et il n'a pas commis la moindre faute de mémoire.

régénération complète du méchant, il est difficile de penser qu'elle ne soit pas quelquefois la récompense de tant d'efforts. Elle peut être l'œuvre de la religion et des hommes pieux qui consacrent leur temps, leurs soins et leur vie tout entière à cet important objet. Si la société est impuissante pour gracier les consciences, la religion en a le pouvoir. Quand la société pardonne, elle met l'homme en liberté ; voilà tout : ce n'est qu'un fait matériel. Lorsque Dieu fait grâce, il pardonne à l'âme. Avec ce pardon moral, le criminel regagne l'estime de lui-même, sans laquelle il n'y a point d'honnêteté. C'est un résultat auquel la société ne peut jamais prétendre, parce que les institutions humaines, puissantes sur les actions et sur les volontés, ne peuvent rien sur les consciences.

Nous avons vu, aux États-Unis, quelques personnes qui ont une grande foi dans cette réforme et dans les moyens mis en usage pour l'obtenir. M. Smith nous disait à Auburn, lors de notre visite, que sur les six cent cinquante détenus qui étaient dans cette prison, il y en avait déjà au moins cinquante qui étaient radicalement réformés, et qu'il considérait comme de *bons chrétiens*. M. Barrett, à Wethersfield, estimait que sur les cent quatre-vingts détenus de ce pénitencier, quinze ou vingt étaient déjà dans un état de régénération complète (1).

Il serait inutile de discuter ici la question de savoir si MM. Smith et Barrett se trompent dans leur appréciation : il nous semble qu'on peut admettre avec eux l'existence de la réforme radicale. Seulement il est permis de croire que les cas en sont encore plus rares qu'ils ne le pensent eux-mêmes. C'est du moins l'opinion de presque tous les hommes éclairés avec lesquels nous nous sommes trouvés en relation aux États-Unis. M. Elam Lynds, qui a une grande expérience des prisons, va plus loin, et il considère la réforme intégrale du criminel comme une chimère qu'il n'est pas raisonnable de poursuivre (2). Peut-être, de son côté, tombe-t-il dans un autre excès, et une opinion aussi décourageante que la sienne aurait besoin, pour se faire adopter, d'être d'une vérité évidente. Il n'y a du reste aucun moyen humain de

---

(1) V. Lettre de M. Barrett, pièce n° 14.
(2) V. Conversation avec M. Elam Linds, pièce n° 11.

prouver cette réforme complète : comment démontrer par des chiffres la pureté de l'âme, la délicatesse des sentiments et l'innocence des intentions ? La société, impuissante pour opérer cette régénération radicale, est aussi sans pouvoir pour la constater quand elle existe. C'est dans l'un et dans l'autre cas une affaire de for intérieur : dans le premier cas, Dieu seul peut agir ; dans le second, Dieu seul peut juger. Cependant, celui qui, sur la terre, est le ministre de Dieu, a quelquefois aussi le privilége de lire dans la conscience ; et c'est ainsi que les deux ecclésiastiques dont nous parlions tout à l'heure croient connaître la moralité des prisonniers et ce qui se passe au fond de leurs âmes. Ils sont sans doute mieux placés que tous autres pour obtenir la confiance de ces malheureux, et nous sommes persuadés que souvent ils reçoivent des aveux désintéressés et des repentirs sincères. Mais aussi combien ils risquent d'être trompés par des protestations hypocrites ! Le condamné, quel que soit son crime, espère toujours être gracié. Cet espoir existe surtout dans les prisons des États-Unis, où pendant longtemps on a poussé jusqu'à l'abus l'usage des grâces (1). Le criminel est donc intéressé à témoigner au chapelain, qui seul entretient avec lui des communications morales, un profond remords de son crime et un vif désir de revenir à la vertu. Quand ces sentiments ne seraient pas sincères, il ne les exprimerait pas moins. D'un autre côté, l'homme de bien qui consacre toute son existence à la poursuite d'un but honorable est lui-même sous l'influence d'une passion qui doit engendrer des erreurs. Comme il désire avec ardeur la réforme des criminels, il y croit facilement. Faut-il accuser sa crédulité ? Non, car les succès dans lesquels il a confiance l'encouragent à en tenter de nouveaux ; les illusions de cette nature ne deviendraient fâcheuses que si, sur la foi de semblables régénérations, on multipliait les grâces. Car ce serait encourager l'hypocrisie, et l'on verrait bientôt les criminels se réformer par calcul (2). Nous devons dire qu'en général ce danger paraît vivement senti, et que les grâces deviennent de plus en

(1) Voyez Notes statistiques, n° 16. Nous y expliquons les causes diverses qui ont, aux États-Unis, amené l'abus du droit de grâce.
(2) M. Smith lui-même nous disait qu'il se tenait en garde contre les démonstrations extérieures de repentir : il ajoutait qu'à ses yeux la meilleure preuve de sincérité d'un détenu était qu'il ne désirât pas quitter la prison.

plus rares : si le vœu de l'opinion publique était complètement satisfait, les gouverneurs n'useraient de leur droit de grâce qu'en faveur des condamnés dont la culpabilité est devenue douteuse par suite de circonstances postérieures au jugement. Cependant nous devons ajouter aussi que l'inconvénient d'un trop grand nombre de grâces accordées aux condamnés n'est pas encore entièrement évité; et à Auburn, sur le nombre total des grâces, il y en a un tiers qui se donne sur la présomption de la réforme.

En résumé sur ce point, nous le dirons hautement, si le système pénitentiaire ne pouvait pas se proposer d'autre fin que la réforme radicale dont nous venons de parler, le législateur devrait peut-être abandonner ce système; non que le but ne soit admirable à poursuivre, mais parce qu'il est trop rarement atteint. La réforme morale d'un seul individu, qui est une grande chose pour l'homme religieux, est peu pour l'homme politique; ou, pour mieux dire, une institution n'est politique que si elle est faite dans l'intérêt de la masse; elle perd ce caractère, si elle ne profite qu'à un petit nombre.

Mais s'il est vrai que la réforme radicale de l'homme dépravé ne soit qu'un accident du système pénitentiaire, au lieu d'en être une conséquence rationnelle, il est également certain qu'il est une réforme d'un autre genre, moins profonde que la première, mais cependant utile pour la société, et que le système dont il s'agit semble devoir produire naturellement.

Ainsi nous ne doutons pas que les habitudes d'ordre auxquelles est soumis le détenu pendant plusieurs années n'influent beaucoup sur sa conduite morale lors de sa rentrée dans la société.

La nécessité du travail, qui dompte son penchant à l'oisiveté; l'obligation du silence, qui le fait réfléchir; l'isolement, qui le met seul en présence de son crime et de sa peine; l'instruction religieuse, qui l'éclaire et le console; l'obéissance de chaque instant à des règles inflexibles; la régularité d'un vie uniforme; en un mot, toutes les circonstances qui accompagnent ce régime sévère, sont de nature à produire sur son esprit une impression profonde.

Peut-être en sortant de prison n'est-il pas un honnête homme, mais il a contracté des habitudes honnêtes. Il était fainéant, maintenant il sait travailler. Son ignorance l'empêchait d'exercer une industrie, maintenant il sait lire et écrire, et la profession qu'il a apprise dans la prison lui fournit des moyens d'existence qui lui manquaient auparavant. Sans avoir l'amour du bien, il peut détester le crime, dont il a senti les cruelles conséquences; et s'il n'est pas plus vertueux, il est du moins plus raisonnable : sa morale, ce n'est pas l'honneur, mais l'intérêt. Peut-être sa foi religieuse n'est ni vive ni profonde; mais alors même que la religion n'a pas touché son cœur, elle a donné à son esprit des habitudes d'ordre et à sa vie des règles de conduite; sans avoir une grande conviction religieuse, il a acquis le goût des principes moraux que la religion enseigne; enfin, s'il n'est pas au fond devenu meilleur, il est du moins plus obéissant aux lois, et c'est tout ce que la société est en droit de lui demander.

Envisagée sous ce point de vue, la réforme des condamnés nous semble devoir être fréquemment obtenue à l'aide du système qui nous occupe; et les hommes qui, aux États-Unis, ont le moins de confiance dans la régénération radicale des criminels, croient fermement à l'existence d'une réforme ramenée à ces termes plus simples.

Nous ferons remarquer ici que le zèle de l'homme religieux, qui souvent est inefficace pour opérer la réforme radicale, a une grande influence sur cette réforme de second ordre que nous venons de définir. C'est parce que son but est grand qu'il le poursuit avec passion : et la noblesse de son entreprise élève tout à la fois son ministère et les fonctions de tous ceux qui, de concert avec lui, travaillent à réformer les criminels; elle donne ainsi à l'établissement pénitentiaire tout entier un intérêt plus grand et une plus haute moralité. Ainsi, quoique l'homme religieux n'arrive pas souvent au but, il est important qu'il le poursuive sans cesse; et peut-être n'atteint-on le point que nous venons d'indiquer que parce qu'on vise plus haut.

Les avantages du système pénitentiaire aux États-Unis peuvent donc se classer ainsi :

Premièrement : Impossibilité de corruption pour les détenus dans la prison;

Secondement : Grande probabilité pour eux d'y prendre

des habitudes d'obéissance et de travail qui en fassent des citoyens utiles ;

Troisièmement : Possibilité d'une réforme radicale.

Quoique chacun des établissements que nous avons examinés tende à ces trois résultats, il y a cependant à cet égard quelques nuances qui distinguent le système d'Auburn de celui de Philadelphie.

D'abord, ainsi que nous l'avons déjà fait observer, Philadelphie a, quant au premier point, l'avantage sur Auburn : en effet, les détenus, séparés par d'épaisses murailles, peuvent encore moins communiquer entre eux que ceux qui ne sont isolés que par le silence. La discipline d'Auburn donne bien la certitude que le silence n'est pas violé, mais ce n'est qu'une certitude morale, sujette à contradiction, tandis qu'à Philadelphie la communication des condamnés entre eux est physiquement impossible.

Le système de Philadelphie, étant également celui qui produit sur l'âme du condamné les impressions les plus profondes, doit obtenir plus de réformes que celui d'Auburn. Peut-être cependant ce dernier système, à l'aide de son régime, plus conforme que celui de Philadelphie aux habitudes de l'homme en société, opère-t-il un plus grand nombre de ces réformes qu'on pourrait appeler légales, parce qu'elles produisent l'accomplissement extérieur des obligations sociales.

S'il en était ainsi, le système de Philadelphie ferait plus d'honnêtes gens, et celui de New-York plus de citoyens soumis aux lois.

SECTION II.

La bonté du système prouvée par des chiffres. — Le nombre des crimes aux États-Unis augmente-t-il ? — Influence des noirs et des étrangers. — Quel est l'effet de l'instruction à cet égard ? — Distinction nécessaire entre le nombre des crimes et celui des condamnations. — Le système pénitentiaire est le plus souvent étranger à l'accroissement des crimes. — Son influence, restreinte aux détenus, se reconnaît aux récidives : elle ne peut s'apprécier qu'après plusieurs années. — Comparaison entre les anciennes prisons et les nouveaux pénitenciers. — Impossibilité de comparer le nombre des crimes et des récidives aux États-Unis et en France. — Éléments différents des deux sociétés : diversité des lois pénales et des pouvoirs de la police judiciaire dans les deux pays. — On ne peut comparer l'Amérique qu'avec elle-même.

Après avoir exposé les conséquences du système pénitentiaire, telles que nous les concevons, trouvons-nous dans des chiffres la preuve des effets que nous croyons pouvoir lui attribuer?

Lorsqu'on cherche à reconnaître l'influence du système pénitentiaire sur la société, on a coutume de poser ainsi la question :

Le nombre des crimes a-t-il augmenté ou diminué depuis que le système pénitentiaire est établi (*bb*)?

La solution de toutes les questions de ce genre est extrêmement difficile aux États-Unis, parce qu'elle exige des documents statistiques qu'il est impossible de se procurer. Il n'existe dans l'Union, ni dans les États particuliers, aucune autorité centrale qui les possède. On obtient péniblement la statistique d'une ville, d'un comté, jamais de l'État entier (1).

La Pennsylvanie est le seul où nous ayons pu connaître le nombre total des crimes. Pendant l'année 1830, il y a eu 2084 individus condamnés à l'emprisonnement dans la Pennsylvanie; ce qui, comparé à une population de 1,347,672 habitants, donne un condamné à l'emprisonnement sur 653 habitants (2).

Dans les autres États, nous avons obtenu des renseignements fort exacts sur le nombre de certains crimes, mais jamais de la totalité des délits : ainsi, nous savons seulement le nombre des infractions qui, dans les États de New-York, du Massachussetts, du Connecticut et du Maryland, font condamner les criminels à la prison centrale (state prison) (3).

Si nous prenons ces condamnés spéciaux pour base de nos observations, nous voyons que, dans les États de New-York, du Massachussetts et du Maryland, le nombre des criminels, comparé à la population, va en diminuant; que, dans l'État

---

(1) Nous avons cependant trouvé, dans les autorités des différents États, une bienveillance toute particulière et un empressement extrême à nous procurer les lumières que nous désirions. M. Flagg, secrétaire d'État à Albany; M. Riker, recorder à New-York; MM. M. Ilvaine et Roberts Vaux, à Philadelphie; M. Gray, à Boston, et tous les inspecteurs des prisons nouvelles, nous ont fourni une grande quantité de documents précieux.

M. Riker nous a fait obtenir le relevé général des crimes commis dans tout l'État de New-York pendant l'année 1830. C'est un document fort intéressant; mais nous ne le possédons que pour une année.

(2) V. Notes statistiques, pièce n° 16.

(3) V. Observations statistiques et comparées, pièce n° 17.

du Connecticut, il augmente, pendant qu'il est stationnaire dans la Pennsylvanie (1).

Conclurons-nous de cet exposé que la prison du Connecticut est très mauvaise; que celles de New-York, du Massachussetts du Maryland, sont les seules bonnes, et que celles de la Pennsylvanie sont meilleures que la première et moins bonnes que les secondes?

Cette conséquence serait étrange, car c'est un fait incontestable que le pénitencier du Connecticut vaut mieux que les prisons du Maryland et de la Pennsylvanie (2).

Si l'on veut examiner avec attention la situation de ces différents États, et les circonstances politiques dans lesquelles ils sont placés, on verra que le nombre plus ou moins considérable des crimes, de même que leur diminution et leur augmentation, peuvent tenir à des causes totalement étrangères au système pénitentiaire.

Il faut d'abord distinguer le nombre des crimes de leur accroissement : dans l'État de New-York il y a plus de crimes que dans la Pennsylvanie; cependant le nombre des crimes est stationnaire dans ce dernier État, tandis qu'il diminue dans le premier. Dans le Connecticut, où les crimes augmentent, il y a, en somme, moitié moins de crimes que dans tous les autres États (3).

Nous ajouterons que, pour établir entre les divers États des points de comparaison bien fondés, il faudrait retrancher de la population de chacun d'eux les étrangers, et ne comparer que les crimes commis par la population sédentaire; en procédant ainsi, on trouverait que le Maryland est, de tous les États, celui dont la population sédentaire commet le plus de crimes. Ce fait s'explique par une cause particulière aux États du Sud, la présence de la race noire. En général, il a été observé que, dans les États où il y a un nègre sur trente blancs, les prisons contiennent un nègre sur quatre blancs (4).

Les États qui ont beaucoup de nègres doivent donc fournir

---

(1) V. Observations statistiques et comparées, pièce n° 17.
(2) Nous n'entendons parler ici que des anciennes prisons de la Pennsylvanie et du Maryland. Les nouveaux pénitenciers de ces États sont encore trop récents pour qu'on s'occupe de leurs effets.
(3) V. Observations statistiques et comparées, pièce n° 17.
(4) V. Observations statistiques et comparées, pièce n° 17.

plus de crimes. Cette raison seule suffirait pour expliquer le chiffre élevé des crimes dans le Maryland : elle n'est cependant pas applicable à tous les États du Sud ; elle ne touche que ceux où l'affranchissement des noirs est permis : car on se tromperait étrangement si l'on croyait qu'on évite les crimes des nègres en leur donnant la liberté ; l'expérience apprend, au contraire, que, dans le Sud, le chiffre des crimes est grossi beaucoup plus par ceux des affranchis que par ceux des esclaves ; ainsi précisément parce que l'esclavage semble marcher à sa ruine, on verra pendant longtemps s'accroître dans le Sud le nombre des nouveaux affranchis, et avec eux celui des criminels (*cc*).

Tandis que le Sud des États-Unis renferme dans son sein ce principe fécond d'augmentation des délits, dans les États du Nord, au contraire, tels que New-York et le Massachussetts, plusieurs causes politiques tendent à la diminution des crimes.

Et d'abord, la population noire y décroît chaque jour à côté de la population blanche, qui s'y agrandit sans cesse.

D'un autre côté, dans ces mêmes États, les étrangers qui chaque année arrivent d'Europe sans moyens d'existence sont une cause de crimes qui va toujours en s'affaiblissant.

En effet, à mesure que la population devient plus considérable, le nombre des étrangers arrivants, quoique ne diminuant pas, est moindre relativement à la totalité des habitants. La population double en trente ans ; mais le nombre des émigrants est à peu près toujours le même (1). De sorte que cette cause d'augmentation des crimes dans le Nord, quoique immobile en apparence, perd chaque année de sa force ; le chiffre qui la représente, considéré isolément, est toujours le même ; mais il est plus petit, comparé à un autre chiffre, qui chaque jour devient plus grand.

Quelques personnes (2), aux États-Unis, pensent aussi que

---

(1) Nous croyons que le nombre des émigrants a beaucoup augmenté depuis peu. Mais cela n'empêche pas que, dans son ensemble, le raisonnement des auteurs ne soit vrai. Il est certain que la population croît bien plus vite que le nombre des émigrés. (*Note du traducteur américain*, p. 62.)

(2) Cette expression, *quelques Américains*, est fort inexacte. Le vrai mot est *tous les Américains*, à l'exception de quelques-uns. Encore me serait-il difficile de dire que j'en connaisse un seul.

(*Note du traducteur américain*, p. 62.)

les lumières de l'instruction, si répandues dans les États du Nord, tendent à la diminution des crimes (1).

Dans l'État de New-York, sur une population de 2,000,000 d'habitants, 550,000 enfants sont instruits dans les écoles, et l'État seul dépense pour cet objet près de 6,000,000 fr. chaque année. Il semble qu'une population éclairée, à laquelle il ne manque aucun des débouchés que peuvent offrir l'agriculture, le commerce et l'industrie manufacturière, doive commettre moins de crimes que celle qui possède ces derniers avantages sans avoir les mêmes lumières pour les exploiter ; néanmoins, nous ne pensons pas qu'on doive attribuer à l'instruction cette diminution des crimes dans le Nord, car, dans le Connecticut, où elle est encore plus répandue que dans l'État de New-York, on voit les crimes augmenter avec une extrême rapidité ; et si on ne peut reprocher aux lumières cet accroissement prodigieux, on est du moins forcé de reconnaître qu'elles n'ont pas la puissance de l'empêcher (2) ; du reste, nous ne prétendons pas expliquer ces étranges anomalies, offertes par des États dont les

---

(1) Entre autres, M. Edw. Livingston. V. ses écrits, notamment sa lettre à Roberts Vaux, 1828, p. 14 et 15. — Le juge Powers considère l'ignorance et l'intempérance comme les deux principales sources du crime. (V. Rapport de Gershom Powers, de 1828, p. 50.)

(2) L'instruction, alors même qu'on ne la sépare point des croyances religieuses, fait naître une foule de besoins nouveaux, qui, s'ils ne sont pas satisfaits, poussent au crime ceux qui les éprouvent. Elle multiplie les rapports sociaux, elle est l'âme du commerce et de l'industrie, elle crée ainsi entre les individus mille occasions de fraude ou de mauvaise foi qui n'existent point au sein d'une population ignorante et grossière. Il est donc dans sa nature d'augmenter plutôt que de diminuer le nombre des crimes. Ce point paraît, du reste, aujourd'hui, assez généralement reconnu : car, en Europe, il a été observé que les crimes sont en progression dans la plupart des pays où l'instruction est très répandue. Du reste, nous dirons à cette occasion notre opinion tout entière sur l'influence de l'instruction. Ses avantages nous paraissent infiniment supérieurs à ses inconvénients. Elle développe les intelligences et soutient toutes les industries. Elle protège ainsi la force morale et le bien-être matériel des peuples. Les passions qu'elle excite, funestes à la société, quand rien ne les contente, deviennent fécondes en avantages lorsqu'elles peuvent atteindre le but qu'elles poursuivent. Ainsi l'instruction répand, il est vrai, parmi les hommes, quelques semences de corruption ; mais c'est elle aussi qui rend les peuples plus riches et plus forts. Chez une nation entourée de voisins éclairés, elle est non-seulement un bienfait, mais encore une nécessité politique. — V. Note sur l'instruction publique aux États-Unis, pièce n° 5.

institutions politiques sont à peu près semblables, et chez lesquels cependant la proportion des crimes avec la population est si différente; ces difficultés sont du nombre de celles que ne manquent jamais d'amener toute espèce de travaux statistiques (1). Mais les considérations que nous venons de présenter ont du moins servi à prouver combien de causes graves, indépendantes du système pénitentiaire, influent sur l'accroissement ou la diminution des crimes.

Quelquefois une crise industrielle, le licenciement d'une armée, etc., etc., etc., suffisent pour élever pendant une année le chiffre des délits.

C'est ainsi que, pendant l'année 1816, on voit le nombre des criminels grossir extraordinairement dans toutes les prisons d'Amérique : le système pénitentiaire y était-il pour quelque chose? Non, c'était simplement une conséquence de la guerre des États-Unis avec l'Angleterre; cette guerre, étant finie, avait donné lieu au renvoi dans leurs foyers d'une foule de militaires que la paix privait ainsi de leur profession.

Il existe une autre difficulté: alors même qu'on est d'accord sur la cause des crimes, on ne sait point exactement celle de leur augmentation.

Comment prouve-t-on le nombre de crimes commis? Par celui des condamnations; or, plusieurs causes peuvent rendre les condamnations plus fréquentes, sans que le nombre des crimes se soit accru (*dd*).

Par exemple, si la police judiciaire poursuit les crimes avec plus de zèle et d'activité : ce qui arrive ordinairement quand l'attention publique se porte sur cet objet. Le nombre des crimes commis n'augmente pas: il y a seulement plus de crimes constatés. Il en est de même lorsque la répression des tribunaux criminels est plus sévère : elle le devient toujours lorsque la loi pénale est adoucie. Alors le nombre des acquittements diminue : il y a plus de condamnations, quoique le nombre des crimes n'ait pas varié. Le système pénitentiaire lui-même, qui doit diminuer le nombre des crimes, a pour premier résultat, dès son origine, d'augmenter le chiffre des condamnations. En effet, de même que les magistrats

---

(1) Pour connaître tous les avantages de la statistique et apprendre l'art de s'en servir, il faut lire l'excellent ouvrage que vient de publier M. Guerry, sous le titre de Statistique morale de la France. Paris, 1832.

répugnent souvent à condamner des coupables parce qu'ils connaissent l'influence corruptrice de la prison qui doit les renfermer, de même aussi se montrent-ils beaucoup plus faciles à prononcer une condamnation, lorsqu'ils savent que la prison, loin d'être une école de crime, est un lieu de pénitence et de réforme (*ee*).

Quoi qu'il en soit, il résulte clairement de ce qui précède que l'augmentation des crimes ou leur diminution sont produites par des causes tantôt générales, tantôt accidentelles, mais qui n'ont aucun rapport direct avec le système pénitentiaire.

Si l'on veut réfléchir à l'objet du système pénitentiaire et à sa portée naturelle, on verra qu'il ne saurait avoir l'influence générale qu'on lui attribue; et que l'on pose mal la question, lorsqu'on lui demande compte en termes absolus de la progression des crimes : le régime bon ou mauvais d'une prison ne saurait exercer d'influence que sur ceux qui y ont été renfermés. Les prisons peuvent être très bonnes dans un pays où il y beaucoup de crimes, et très mauvaises dans un autre où les crimes sont très rares. C'est ainsi que, dans le Massachussetts, où il y a moins de condamnés, les prisons sont vicieuses, tandis qu'elles sont bonnes dans l'État de New-York, où les crimes sont plus nombreux (1). Une mauvaise prison ne peut pas plus dépraver ceux qui n'ont pas été exposés à son influence corruptrice, qu'un bon pénitencier ne peut réformer les individus auxquels son régime bienfaisant est inconnu.

Les institutions, les mœurs (2), les circonstances politiques, voilà ce qui influe sur la moralité des hommes en société ; les prisons n'agissent que sur la moralité des hommes en prison (3).

Le système pénitentiaire n'a donc point l'étendue d'action

---

(1) Nous disons que, dans le Massachussetts, où il y a moins de condamnés, les prisons sont vicieuses : *elles étaient vicieuses*, et ne le sont plus ; nous sommes obligés de parler du passé, puisqu'il s'agit d'apprécier leurs effets.

(2) On fait de grands efforts aux États-Unis pour corriger un vice qui y est très commun, l'intempérance. (V. Note sur les sociétés de tempérance, pièce n° 9.)

(3) M. Livingston a plus d'une fois proclamé cette vérité, qu'on trouve énergiquement exprimée dans sa lettre à Roberts Vaux, p. 14 et 15, 1828. (Voyez dans quels termes il en parle, note *ff*.)

qu'on lui attribue quelquefois. Réduite, comme elle doit l'être, à la population des prisons, son influence directe est assez importante pour qu'on ne cherche pas à lui en attribuer une qui ne lui appartient pas : et, en effet, si cette partie du corps social sur laquelle s'exerce le régime pénitentiaire est peu étendue, elle est du moins la plus gangrenée, et celle dont la plaie est tout à la fois la plus contagieuse et la plus essentielle à guérir.

Lors donc qu'on veut apprécier le mérite d'une prison et du système qu'on y a mis en vigueur, il faut observer, non point la moralité de la société en général, mais seulement celle des individus qui, après avoir été renfermés dans cette prison, sont rentrés dans la société : s'ils ne commettent aucun délit nouveau, on peut croire que l'influence de l'emprisonnement sur eux a été salutaire; et s'ils tombent en récidive, il est prouvé que le régime de la prison ne les a point rendus meilleurs.

S'il est vrai que le grand ou petit nombre des récidives prouve seul le vice ou la bonté d'une prison, il faut ajouter qu'il est impossible d'obtenir sur ce point une constatation parfaitement exacte.

D'une part, on se procure avec beaucoup de peine la preuve que des condamnés libérés ont tenu une conduite honnête, et, d'un autre côté, on n'a pas toujours connaissance des nouveaux crimes qu'ils commettent.

A ces considérations qui nous ont paru nécessaires pour ramener la question à ses véritables termes, nous en ajouterons une dernière qu'il nous semble également important de ne pas perdre de vue : c'est que, pour apprécier les effets du système pénitentiaire, il ne faut point considérer l'époque de sa création, mais bien les temps qui la suivent. Cette vérité, qu'il semble oiseux d'énoncer, a cependant été oubliée par des écrivains d'un fort grand mérite; nous en citerons un exemple.

Nous avons déjà dit qu'en 1790 un nouveau système d'emprisonnement fut établi à Philadelphie : en conséquence, la prison de Walnut-Street y fut organisée sur un plan que nous avons reconnu totalement vicieux : cependant, par une circonstance fortuite, ou dont la cause est du moins inconnue, le nombre des crimes dans la Pennsylvanie, pendant les années 1790, 1791, 1792 et 1793, fut beaucoup moins considérable qu'il ne l'avait été durant les années précédentes. M. Livingston et M. Roberts Vaux aux États-Unis; chez nous, M. le duc de Larochefoucauld-Liancourt et M. Charles Lucas, ont tiré de cette diminution de crimes la preuve de l'efficacité du système (1); mais leur raisonnement nous paraît fondé sur un fait mal apprécié. Pour faire honneur de ce résultat au nouveau régime de prisons, il aurait fallu prouver que les individus sortis de la prison de Walnut-Street n'avaient point commis de nouveaux crimes : mais cette preuve ne pouvait se faire. En effet, le système commence en 1790, et c'est dans les années 1791, 1792 et 1793 qu'on en recherche les effets, c'est-à-dire avant que la plupart de ceux qui ont été renfermés dans la prison n'en soient sortis (*gg*).

Il est facile de comprendre que l'effet du système pénitentiaire ne peut s'apprécier qu'après un certain nombre d'années, et seulement après que les condamnés qui ont été mis en liberté à l'expiration de leur peine ont eu le temps de commettre de nouveaux crimes ou de donner l'exemple d'une vie honnête.

Nous devons, par cette raison, négliger les résultats obtenus par les nouveaux pénitenciers de Philadelphie, de Sing-sing, de Boston et de Baltimore : en écartant les arguments que nous pourrions tirer de ces différentes prisons, nous restreignons infiniment le cercle de la discussion, mais nous y trouverons du moins l'avantage de ne donner à nos raisonnements que des bases solides.

Comparons donc les effets produits par les anciennes prisons des États-Unis avec ceux qui résultent du nouveau système en vigueur dans les pénitenciers d'Auburn et de Wethersfield, les seuls qui soient établis depuis un temps assez long pour qu'on puisse déjà juger de leur influence.

Dans l'ancienne prison de New-York (Newgate), les condamnés en récidive étaient au nombre total des détenus dans la proportion de un sur neuf; dans la prison du Maryland,

---

(1) V. Introductory report to the code of prison discipline explanatory of the principles on which the code is founden. By Edward Livingston, p. 7. — V. aussi Notices of the original and successive efforts to improve the discipline of the prison at Philadelphia and to reform the criminal code of Pennsylvania by Roberts Vaux, p. 53 et 54. — V. Du système pénitentiaire en Europe et aux États-Unis, par M. Charles Lucas.

de un sur sept; dans celle de Walnut-Street, de un sur six ; et dans l'ancienne prison du Connecticut, de un sur quatre (1). A Boston, le sixième des individus sortis des prisons y rentraient après avoir commis de nouveaux crimes (2).

Le chiffre des individus en récidive est beaucoup moins élevé dans les nouvelles prisons d'Auburn et de Wethersfield. Dans la première, les récidives sont au nombre total dans le rapport de un à dix-neuf; et sur cent individus sortis de la seconde depuis sa création, cinq seulement y sont revenus par suite de nouveaux délits; ce qui donne la proportion de un sur vingt (3).

A Auburn, on ne s'est pas borné à noter les criminels qui, après avoir été détenus dans le pénitencier, y ont été ramenés par une récidive; mais on a aussi essayé de constater la conduite des condamnés libérés qui, n'ayant pas commis de nouveaux crimes, sont restés dans la société. Sur 160 individus à l'égard desquels des renseignements ont pu être obtenus, 211 ont tenu une bonne conduite, les autres sont revenus à des habitudes mauvaises ou équivoques (*hh*).

Ces chiffres, quelque concluants qu'ils puissent paraître, sont le résultat d'un trop petit nombre d'années pour qu'on puisse en tirér une preuve invincible de l'efficacité du système; on est cependant forcé de reconnaître qu'ils sont extrêmement favorables aux nouvelles prisons pénitentiaires, et la présomption que ce résultat fait naître en leur faveur est d'autant plus forte, que l'effet obtenu s'accorde ici parfaitement avec celui qui était promis par la théorie : il faut ajouter que, malgré l'impossibilité où l'on est de puiser aucune preuve dans les pénitenciers trop nouveaux de Singsing, de Boston, et de toutes les prisons de même nature, on ne peut cependant pas contester que le succès d'Auburn et de Wethersfield ne rende très probable celui des établissements qui sont établis absolument sur le même modèle.

En présentant ces documents statistiques, nous n'avons point comparé le nombre des crimes et des récidives aux États-Unis et en France, persuadés comme nous le sommes que les bases d'une pareille comparaison seraient imparfaites.

(1) V. Observations statistiques et comparées, pièce n° 17.
(2) V. Notes statistiques, pièce n° 16.
(3) V. Observations statistiques et comparées, pièce n° 17.

Les deux pays ont des conditions d'existence qui ne se ressemblent point, et se composent d'éléments qui sont essentiellement différents.

Une société jeune, exempte d'embarras politiques, aussi riche de sol que d'industrie, semble devoir fournir moins de criminels qu'un pays où la terre est disputée pied à pied, et où les crises qui naissent des divisions politiques tendent à augmenter le nombre des délits, parce qu'elles accroissent celui des misères en troublant les industries.

Cependant, si les documents statistiques que nous possédons sur la Pennsylvanie peuvent s'appliquer au reste de l'Union, il y a, dans ce pays, plus de crimes qu'en France, toute proportion gardée avec la population (1). Diverses causes d'une autre nature expliquent ce résultat : d'une part, la population noire qui compose le sixième des habitants des États-Unis et qui figure pour moitié dans la prison ; et, de l'autre, les étrangers qui viennent d'Europe chaque année, et qui forment le cinquième et quelquefois le quart du nombre des condamnés.

Ces deux faits, qui expliquent le chiffre élevé des crimes aux États-Unis, le rendent incomparable avec le nombre des délits dans un pays où des faits pareils ne se rencontrent pas.

Si on retranchait du nombre total des crimes ceux qui sont commis par les nègres et les étrangers, on trouverait sans doute que la population blanche américaine commet moins de délits que la nôtre ; mais, en procédant ainsi, on tomberait dans une autre erreur : en effet, séparer les nègres de la population des États-Unis, c'est comme si, chez nous, on faisait abstraction d'une partie de la classe pauvre, c'est-à-dire de ceux qui commettent les crimes. On n'évite un écueil que pour tomber dans un autre ; à cet égard, le seul fait certain, incontestable, que nous ayons remarqué aux États-Unis, et qui puisse donner lieu à une comparaison, c'est la moralité tout à fait extraordinaire des femmes appartenant à la race blanche. Ainsi, on ne trouve dans les prisons des États-Unis que quatre femmes sur cent détenus ; tandis que

---

(1) Il y a en France plus de crimes graves ; mais le chiffre total des délits est moins élevé qu'en Amérique. (V. Observations statistiques et comparées, pièce n° 17.)

chez nous il y en a vingt sur cent (1). Or, cette moralité de la femme doit influer sur la société tout entière, parce que c'est sur elle surtout que repose la moralité de la famille.

Toutefois les éléments de comparaisons étant d'ailleurs si différents, on ne peut sur l'ensemble que hasarder des probabilités.

Les obstacles abondent, quand on veut faire des rapprochements de ce genre entre les deux nations. La différence qui existe entre les lois pénales de l'Amérique et les nôtres vient ajouter aux obstacles.

Il y a, aux États-Unis, des faits punis comme crimes, qui, chez nous, ne sont point atteints par les lois; et, d'un autre côté, notre code punit des délits qui, aux États-Unis, ne sont point considérés comme tels. Ainsi, beaucoup de délits contre la religion et les mœurs, tels que le blasphème, l'inceste, la fornication, l'ivresse, etc., etc. (2), sont, aux États-Unis, réprimés par des peines sévères, tandis que, chez nous, ils sont impunis. Il existe aussi dans nos lois des infractions qui ne sont point prévues par les lois américaines : ainsi, notre code punit la banqueroute, contre laquelle les lois des États-Unis ne portent aucun châtiment.

Comment donc comparer le nombre des crimes dans des pays dont les législations sont si différentes? Ajoutons que, cette comparaison fût-elle faite exactement, il serait encore difficile de puiser dans les chiffres obtenus des conséquences concluantes : ainsi, on peut bien dire en général que le nombre plus ou moins grand des criminels condamnés dans un pays prouve sa corruption ou sa moralité. Cependant il existe des exceptions à cette règle, qui jettent une grande incertitude sur les calculs : ainsi, dans l'un des États les plus religieux et les plus moraux de l'Union américaine (le Connecticut), il y a plus de condamnés pour attentats aux mœurs que dans aucun autre État (3). Pour comprendre ce résultat, il faut se rappeler que les crimes de cette nature ne sont punis que lorsqu'ils sont rares : dans les sociétés où l'adultère est commun, on ne le punit plus. Aux États-Unis, on ne

---

(1) V. Quelques points de comparaison entre la France et l'Amérique, pièce n° 18.

(2) Le crime de bestialité, l'attentat sans violence sur la personne d'un enfant, la pédérastie, etc.

(3) V. Observations statistiques et comparées, pièce n° 17.

voit point de banqueroutiers dans les prisons; en conclura-t-on que le crime de banqueroute n'est jamais commis? Ce serait tomber dans une grande erreur, car c'est peut-être de tous les pays celui dans lequel les banqueroutes sont le plus fréquentes; il faut donc, pour ne pas admirer sous ce rapport la moralité commerciale des États-Unis, savoir qu'il s'agit d'un crime que la loi ne punit pas. D'un autre côté, lorsqu'on saurait qu'aux États-Unis il y a dix faussaires sur cent criminels (1), on ne pourrait en tirer une preuve de la corruption relative de ce pays avec le nôtre, où les faux ne sont aux autres crimes que dans la proportion de deux sur cent (2). Aux États-Unis toute la population est adonnée au commerce, et de plus il y a trois cent cinquante banques qui toutes émettent du papier-monnaie; l'industrie des faussaires a donc, pour s'exercer dans ce pays, une matière première qui n'est point la même dans des pays où le commerce est l'attribut d'une seule classe, et où le nombre des banques est plus restreint.

Il y a enfin un dernier obstacle à la comparaison des crimes commis dans les deux pays; c'est que, dans les cas mêmes où les deux législations punissent un fait comme crime, elles portent, pour sa répression, des peines différentes: or, la comparaison des crimes se faisant par celle des peines, il s'ensuit qu'on compare deux résultats analogues, obtenus par des bases différentes; ce qui est une nouvelle source d'erreur.

S'il est difficile de comparer avec fruit le nombre et la nature des crimes commis aux États-Unis et en France, il l'est peut-être encore davantage de comparer le chiffre des récidives des criminels, et de trouver dans cette comparaison une preuve du mérite relatif des prisons des deux pays.

En général, on ne compte aux États-Unis que la récidive de celui qui revient une seconde fois dans la même prison où il a déjà été détenu (3). Son retour dans la prison, où il est reconnu, est en effet le seul moyen qu'on possède pour constater

---

(1) V. Observations statistiques et comparées, pièce n° 17.
(2) V. Comparaison entre la France et l'Amérique, pièce n° 18.
(3) In using the term *first conviction* above we mean as it respects this prison only; there are nearly twenty who have been in other prisons. (V. Rapport sur la prison d'Auburn, du 1er janvier 1824, p. 127.)

son état de récidive. Dans ce pays, où l'obligation des passeports n'existe point, rien n'est plus facile que de changer de nom ; lors donc qu'un condamné libéré commet un nouveau crime sous un nom supposé, il cache très aisément sa récidive, à moins qu'il ne soit reconduit dans la prison où il a subi sa première peine. Il a du reste mille moyens d'éviter cette chance de reconnaissance. Rien ne lui est plus facile que de passer d'un État dans un autre, et il a intérêt à émigrer de la sorte, soit qu'il veuille commettre de nouveaux crimes, soit qu'il ait résolu de vivre honnêtement. Aussi, sur cent criminels condamnés dans un État, il y en a, terme moyen, trente qui appartiennent à un des États voisins (1). Or, cette émigration suffit pour rendre impossible la constatation de leur récidive. Le lien qui resserre entre eux les États-Unis étant purement politique, il n'existe aucun pouvoir central auquel les officiers de police judiciaire puissent s'adresser pour obtenir des renseignements sur la vie antérieure des prévenus : de sorte que les tribunaux criminels condamnent presque toujours sans connaître le nom véritable et encore moins les antécédents du coupable. On juge, par cet état de choses, que le chiffre des récidives connues n'est jamais le chiffre exact des récidives existantes, mais seulement celui des récidives constatées (*ii*). Il n'en est pas de même chez nous. On a mille moyens, en France, de prouver l'individualité des prévenus et des condamnés ; à l'aide des rapports mutuels qu'entretiennent entre eux tous les agents de la police judiciaire, on sait, dans une cour royale du nord les condamnations prononcées par une cour du midi ; et la justice possède à cet égard tous les moyens d'investigation qui manquent aux États-Unis. Lors donc qu'il n'y aurait pas en France plus de récidives qu'aux États-Unis, on en connaîtrait une plus grande quantité, et c'est parce que le moyen de les constater dans les deux pays est si différent, qu'il serait inutile d'en comparer le nombre.

Toutes comparaisons de ce genre entre l'Amérique et l'Europe ne peuvent donc conduire à aucun résultat. On ne peut comparer l'Amérique qu'avec elle-même ; cette comparaison suffit, du reste, pour répandre d'abondantes lumières sur la question qui nous occupe ; et nous avons reconnu la supério-

---

(1) V. Observations statistiques et résumées, pièce n° 17.

rité du nouveau système pénitentiaire sur l'ancien, lorsque, comparant les effets de l'un et de l'autre, nous avons vu les détenus en récidive qui, dans les anciennes prisons, étaient, terme moyen, dans la proportion de un sur six, ne se trouver dans les nouveaux pénitenciers que dans la proportion de un sur vingt.

CHAPITRE IV.

PARTIE FINANCIÈRE.

SECTION PREMIÈRE.

Distinguer entre le système de Philadelphie et celui d'Auburn. — Le premier nécessite des constructions plus dispendieuses. — Le second très favorable à l'économie. — Écueil à éviter. — Plans. — Estimation du juge Welles. — Est-il avantageux de faire bâtir les prisons par les détenus?

Enfin, après avoir constaté les principes et les effets du système pénitentiaire en Amérique, sous le point de vue de la réforme des criminels, il ne nous reste plus qu'à parler de ses résultats sous le rapport financier.

Ce dernier point comprend le mode de construction des prisons et les frais d'entretien des détenus, comparés au produit de leurs travaux.

Construction des prisons.

Il faut à cet égard distinguer entre le système de Philadelphie et celui d'Auburn.

Le pénitencier de Philadelphie (Cherry-Hill), quand il sera terminé, aura coûté 432,000 dollars (2,289,000 fr.); ce qui portera le prix de chaque cellule à 4,621 doll. (8,607 fr. 51 cent.) (1).

---

(1) La muraille d'enceinte de la prison de Philadelphie coûte seule près de 200,000 dollars (1,060,000 fr.). C'est cependant de tous les pénitenciers celui qui a le moins besoin de hauts murs d'enceinte, puisque chaque détenu est isolé dans sa cellule, dont il ne sort jamais. (V. Rapport de la société de Boston, et Rapport du juge Powers, 1828, p. 86.)

Il est vrai qu'on a fait pour sa construction d'énormes dépenses qui n'étaient point nécessaires. La plus grande partie des frais n'a eu d'autre objet que l'ornement de l'édifice. Des murailles gigantesques, des tours crénelées, une vaste porte en fer, donnent à cette prison l'aspect d'un château fort du moyen âge, sans qu'il en résulte aucun avantage réel pour l'établissement (1).

Cependant, alors même qu'on aurait eu la sagesse d'éviter ces dépenses de luxe, il en est de considérables qui sont inhérentes au système même de Philadelphie, et qu'il était impossible de ne pas faire. Le condamné devant, suivant ce système, être toujours renfermé, il faut que sa cellule soit spacieuse; bien aérée, pourvue de tout ce qui lui est nécessaire dans un lieu dont il ne sort jamais, et assez grande pour qu'il y puisse travailler sans trop de gêne. Il faut enfin qu'à cette cellule soit jointe une petite cour, entourée de murs, dans laquelle il puisse chaque jour, aux heures fixées par le règlement, respirer l'air extérieur. Or, quelque soin qu'on prenne de bâtir le plus économiquement possible cette cellule et ses dépendances, elle sera nécessairement beaucoup plus chère qu'une cellule plus étroite sans cour particulière, et destinée seulement à recevoir les condamnés pendant la nuit.

Les prisons bâties sur le plan d'Auburn sont infiniment moins chères. Il y a toutefois dans le prix respectif de leur construction des différences très grandes.

Cette disparité semble d'abord difficile à expliquer; mais, en approfondissant les causes, on reconnaît que la construction des nouveaux pénitenciers est dispendieuse ou faite à bon marché, selon les moyens d'exécution qui sont emloyés.

Le pénitencier de Washington, pour le district de Colombie, aura coûté, quand il sera terminé, 188,000 dol. (954,000 fr.). Il ne contient que cent soixante cellules, dont chacune re-

---

(1) En comparant le pénitencier de Philadelphie à un château du moyen âge, nous ne faisons que reproduire une image présentée par la société des prisons de Philadelphie, qui signale cette ressemblance pour en faire l'éloge: « This penitentiary, *dit-elle*, is the only edifice in this country, which is calculated to convey to our citizens the external appearance of those magnificent and picturesque castles of the middle ages, which contribute so eminently to embellish the scenery of Europe. » (Voyez Description of the eastern penitentiary.)

viendra à la somme de 1,125 doll. (5,962 fr. 50 cent.); tandis que le pénitencier de Wethersfield, établi sur le même plan, n'a coûté, pour deux cent trente-deux cellules, que 35,000 doll. (185,000 fr.) : d'où il suit que chaque cellule de cette prison coûte seulement 150 doll. 86 cents (799 fr. 74 cent.) (1).

Comme toutes les dépenses publiques se font avec une grande parcimonie dans le petit État du Connecticut, on pourrait croire que le résultat qu'on y a obtenu est l'effet d'efforts extraordinaires dont ne serait point capable une société plus grande, occupée d'autres intérêts.

Mais les pénitenciers de Singsing et de Blackwell-Island, bâtis au même prix que celui de Wethersfield dans l'État de New-York, le plus considérable de tous les États de l'Union, prouvent que le Connecticut n'a rien fait de surnaturel; le pénitencier de Baltimore (Maryland) n'a pas, pour sa construction, entraîné plus de dépenses.

Ce qui grossit ou diminue le chiffre des dépenses de construction, c'est le soin qu'ont quelques États d'éviter, en cette matière, toute espèce de luxe inutile; tandis que d'autres n'ont point à cet égard le même esprit d'économie.

Le pénitencier de Washington a été bâti sur une base somptueuse qui convient mieux à un palais qu'à une prison.

L'écueil le plus difficile à éviter, dans de pareilles constructions, c'est la prétention de l'architecte, qui aspire toujours à créer un édifice à grandes proportions, et se résigne difficilement à élever un bâtiment simple et seulement utile. Cet écueil, contre lequel on a échoué à Philadelphie, à Pittsburg et à Washington, plusieurs États ont cependant su en triompher.

De tous les établissements fondés sur le plan d'Auburn, le pénitencier de Washington est celui dont la construction a été le plus dispendieuse.

Il nous a semblé que la raison pouvait s'en trouver dans la nature même de l'autorité dont cette construction est l'œuvre.

En général, les États particuliers de l'Union adoptent, pour la construction de leurs prisons, les plans les plus simples:

---

(1) Pour le prix de construction des autres pénitenciers, voyez Partie financière, pièce n° 19.

ils en surveillent l'exécution avec zèle, et visent à une économie sévère dans les moindres détails. Au contraire, la haute administration qui réside à Washington, plus élevée dans ses vues, admet plus facilement les grandes conceptions; et comme elle est absorbée par une foule d'intérêts généraux, elle est obligée de s'en rapporter, pour tout ce qui est d'exécution, à des agents qu'elle n'a ni le temps ni le pouvoir de surveiller.

Du reste, tous les hommes pratiques des États-Unis pensent que le système pénitentiaire d'Auburn présente, pour la construction des prisons, toutes les conditions de l'économie.

Dans les maisons de détention où toute la discipline consiste dans la force des murs et la solidité des verroux, il faut des murailles épaisses et de fortes serrures pour se rendre maître des détenus.

Dans les nouvelles prisons pénitentiaires, ces obstacles n'ont pas besoin d'être aussi puissants, parce que ce n'est pas contre eux que les détenus ont à combattre chaque jour : c'est surtout contre la surveillance morale dont ils sont l'objet qu'ils ont à lutter sans cesse. Isolés d'ailleurs par la cellule ou le silence, ils sont réduits à leur force individuelle. Il n'est donc point nécessaire, pour les dompter, d'une force matérielle aussi grande que s'ils étaient libres d'associer leurs efforts.

A la vérité, la nécessité d'une cellule pour chaque prisonnier multiplie les murailles et exige pour la prison une plus grande étendue. Mais cette augmentation est compensée par une circonstance favorable à l'économie.

Comme les détenus n'ont dans le pénitencier aucune communication, toute classification devient inutile, et il n'est plus nécessaire d'avoir, dans la prison, un quartier pour les jeunes condamnés, un autre pour les criminels plus avancés en âge, un troisième pour les détenus en récidive, etc.; enfin les principes du système pénitentiaire s'opposant à toute conversation des détenus entre eux, il n'y a point de préaux dans les pénitenciers modernes. On économise ainsi beaucoup de bâtiments et de murs d'enceinte, qui, dans le système de nos prisons, existent ou devraient exister.

En somme, on peut dire que, dirigée avec des vues d'économie, la construction d'un pénitencier moderne doit être faite à peu de frais.

M. Welles, l'un des inspecteurs de la prison de Wethersfield, dont nous avons constamment apprécié la sagesse et l'expérience, nous disait souvent que tout, en cette matière, dépendait de l'économie dans les moindres détails. Il pense, du reste, qu'un pénitencier de cinq cents cellules pourrait être construit moyennant 40,000 doll. (212,000 fr.), ce qui porterait la dépense pour chaque cellule à 80 doll. (424 f.) (1). Il serait sans doute impossible d'estimer exactement le prix d'une prison en France par celui qu'elle coûte aux États-Unis. Cependant il nous est permis de penser que ce prix serait à peu près le même en France qu'en Amérique. Car s'il est vrai que chez nous les matières premières soient plus chères qu'aux États-Unis, il est incontestable aussi que le prix de la main-d'œuvre est beaucoup plus élevé en Amérique qu'en France (2).

Nous avons vu qu'aux États-Unis on emploie quelquefois les détenus à bâtir les prisons. C'est ainsi qu'ont été construits les pénitenciers de Singsing, de Blackwell-Island et de Baltimore : cependant beaucoup de personnes en Amérique pensent que ce mode de construction n'est pas le plus économique, et qu'il y a profit à faire bâtir la prison par des ouvriers libres. Cette opinion paraît au premier abord en opposition avec la nature des choses. En effet, le travail des ouvriers libres est si cher, qu'il semblerait qu'on eût un intérêt évident à faire construire les prisons par des détenus. Mais on répond à ceci que, par la raison même du prix élevé de la main-d'œuvre, les choses manufacturées se vendent très cher. D'où il suit que le travail des détenus, appliqué à des industries productives, rapporte à l'État plus que ne lui coûte le travail des ouvriers libres.

Du reste, cette question doit être décidée selon les lieux et les circonstances ; sa solution, dit le juge Welles de Wethersfield, dépend aussi de la situation des détenus : il vaut mieux laisser dans les ateliers ceux qui sont exercés à des tra-

---

(1) V. Lettre de M. Welles, de Wethersfield, dans laquelle se trouve le devis d'une prison pour 500 détenus. Ce devis est probablement incomplet ; car les architectes les plus expérimentés omettent toujours quelque chose dans leurs prévisions. Mais alors même qu'on doublerait le chiffre de son estimation, la construction du pénitencier serait encore moitié moins chère que celle de nos prisons. (V. pièce n° 12)

(2) V. la note *oo* à la fin du vol.

vaux industriels dont les produits sont considérables ; mais on peut, avec avantage, utiliser pour la construction du pénitencier les détenus qui sont inhabiles, et s'en servir pour le transport des matériaux et pour les autres ouvrages grossiers qui n'exigent du manœuvre que la force matérielle (1).

En France, la construction des prisons par les détenus serait peut-être encore plus favorable qu'elle ne l'est en Amérique. Nous n'envisageons la question que sous le point de vue économique et abstraction faite des difficultés que pourrait présenter chez nous la surveillance des prisonniers occupés à bâtir leur propre demeure.

La vente des choses manufacturées ne présentant point en France les mêmes chances de profit qu'aux États-Unis, il en résulte qu'en employant les détenus à la construction de la prison, on utilise leur travail sans courir le risque d'une dépréciation dans ses produits.

On est bien sûr que les murs qui sont élevés seront profitables, puisqu'ils ont reçu leur destination même avant d'être construits : tandis que rien n'est plus accidentel et plus incertain que le profit futur de la vente d'une marchandise.

Si on emploie des ouvriers libres pour bâtir, on leur paie leur salaire sans diminution, pendant que les détenus occupés à une autre industrie travaillent avec toutes les chances de perte et de dépréciation qui s'attachent à une production manufacturée. Si, au contraire, la prison est faite par les prisonniers eux-mêmes, on recueille immédiatement le fruit de leur travail ; ce travail ne procure pas un gain proprement dit, mais il dispense d'une charge certaine.

Nous concevons très bien qu'il n'en soit pas de même en Amérique, où, à raison des débouchés ouverts à l'industrie, la production manufacturière a des chances favorables : là on aspire à gagner, tandis que nous visons seulement à ne pas perdre. Enfin, c'est en France un grand avantage que de pouvoir employer les détenus à un travail utile et quelquefois nécessaire sans nuire, par la concurrence, aux manufactures des ouvriers libres (2).

(1) V. Lettre du juge Welles, pièce n° 12.
(2) V. la note *s* à la fin du vol.

SECTION II.

Entretien dispendieux des anciennes prisons. — Les nouvelles sont pour l'État une source de revenu. — Dépense de la journée dans les nouvelles prisons. — Dépense de la nourriture seule. — Frais de surveillance. — Entreprise et régie. — Combinaison de ces deux systèmes d'administration.

Entretien annuel des prisons (1).

Le nouveau système en vigueur aux États-Unis promet aussi de grands avantages sous le rapport des dépenses d'entretien annuel; déjà même ses effets ont, à cet égard, dépassé les espérances qu'on en avait conçues.

Tant que l'ancien régime des prisons a été en vigueur, l'entretien des détenus a été dans tous les États une source de dépense considérable. Nous n'en citerons que deux exemples : depuis 1790 jusqu'en 1826, l'État du Connecticut a payé, pour le soutien de sa prison (Newgate), 204,711 dollars (1,084,968 fr. 30 cent.) (*Voy.* Tables statistiques, partie financière), et l'État de New-York a payé, pour le soutien de l'ancienne prison de Newgate, pendant vingt-trois années, depuis 1797 jusqu'en 1819, 646,912 dollars (3,428,633 fr.). En 1819, dans l'État de New-York, en 1827, dans le Connecticut, le nouveau système est établi; aussitôt, dans le premier de ces États, les charges diminuent, et dans le second elles se changent immédiatement en un revenu annuel. (*Voyez* Tables statistiques, partie financière, n° 19.)

A Auburn, pendant les deux dernières années, les recettes provenant des travaux ont excédé les dépenses d'entretien, et on prévoit déjà l'époque où la construction de Singsing étant achevée, le travail des détenus, appliqué tout entier à des industries productives, couvrira les dépenses de la prison.

Dès la première année de son institution, la nouvelle prison du Connecticut (Wethersfield) a rapporté 1,017 doll. 16 cents (5,390 fr. 95 cent.), déduction faite des dépenses; chaque année le revenu a été croissant; enfin, le gain de l'année 1831 a été de 7,824 doll. 2 cents (41,467 fr. 30 cent.).

---

(1) V. Statistique, partie financière, section II, pièce n° 19, à la fin du second vol.

En somme, pendant trois ans et demi, le nouveau pénitencier, qui coûtait si cher, a, déduction faite des dépenses de tous genres, produit pour l'État un bénéfice net de 17,139 dollars 53 cents (90,839 fr. 50 cent.)

En trois ans, à partir du jour de son institution, le pénitencier de Baltimore a rapporté à l'État du Maryland 44,344 doll. 45 cents (235,025 fr. 58 cent.), déduction faite de tous frais.

Assurément on ne doit pas faire honneur au système pénitentiaire tout seul de ces résultats : et ce qui le prouve, c'est que la prison de Baltimore était productive avant même qu'un système pénitentiaire y fût établi; nous concevons même très bien que le meilleur pénitencier ne soit pas celui qui rapporte le plus, car le zèle et le talent des détenus dans l'atelier peuvent être stimulés au détriment de la discipline. Cependant on est forcé de reconnaître que ce système, une fois admis dans la prison, est puissant pour y maintenir l'ordre et la régularité; il repose sur une surveillance de tous les instants. Le travail des détenus y est donc tout à la fois plus assidu et plus productif.

En tous cas, en présence des chiffres que nous venons de présenter, on ne serait pas fondé à repousser le système pénitentiaire comme dispendieux, puisque ce régime, qui s'est établi aux États-Unis à si peu de frais, se soutient de lui-même dans quelques États, et devient même dans les autres une source de revenu (*jj*).

Dans les nouvelles prisons, chaque détenu coûte, terme moyen, pour son entretien, sa nourriture, son vêtement et la surveillance dont il est l'objet, 80 cent. (15 cents); les prisons dans lesquelles cet entretien se fait à meilleur marché sont celles de Wethersfield et de Baltimore; c'est à Auburn qu'il est le plus cher : dans les divers pénitenciers, la nourriture de chaque détenu coûte par jour, terme moyen, 27 cent. (5 cents 10). Elle ne coûte que 25 cent. (4 cents 70) à Wethersfield, et revient à 31 cent. (5 cents 85) à Singsing.

En général, les frais d'habillement et de coucher sont presque nuls, à raison du soin qu'on prend de faire confectionner dans la prison, par les détenus eux-mêmes, toutes les choses relatives à cet objet. Les frais de surveillance s'élèvent, terme moyen, à 34 cent. (6 cents 41) par jour pour chaque détenu. C'est à Auburn qu'ils sont moindres, et à Singsing qu'ils coûtent le plus.

10.

Dans toutes les nouvelles prisons, c'est une plus grande dépense de surveiller les détenus que de les nourrir et de les habiller (1); toute économie sur ce point serait destructive d'un système qui repose entièrement sur la discipline, et par conséquent sur le bon choix des employés..

On voit que dans chacune des nouvelles prisons la dépense d'entretien total, quoique différente en quelques points, est cependant à peu près toujours la même; et il est clair qu'aussi longtemps que l'administration de ces établissements sera dirigée par des hommes probes, et dans les mêmes vues d'économie, le chiffre des dépenses ne variera pas beaucoup chaque année : il y a un minimum au-dessous duquel il ne saurait descendre, sans que le bien-être des prisonniers en souffre, et un maximum qu'il ne doit point dépasser, à moins de luxe dans l'administration ou de malversation de la part des employés.

Il n'en est point de même du chiffre des produits, qui, de sa nature, est variable comme les causes desquelles il dépend. Sans doute on doit présumer que la prison qui rapporte le plus est celle où les détenus travaillent le mieux. Cependant la difficulté de vendre les objets provenant de leur travail dément souvent cette présomption. Les choses faites par eux ne produisent réellement que par le débit qui en a lieu; et même aux États-Unis, où le travail de l'ouvrier est si cher, la demande des produits manufacturés subit des variations nombreuses qui élèvent et rabaissent tour à tour le prix de main-d'œuvre (2).

En somme, l'administration financière d'Auburn, de Wethersfield, de Singsing et de Baltimore, nous a paru fort habilement dirigée; et peut-être le pouvoir discrétionnaire dont

----

(1) Les frais de surveillance pour chaque détenu coûtent par jour six centimes de plus que la nourriture. V. Statistique, partie financière, section II, pièce n° 19.

(2) Ce sont ces causes accidentelles qui expliquent pourquoi la journée de travail dans la prison rapporte à Baltimore, terme moyen, 1 fr. 39 cent. (26 cents 31), tandis qu'à Auburn elle ne produit que 77 cent. (14 cents 59). V. Rapport du 21 décembre 1829, sur la prison du Maryland, p. 6 et 7, et partie financière, à la fin du vol., section II. La vente des choses manufacturées éprouve aussi quelquefois des difficultés dans le Connecticut. V. Rapport de 1830, des inspecteurs à la législature. Chez nous, la journée de travail des 17,500 condamnés détenus dans les maisons centrales ne produit, terme moyen, que 23 cent. (4 cents 34).

les surintendants sont revêtus est-il une des principales causes d'économie. Ceux-ci gouvernent à leur gré la prison qui leur est confiée, sous la surveillance des inspecteurs : ils sont responsables, mais ils agissent librement.

Le système de ces prisons, qui combine la régie et l'entreprise, nous a semblé très favorable à l'économie.

Il y a dans nos prisons beaucoup de choses pour lesquelles on paie fort cher l'entrepreneur, et qui se font à très peu de frais dans une prison qui se régit elle-même.

A Auburn (1) (en 1830), sur six cent vingt détenus, il y en a cent soixante qui sont occupés pour le compte et pour le service de la prison : ils font tout ce qui sert au vêtement, à la chaussure, au blanchissage, à la propreté et à l'ordre de la prison; quatre cent soixante-deux seulement travaillent à l'entreprise.

A Wethersfield, le nombre des détenus dont le travail est à l'entreprise est proportionnellement encore moins grand: On pense en Amérique qu'il y a intérêt à employer un grand nombre d'entrepreneurs, parce qu'on peut ainsi pour chaque industrie stipuler des conditions plus justes.

On a soin surtout de ne jamais faire de contrats pour un long temps; les entrepreneurs ne peuvent, par cette raison, motiver leurs exigences sur le prétexte des chances funestes que la dépréciation possible des objets manufacturés leur fait courir; souvent la durée des contrats n'excède pas une année; elle est quelquefois moindre pour les travaux; et ordinairement de six mois seulement pour l'entreprise de la nourriture.

L'entrepreneur paie la journée d'un détenu à peu près la moitié de ce qu'il paierait à un ouvrier libre (*kk*).

Le renouvellement continuel des baux permet à l'administration de saisir toutes les chances d'économie et de revenu; elle profite du taux peu élevé des denrées, pour obtenir à bon marché la nourriture des détenus; et si le prix des objets manufacturés est haut, elle obtient de meilleures conditions des entrepreneurs auxquels elle abjuge le travail des prisonniers; elle fait ses calculs pour chaque contrat, et doit, par cette raison, connaître le mouvement de toutes les industries; souvent l'une prospère au préjudice

---

(1) V. Rapport sur Auburn, 1831.

d'une autre ; dans ce cas, la prison regagnera sur l'un des entrepreneurs la perte que l'autre lui fera subir.

On conçoit qu'un tel ordre de choses exige du surintendant une vigilance perpétuelle, une grande connaissance des affaires, et une probité parfaite, qui lui méritent la confiance de l'État et de tous ceux qui traitent avec lui. Le surintendant n'est pas seulement le directeur d'une prison, c'est encore un chef de manufacture qui, attentif aux mouvements du commerce, doit veiller sans cesse pour mettre en vigueur dans son établissement les industries les plus productives, et, quand il a créé des valeurs, travailler à leur écoulement le plus avantageux. Ce système, qui associe l'entreprise et la régie, entraîne avec lui une assez grande complication de comptabilité ; et, sous ce rapport, il ne plairait pas à ceux qui, dans toute administration, aiment à ne voir qu'une seule personne, dans les comptes une seule colonne, et dans cette colonne un seul chiffre. Cette simplicité ne se montre point dans la comptabilité des prisons d'Amérique ; elle exige des surintandants une activité continuelle, des inspecteurs une surveillance minutieuse, et des contrôleurs de l'État un examen approfondi.

Remarquons, en finissant, que cette variété d'attributions, cette faculté de régir la prison, ou de la mettre à l'entreprise sous sa responsabilité, cette vaste administration, tout à la fois morale et matérielle, servent encore à expliquer pourquoi les fonctions de surintendant sont recherchées par des hommes tout à la fois intelligents et honorables.

DEUXIÈME PARTIE.

CHAPITRE PREMIER.

Cherté de l'entretien de nos prisons : raison de ce fait. — Elles ne corrigent pas les détenus, mais les corrompent ; cause de cette corruption ; communication des détenus entre eux. — Mauvais emploi du pécule. — Le régime de nos prisons est funeste à la vie des condamnés.

Pendant les années 1827, 1828, 1829, et 1830, l'État a payé plus de 3 millions 300,000 francs chaque année pour l'entretien de dix-huit mille détenus dans les maisons centrales. Ainsi, les prisons, qui, aux États-Unis, produisent des revenus, sont chez nous une charge pesante pour le trésor public. Cette différence tient à plusieurs causes.

La discipline de nos prisons est moins sévère, et le travail des détenus souffre nécessairement de tout relâchement dans la discipline.

Le pécule des prisonniers absorbe, chez nous, les deux tiers des produits de leur travail, tandis qu'en Amérique il est nul.

Enfin, les objets manufacturés se vendent en France plus difficilement et avec moins d'avantage qu'aux États-Unis.

L'objet de la peine est de punir le coupable et de le rendre meilleur ; par le fait, elle le punit peu, et au lieu de le reformer elle le corrompt davantage. Nous développerions cette triste vérité, si nous pensions qu'elle pût être contestée. Sur 16000 détenus qui se trouvent en ce moment dans les maisons centrales, il y en a 4,000 qui sont en état de récidive constatée (1) ; et il est reconnu aujourd'hui par le gou-

(1) Ce chiffre nous a été fourni dans les bureaux du ministère des travaux publics, par la divison dont M. Labiche est le chef : nous avons puisé à cette source tous les documents que nous possédons sur les prisons de France.

vernement lui-même que le nombre des condamnés en récidive va toujours croissant (1). Il en était de même autrefois en Amérique; mais, depuis que le nouveau système pénitentiaire y est établi, le nombre des récidives diminue.

La corruption de nos prisons tient à deux causes principales. La première de toutes et la plus importante, c'est la libre communication des détenus entre eux pendant le jour et pendant la nuit. Comment la réforme morale des prisonniers pourrait-elle naître au milieu de cet assemblage de tous les crimes, de tous les vices et de toutes les turpitudes? Le condamné qui arrive dans la prison à moitié dépravé en sort avec une corruption complète, et on peut dire qu'au sein de tant d'infamie il lui serait impossible de ne pas devenir méchant.

La seconde cause de dépravation pour les détenus se trouve dans le mauvais emploi qu'ils font de leur pécule. Ils dépensent en excès de nourriture ou en superfluités la partie du pécule qui leur est remise dans la prison, et contractent ainsi des habitudes funestes. Toute dépense dans la prison est destructive de l'ordre, et incompatible avec un régime uniforme, sans lequel il n'y a point d'égalité dans les peines. Le pécule n'est bon et réellement profitable au condamné que lorsqu'il lui est remis au moment de sa sortie de prison. Ajoutons que, dans l'état actuel des choses, la partie du pécule livrée au condamné lors de sa libération ne lui est guère plus utile que celle qu'il a dépensée dans la maison centrale. Si, pendant sa détention, il avait pris des habitudes d'ordre et quelques principes de moralité, la somme, quelquefois fort considérable, dont il se trouve détenteur, pourrait être employée par lui dans des vues sages et au profit de son avenir. Mais, corrompu comme il l'est par l'emprisonnement même, il est à peine en liberté, qu'il se hâte de dépenser le fruit de ses travaux en débauches de toute espèce; et il continue ce genre de vie jusqu'à ce que la nécessité de recourir au vol le ramène devant la justice, et de là dans la prison.

La prison, dont le régime est corrupteur, est en même temps funeste à la vie des détenus. Chez nous, les prison-

---

(1) V. Rapports de M. le garde des sceaux sur la justice criminelle, 1830, p. 16.

niers renfermés dans nos maisons centrales meurent dans la proportion d'un sur quatorze (1). Dans les pénitenciers d'Amérique, il en meurt un sur quarante-neuf, terme moyen (2).

Dans ces prisons où la mort est si rare, la discipline est pleine de rigueur; la loi du silence est imposée aux détenus: tous sont soumis à un régime uniforme, et le produit de leurs travaux ne se perd ni en débauches ni en dépenses superflues; les châtiments les plus rigoureux frappent sans pitié ceux qui contreviennent à l'ordre; pas une heure de repos ne leur est accordée durant le jour, et toute la nuit ils sont seuls.

Dans nos prisons, où la mort fait tant de ravages, les détenus causent ensemble librement; jour et nuit rien ne les sépare, on ne leur inflige point de châtiment rigoureux; chacun d'eux peut, par son travail, adoucir pour lui les rigueurs de l'emprisonnement; enfin, il a, pour se reposer, des heures de récréation...

Cette discipline sévère des pénitenciers d'Amérique, ce silence absolu qu'on y impose aux détenus, cet isolement perpétuel qui les sépare, et cette uniformité inflexible d'un régime qui ne peut s'adoucir pour les uns sans injustice pour les autres, ne sont-ils pas en somme des rigueurs pleines d'humanité?

La contagion des communications mutuelles, qui, dans nos prisons, corrompt les détenus, n'est pas plus funeste à leur âme qu'à leur corps (3-4).

Nous signalons ici les vices principaux qui, dans nos prisons centrales, ont frappé nos regards. Il est facile de ju-

---

(1) Documents fournis dans les bureaux du ministère.
(2) V. Tables statistiques, fin du volume.
(3) Le vice de nos maisons centrales n'est pas dans leur administration, mais dans le principe même de leur organisation. Peut-être serait-il impossible de tirer un meilleur parti du système actuel. Nous avons vu dernièrement une prison centrale (celle de Melun) où nous avons admiré l'ordre des travaux et le maintien extérieur de la discipline. La direction des prisons centrales est d'ailleurs confiée, au ministère de l'intérieur, à des hommes fort capables. Mais, quoi qu'on fasse, on ne rendra pas meilleurs et on n'empêchera pas de se corrompre mutuellement des criminels qui ne cessent de communiquer ensemble.
(4) Tous ceux qui ont examiné l'état moral des prisonniers dans les anciennes prisons savent combien le vice contre nature y était fréquent.
(*Note du traducteur américain.*)

ger que nous n'en présentons point le tableau complet ; d'ailleurs, nous ne disons rien des maisons d'arrêt et de justice, des autres prisons départementales et des bagnes ; nous ne parlons que des prisons centrales destinées aux grands criminels, parce que ce sont les seules qui contiennent une population analogue à celle que renferment les pénitenciers d'Amérique.

CHAPITRE II.

Application du système pénitentiaire à la France. — Examen des objections qui sont faites contre ce système. — Théoriquement, il paraît préférable à tous autres. — Quels obstacles il aurait à vaincre pour s'établir parmi nous. Ces obstacles sont dans les choses, dans les mœurs et dans les lois. — Dans les choses : l'existence de prisons mal construites, qu'il faudrait remplacer par d'autres. — Dans les mœurs : répugnance de l'opinion publique pour les châtiments corporels, et difficulté de donner au système le secours de l'influence religieuse. — Dans les lois : peines infamantes, variété des modes de détention, et centralisation administrative. — Indication d'un système d'administration locale. Le système pénitentiaire, même établi en France, n'y produirait point tous les effets qu'on en obtient aux États-Unis. — Situation des condamnés libérés. — Surveillance de la haute police. — Colonies agricoles. — Alors même qu'on n'adopterait point le système en entier, on peut lui emprunter quelques-uns de ses avantages. — Pénitencier-modèle. — Résumé.

Le système des pénitenciers d'Amérique pourrait-il s'établir chez nous ?

Il nous semble que, considéré théoriquement et abstraction faite des obstacles particuliers que son exécution rencontrerait en France, ce système est bon et très praticable de sa nature.

On le repousse par diverses objections que nous devons examiner.

Beaucoup de personnes voient dans le système pénitentiaire une conception philanthropique qui n'a d'autre objet que d'améliorer le bien-être matériel des détenus ; et comme ils pensent que les criminels ne sont pas trop punis dans leur prison, ils ne veulent point d'un système qui rendrait leur sort plus doux. Cette opinion repose sur un fait vrai ; depuis longtemps, ceux qui, en France, élèvent la voix pour demander des réformes dans le régime des prisons, n'appellent l'attention publique que sur le vêtement, la nourriture, et sur tout ce qui peut ajouter à l'aisance des condamnés (1). De sorte qu'aux yeux d'un grand nombre, l'adoption d'un système pénitentiaire, qui nécessite des innovations, ne tend qu'à l'amélioration du régime matériel de la prison.

D'autres, engagés dans une voie tout opposée, pensent que la condition des détenus dans une prison est si malheureuse, qu'on doit craindre de l'aggraver; et quand on leur parle d'un système dont l'isolement et le silence forment la base, ils disent que la société n'a pas le droit de traiter des hommes avec autant de rigueur.

Enfin, il y a une troisième classe de personnes qui, sans se prononcer sur les avantages ou les inconvénients du système pénitentiaire, le considèrent comme une utopie sortie du cerveau des philosophes et destinée à grossir le nombre des aberrations humaines. Le sentiment de ces derniers a été, il faut l'avouer, favorisé quelquefois par les écrits des publicistes les plus distingués, dont les erreurs en cette matière ont été recueillies comme leurs opinions les plus saines.

Ainsi, Bentham veut que, dans sa prison panoptique, il y ait toujours une musique à l'aide de laquelle on adoucisse les passions des criminels. M. Livingston demande, pour les jeunes détenus, et pour les condamnés eux-mêmes, un système d'instruction presque aussi complet que celui qui est établi dans les académies libres; et M. Charles Lucas indique, comme mode d'exécuter la peine d'emprisonnement, un sys-

---

(1) Les prisons ont mérité longtemps la plupart des reproches qu'on adressait à leur régime matériel : c'est donc avec raison qu'on attaquait les abus et les vices dont elles étaient infectées ; nous sommes, par conséquent, bien loin de blâmer les efforts de ceux qui sont parvenus à corriger le mal : seulement, à côté d'une philanthropie sage et mesurée se trouve celle dont le zèle dépasse le but ; il y a en France des prisons dans lesquelles on peut sans doute désirer des changements sous le rapport de la salubrité ; mais on peut dire, en général, que, dans nos prisons, les détenus sont vêtus et nourris aussi bien qu'ils doivent l'être : toute amélioration sur ce point toucherait à un abus contraire, qui ne serait pas moins déplorable que le vice auquel on a porté remède. La tâche de ceux qui, avec raison, demandaient pour les prisonniers de meilleurs habits et de meilleur pain semble terminée ; maintenant doit commencer l'œuvre des hommes qui croient qu'il y a dans le régime d'une prison une partie morale qu'on ne saurait négliger.

tème pénitentiaire qui se concilierait difficilement avec les principes essentiels en matière criminelle (1).

Est-il juste d'accuser la sévérité ou le régime trop doux des prisons pénitentiaires? Faut-il condamner ce système sur les exagérations commises par des écrivains qui, trop préoccupés de doctrines philosophiques, ne se sont pas tenus en garde contre les dangers d'une théorie poussée jusque dans ses dernières conséquences?

Le nouveau système nous semble au contraire avoir été conçu dans le dessein d'éviter les excès qu'on lui reproche : dégagé des rigueurs qui ne sont point nécessaires à son succès ; exempt des adoucissements qui ne sont réclamés que par une philanthropie mal entendue.

Enfin, son exécution se présente à nos yeux avec tous les avantages d'une extrême simplicité pratique.

On pense que deux êtres pervers réunis dans le même lieu doivent se corrompre mutuellement : on les sépare. La voix

---

(1) V. Du système pénal et répressif. M. Lucas a vu toute la législation pénale dans le système pénitentiaire. Il a dit : « Il ne s'agit que de réformer le méchant ; une fois cette réforme opérée, le criminel doit rentrer dans la société. » Il y a quelque chose de vrai dans ce système ; mais il est incomplet. Le premier objet de la peine n'est pas de réformer le condamné, mais bien de donner dans la société un exemple utile et moral : on y parvient en infligeant au coupable un châtiment proportionné à son crime. Toute peine qui n'est pas en harmonie avec le délit choque l'équité publique, et est immorale soit par sa rigueur, soit par son indulgence.

Mais il est important aussi pour la société que celui qu'elle punit pour l'exemple se corrige dans sa prison : voilà le second objet de la peine, moins grave que le premier, parce qu'il a des conséquences moins étendues. Le système de M. Charles Lucas est vicieux en ce qu'il ne considère que le second point, et néglige entièrement le premier. Il prend toujours les peines comme moyen de réforme pour le coupable, et non comme moyen d'exemple pour la société. C'est pour cela qu'il veut qu'on remette le criminel en liberté dès qu'il y a *présomption* de sa régénération. Ne voyant dans l'emprisonnement qu'un temps d'épreuve pendant lequel le condamné se montre plus ou moins vite repentant et corrigé, il fait dépendre la durée de la sentence de sa conduite dans la prison. Cependant la conduite dans la prison ne prouve absolument rien : nous avons même reconnu qu'elle est un indice plus contraire que favorable. (V. Chap. II, section II, § 7.) D'ailleurs, qui sera juge de la conversion des condamnés? On peut juger un fait ; mais qui descendra dans la conscience du détenu, pour y voir son repentir? — Et puis où sera la réparation due à la société? Et comment prouver à la société que le criminel est devenu un honnête homme, et que ce changement vaut une expiation?

de leurs passions ou le tourbillon du monde les avait étourdis et égarés : on les isole, et on les ramène ainsi à la réflexion. Leurs communications avec des méchants les avaient pervertis : on les condamne au silence. L'oisiveté les avait dépravés : on les fait travailler. La misère les avait conduits au crime : on leur apprend une profession. Ils ont violé les lois du pays : on leur inflige une peine. Leur vie est protégée, leur corps sein et sauf ; mais rien n'égale leur souffrance morale. Ils sont malheureux ; ils méritent de l'être : devenus meilleurs, ils seront heureux dans la société dont ils respecteront les lois. Voilà tout le système des pénitenciers d'Amérique.

Mais, dit-on, ce système, essayé en Europe, n'y a point réussi ; et, pour le prouver, on cite l'exemple de Genève et de Lausanne, où des prisons pénitentiaires ont été établies à grands frais, sans produire les résultats qu'on en attendait pour la réforme des condamnés.

Nous pensons que l'exemple de ce qu'a fait la Suisse ne saurait, sous aucun rapport, influer sur ce que la France pourrait faire à cet égard. En effet, on est, pour la construction des prisons de Suisse, tombé dans l'écueil qui n'a pas toujours été évité aux États-Unis, c'est-à-dire dans la manie d'élever des monuments d'architecture, au lieu de construire simplement des établissements utiles : la dépense des pénitenciers de la Suisse ne doit donc en aucune façon être prise pour base de ce que pourraient coûter en France des prisons de même nature. D'un autre côté, si le régime de ces pénitenciers n'a point été efficace sous le rapport de la réforme des détenus, il ne faut point s'en prendre au système des États-Unis : c'est une erreur de croire que la discipline des prisons de Genève et de Lausanne soit la même que celle des pénitenciers d'Amérique. Le seul point commun entre les prisons des deux pays est que dans l'un et dans l'autre les détenus passent la nuit dans des cellules solitaires. Mais ce qui établit dans le système pénitentiaire des deux peuples une différence capitale, c'est qu'aux États-Unis la discipline repose essentiellement sur l'isolement et le silence, tandis qu'en Suisse les rapports des détenus entre eux, pendant le jour, ne sont point prohibés.

Il est certain que la liberté des communications, accordée aux prisonniers, dénature entièrement le système américain, ou, pour mieux dire, fait naître un système nouveau qui n'a aucune ressemblance avec ce dernier.

Quant à nous, autant nous sommes portés à croire que le système fondé sur l'isolement et le silence est favorable à la réforme des criminels, autant nous sommes enclins à penser que la réforme des condamnés qui communiquent ensemble est impossible.

Il nous semble donc qu'abstractivement parlant, le système pénitentiaire des États-Unis, dont la supériorité sur tout autre régime de prisons nous paraît incontestable, se présente à la France avec toutes les conditions de succès que peut offrir une théorie dont les premières expériences ont réussi. En émettant cette opinion, nous ne nous aveuglons point sur les obstacles que ce système aurait à vaincre pour s'établir parmi nous.

Les obstacles sont dans les choses, dans les mœurs et dans les lois.

Le premier de tous, c'est l'existence d'un autre ordre de choses, établi sur une base différente et sur des principes diamétralement opposés. Le système américain a pour fondement la séparation des prisonniers, et, par cette raison, il y a dans chaque penitencier autant de cellules que de condamnés. En France, au contraire, le système cellulaire, établi d'une manière générale, est inconnu, et dans toutes nos prisons la plupart des détenus sont confondus pendant la nuit dans des dortoirs communs. Ce point suffit pour rendre impraticable chez nous, quant à présent, un système qui repose tout entier sur l'isolement des criminels. Il faudrait donc, pour que ce système fût mis à exécution, que de nouvelles prisons fussent construites sur le modèle des pénitenciers modernes; mais ici se présente une grave difficulté, celle qui résulte des frais de première construction.

Nous sommes loin de croire que la dépense occasionée par cet objet fût aussi considérable qu'on se le figure généralement. Ceux qui voient à Paris une prison-modèle, destinée à quatre cents condamnés, coûter 4,000,000 fr. (1), en concluent avec une sorte de raison que, pour loger, suivant le même système, 32,000 détenus, il faudrait dépenser 320,000,000 fr., c'est-a-dire 10,000 fr. pour chaque détenu.

(1) La prison de la rue de La Roquette, près du cimetière du Père-Lachaise.

La conséquence est logique, mais la base du raisonnement est vicieuse ; en effet, le prix exagéré de la prison à laquelle nous faisons allusion n'est qu'une conséquence du luxe déplorable qui a présidé à sa construction.

L'élégance, la régularité de ses proportions, et tous les ornements dont son architecture est décorée, ne sont d'aucune utilité pour la discipline de l'établissement : ils sont ruineux pour le trésor public, et ne profiteront qu'à l'architecte, qui, pour transmettre son nom à la postérité, à voulu élever un monument.

Nous ferons toutefois remarquer ici qu'il faut, quant aux dépenses de construction, distinguer entre le système de Philadelphie et celui d'Auburn. Nous avons reconnu au système d'isolement absolu, adopté dans la Pennsylvanie, de grands avantages, et s'il n'y avait qu'une question de théorie à juger, peut-être lui donnerions-nous la préférence sur le système d'Auburn ; mais le prix des pénitenciers construits sur le modèle de Philadelphie est si considérable, qu'il nous semblerait imprudent de proposer l'adoption de ce plan. Ce serait faire peser sur la société une charge énorme, dont les plus heureux résultats du système seraient à peine l'équivalent. Cependant le système d'Auburn, dont le mérite théorique n'est pas moins incontestable, est, comme nous l'avons établi plus haut, d'une exécution beaucoup moins dispendieuse ; c'est donc ce système dont nous demanderions l'application à nos prisons, s'il s'agissait seulement de choisir entre les deux.

Mais le régime d'Auburn lui-même ne saurait être tout à coup établi en France sans de grands frais : ces frais pourraient sans doute n'avoir aucune analogie avec ceux qu'a entraînés l'érection de la prison-modèle dont nous parlions tout à l'heure ; nous croyons même que, toutes choses compensées, la construction (sagement dirigée) d'un pénitencier moderne ne coûterait pas plus cher en France qu'elle n'a coûté aux États-Unis (*mm*). Cependant, quelle que fût l'économie qui présidât à cette entreprise, il est certain que plus de 30,000,000 fr. seraient nécessaires pour l'établissement général du système : et on conçoit facilement que la France ne surchargera point son budget d'une pareille dépense au milieu des circonstances politiques qui exigent d'elle des sacrifices encore plus urgents.

N'est-il pas à craindre aussi que les intérêts graves qui absorbent l'argent de la France ne nuisent d'une autre manière à la réforme des prisons? Les évènements politiques ne causent-ils pas une telle préoccupation que les questions même les plus importantes d'amélioration intérieure n'excitent que faiblement l'attention publique? Toutes les capacités, toutes les intelligences, se portent vers un seul objet, la vie de la société politique. Tout autre intérêt trouve les imaginations indifférentes. Il en résulte que les hommes les plus distingués par leurs talents, les écrivains remarquables, les administrateurs habiles, en un mot tous ceux qui exercent quelque puissance sur l'opinion, dépensent leur énergie intellectuelle dans des discussions utiles au gouvernement, mais stériles pour le bien-être social. Ne doit-on pas redouter pour le système pénitentiaire la conséquence de cette disposition générale, et craindre de voir accueillie avec quelque tiédeur cette institution qui, pour s'établir, a cependant besoin de l'attention et de la faveur publiques?

Mais alors même que les embarras pécuniaires et politiques que nous venons d'indiquer n'existeraient pas, et en supposant que rien, dans l'état actuel des choses, ne s'opposât aux améliorations intérieures, l'établissement du système pénitentiaire en France rencontrerait encore de graves difficultés.

La discipline américaine a, comme nous l'avons vu, les châtiments corporels pour appui principal. Or, n'est-il pas à craindre qu'un système dont ces châtiments sont le plus puissant auxiliaire ne soit mal accueilli par l'opinion publique? S'il était vrai que chez nous une idée d'infamie fût attachée à cette peine, comment l'infligerait-on à des hommes dont on veut relever la moralité? La difficulté est réelle, et elle paraît plus sérieuse encore quand on songe à la nature même de la discipline qui doit être maintenue. Le silence est la base du système : cette obligation d'un silence absolu, qui n'a rien d'incompatible avec la gravité américaine, se concilierait-elle aussi facilement avec le caractère français? Si nous en croyons M. Elam Lynds, les Français sont, de tous les peuples, ceux qui se soumettent le mieux à toutes les exigences du système pénitentiaire : cependant la question nous paraît encore neuve, et nous ne savons jusqu'à quel point M. Elam Lynds a pu juger de la docilité des condamnés français en général, par les observations qu'il a faites dans les prisons d'Amérique, où il n'a jamais vu qu'un petit nombre de Français dispersés au milieu d'une multitude d'Américains (1).

Quant à nous, sans résoudre ce problème, nous croyons que la loi du silence serait infiniment plus pénible au Français qu'à l'Américain, dont le caractère est taciturne et réfléchi ; et, par cette raison, il nous semble qu'il serait encore plus difficile chez nous qu'en Amérique de maintenir la discipline pénitentiaire, dont le silence est le fondement, sans le secours des châtiments corporels. Nous sommes d'autant plus portés à penser ainsi, que la discipline des prisons en Amérique est favorisée par une autre circonstance sur laquelle nous ne devrions pas compter. Il y a en général aux États-Unis un esprit d'obéissance à la loi qui se retrouve même dans les prisons : sans avoir besoin d'indiquer ici les raisons politiques de ce fait, nous le constatons ; or, cet esprit de soumission à l'ordre établi n'existe pas chez nous au même point. Il y a au contraire, en France, dans l'esprit de la masse, une tendance fâcheuse à violer la règle : et ce penchant à l'insubordination nous paraît de nature à gêner encore la discipline des prisons.

Le système pénitentiaire, auquel il serait difficile, en France, de donner l'appui matériel des coups, qui cependant lui semblerait plus nécessaire qu'ailleurs, serait peut-être aussi privé d'un auxiliaire moral qui, aux États-Unis, influe beaucoup sur son succès.

En Amérique, le mouvement qui a déterminé la réforme des prisons a été essentiellement religieux. Ce sont des hommes religieux qui ont conçu et accompli tout ce qui a été entrepris ; ils n'agissaient pas seuls ; mais ce sont eux qui, par leur zèle, donnaient l'impulsion à tous, et excitaient ainsi dans tous les esprits l'ardeur dont eux-mêmes étaient animés : aussi la religion est-elle encore aujourd'hui, dans toutes les prisons nouvelles, un des éléments fondamentaux de la discipline et de la réforme : c'est son influence qui produit seule les régénérations complètes ; et même à l'égard des réformes moins profondes, nous avons vu qu'elle contribue beaucoup à les faire obtenir.

(1) V. notre conversation avec M. Elam Lynds, fin du vol.

Il est à craindre qu'en France cette assistance religieuse ne manque au système pénitentiaire.

N'existerait-il pas quelque tiédeur de la part du clergé pour cette institution nouvelle, dont la philanthropie chez nous semble s'être emparée?

Et, d'un autre côté, si le clergé français se montrait zélé pour la réforme morale des criminels, l'opinion publique le verrait-elle avec faveur chargé de cette mission?

Il y a chez nous, dans un grand nombre, contre la religion et ses ministres, des passions qui n'existent point aux États-Unis, et notre clergé subit aussi des impressions inconnues aux sectes religieuses de l'Amérique.

En France, où pendant longtemps l'autel a lutté de concert avec le trône pour défendre le pouvoir royal, on ne s'est point encore habitué à séparer la religion de l'autorité, et les passions dont celle-ci est l'objet ont coutume de se porter sur l'autre.

Il résulte de là qu'en général l'opinion se montre peu favorable à ce qui est protégé par le zèle religieux; et de leur côté les membres du clergé éprouvent peu de sympathie pour tout ce qui se présente sous les auspices de la faveur populaire.

En Amérique, au contraire, l'État et la religion ont toujours été parfaitement séparés l'un de l'autre; et on y voit les passions politiques se soulever contre le gouvernement, sans s'adresser jamais au culte. Voilà pourquoi la religion y est toujours hors de débat : et c'est ce qui explique l'absence de toute hostilité entre le peuple et les ministres de toutes les sectes.

Nous devons ajouter sur ce point une dernière observation : c'est qu'aux États-Unis le secours des hommes voués au culte venant à manquer, la réforme des prisons ne se trouve pas par cela même privée du secours de l'influence religieuse.

En effet, la société des États-Unis est elle-même éminemment religieuse, et ce fait a encore une grande influence sur la direction des établissements pénitentiaires; une foule d'hommes charitables qui ne sont engagés dans aucun ministère religieux consacrent cependant une partie de leur existence à la réforme morale des criminels. Comme les croyances sont vivement enracinées dans les mœurs, il n'y a pas jusqu'au dernier employé de la prison qui n'ait des principes de religion. Par cette raison, il ne profère jamais une parole qui ne soit en harmonie avec les sermons du chapelain. Le détenu aux États-Unis respire donc dans le pénitencier une atmosphère religieuse qui lui arrive de toutes parts, et il est plus accessible à cette influence, parce que son éducation première l'y a disposé, et qu'il a toujours vécu dans une société où un grand respect pour la religion est professé.

En général, les condamnés, chez nous, n'ont pas des dispositions aussi favorables, et en dehors de la prison l'ardeur du zèle religieux ne se rencontre guère que dans des ministres du culte.

Si on les éloigne du pénitencier, l'influence de la religion disparaîtra : restera la philanthrophie pour réformer les criminels. On ne peut contester qu'il y ait chez nous des hommes généreux qui, doués d'une sensibilité profonde, sont ardents à soulager toutes les misères et à guérir toutes les plaies de l'humanité ; jusqu'à présent leur attention, exclusivement occupée du sort matériel des prisonniers, a négligé un intérêt plus précieux, celui de leur réforme morale; on conçoit cependant très bien qu'appelée sur ce terrain, leur bienfaisance ne se ferait pas attendre; et quelques succès naîtraient sans doute de leurs efforts. Mais ces hommes sincèrement philanthrophes sont rares : le plus souvent la philanthropie n'est chez nous qu'une affaire d'imagination. On lit la vie d'Howard, dont on admire les vertus philanthropiques, et l'on trouve qu'il est beau d'aimer comme lui l'humanité ; mais cette passion, qui naît dans la tête, n'arrive pas jusqu'au cœur, et souvent elle va s'éteindre dans un article de journal.

Il y a donc dans nos mœurs, et dans l'état actuel des esprits en France, des obstacles moraux contre lesquels le système pénitentiaire aurait à lutter s'il était établi tel qu'il existe aux États-Unis. Ces obstacles que nous signalons pourront sans doute ne pas exister toujours. Une hostilité durable de l'opinion publique contre la religion et ses ministres n'est point chose naturelle; et nous ignorons jusqu'à quel point une société peut se conduire longtemps sans le secours des croyances religieuses. Mais ici nous ne devons point devancer le présent; et parmi les obstacles actuellement existants qui nuiraient au système pénitentiaire en

11.

France, celui que nous venons de signaler est sans contredit un des plus graves.

Notre législation présente aussi des obstacles.

Le premier résulte de la nature même de quelques lois pénales.

Dans le temps où la marque était écrite dans notre Code, le système pénitentiaire n'aurait pu s'établir d'une manière uniforme; car il eût été contradictoire de poursuivre la réforme morale de criminels qu'on avait flétris à l'avance d'une infamie indélébile. Cette peine a disparu de nos lois, et son abolition, que la raison et l'humanité réclamaient impérieusement, est un empêchement de moins à l'efficacité d'un bon régime de prisons. Mais il existe encore, dans le Code pénal, quelques dispositions qui ne sont pas moins inconciliables avec un système complet de réforme. Nous voulons parler de l'infamie attachée à la plupart des châtiments, et de la diversité des peines.

Il y a, dans nos lois, huit peines qui sont expressément dénommées infamantes, sans compter l'exposition, qui n'est considérée que comme l'accessoire de certains châtiments, et celle du boulet, qui ne figure dans la loi que comme mode d'exécution des travaux forcés (art. 6, 7, 8, 15 et 22 du Code pénal).

Qu'on attache l'infamie à une peine perpétuelle, nous y voyons peu d'inconvénients, si le principe de la perpétuité de la peine est une fois admis. Mais n'est-ce pas une inconséquence que de déclarer infâme par jugement un homme qui plus tard doit reparaître dans la société? Pour être logique, la loi devrait dire aussi qu'à l'expiration de sa peine on lui rendra l'honneur avec la liberté. Elle ne le fait pas, parce que l'infamie, si facile à imprimer sur le front du coupable, ne s'en efface point de même. Quoi qu'il en soit, le déshonneur perpétuel attaché à une peine temporaire nous semble peu compatible avec l'objet du système pénitentiaire, et nous ne savons pas comment on réveillerait des sentiments d'honneur et de vertu dans des âmes que la loi elle-même a pris soin de dégrader et d'avilir. Pour mettre la législation criminelle en rapport sur ce point avec les principes essentiels du système pénitentiaire, peu de changements seraient nécessaires; il suffirait de ne plus appeler infamantes les peines prononcées par le Code, et, dans tous les cas, d'épargner aux condamnés la honte passagère de l'exposition et l'humiliation continue des travaux publics.

Il faudrait enfin faire disparaître du Code pénal, sinon la diversité des peines, du moins les différences qui existent dans la manière de les subir.

La variété des châtiments et des régimes de détention prescrits pour chacun d'eux a rendu nécessaire un grand nombre de prisons différentes. Comme il y a des criminels de divers degrés, et que les détenus sont entassés pêle-mêle dans nos prisons, on a pensé avec raison qu'il serait immoral de les confondre, et de placer sous le même toit, dans le même atelier, dans le même lit, celui qui a encouru la peine de vingt ans de travaux forcés et le condamné à un an d'emprisonnement. Il y a donc une prison pour les forçats, une autre pour les réclusionnaires; et si le vœu de la loi était rempli, il y en aurait une troisième pour les condamnés correctionnellement à plus d'un an, et une quatrième pour ceux dont l'emprisonnnement est moindre d'une année. Ces classifications, dont on conçoit le motif lorsqu'on admet en principe la confusion des détenus dans les prisons, deviennent évidemment inutiles quand on y introduit le système de l'isolement pendant la nuit et le silence pendant le jour. Ce système une fois établi, le moins coupable parmi les condamnés peut se trouver placé auprès du criminel le plus consommé, sans avoir à craindre la moindre souillure.

Il y a même tout intérêt à réunir les criminels de différente espèce dans des établissements de même nature : tous sont soumis à un régime uniforme; la peine varie seulement par sa durée. Nous perdons ainsi le régime exceptionnel des bagnes, et nous voyons l'administration des prisons de France purgée de cette étrange anomalie qui place le tiers de condamnés en matière criminelle dans les attributions du ministre de la marine.

Il faudrait donc, pour mettre notre législation, à cet égard, en harmonie avec le système pénitentiaire, abolir les dispositions du Code pénal qui prescrivent pour chaque espèce de condamnés des prisons distinctes dont chacune est soumise à un régime spécial (1).

(1) Tout en établissant un seul et même régime de détention pour tous les condamnés, nous concevrions très bien qu'il y eût, selon la gravité des

Le second obstacle que renferment nos lois se trouve dans l'extension trop grande qu'a reçue, chez nous, le principe de centralisation, qui forme la base de notre société politique.

Il est sans doute des intérêts généraux pour la conservation desquels le pouvoir central doit garder toute sa force et son unité d'action.

Toutes les fois qu'il s'agit de défendre le pays, d'assurer sa dignité au dehors et sa tranquillité au dedans, le gouvernement doit donner une impulsion uniforme à toutes les parties du corps social; c'est un droit dont on ne saurait le dépouiller sans compromettre la sûreté publique et l'indépendance nationale.

Mais autant cette direction centrale imprimée aux objets d'intérêt général est nécessaire à la force politique d'un pays tel que le nôtre, autant cette même centralisation appliquée à des objets d'intérêt local nous semble contraire au développement de la prospérité intérieure.

Il nous a paru que le succès des nouvelles prisons des États-Unis est dû principalement au système d'administration locale sous l'influence duquel elles se sont formées.

En général, les premiers frais de construction se font avec économie, parce que ceux qui exécutent le plan sont les mêmes qui paient la dépense. Il y a peu de malversations à redouter de la part des agents inférieurs, parce que ceux qui les font agir sont près d'eux pour les surveiller; enfin, quand l'édifice est construit et l'établissement institué, les mêmes hommes qui ont pris un vif intérêt à le créer s'occupent avec ardeur de le mettre en action; et après même que le système qu'ils y ont introduit est en vigueur, ils ne cessent d'en surveiller l'exécution. Ils en sont préoccupés comme d'une chose qui est leur ouvrage, et au succès de laquelle leur honneur est intéressé.

Dès qu'un État a ainsi fondé un établissement utile, tous

---

peines appréciées par leur titre ou par leur durée, des différences dans la discipline : ainsi on pourrait accorder aux condamnés correctionnellement un pécule plus considérable qu'aux criminels frappés d'une peine plus sévere, etc., etc. Quand nous demandons un régime uniforme, nous entendons seulement réclamer l'application à tous des principes fondamentaux du système pénitentiaire, l'isolement de nuit et le silence pendant le jour, et nous disons qu'une fois ces deux principes admis, la diversité des maisons de détention devient inutile.

les autres, animés d'un heureux esprit d'émulation, se montrent jaloux de l'imiter.

Nos lois et aussi nos mœurs, qui, en France, laissent tout à faire au pouvoir central, donneraient-elles au système pénitentiaire les mêmes facilités pour se fonder parmi nous et se maintenir ? Nous ne le pensons pas.

S'il ne s'agissait que d'une loi à créer, cette centralisation serait loin d'être un obstacle ; en effet, il serait beaucoup plus facile à notre gouvernement d'obtenir des chambres l'adoption, pour toute la France, du système pénitentiaire, qu'il ne l'a été en Amérique, aux gouverneurs des divers États, de faire consacrer ce même principe par les différentes législatures auxquelles il a fallu le demander.

Mais après que ce principe est écrit dans la loi, il faut encore le mettre à exécution : c'est ici que, chez nous, commencent les difficultés.

Il est à craindre que les édifices que le gouvernement fera construire pour cet objet ne soient établis sur un plan peu économique, et que les dépenses de construction, surveillées par des agents secondaires, n'excèdent de beaucoup les devis qui auront été présentés ? Et cependant, si les premiers essais sont trop dispendieux, ils décourageront l'opinion publique et les partisans les plus zélés du système pénitentiaire. En supposant ces premiers obstacles vaincus, ne faut-il pas redouter l'indifférence de la localité pour le succès d'un établissement qui ne sera pas son ouvrage, et qui cependant ne prospèrera point s'il n'est protégé que par le zèle administratif des employés de la prison ? Enfin, comment le pouvoir, qui est au centre, et dont l'action est uniforme, pourra-t-il faire subir au système pénitentiaire les modifications qui seraient nécessaires à raison des mœurs et des besoins locaux ?

Il nous semble difficile d'espérer le succès du système pénitentiaire en France, et d'en attendre de grands résultats, si son établissement et sa direction sont l'œuvre du gouvernement, et si aux maisons centrales de détention qui existent en ce moment, on se borne à en substituer d'autres, bâties seulement sur un meilleur plan.

Les chances de succès ne seraient-elles pas plus grandes, si l'on conférait aux départements le soin de construire à leurs frais et de diriger selon certains principes généraux écrits dans une loi commune à tous leurs prisons de toute espèce, sans en excepter celles qui sont destinées aux grands criminels?

Les lois de 1791 posaient en principe que la surveillance des prisons appartenait essentiellement à l'autorité municipale, et leur direction à l'autorité administrative du département (1). Ces mêmes lois prescrivaient, pour le régime des prisons, un grand nombre d'innovations importantes, et contenaient même le germe du système pénitentiaire adopté depuis aux États-Unis (2).

Mais les principes qu'elles proclamaient ne reçurent qu'une exécution incomplète. Lors de son avènement au consulat, Bonaparte décréta l'établissement des maisons centrales de détention, sans prendre la peine de faire abolir, par les pouvoirs constitutionnels, les lois contraires à son décret. Cette institution était destructive de toute direction et de toute surveillance locales. En effet, la plupart des prisons centrales actuellement existantes ne sont autre chose que d'anciens couvents, épars çà et là dans toute la France, les uns près des villes, les autres au milieu des campagnes.

Cependant Bonaparte reconnut, en 1810, que chaque département devait avoir, outre des maisons de justice et d'arrêt, une prison destinée à renfermer les condamnés correctionnellement.

Si donc on adoptait le système d'une prison générale pour chaque département, on reviendrait au principe des lois de 1791, et on ne ferait qu'étendre à tous les criminels l'emprisonnement local que Bonaparte lui-même voulait établir pour les condamnés à des peines correctionnelles.

Cette extension serait sans inconvénients sous le rapport de la discipline de la prison, puisque nous raisonnons toujours dans l'hypothèse d'un changement dans le régime pénitentiaire, fondé sur le silence et l'isolement des détenus.

L'État, en se dépouillant du droit de diriger les prisons centrales, abandonnerait une prérogative qui n'est qu'onéreuse pour lui sans être bienfaisante pour les départements.

---

(1) V. Lois des 22 juillet, 29 septembre et 6 octobre 1791.

(2) L'art. 16 de la loi du 6 octobre 1791 porte : « Tout condamné à la gêne sera enfermé *seul* dans un lieu éclairé, sans fers ni liens : il ne pourra avoir, pendant la durée de sa peine, aucune communication avec les autres condamnés, ou avec les personnes du dehors. » Voilà bien la théorie de l'emprisonnement solitaire ; c'est le système de Cherry-Hill (Philadelphie).

Il conserverait un droit d'impulsion, de contrôle et de surveillance; mais, au lieu de faire lui-même, il verrait agir.

Empressons-nous de dire que nous ne présentons ici que l'ébauche d'un système qui, pour être adopté, devrait être mûri; nous avons la certitude que ce qui existe est mauvais, mais le remède ne nous paraît point aussi sûr que l'existence du mal.

Nos prisons, créées et gouvernées entièrement par le pouvoir central, sont dispendieuses et impuissantes pour la réforme des détenus : nous avons vu en Amérique s'élever dans de petits États, sous l'influence des localités, des prisons à bon marché, dans lesquelles toute corruption était évitée; c'est sous l'impression de ce contraste que nous écrivons.

Nous n'ignorons pas que la situation des divers États américains et celle de nos départements ne sauraient être comparées. Nos départements ne possèdent aucune individualité politique; leur circonscription a été jusqu'à ce jour purement administrative. Accoutumés au joug de la centralisation, ils n'ont point de vie locale, et ce n'est pas, il faut en convenir, le soin d'une prison à gouverner qui leur donnera le goût et des habitudes d'administration personnelle; cependant il est permis d'espérer que la vie politique entrera davantage dans les mœurs du département, et que les intérêts d'administration tendront de plus en plus à se localiser.

Si nos espérances à cet égard se réalisaient, le système que nous indiquons deviendrait praticable, et le régime pénitentiaire en France se trouverait environné d'une grande partie des circonstances favorables qui, aux États-Unis, ont déterminé son succès.

Chaque département, ayant sa prison centrale, ne contribuerait qu'à l'entretien de ses propres condamnés; tandis qu'aujourd'hui le département riche et peuplé dont les habitants commettent peu de crimes paie davantage pour l'entretien des maisons centrales que le département pauvre dont la population moins nombreuse fournit plus de criminels.

Si le département construisait lui-même sa prison, il voterait avec moins de répugnance des fonds dont il ferait lui-même l'emploi. La construction qui serait son ouvrage serait sans doute moins élégante et moins régulière que si elle eût

été dirigée par le pouvoir central assisté de ses architectes....
Mais la beauté de l'édifice ajoute peu au mérite de l'établissement. Le grand avantage d'une construction locale serait d'exciter vivement l'intérêt de ses fondateurs. Reconnaissant combien la direction et la surveillance des localités sont nécessaires à la prospérité des prisons, le gouvernement, en France, s'est efforcé, à plusieurs reprises, d'intéresser les départements à l'administration de leurs prisons (1); mais ses tentatives à cet égard sont toujours demeurées sans succès. Quoi que fasse le gouvernement, les localités ne prendront jamais intérêt à ce qu'elles n'auront point fait elles-mêmes.

Cette surveillance de tous les instants, ces soins continuels et minutieux, cette sollicitude et ce zèle constant, nécessaires au succès d'une prison pénitentiaire, ne s'attacheraient-ils pas au sort d'un établissement créé par le département, qui serait témoin de sa naissance, de son développement et de ses progrès?

Parmi les obstacles qui s'opposeraient à l'exécution de ce système, il en est quelques-uns qui peut-être sont moins graves qu'on ne pense, et que nous croyons devoir indiquer. On craint, avec raison, qu'en multipliant le nombre des prisons centrales, le prix de leur construction ne croisse proportionnellement. En effet, quatre-vingts prisons destinées à contenir 32,000 détenus devraient coûter plus cher à bâtir que vingt prisons propres à renfermer le même nombre d'individus. Mais nous ferons remarquer que si l'avantage de l'économie appartient aux grandes constructions, d'un autre côté, le mérite d'une meilleure discipline est propre aux établissements moins considérables.

Il est certain que, pour être bien dirigée, une prison ne doit pas contenir un trop grand nombre de criminels; la sûreté personnelle des employés et l'ordre de la discipline sont perpétuellement menacés dans les établissements où deux ou trois mille malfaiteurs sont rassemblés (comme dans les bagnes). C'est le petit nombre des détenus à Wethersfield qui forme un des principaux avantages de ce pénitencier; là, le surintendant et le chapelain connaissent à fond la mo-

---

(1) V. Circulaire du ministre de l'intérieur, du 22 mars 1816; ordonnance du 9 avril 1819.

ralité de chaque détenu, et après avoir étudié le mal, ils travaillent à le guérir. A Singsing, où il y a 1,000 détenus, une pareille étude est impossible : aussi n'est-elle pas même tentée. En supposant que les 32,000 détenus qui sont en France fussent répartis dans qautre-vingt-six prisons départementales, il y en aurait, terme moyen, environ 400 dans chacune d'elles. A la vérité, il y a des départements dont la population considérable ou courrompue fournit beaucoup de criminels, tandis que d'autres, dont les habitants sont moins nombreux ou plus honnêtes, envoient peu de condamnés dans les prisons ; mais que résulterait-il de ce fait? C'est que les départements dans lesquels il y a le plus de crimes commis construiraient des prisons plus grandes, tandis que les autres feraient élever des pénitenciers moins vastes. Nos départements se trouveraient à cet égard absolument dans la même position où sont les différents États de l'Union américaine.

L'État de New-York, qui compte deux millions d'habitants, a deux prisons centrales, dont une seule contient 1,000 détenus. Le Connecticut, qui n'a que deux cent soixante mille habitants, ne possède qu'une seule prison, où sont renfermés seulement 200 criminels. Peu de départements auraient une prison aussi peuplée que celle de Singsing, dont le principal défaut est dans le trop grand nombre de ses habitants. En revanche, beaucoup de départements dont la population est analogue à celle du Connecticut n'auraient pas dans leurs prisons plus de criminels qu'il n'y en a à Wethersfield ; et il est permis de penser que cette limitation du nombre serait un avantage, puisque Wethersfield, qui est le plus petit pénitencier d'Amérique, est aussi le meilleur. Enfin, l'exemple de ce pénitencier, qui, quoique moins considérable, a coûté moins cher à bâtir que tous les autres, ne prouverait-il pas qu'on peut, à l'aide de l'esprit d'économie et de la surveillance locale, regagner le surcroît de dépense occasioné par une construction faite sur une petite échelle?

On conçoit avec quelle réserve nous avons dû indiquer ces idées. Pour marcher dans une pareille voie d'un pas ferme et assuré, il serait nécessaire de posséder des connaissances administratives qui nous manquent, et d'être entourés de documents qui ne sont point à notre disposition.

En l'absence des lumières dont nous aurions besoin pour

nous guider, nous ne présentons point un système : nous avons seulement soulevé une question dont la solution intéresse vivement la société, et sur laquelle nous appelons les lumières de tous les hommes éclairés.

Maintenant, en supposant le système pénitentiaire établi et prospérant en France, peut-être ne devrait-on pas en attendre tous les heureux effets qu'il produit aux États-Unis.

Ainsi, nous doutons que le travail des détenus dans la prison fût aussi productif pour l'État qu'il l'est en Amérique, même en admettant qu'on supprimât entièrement le pécule des condamnés. Il en est effet incontestable que les choses manufacturées ne trouvent point chez nous les débouchés qui leur sont ouverts aux États-Unis : or il faut, pour l'appréciation des revenus de la prison, tenir compte des productions dont le débit n'aura pas lieu.

La prison pénitentiaire, qui, par ce motif, sera chez nous moins productive, sera, par une raison analogue, moins efficace aussi sous le rapport de la réforme des condamnés.

En Amérique, où le prix de la main-d'œuvre est si élevé, les condamnés trouvent facilement de l'ouvrage à leur sortie de prison; et cette circonstance favorise singulièrement leur bonne conduite lors de leur rentrée dans la société (1) : en France, la position des condamnés libérés est infiniment moins favorable; et lors même qu'ils ont résolu de mener une vie honnête, ils sont souvent ramenés au crime par une fatale nécessité. Aux États-Unis, le criminel libéré quitte ordinairement l'État où sa condamnation est connue; il change de nom et va se fixer dans un État voisin, où il peut commencer une nouvelle existence : chez nous, tout est obstacle et embarras pour le condamné qui sort de prison. La surveillance de la police, à laquelle il est soumis, l'enchaîne dans une résidence fixe dont il ne peut sortir sans devenir coupable d'une nouvelle infraction : il est condamné à vivre dans le lieu où son premier crime est officiellement connu; et tout

---

(1) « It must not be concealed, that one great reason why crimes are so unfrequent is the full employment the whole country offers to those who are willing to labour, while at the same time the ordinary rate of wages for a healthy man is sufficient to support him and a family. This is a point which you will not lose sight of in comparing the institutions of America with those of Europe. » (Lettre de l'attorney-général de l'État du Maryland, 30 janvier 1832.)

concourt à le priver des moyens d'existence qui lui sont nécessaires. Le vice d'un pareil état de choses est tel, qu'il est senti par tout le monde : aussi doutons-nous qu'il soit longtemps maintenu.

La surveillance de la haute police, telle qu'elle est exercée aujourd'hui, est moins utile à la société que funeste aux condamnés libérés. Elle n'aurait que des avantages si, par son influence, la société, informée de la situation réelle de chaque criminel libéré, avait quelque moyen de procurer du travail à ceux qui n'en ont pas, et des secours à ceux qui en ont besoin. Ce moyen, le gouvernement ne pourrait-il pas le trouver dans la fondation de colonies agricoles semblables à celles qui sont aujourd'hui florissantes en Hollande (1)?

Si de telles colonies étaient fondées en France sur les parties encore incultes de notre sol, aucun oisif ne se plaindrait de manquer d'ouvrage sans que le gouvernement pût lui en offrir; les mendiants, les vagabonds, les pauvres, et tous les condamnés libérés, dont le nombre, toujours croissant, menace incessamment la sécurité des particuliers et même la tranquillité de l'État, trouveraient place dans la colonie, où ils travailleraient à augmenter les richesses du pays.

Peut-être pourrait-on y placer aussi les condamnés à de courtes peines d'emprisonnement. Il y aurait un avantage incontestable à y introduire le plus grand nombre de détenus possible. En effet, un des principaux avantages des colonies agricoles est de ne point nuire aux industries particulières : elle obvient par conséquent à un des plus grands dangers que présente l'établissement des manufactures dans les prisons (2). Le système des colonies agricoles mérite donc une sérieuse attention de la part des hommes politiques; il semble qu'après en avoir admis le principe, on devrait l'étendre autant que possible, et qu'on pourrait aisément en concilier l'application avec les principes du système pénitentiaire. Enfin, l'établissement des colonies agricoles aurait, entre autres avantages, celui de faire découler d'heureux effets de cette surveillance administrative dont presque toutes les conséquences sont funestes; et il ferait ainsi disparaître une des entraves qui nuisent à l'établissement du système pénitentiaire.

(1) V. Note sur les colonies agricoles, pièce n° 4.
(2) V. La note alphabétique *s*.

Nous avons signalé les difficultés que le système pénitentiaire rencontrerait en France, et nous n'en avons pas déguisé la gravité. Nous ne dissimulerons point que nous voyons de très grands obstacles à l'établissement de ce système parmi nous, tel qu'il existe aux États-Unis, et environné de toutes les circonstances qui l'accompagnent. Nous sommes cependant loin de penser qu'il n'y ait rien à faire pour l'amélioration de nos prisons.

Nous n'avons jamais eu l'idée que la France pût tenter subitement une révolution génerale dans son système des prisons, raser les anciens établissements, en bâtir subitement de nouveaux, et consacrer à ce seul objet, dans un seul moment, des sommes énormes pour le partage desquelles se présentent des intérêts d'une autre nature. Mais on peut raisonnablement demander dans le système de nos prisons des réformes progressives ; et s'il était vrai qu'il fût impossible de former en France une discipline appuyée sur l'auxiliaire du fouet ; s'il était vrai que chez nous l'assistance de l'influence locale manquât au succès de l'établissement, et le secours de la religion aux progrès de la réforme morale, il est certain aussi que, sans adopter dans son intégrité le système des prisons d'Amérique, on pourrait lui emprunter une partie de ses principes et de ses avantages. Ainsi, toute prison nouvelle qui serait construite d'après le système cellulaire aurait sur les prisons actuelles une supériorité incontestable. La séparation des détenus pendant la nuit ferait cesser les communications les plus dangereuses, et détruirait un des éléments les plus actifs de corruption : nous ne pouvons imaginer quelle serait l'objection contre le système cellulaire, si, comme nous sommes fondés à le penser, les prisons construites selon ce système ne coûtent pas plus cher que les autres (1). Nous avons dit qu'il nous semblait difficile de maintenir parmi les condamnés un silence inviolable, sans le secours des châtiments corporels. Cependant ce n'est qu'une opinion de notre part ; et l'exemple de Wethersfield, où depuis plusieurs années on conduit les prisonniers sans les frapper, ne tend-il pas à prouver que ce moyen rigoureux de discipline n'est pas absolument nécessaire ? Il nous semble que la chance du succès vau-

---

(1) V. La note alphabétique *mm*.

drait bien un essai de la part du gouvernement : cet essai nous semblerait d'autant plus raisonnable, que, si on ne réussissait pas entièrement, on serait sûr du moins d'arriver bien près du but; ainsi, lors même que l'opinion publique se montrant tout à fait hostile aux peines corporelles, on en serait réduit, pour établir la loi du silence, à des châtiments disciplinaires d'une autre nature, tels que la solitude absolue sans travail et la réduction de nourriture, il y a tout lieu de penser qu'à l'aide de ces dernières peines, moins rigoureuses que la première, mais cependant efficaces, le silence serait assez bien maintenu pour que l'inconvénient des communications morales entre les détenus fût à peu près évité : le point le plus important serait d'abord de proclamer le principe de l'isolement et du silence comme règle du régime des nouvelles prisons; l'application du principe rencontrerait peut-être chez nous plus d'obstacles, parce qu'elle ne serait pas aidée d'auxiliaires aussi énergiques; mais nous ne doutons pas qu'en visant au but, un grand bien ne fût déjà opéré. A l'aide de ce système incomplet, on n'obtiendrait peut-être pas des réformes radicales, mais on éviterait de grandes corruptions, et on emprunterait ainsi au système américain celui de ses avantages qui est le plus incontestable.

Nous pensons que le gouvernement ferait une chose utile en établissant un pénitencier-modèle, construit sur le plan des prisons d'Amérique, et gouverné, autant que possible, selon les règles disciplinaires qui sont usitées dans ces prisons. Il faudrait que cette construction, conçue selon toute la simplicité des plans que nous avons apportés, fût exécutée sans aucun luxe d'architecture. On aurait soin de ne placer dans le pénitencier que de nouveaux condamnés; car si on y introduisait subitement le noyau d'une ancienne prison, on soumettrait difficilement aux rigueurs de la nouvelle discipline des individus accoutumés au régime tolérant de nos maisons centrales.

En résumé, nous avons signalé dans les deux premières parties de ce rapport les avantages du système pénitentiaire aux États-Unis. La sévérité inflexible d'un régime uniforme, l'égalité des peines, l'instruction religieuse et le travail, substitués au régime de la violence et de l'oisiveté; la liberté des communications remplacée par l'isolement ou le silence; la réforme des criminels succédant à leur corruption ; à la place des geôliers de prisons, des hommes honorables pour diriger les pénitenciers ; dans les dépenses l'économie, au lieu du désordre et des malversations, tels sont les caractères auxquels nous avons reconnu le nouveau système américain.

Pour la France, la nécessité d'une réforme dans le régime de ses prisons est urgente et reconnue de tout le monde : le nombre toujours croissant des criminels en récidive est un fait qui frappe tous les esprits. Les condamnés libérés, qui ne sont autres que des criminels plus corrompus par leur séjour dans les prisons, deviennent, partout où ils se montrent, un juste objet d'effroi. Dans son impuissance pour corriger les coupables, la société prendra-t-elle le parti de les déporter? Que la France jette les yeux sur l'Angleterre : elle jugera s'il serait sage de l'imiter (1).

Le vice se trouve dans nos prisons, infectées d'une affreuse corruption ; mais cette plaie, qui s'étend chaque jour, ne peut-elle donc être guérie? Et ne voyons-nous pas des prisons efficaces pour la réforme des méchants, dans un pays dont les prisons, il y a quinze ans, étaient pires que les nôtres?

Ne déclarons pas incurable un mal que d'autres ont su guérir ; ne condamnons point le régime des prisons : travaillons à le réformer.

Pour arriver à ce but, le concours de beaucoup d'efforts est nécessaire. Et d'abord il faut que tous les écrivains qui, par leur talent, exercent quelque influence sur l'opinion publique, s'efforcent de lui imprimer une nouvelle direction, et d'obtenir que la partie morale de la discipline ne soit pas plus négligée que l'amélioration du régime matériel de la prison. Il faut que l'intérêt de la réforme préoccupe les esprits et passe dans toutes les convictions. Une lutte même serait à désirer entre les divers organes de l'opinion, pour constater quels sont les châtiments disciplinaires qu'on pourrait admettre sans blesser le sentiment public, et ceux qui sont incompatibles avec notre civilisation et nos mœurs.

Il faudrait enfin que le gouvernement mît notre législation en harmonie avec les principes du système pénitentiaire, et avant tout qu'il provoquât, sur ces matières graves, la délibération des hommes les plus éclairés.

(1) V. Appendice sur les colonies pénales, n° 2.

Le succès à venir du système pénitentiaire dépend beaucoup de ses débuts parmi nous. Il importe donc que toutes les précautions soient prises pour assurer le succès du premier établissement qui sera créé en France. Il faut surtout, pour que cet établissement réussisse, que l'opinion publique s'occupe de lui, l'accueille favorablement, le protége de son suffrage, et, au lieu de lui susciter des entraves, l'entoure de cette assistance morale sans laquelle aucune institution ne peut prospérer dans un pays libre.

TROISIÈME PARTIE.

DES MAISONS DE REFUGE.

CHAPITRE PREMIER.

Origine des maisons de refuge aux États-Unis. — Système de leur organisation. — Éléments dont elles se composent. — L'établissement a sur les jeunes délinquants tous les droits d'un tuteur. — La maison de refuge tient le milieu entre la prison et le collége. — Régime de ces établissements. — Maisons de refuge de New-York, de Philadelphie et de Boston. — Comment le temps des enfants se partage entre le travail à l'atelier et l'école. — Entreprise. — Moyens disciplinaires. — Théorie remarquable de la discipline établie dans la maison de refuge de Boston. — Celle de New-York et Philadelphie, moins élevée, mais préférable. — Quelles causes font sortir l'enfant du refuge. — Effets des maisons de refuge sous le rapport de la réforme.

Le gouverneur Clinton, dont le nom est à jamais célèbre dans l'État de New-York, disait : « Les maisons de refuge sont les meilleurs établissements pénitentiaires qui aient été conçus par le génie de l'homme et institués par sa bienfaisance. » C'est par leur examen que nous finirons cet ouvrage, ainsi que nous l'avons annoncé en commençant.

La première maison de refuge a été créée dans la ville de New-York en 1825 ; Boston en 1826, et Philadelphie en 1828 ont vu s'élever dans leurs murs des établissements semblables; et tout annonce que Baltimore en aura bientôt un pareil. On peut, à cette occasion, juger combien est grande, aux États-Unis, la puissance de l'association.

Touchés du sort affreux des jeunes délinquants qui, dans les prisons, gémissaient confondus avec les criminels endurcis, quelques particuliers de New-York ont conçu la pensée de porter remède au mal ; ils ont uni leurs efforts, ont travaillé d'abord à éclairer l'opinion publique, et puis, donnant l'exemple de la générosité, ils ont fait, pour l'établissement d'une maison de refuge, des sacrifices pécuniaires qui ont été suivis d'une multitude de souscriptions.

Les maisons de refuge, nées ainsi du concours de plusieurs

charités individuelles, sont donc dans leur origine une institution privée : cependant elles ont reçu la sanction de l'autorité publique : tous les individus qu'elles renferment y sont retenus légalement : mais en approuvant les maisons de refuge, la loi ne s'immisce aucunement dans leur direction et dans leur surveillance, dont elle laisse le soin aux particuliers qui en sont les fondateurs.

Chaque année l'État donne un secours pécuniaire pour aider à la dépense de leur entretien ; et pourtant il ne prend aucune part à leur administration.

L'autorité gouvernementale des maisons de refuge réside dans le corps entier des souscripteurs qui ont contribué à l'érection des bâtiments, ou qui concourent encore chaque jour aux dépenses d'entretien annuel. Les souscripteurs se réunissent et nomment des directeurs (managers) auxquels ils confèrent le pouvoir de régir l'établissement de la manière qu'ils jugent la plus avantageuse. Ces directeurs choisissent des employés et font tous les règlements d'administration qui sont nécessaires. Il y a dans leur sein un comité actif permanent chargé de veiller à l'exécution de toutes les délibérations : c'est le pouvoir exécutif de l'institution. Les employés de la maison de refuge sont les agents immédiats du comité actif, auquel ils soumettent tous leurs actes. Ils n'ont point de compte à rendre au gouvernement, qui ne leur en demande aucun.

Parmi les employés, le surintendant est celui dont le choix attire l'attention des directeurs, parce que c'est lui qui est l'âme de l'administration.

Ainsi abandonnées à elles-mêmes, et soumises au seul contrôle de l'opinion publique, les maisons de refuge prospèrent ; les efforts à l'aide desquels elles se soutiennent sont d'autant plus puissants, qu'ils sont spontanés et libres. Les dépenses qu'elles entraînent se font sans peine et sans regret, parce qu'elles sont volontaires, et que le moindre souscripteur a sa part dans l'administration, et par conséquent dans le succès de l'établissement. Quoique les frais de construction et d'entretien ne soient pas payés par l'État, ils n'en sont pas moins à la charge de la société ; mais du moins ils pèsent sur ceux qui, à raison de leur fortune, peuvent le mieux les supporter, et qui trouvent une indemnité morale dans le sacrifice qu'ils ont eu le mérite de s'imposer eux-mêmes.

Les maisons de refuge se composent de deux éléments distincts : on y reçoit les jeunes gens des deux sexes, âgés de moins de vingt ans, frappés d'une condamnation pour crime ou délit, et ceux qui, sans avoir encouru aucune condamnation ni jugement, y sont envoyés par mesure de précaution.

Personne ne conteste la nécessité des maisons de refuge pour les jeunes condamnés. De tout temps et dans tous les pays, on a reconnu l'inconvénient de placer dans le même lieu et de soumettre au même régime les jeunes délinquants et les coupables que l'âge a endurcis dans le crime : le détenu dont l'âge est encore tendre n'a le plus souvent commis qu'une faute légère : comment l'associer dans la prison à celui qui a des forfaits à expier? Ce vice est si grave que les magistrats hésitent à poursuivre les jeunes délinquants, et le jury à les condamner. Mais alors se présente un autre danger. Encouragés par l'impunité, ils se livrent à de nouveaux désordres, dont un châtiment proportionné à leur faute les eût peut-être éloignés pour toujours.

La maison de refuge, dont le régime n'est ni trop sévère pour un enfant, ni trop doux pour un coupable, a donc pour objet tout à la fois de soustraire le jeune délinquant aux rigueurs du châtiment et aux dangers de l'impunité.

Les individus non condamnés qu'on envoie au refuge sont les jeunes gens et les jeunes filles qui, sans avoir commis aucun crime, se trouvent dans une position alarmante pour la société et pour eux-mêmes : les orphelins que leur misère a conduits au vagabondage ou à la mendicité ; les enfants que leurs parents ont abandonnés, et qui mènent une vie désordonnée ; tous ceux en un mot qui, soit par leur faute ou celle de leurs parents, soit par la faute de la fortune seule, sont tombés dans un état si voisin du crime, qu'ils deviendraient infailliblement coupables s'ils conservaient leur liberté (1).

On a donc pensé que les maisons de refuge devaient contenir tout à la fois les jeunes criminels et ceux qui étaient sur

---

(1) Nous avons constaté, en visitant la maison de refuge de New-York, que plus de la moitié des enfants qui ont été reçus jusqu'à ce jour y sont venus par suite de malheurs qui ne sauraient leur être imputés. Ainsi, sur cinq cent treize enfants, cent trente-cinq avaient perdu leur père, quarante leur mère, soixante-sept étaient orphelins, cinquante-un avaient été poussés au crime par l'inconduite notoire ou le défaut de soin de leurs parents ; il y en a quarante-sept dont la mère s'était remariée.

le point de le devenir ; on évite à ceux-ci l'infamie du jugement ; à tous, la souillure de la prison. Et afin qu'aucune honte ne s'attachât à la présence du jeune délinquant dans la maison de refuge, on a donné à cet établissement un nom qui ne réveille que l'idée du malheur. La maison de refuge, quoique renfermant dans son sein un certain nombre de condamnés, n'est donc point une prison. Celui qui y est détenu ne subit point une peine : et en général la décision par laquelle les enfants sont envoyés au refuge n'a ni la solennité ni les formes d'un jugement. Et c'est ici que nous signalerons un fait qui nous semble caractéristique de l'institution. Les magistrats qui envoient les enfants au refuge ne déterminent jamais la durée du temps que le jeune délinquant devra y passer : ils se bornent à le placer dans la maison, qui, dès ce moment, acquiert sur lui tous les droits d'un tuteur. Ce droit de tutelle expire lorsque l'enfant atteint sa vingtième année ; mais, avant même qu'il soit parvenu à cet âge, les directeurs de l'établissement peuvent l'en faire sortir, si son intérêt l'exige.

La maison de refuge tient le milieu entre le collége et la prison; on y reçoit les jeunes délinquants, bien moins pour les châtier que pour leur donner l'éducation que leurs parents ou la fortune leur ont refusée ; les magistrats ne peuvent donc fixer la durée du séjour au refuge, parce qu'ils ne peuvent prévoir quel temps sera nécessaire pour corriger les enfants et réformer leurs penchants vicieux (1).

Le soin de cette appréciation est abandonné aux directeurs de l'établissement, qui, voyant chaque jour les enfants confiés à leur surveillance, jugent de leurs progrès, et désignent

---

(1) Les diverses autorités qui peuvent envoyer des enfants à la maison de refuge sont :
1° Les cours de justice criminelle ;
2° Les magistrats de police (police officers) ;
3° Les commissaires de l'hôpital des pauvres (Almshouse).

Voici ce que porte le § 17 du titre 7 (chapitre 1er), 4e partie des statuts révisés de l'État de New-York :

« Toutes les fois qu'un individu âgé de moins de seize ans sera convaincu de félonie, la cour, au lieu de le condamner à l'emprisonnement dans une prison centrale, pourra ordonner sa détention dans la maison de refuge établie dans la ville de New-York par la société instituée pour la réforme des jeunes délinquants, à moins que cette cour ne soit informée par ladite société que la maison de refuge n'a aucune place disponible. »

ceux auxquels la liberté peut être accordée sans danger : du reste, alors même qu'un enfant sort de la maison de refuge en conséquence de sa bonne conduite, il ne cesse pas d'être sous le patronage des directeurs jusqu'à ce qu'il ait atteint sa vingtième année; et s'il ne réalise point les espérances qu'il avait fait concevoir, ceux-ci sont en droit de le rappeler à la maison de refuge, et peuvent, pour le contraindre à y revenir, employer les moyens les plus rigoureux.

On a, dans la Pennsylvanie, élevé quelques objections contre le droit attribué aux maisons de refuge de renfermer des individus qui n'avaient commis aucun crime ni encouru aucune condamnation : un tel pouvoir, disait-on, était contraire à la constitution des États-Unis. On ajoutait que la faculté accordée aux directeurs de l'établissement, de diminuer ou de prolonger à leur gré la durée de la détention, était une source d'arbitraire qui ne pouvait se tolérer dans une société libre. Théoriquement, il eût été difficile de repousser ces objections : cependant on comprit que les maisons de refuge adoucissaient le sort des jeunes criminels au lieu de l'aggraver, et que les enfants non condamnés qu'on y renfermait n'étaient point victimes d'une persécution, mais seulement privés d'une liberté funeste.

Personne aujourd'hui n'élève la voix contre les maisons de refuge. On conçoit, toutefois, avec quelle réserve doivent être exercées les fonctions de ceux qui ont le pouvoir d'y envoyer les enfants, lorsqu'on songe qu'ils ont le droit d'arracher un enfant à son père et à sa mère pour le placer dans l'établissement, et qu'ils doivent exercer cette autorité toutes les fois que les parents ont à se reprocher les désordres de leur enfant. La loi a prévu la possibilité des abus et a tâché d'y porter remède : l'enfant a, d'après la loi, le droit de se pourvoir devant le juge ordinaire contre la décision du fonctionnaire qui l'envoie au refuge. Les parents ont le même pouvoir ; et il n'est pas sans exemple que ce droit ait été exercé.

Du reste, ce n'est pas la persécution et la tyrannie qu'il faut redouter dans ces établissements. Autant il est nécessaire que la maison de refuge ne présente point les rigueurs et le régime tout matériel d'une prison, autant il serait dangereux qu'elle offrît le régime trop indulgent et tout intellectuel d'une école. Mais si ces établissements en Amérique s'écartaient du véritable but de leur institution, ce serait bien moins pour incliner vers trop de sévérité que pour pencher vers trop de douceur.

Les principes fondamentaux sur lesquels les maisons de refuge reposent sont simples ; à New-York et à Philadelphie, les enfants sont séparés pendant la nuit dans des cellules solitaires ; pendant le jour, ils peuvent communiquer ensemble. La séparation de nuit semble impérieusement exigée par l'intérêt des bonnes mœurs ; elle n'est point nécessaire pendant le jour ; un isolement absolu serait mortel à des enfants, et le silence ne pourrait être maintenu parmi eux sans des châtiments que leur violence seule doit faire repousser. Il y aurait d'ailleurs les plus graves inconvénients à les priver des relations sociales, sans lesquelles leur progrès intellectuel ne pourrait se développer.

A Boston, ils ne sont séparés ni le jour ni la nuit : nous n'avons pas remarqué que dans cette maison de refuge les communications de nuit eussent des inconvénients ; mais leur danger n'est pas moins grand à nos yeux, et il n'est évité à Boston que par un zèle et une vigilance tout à fait extraordinaires, qu'on aurait tort, en général, d'attendre des hommes les plus dévoués à leurs fonctions.

Le temps des enfants est partagé entre l'instruction qu'ils reçoivent et les travaux matériels auxquels ils se livrent : on leur enseigne les connaissances élémentaires qui pourront leur être utiles dans le cours de la vie, et on leur apprend un métier dont l'exercice leur fournira des moyens d'existence. Leurs travaux intellectuels donnent à l'établissement l'aspect d'une institution primaire, et leur travail à l'atelier est le même que dans une prison. Ce sont ces deux traits différents qui font reconnaître la maison de refuge.

On ne se borne pas à exercer l'adresse de leurs mains et à développer leurs intelligences : on s'efforce surtout de former leurs cœurs, et de leur inculquer des principes de morale religieuse. M. Hart, surintendant de la maison de refuge à New-York, nous disait souvent que, sans le secours de la religion, il ne croirait pas possible le succès de ses efforts.

Lorsque le jeune délinquant arrive au refuge, le surintendant lui fait connaître la règle de l'établissement, et lui donne d'abord pour guides de sa conduite ces deux conseils remarquables par leur simplicité : 1º Ne mentez jamais ; 2º faites le mieux que vous pourrez. Le surintendant inscrit ensuite le nom du nouveau-venu sur le grand registre des moralités. Ce registre est destiné à recevoir tous les renseignements relatifs aux enfants. Il constate, autant que possible, leur vie antérieure, leur conduite pendant leur séjour dans la maison et après leur sortie de l'établissement. L'enfant est ensuite placé dans la classe que son âge ou sa moralité connue rendent convenable. M. Hart, de New-York, définit la première classe celle des enfants qui ne jurent point, ne mentent jamais, ne se servent dans leur langage d'aucune expression obscène ou inconvenante, et qui sont aussi zélés à l'école que dans l'atelier. Selon M. Wells, de Boston, cette même classe se compose de ceux qui font des efforts positifs, réguliers et constants vers le bien.

A Boston, l'admission de l'enfant au refuge est accompagnée de circonstances qui nous ont paru dignes d'être rapportées : l'établissement forme une petite société, image de la grande. Pour être reçu dans son sein, il faut non-seulement connaître les lois et s'y soumettre librement, mais encore être accepté comme membre de la société par tous ceux dont elle se compose déjà. La réception est en conséquence précédée d'un temps d'épreuve, après lequel le candidat est admis ou repoussé à la majorité des suffrages (1).

Dans chacune des maisons de refuge, les sujets sont partagés en bonnes et mauvaises classes. La conduite, selon qu'elle est bonne ou mauvaise, fait passer les jeunes détenus de l'une dans l'autre. Les bonnes classes jouissent de priviléges qui sont refusés aux mauvaises ; et celles-ci sont soumises à des privations que les premières ne subissent point (2).

Chaque jour, huit heures au moins sont consacrées au travail dans les ateliers, où les enfants sont occupés à des métiers utiles, tels que la menuiserie, la profession de cordonnier, celle de tailleur et de charpentier, etc. Quatre heures sont données à l'école. Le lever est suivi et le coucher précédé d'une prière. Trois repas prennent chacun une demi-heure ; en somme, la journée est d'environ quinze heures ; il y a neuf heures de nuit ou de repos. Tel est, à peu de différence près, l'ordre établi dans les deux maisons de refuge de New-

(1) V. Règlement de la maison de refuge de Boston, par M. Wells.
(2) V. Les divers règlements des maisons de refuge de Boston, de New-York et de Philadelphie.

York et de Philadelphie. Cet ordre est le même chaque jour, et ne varie que selon le changement des saisons, qui influe sur l'heure du lever et du coucher ; il n'est point en tout semblable à Boston, où la partie morale de l'éducation occupe une bien plus grande place. Dans cette dernière maison de refuge, il n'y a que cinq heures et demie consacrées au travail des ateliers; outre quatre heures passées dans l'école, plus d'une heure est donnée à l'instruction religieuse, et tous les enfants ont, chaque jour, deux heures un quart de récréation. Ces heures de loisir ne sont pas celles qui profitent le moins aux jeunes détenus. M. Wells, le surintendant, prend part à tous leurs jeux, et pendant que leur force physique se développe au milieu des exercices du corps, leur caractère moral se forme sous l'influence d'un homme supérieur, qui, quoique présent à leurs yeux, se cache réellement au milieu d'eux, et dont l'autorité n'est jamais plus grande que dans le moment où il ne la fait point sentir.

Dans l'école on apprend aux enfants à lire, à écrire et à compter ; on leur donne aussi quelques connaissances en histoire et en géographie. La méthode usitée dans chacune d'elles est celle de l'enseignement mutuel de Lancastre. Les enfants montrent en général une très grande facilité à saisir les notions qui leur sont offertes par l'instituteur. Il a été souvent remarqué en Amérique que les maisons de refuge se composent d'une classe d'enfants plus intelligents que tous autres, et la nature même de ces établissements explique ce fait : on y reçoit en général les enfants abandonnés de leur famille, ou échappés de la maison paternelle, et qui, par cette raison, ont été de bonne heure réduits à leurs propres forces, et contraints de trouver dans leur intelligence et dans leurs moyens naturels des ressources pour exister. Il ne faut donc point s'étonner des progrès qu'ils font dans l'instruction. La plupart ont d'ailleurs un esprit inquiet, aventureux, avide de connaître. Cette disposition, qui d'abord les poussait à leur ruine, devient pour eux, dans l'école, une cause puissante de succès. On ne leur refuse aucun des livres utiles qu'ils désirent pour s'instruire. Il existe à Philadelphie, dans la bibliothèque de l'établissement, plus de quinze cents volumes qui sont tous à l'usage des enfants.

Les heures du travail sont invariablement établies pour tous, et nul n'a droit d'en être dispensé. Cependant une tâche est fixée, après l'accomplissement de laquelle le jeune détenu plus actif que les autres peut entrer en récréation.

La surveillance dont les enfants sont l'objet à l'école et dans l'atelier ne cesse pas pendant les heures de loisir. Ils jouent entre eux librement; mais les jeux de hasard leur sont rigoureusement interdits (gambling).

Tout, dans leur régime, est favorable à la santé. Chaque jour on exige qu'ils se lavent les pieds et les mains. Ils sont toujours vêtus proprement; et leur nourriture, quoique grossière, est abondante et saine. Nul ne peut manger autre chose que ce qui est prescrit par le régime ordinaire de l'établissement, et l'on n'y boit que de l'eau. Il n'y existe aucune cantine où les enfants puissent s'adresser pour obtenir des suppléments de nourriture ou de boisson; et on veille avec soin à ce qu'ils ne puissent s'en procurer par des communications avec des personnes du dehors.

La nourriture, le vêtement et le coucher des jeunes détenus, sont fournis par l'administration. Les travaux seuls des enfants sont mis à l'entreprise; et encore les restrictions, qui sur ce point abondent dans le contrat, sont telles que l'entrepreneur ne peut avoir dans l'établissement aucune espèce d'influence.

A New-York et à Philadelphie, on donne à l'entrepreneur huit heures par jour de travail; à Boston, cinq heures et demie seulement. L'entrepreneur ou ses agents viennent dans la maison de refuge enseigner les diverses professions qui y sont exercées. Du reste, ils ne peuvent entretenir aucune conversation avec les enfants, ni les retenir dans les ateliers une minute de plus que le temps fixé. On conçoit qu'à de telles conditions, on ne stipule pas avec les entrepreneurs des marchés avantageux sous le rapport pécuniaire; mais on ne fait pas travailler les enfants pour tirer un profit de leurs travaux; on n'a d'autre objet en vue que de leur donner des habitudes laborieuses et de leur apprendre une profession utile (1).

---

(1) On voit qu'il n'existe aux États-Unis rien de semblable à ce qui se pratique chez nous. Dans la maison des Madelonnettes, consacrée à Paris aux jeunes détenus, la discipline est entièrement envahie par l'entrepreneur. Il considère chaque enfant comme sa propriété personnelle, et si l'on veut donner quelques soins à l'instruction des jeunes détenus, l'entrepreneur ne le permet pas. *On me vole*, dit-il, *le temps qui m'appartient*. Il ne voit que son intérêt ma-

Il ne faut donc pas s'étonner si l'entretien des maisons de refuge coûte plus cher que celui des autres établissements pénitentiaires. D'une part, les jeunes détenus sont mieux nourris, mieux vêtus que les condamnés pour crimes, et l'on fait plus de frais pour leur instruction ; et, d'un autre côté, leur travail ne rapporte point autant que celui des criminels qui sont envoyés pour un long temps dans les prisons. Ainsi qu'on le verra bientôt, le jeune détenu sort de l'établissement dès qu'il peut être avantageusement placé ailleurs. On le met donc en liberté dès qu'il sait un métier, c'est-à-dire à l'instant où son travail commence à produire quelque chose pour l'établissement.

L'administration des maisons de refuge aux États-Unis est presque entièrement en régie ; on pense avec raison que le système de l'entreprise, appliqué à toutes les branches de l'administration, serait inconciliable avec la direction morale que l'établissement doit recevoir.

Quoiqu'en somme l'entretien des jeunes détenus soit dispendieux, tout semble combiné de manière à éviter les frais. Les maisons de refuge contiennent tout à la fois des garçons et des filles, qui, quoique réunis sous le même toit, sont parfaitement séparés. Mais cette proximité permet de confier aux filles beaucoup de travaux qui, faits par d'autres, seraient à la charge de la maison. C'est ainsi qu'elles lavent le linge, raccommodent les effets, et confectionnent la plupart des vêtements qui sont portés par les garçons ou par elles-mêmes ; elles font aussi la cuisine de toute la maison ; de cette manière, non-seulement on évite des dépenses pour l'établissement, mais encore on occupe utilement de jeunes filles dont il serait difficile de tirer d'une autre manière un travail productif.

Cet ordre de choses est établi et maintenu à l'aide de moyens disciplinaires que nous devons examiner. Deux influences sont employées : les peines et les récompenses. Mais, dans l'application de ce principe, il faut distinguer entre les

---

tériel ; celui des enfants ne le touche pas. Aussi ne songe-t-il qu'à tirer de leur travail le plus d'argent possible. Comme un métier est long à apprendre, il se donne rarement la peine de l'enseigner aux enfants : il aime mieux les occuper à de certains travaux manuels qui ne nécessitent ni adresse ni habileté, tels que le cartonnage, l'agraferie, etc., etc. Ces travaux, productifs pour lui, ne sont d'aucune utilité pour les enfants, qui, en sortant de la maison, n'auront point de profession à exercer.

maisons de refuge de New-York et Philadelphie, et celle de Boston.

Dans les deux premiers établissements, les châtiments infligés aux enfants qui contreviennent à la discipline sont :

1º La privation de récréation ;

2º La réclusion solitaire dans une cellule ;

3º La réduction de nourriture au pain et à l'eau ;

4º Et, dans les cas graves, les châtiments corporels, c'est-à-dire les coups de fouet.

A New-York, le règlement autorise expressément l'application des coups. Celui de Philadelphie, n'osant pas le permettre expressément, se borne à ne pas le défendre : la distribution des peines appartient au surintendant, qui dans l'établissement jouit d'un pouvoir discrétionnaire.

Pendant que les jeunes détenus indociles sont soumis à ces divers châtiments, selon la gravité de leur faute, des distinctions honorifiques sont accordées aux enfants dont la conduite a été bonne. Outre l'honneur d'appartenir aux premières classes, ceux qui se distinguent parmi les autres portent une marque d'honneur, qui les fait reconnaître entre tous ; enfin le surintendant désigne parmi les meilleurs sujets un certain nombre de moniteurs, auxquels il confie une partie de la surveillance dont il est chargé lui-même : et ce témoignage de confiance est pour ceux qu'il a choisis une distinction à laquelle les élus attachent un grand prix.

A Boston, les châtiments corporels sont exclus de la maison de refuge ; la discipline de cet établissement est toute morale, et repose sur des principes qui appartiennent à la plus haute philosophie.

Tout tend à y relever l'âme des jeunes détenus, et à les rendre jaloux de leur propre estime et de celle de leurs semblables : pour y parvenir, on feint de les traiter comme des hommes et comme les membres d'une société libre.

Nous envisageons cette théorie sous le point de vue de la discipline, parce qu'il nous a semblé que la haute opinion qu'on inspire à l'enfant de sa moralité et de sa condition sociale est non-seulement propre à opérer sa réforme, mais encore est le moyen le plus habile pour obtenir de lui une entière soumission.

C'est d'abord un principe bien établi dans la maison, que

nul ne pourra être puni pour une faute non prévue soit par les lois de Dieu, soit par celles du pays, ou par les lois de l'établissement. Voilà le premier des principes en matière criminelle, proclamé dans la maison de refuge. Le règlement contient aussi le principe suivant :

« Comme il est hors du pouvoir de l'homme de punir le « manque de respect envers la Divinité, on se bornera à in- « terdire à celui qui s'en sera rendu coupable toute partici- « pation aux offices religieux, abandonnant ainsi le criminel « à la justice de Dieu, qui l'attend dans l'avenir. »

Dans la maison de refuge de Boston, l'enfant éloigné des offices religieux encourt, aux yeux de ses camarades et dans sa propre opinion, le plus terrible de tous les châtiments.

Il est dit ailleurs que les enfants ne seront point admis à dénoncer les fautes les uns des autres ; et dans l'article qui suit, on ajoute que nul ne sera puni pour une faute sincèrement avouée. Nous connaissons en France des établissements publics où la dénonciation est encouragée, et où elle est exercée par les bons sujets de la maison.

Il existe aussi à Boston un registre des moralités, où chacun figure avec ses notes bonnes ou mauvaises : mais ce qui distingue ce registre de celui qui se trouve dans les autres maisons de refuge, c'est qu'à Boston chaque enfant donne lui-même les notes qui le concernent. Tous les soirs les jeunes détenus sont successivement interrogés ; chacun est appelé à juger de sa conduite de la journée : et c'est sur sa déclaration que la note qui l'intéresse est écrite. L'expérience apprend qu'il se juge toujours plus sévèrement lui-même qu'il ne serait jugé par les autres. Aussi se trouve-t-on souvent dans la nécessité de réformer la sévérité, l'injustice même de la sentence.

Lorsque les difficultés se présentent sur le classement des moralités, ou lorsque quelques jeunes détenus ont commis des infractions à la discipline, il y a lieu à jugement. Douze jurés pris parmi les enfants de l'établissement sont réunis, et ils prononcent, soit la condamnation, soit l'absolution de l'accusé.

Chaque fois qu'il y a lieu d'élire parmi eux un magistrat ou un moniteur, la communauté s'assemble, procède aux élections, et le candidat qui obtient la majorité des suffrages est proclamé par le président. Rien n'est plus grave que la manière dont exercent leurs fonctions ces électeurs et ces jurés de dix ans.

On nous pardonnera d'être entrés dans le développement de ce système, et d'en avoir signalé les moindres détails. Nous n'avons pas besoin de dire que nous ne prenons pas au sérieux ces enfants citoyens. Mais nous avons cru devoir analyser un système remarquable par son originalité. Il y a d'ailleurs dans ces jeux politiques, qui s'accordent si bien avec les institutions du pays, plus de profondeur qu'on ne pense. Peut-être ces impressions d'enfance et cet usage précoce de la liberté contribueront-ils plus tard à rendre les jeunes délinquants plus obéissants aux lois. Et sans nous préoccuper de ce résultat politique, un tel système est au moins puissant comme moyen d'éducation morale.

On conçoit en effet le ressort dont sont capables ces jeunes âmes dans lesquelles on fait vibrer tous les sentiments propres à les élever au-dessus d'eux-mêmes.

La discipline a cependant d'autres armes dont elle fait usage lorsque les moyens moraux que nous venons d'indiquer ont été insuffisants.

Les enfants dont la conduite est bonne jouissent de grands priviléges.

Ils participent seuls aux élections, et sont seuls éligibles; la voix de ceux qui appartiennent à la première classe compte même pour deux : espèce de double vote dont les autres ne sauraient être jaloux, parce qu'il dépend d'eux d'obtenir la même faveur. Les bons sont dépositaires des clefs les plus importantes de la maison ; ils sortent librement de l'établissement, et quittent leurs places dans les lieux de réunion, sans avoir besoin de permission ; ils sont crus sur parole, en toutes occasions, et on célèbre le jour de leur naissance. Tous les bons ne jouissent pas de ces priviléges; mais quiconque appartient à une bonne classe a droit à quelqu'une de ces prérogatives.

Les peines imposées à la classe des mauvais sont :

La privation du droit électoral, du droit d'éligibilité; de plus, ils ne peuvent entrer chez le surintendant, ni lui parler sans sa permission, et il leur est défendu de causer avec les autres jeunes détenus; enfin, lorsque cela est nécessaire, on inflige au délinquant une peine qui l'affecte matériellement. Tantôt on lui fait porter des menottes ; tantôt on lui met un bandeau sur les yeux; ou, enfin, on le renferme dans une cellule solitaire.

Tel est le système de la maison de refuge de Boston (1).

Celui des établissements de New-York et de Philadelphie, quoique infiniment moins remarquable, est peut-être meilleur : non que la maison de refuge de Boston ne nous paraisse admirablement dirigée et supérieure aux deux autres; mais son succès nous semble bien moins un effet du système lui-même que de l'homme distingué qui le met en pratique.

Nous avons déjà dit que la confusion des enfants pendant la nuit est le vice grave de cette maison de refuge : le système qui y est établi repose d'ailleurs sur une théorie élevée qui risquerait de n'être pas toujours parfaitement comprise; et sa mise en vigueur entraînerait de grands embarras, si le surintendant ne trouvait dans son esprit d'immenses ressources pour en triompher.

A New-York et à Philadelphie, au contraire, la théorie est simple. L'isolement de nuit, la classification de jour, le travail, l'instruction, tout dans un tel ordre de choses se conçoit et s'exécute facilement; il ne faut ni un génie profond pour inventer ce système, ni un tour de force continuel pour le maintenir.

En résumé, sur ce point, la discipline de Boston appartient à un ordre d'idées bien plus élevé que celle de New-York et de Philadelphie; mais elle est d'une pratique difficile.

Le système de ces derniers établissements, fondé sur une théorie plus simple, a le mérite d'être à la portée de tout le monde. Il est possible de trouver des surintendants qui conviennent au système de Philadelphie; mais on ne doit point espérer de rencontrer des hommes tels que M. Wells.

Malgré la différence bien marquée qui distingue les deux systèmes, dont l'un ne peut être pratiqué que par des esprits supérieurs, tandis que l'autre est au niveau des intelligences ordinaires, reconnaissons, en terminant, que, dans l'un et l'autre cas, le succès des maisons de refuge dépend essentiellement du surintendant. C'est lui qui met en action les principes sur lesquels le système repose, et il doit, pour y parvenir, réunir dans sa personne un grand nombre de qualités dont l'assemblage est aussi nécessaire que rare.

(1) V. la traduction que nous donnons de ce règlement, à la fin du volume.

Si l'on voulait le modèle d'un surintendant pour les maisons de refuge, on ne pourrait peut-être en trouver un meilleur que celui qui est offert par MM. Wells et Hart, qui sont à la tête des maisons de Boston et de New-York. Un zèle constant et une vigilance infatigable sont leurs moindres qualités ; à un esprit distingué ils joignent un caractère égal, dont la fermeté n'exclut point l'indulgence. Ils ont foi dans les principes religieux qu'ils enseignent, et confiance dans leurs efforts. Doués d'une sensibilité profonde, ils obtiennent encore plus des enfants en touchant leurs cœurs qu'en s'adressant à leurs intelligences. Enfin, ils considèrent chaque jeune délinquant comme leur enfant ; ce n'est pas un métier qu'ils font, c'est un devoir qu'ils sont heureux de remplir.

Nous avons vu comment le jeune détenu entre au refuge, et à quel régime il est soumis.

Examinons maintenant quelles causes l'en font sortir, et tâchons de le suivre jusque dans la société où il va rentrer.

Le principe posé plus haut, que le détenu dans la maison de refuge ne subit point une peine, va retrouver ici son application. Comme il n'a été envoyé au refuge que dans son intérêt, on l'en fait sortir dès que son intérêt l'exige.

Lors donc qu'il a appris une profession, lorsque pendant une ou plusieurs années il a acquis des habitudes morales et laborieuses, on pense qu'il peut être devenu un membre utile de la société ; toutefois, on ne le met pas en liberté purement et simplement ; car, que deviendrait-il dans le monde, seul, sans appui, inconnu de tous ? Il se trouverait exactement dans la situation où il était avant d'entrer dans la maison de refuge. On évite cet écueil funeste : le surintendant attend, pour le faire sortir de l'établissement, une occasion de le mettre en apprentissage chez quelque artisan, ou de le placer en qualité de domestique dans quelque famille honnête ; il évite de l'envoyer dans une ville, où il retrouverait de mauvaises habitudes et des compagnons de ses premiers désordres ; et toutes les fois qu'il en a l'occasion, il préfère lui donner de l'emploi chez les cultivateurs.

Dans le moment où il quitte l'établissement, on lui remet un écrit dont le style est touchant et qui renferme des avis pour sa conduite à venir ; on y joint le don d'une Bible.

En général, on a reconnu l'inconvénient de rendre les jeunes détenus à la liberté, avant qu'une année au moins de séjour dans la maison leur ait donné des habitudes d'ordre.

En quittant le refuge, il ne cesse pas pour cela d'appartenir à l'établissement, qui, en le mettant en apprentissage, conserve sur lui tous les droits d'un tuteur sur son pupille; et s'il quitte le maître chez lequel on l'a placé, il est, d'après la loi, ramené au refuge, où il reste soumis au régime de la maison, jusqu'à ce qu'une nouvelle épreuve le fasse encore une fois juger digne de la liberté. Du reste, il peut être ainsi successivement ramené dans l'établissement et remis en liberté aussi souvent que les directeurs le jugent convenable; et leur pouvoir, à cet égard, ne cesse que le jour où le détenu a atteint sa dix-huitième année, si c'est une fille, et sa vingtième année, si c'est un garçon.

Pendant son apprentissage, l'enfant est toujours l'objet de l'attention de la maison de refuge. Le surintendant correspond avec lui, et s'efforce, par ses conseils, de le maintenir dans une bonne voie; l'enfant écrit de son côté au surintendant, et plus d'une fois celui-ci a reçu des jeunes délinquants des lettres pleines de l'expression touchante de leur reconnaissance.

Maintenant quels résultats ont été obtenus? Le régime de ces établissements est-il réellement réformateur? et peut-on appuyer par des chiffres la théorie?

À ne considérer que le système en lui-même, il semble bien difficile de ne pas admettre son efficacité. S'il est possible d'obtenir la réforme morale de quelque être humain, il semble qu'on doit l'espérer de ces jeunes détenus, chez lesquels il y a eu moins de crime que d'inexpérience, et dans lesquels on peut exciter toutes les passions généreuses du jeune âge. Chez le criminel dont la corruption est vieille et enracinée, on ne réveille point le sentiment de l'honnête, parce que ce sentiment y est éteint; chez l'enfant, ce sentiment existe; seulement on ne l'a pas encore fait vibrer. Il nous semble donc qu'un système qui s'applique à corriger les penchants vicieux pour ne faire naître que de bonnes inspirations, donne un protecteur à qui n'en avait pas, une profession à celui qui en était dépourvu, des habitudes d'ordre et de travail au vagabond et au mendiant que l'oisiveté avait corrompus, une instruction élémentaire et des principes religieux à l'enfant dont l'éducation avait été négligée; il nous semble, disons-nous, qu'un système semblable doit être fécond en bienfaits.

Il est cependant des cas où la réforme des jeunes délinquants est presque impossible à obtenir : ainsi l'expérience des surintendants que nous avons vus leur a appris que la réforme des jeunes filles qui ont eu de mauvaises mœurs est une sorte de chimère qu'il est inutile de poursuivre. Pour les garçons, les plus difficiles à corriger sont ceux qui ont pris des habitudes de vol et d'ivrognerie ; leur régénération n'est point cependant aussi désespérée que celle des filles qui ont été séduites ou se sont prostituées.

On pense aussi généralement aux États-Unis qu'il faut éviter de recevoir au refuge des jeunes garçons âgés de plus de seize ans, et des filles qui en aient plus de quatorze ; après cet âge leur réforme est difficilement obtenue par le régime de ces établissements, qui leur convient moins que la discipline sévère des prisons.

A Philadelphie, on estime que plus de la moitié des enfants sortis du refuge se sont bien conduits (1).

Voulant vérifier nous-mêmes les effets produits par la maison de refuge de New-York, nous avons fait une analyse complète du grand registre des moralités, et examinant séparément l'article de chaque enfant sorti du refuge, nous avons recherché quelle avait été sa conduite depuis sa rentrée dans la société (2).

Sur quatre cent vingt-sept jeunes délinquants mâles sortis du refuge, quatre-vingt-cinq ont tenu une conduite bonne, et quarante-un, une conduite excellente. Il y en a trente-quatre sur lesquels les renseignements obtenus sont mauvais, et vingt-quatre sur lesquels ils sont très mauvais. Sur trente-

(1) V. Conversation avec le directeur de la maison de refuge de Philadelphie, n° 15.

(2) Tous les renseignements qui pouvaient nous être nécessaires pour faire cette vérification ont été mis à notre disposition avec un empressement extrême, et nous trouvant ainsi en possession des documents originaux, nous avons pu nous former une opinion exacte de la conduite de tous les enfants après leur sortie du refuge. Notre examen s'est porté sur tous les enfants admis au refuge depuis le 1ᵉʳ janvier 1825 jusqu'au 1ᵉʳ janvier 1829. Depuis cette dernière année, beaucoup de sujets ont été reçus dans la maison de refuge de New-York, et plusieurs en sont sortis ; mais ceux-ci ont passé dans le société trop peu de temps pour que leur conduite prouve rien en leur faveur ; pour être décisive, l'épreuve doit être plus longue.

sept d'entre eux, les renseignements sont douteux ou contradictoires; sur vingt-quatre, ils sont plutôt bons que mauvais, et sur quatorze, plutôt mauvais que bons.

Sur les quatre-vingt-six jeunes filles sorties du refuge, trente-sept ont eu une conduite bonne; onze, une conduite excellente; vingt-deux, une conduite mauvaise; seize, très mauvaise. Sur dix, les renseignements sont douteux; trois paraissent avoir tenu une conduite plutôt bonne que mauvaise, et trois autres une conduite plutôt mauvaise que bonne.

Ainsi, sur les cinq cent treize enfants qui, après avoir été renfermés dans la maison de refuge de New-York, sont rentrés dans la société, plus de deux cents ont été sauvés d'une ruine infaillible, et ont abandonné une vie de désordres et de crimes pour une existence honnête et régulière.

CHAPITRE II.

Application du système des maisons de refuge à nos maisons de correction. — État de notre législation pénale relativement aux enfants âgés de moins de seize ans et détenus pour crimes et délits, ou par mesure de précaution. — Ils se corrompent dans les prisons. — Modifications à faire dans la législation pénale et dans le régime des maisons de correction.

Si la France empruntait aux maisons de refuge d'Amérique quelques-uns des principes sur lesquels ces établissements reposent, elle remédierait à l'un des principaux vices de ses prisons.

D'après nos lois, les criminels âgés de moins de seize ans ne doivent point être confondus avec des condamnés plus avancés en âge; et la loi donne le nom de Maison de correction au lieu qui doit les renfermer. Cependant, sauf de rares exceptions, les jeunes délinquants et les vieux criminels se trouvent mêlés dans nos prisons. Il y a plus : on sait que l'enfant âgé de moins de seize ans, qui, faute de discernement, a été acquitté, doit être néanmoins, selon les circonstances, remis à ses parents ou conduit dans une maison de correction pour y être *élevé et détenu* pendant tel nombre d'années que le jugement déterminera, et qui toutefois ne pourra excéder l'époque où il aura accompli sa vingtième année.

Ainsi, lorsqu'un enfant qu'on accusait d'un crime est absous, les tribunaux sont maîtres, ou de le rendre à ses parents, ou de l'envoyer dans une maison de correction. Cette alternative rend l'intention de la loi facile à saisir. Les parents présentent-ils des garanties de moralité, l'enfant sera remis entre leurs mains, afin qu'ils puissent corriger ses penchants vicieux et réformer ses mauvaises habitudes. Au contraire, les magistrats ont-ils de justes motifs de penser que les désordres de l'enfant sont dus aux fâcheux exemples de la famille, ils se garderont bien de le rendre à ses parents, près desquels il achèverait de se corrompre, et ils l'enverront dans une maison de correction, qui lui servira moins de prison que de collége; il sera *élevé et détenu,* dit la loi. Maintenant, nous le demandons, le vœu du législateur est-il rempli? et les jeunes détenus reçoivent-ils l'éducation qu'il a été dans sa pensée de leur procurer?

On peut dire qu'en général les prisons qui, chez nous, renferment les jeunes délinquants, ne sont que des écoles de crimes : aussi tous les magistrats, qui connaissent le régime corrupteur de ces prisons, répugnent-ils à condamner un jeune prévenu, quelle que soit l'évidence de sa faute; ils aiment mieux l'absoudre et le mettre en liberté que de contribuer à le corrompre en l'envoyant dans une prison ; mais cette indulgence dont le motif se comprend si facilement n'est pas moins funeste au coupable, qui trouve dans l'impunité un encouragement au crime.

Il y a aussi un droit consacré par nos lois civiles, et dont l'exercice est en quelque sorte suspendu par le vice de nos prisons, nous voulons parler du pouvoir qui appartient aux parents de faire détenir ceux de leurs enfants mineurs dont la conduite est répréhensible.

Quels parents voudront user de leur autorité, s'ils savent dans quel foyer de corruption leur enfant sera jeté en quittant la maison paternelle ?

Il y a donc, sous ce rapport, dans le régime de nos prisons, une lacune qu'il importe de remplir. On y parviendrait par l'établissement de maisons de refuge ou de correction, fondées à l'imitation de celles dont nous avons présenté le tableau.

Il serait toutefois difficile chez nous d'adopter entièrement le système américain : ainsi, le pouvoir donné, aux États-

Unis, à tous les magistrats de police d'envoyer au refuge des enfants dont la conduite est suspecte, quoique aucun délit ne leur soit imputable; le droit exorbitant qu'ils ont aussi d'arracher un enfant à ses parents, lorsque ceux-ci ne veillent pas suffisamment à son éducation, ne seraient-ils pas aussi contraires à nos mœurs qu'à nos lois?

Mais le régime des maisons de refuge américaines aurait en France de grands avantages, appliqué seulement aux jeunes condamnés, ou à ceux qui, sans être déclarés coupables, doivent être détenus pendant un temps déterminé, en exécution d'un jugement.

Si nos maisons de correction, dont le vice effraie tous les tribunaux, subissaient une réforme, les magistrats y enverraient sans répugnance une foule de jeunes délinquants, vagabonds, mendiants, etc., qui abondent dans toutes les villes, et qu'une vie errante et oisive conduit infailliblement au crime. Cette réforme pourrait se faire par l'établissement, dans les maisons de correction, de cellules solitaires qui empêcheraient les communications de nuit, et l'adoption d'un système d'instruction et de travail analogue à celui qui est en vigueur à New-York et à Philadelphie.

Il y aurait cependant, pour le succès des maisons de correction en France, un changement assez important à faire dans notre législation.

La plupart des heureux effets que produisent aux États-Unis les maisons de refuge sont dus principalement au pouvoir discrétionnaire qu'ont les directeurs de ces établissements de retenir ou de mettre en liberté selon leur gré les enfants dont la tutelle leur est confiée; ils usent de ce droit dans l'intérêt seul du jeune délinquant, auquel ils tâchent de procurer une place avantageuse, soit en qualité de domestique, soit comme apprenti; et chaque fois qu'une occasion favorable se présente, ils peuvent la saisir, parce qu'ils ont l'entière disposition des enfants envoyés au refuge.

D'après nos lois, le directeur d'une maison de correction ne pourrait faire rien de semblable; il serait obligé, pour mettre en liberté un jeune détenu, d'attendre l'expiration du temps fixé par le jugement. Qu'en résulterait-il? C'est qu'à sa sortie de la maison de correction l'enfant se trouverait aussi embarrassé de son sort qu'avant d'y entrer : il serait sans doute plein de bonnes résolutions et de bons principes, mais dans l'impossibilité de les mettre en pratique.

Il nous semble qu'une seule modification à l'article 66 du Code pénal remédierait en grande partie à cet inconvénient.

Les jeunes détenus âgés de moins de seize ans sont de deux sortes : ceux qui, ayant agi avec discernement, sont déclarés coupables et condamnés, et ceux qui, ayant agi sans discernement, sont acquittés et détenus seulement dans l'intérêt de leur éducation. A l'égard des premiers, leur sort est entièrement fixé par le jugement et doit l'être : ils ont commis un crime, ils doivent subir une peine. L'un est le corrélatif de l'autre. Cette peine, les tribunaux seuls peuvent la prononcer et en déterminer la durée ; quand elle est fixée, elle doit être subie dans toute son étendue, selon les termes du jugement : peu importe, dans ce cas, l'intérêt de l'enfant ; ce n'est pas seulement pour le corriger qu'on le renferme, c'est surtout dans l'intérêt de la société et pour l'exemple qu'on lui inflige un châtiment.

Mais l'enfant acquitté faute de discernement est dans une position différente : on le retient dans une maison de correction, non pour s'assurer de sa personne, mais parce qu'on pense qu'il y sera mieux que dans sa famille ; on veut lui donner une bonne éducation, qu'il ne trouverait point ailleurs ; on le juge seulement malheureux, et la société se charge de lui donner ce qui lui a été refusé par la fortune : ce n'est pas pour la vindicte publique, mais bien dans son intérêt personnel, qu'on le place dans la maison de correction : comme il n'a commis aucun crime, on n'a aucune peine à lui infliger.

A l'égard des jeunes détenus qui se trouvent dans cette position, il nous semble que la durée de leur séjour dans la maison de correction ne devrait point être fixée par les tribunaux. Nous concevrions bien qu'on laissât à l'autorité judiciaire seule le pouvoir de les y envoyer, selon des circonstances dont elle aurait l'appréciation ; mais pourquoi la charger en même temps, comme le fait la loi, de déterminer le nombre d'années pendant lesquelles il sera pourvu à l'éducation d'un enfant ? comme s'il était possible de prévoir pour chaque enfant le temps qui sera nécessaire pour corriger ses vices et réformer ses mauvais penchants !

Ne serait-il pas meilleur de donner aux inspecteurs et au directeur de la maison la tutelle des enfants dont l'éducation leur serait confiée, et de les investir de tous les droits que la tutelle comporte?

S'il en était ainsi, les directeurs de ces établissements étudieraient les dispositions des enfants placés sous leur autorité; ils pourraient avec plus d'à-propos saisir le moment favorable pour les mettre en liberté; le temps de séjour dans les maisons de correction serait ainsi déterminé d'une manière bien plus rationnelle. Et s'il se présentait pour quelqu'un d'entre eux une bonne occasion, soit un apprentissage, soit une autre condition avantageuse, les directeurs en profiteraient pour le placer.

Alors même qu'on n'obtiendrait pas de ce changement tous les avantages qu'il promet, ce serait déjà un grand bien que d'effacer de nos lois la disposition dont il s'agit. Cette disposition est en effet la source des abus les plus graves: on en sera peu surpris si l'on songe qu'elle confère aux tribunaux un pouvoir dont elle ne leur donne pas la règle. Ainsi elle leur permet d'ordonner l'envoi dans une maison de correction, pour un certain nombre d'années (à leur discrétion), des enfants acquittés faute de discernement: mais sur quel fondement s'appuieront-ils pour décider le nombre d'années pendant lesquelles l'enfant restera dans la maison de correction? C'est ce que la loi ne leur dit pas: c'est ce qu'eux-mêmes ne peuvent pas savoir. Quand un tribunal prononce une peine, il la mesure sur le délit; mais sur quoi mesurer le séjour au refuge, lorsqu'il s'agit de l'éducation d'un enfant dont le tribunal ignore l'état intellectuel, et dont il ne peut prévoir les progrès plus ou moins rapides?

Cette impossibilité de trouver une base à la sentence amène de la part du tribunal un arbitraire complet dans l'exécution de la loi. Les juges condamneront un enfant à être détenu jusqu'à sa quinzième ou jusqu'à sa vingtième année, sans avoir aucune espèce de motif de choisir un terme plutôt qu'un autre: remarquez que cette autorité mal définie amène souvent les décisions les plus choquantes.

Un enfant âgé de moins de seize ans comparaît-il devant un tribunal, la première question qu'on examine est celle du discernement: si l'on juge qu'il a agi avec discernement, on le condamne à être détenu dans la maison de correction; comme c'est une peine que le tribunal prononce, il la proportionne au délit, qui lui paraît peu grave à raison de la jeunesse du coupable. Celui-ci encourra donc une condamnation de quelques mois de prison seulement.

Maintenant supposez un second accusé du même âge; son délit n'a aucune gravité, et le tribunal reconnaît qu'il a agi sans discernement. Eh bien ! celui-ci sera envoyé pour plusieurs années dans la maison de correction, à la vérité pour y être élevé et détenu, mais dans le fait pour y être renfermé dans la même prison que le premier, avec cette différence qu'il y restera fort longtemps, tandis que celui qui aura été déclaré coupable, n'y passera qu'un temps très court.

Ainsi on peut dire avec raison que, pour les enfants âgés de moins de seize ans, il vaut mieux être déclaré coupable qu'acquitté. Quiconque a l'expérience de la justice criminelle reconnaîtra l'existence du vice que nous signalons ; ce vice n'est point imputable au magistrat: il appartient tout entier à la loi et au mode de son exécution. On remédierait en grande partie à ce mal si, dans tous les cas où les enfants sont détenus sans être condamnés, les tribunaux ordonnaient leur envoi dans la maison de correction sans fixer irrévocablement la durée de leur détention ; par le jugement, les directeurs de la maison seraient autorisés à garder l'enfant jusqu'à une époque déterminée ; mais il leur serait loisible, selon les circonstances, de l'élargir avant l'expiration du terme. Ils ne pourraient le détenir plus longtemps que l'époque fixée, mais ils seraient libres de le garder moins.

Il nous semble donc qu'il y aurait de grands avantages à changer la disposition de loi dont il s'agit. Les maisons de correction deviendraient alors, dans le sens véritable du mot, des maisons de refuge, et elles pourraient exercer sur l'âme des jeunes délinquants une influence bienfaisante qui, dans l'état actuel de notre législation, ne pourrait leur appartenir. Du reste, nous ne faisons qu'indiquer ici les principaux changements qu'il y aurait à exécuter pour arriver à ce but : beaucoup de questions qui se rattachent à cet objet devront être discutées et approfondies, si l'on veut opérer une réforme féconde en heureux résultats. Ainsi il faudra d'abord examiner quel serait le meilleur moyen d'intéresser le public au succès de cette réforme ; déterminer les éléments dont les maisons de refuge doivent se composer ; fixer les principes de leur organisation, et discuter le point de savoir dans quels lieux et en quel nombre ces établissements doivent être fondés, etc. Toutes ces questions, et beaucoup d'autres que nous passons sous silence, ont besoin d'être soumises à l'examen d'hommes éclairés et versés tout à la fois dans la connaissance de nos lois, de nos mœurs, et de l'état actuel de nos prisons.

Si ce régime était introduit parmi nous, on devrait s'efforcer d'en écarter tout ce qui est de nature à compromettre son succès.

Nous avons déjà signalé l'écueil qu'il est le plus important d'éviter en cette matière, c'est-à-dire la difficulté de maintenir la maison de refuge à égale distance entre le collége et la prison. Aux États-Unis, on se rapproche trop du premier, et cette faute peut devenir fatale aux maisons de refuge, où des enfants, excités par leurs parents eux-mêmes, viendront sans nécessité chercher des avantages qu'ils ne trouveraient pas au sein de la famille. On doit donc ne pas oublier que ces établissements, pour remplir leur véritable objet, doivent, quoique différents de la prison, conserver une partie de ses rigueurs, et que le bien-être matériel, comme aussi l'instruction morale que les enfants trouvent dans les maisons de refuge, ne doivent pas faire envier leur sort par les enfants dont la vie est irréprochable.

Rappelons à cette occasion une vérité qu'on ne saurait méconnaître sans danger, c'est que l'abus des institutions philanthropiques est aussi funeste à la société que le mal qu'elles se proposent de guérir.

APPENDICE.

DES COLONIES PÉNALES.

AVANT-PROPOS.

Nous croyons devoir traiter avec quelques développements la question des colonies pénales, parce que nous avons remarqué qu'en France l'opinion la plus répandue était favorable au système de la déportation. Un grand nombre de conseils-généraux se sont prononcés en faveur de cette peine, et des écrivains habiles en ont vanté les effets; si l'opinion publique entrait plus avant encore dans cette voie, et parvenait enfin à entraîner le gouvernement à sa suite, la France se trouverait engagée dans une entreprise dont les frais seraient immenses, et le succès très incertain.

Telle est du moins notre conviction; et c'est parce que nous sommes pénétrés nous-mêmes de ces dangers qu'on nous pardonnera de les signaler avec quelques détails.

Le système de la déportation présente des avantages que nous devons reconnaître en commençant.

De toutes les peines, celle de la déportation est la seule qui, sans être cruelle, délivre cependant la société de la présence du coupable.

Le criminel emprisonné peut briser ses fers; remis en liberté, à l'expiration de sa sentence, il devient un juste sujet d'effroi pour tout ce qui l'environne; le déporté ne reparaît que rarement sur le sol natal; avec lui s'éloigne un germe fécond de désordres et de nouveaux crimes.

Cet avantage est grand sans doute, et il ne peut manquer de frapper les esprits chez une nation où le nombre des criminels augmente, et au milieu de laquelle s'élève déjà tout un peuple de malfaiteurs.

Le système de la déportation repose donc sur une idée vraie, très propre, par sa simplicité, à descendre jusqu'aux masses, qui n'ont jamais le temps d'approfondir. On ne sait que faire des criminels au sein de la patrie; on les exporte sous un autre ciel.

Notre but ici est d'indiquer que cette mesure, si simple en apparence, est environnée, dans son exécution, de difficultés toujours très grandes, souvent insurmontables; et qu'elle n'atteint pas même, en résultat, le but principal que se proposent ceux qui l'adoptent.

CHAPITRE PREMIER.

DIFFICULTÉS QUE PRÉSENTE LE SYSTÈME DE LA DÉPORTATION COMME THÉORIE LÉGALE.

Les premières difficultés se rencontrent dans la législation elle-même.

A quels criminels appliquer la peine de la déportation?

Sera-ce aux condamnés à vie seuls? mais alors l'utilité de la mesure est fort restreinte. Les condamnés à vie sont toujours en petit nombre; ils sont déjà hors d'état de nuire. A leur égard, la question politique devient une question de philanthropie, et rien de plus.

Les criminels que la société a véritablement intérêt à exiler loin d'elle, ce sont les condamnés à temps, qui, après l'expiration de leur sentence, recouvrent l'usage de la liberté. Mais, à ceux-là, le système de la déportation ne peut être appliqué qu'avec réserve.

Supposons qu'il soit interdit à tout individu qui aura été déporté dans une colonie pénale, quelle que soit du reste la gravité de son crime, de se représenter jamais sur le territoire de la mère-patrie : de cette manière, on aura atteint, sans doute, le but principal que le législateur se propose; mais la peine de la déportation ainsi entendue présentera dans son application un grand nombre d'obstacles.

Son plus grand défaut sera d'être entièrement disproportionnée avec la nature de certains crimes, et de frapper d'une manière semblable des coupables essentiellement différents. On ne peut assurément placer sur la même ligne l'individu condamné à une prison perpétuelle et celui que la loi ne destine qu'à une détention de cinq ans. Tous deux cependant devront aller finir leurs jours loin de leur famille et de leur patrie. Pour l'un, la déportation sera un adoucissement à sa peine ; pour l'autre, une aggravation énorme. Et, dans cette nouvelle échelle pénale, le moins coupable sera le plus sévèrement puni.

Après avoir gardé les criminels dans le lieu de déportation jusqu'à l'expiration de leur peine, leur fournira-t-on au contraire les moyens de revenir dans leur patrie? mais alors on manquera le but le plus important des colonies pénales, qui est d'épuiser peu à peu dans la mère-patrie la source des crimes, en faisant chaque jour disparaître leurs auteurs. On ne peut croire assurément que le condamné revienne dans son pays honnête homme, par cela seul qu'il aura été aux antipodes, qu'on lui aura fait faire le tour du monde. Les colonies pénales ne corrigent point, comme les pénitenciers, en *moralisant* l'individu qui y est envoyé. Elles le changent en lui donnant d'autres intérêts que ceux du crime, en lui créant un avenir ; il ne se corrige pas s'il nourrit l'idée du retour.

Les Anglais donnent aux condamnés libérés la faculté souvent illusoire de revenir sur le sol natal ; mais ils ne leur en fournissent pas les moyens.

Ce système a encore des inconvénients : d'abord, il n'empêche pas un grand nombre de criminels, les plus adroits et les plus dangereux de tous, de reparaître au sein de la société qui les a bannis (1) ; et, de plus, il crée dans la colonie une classe d'hommes qui, ayant conservé, pendant qu'ils subissaient leur peine, la volonté de revenir en Europe, ne se sont pas corrigés : après l'expiration de leur sentence, ces hommes ne tiennent en rien à leur nouvelle patrie ; ils brûlent

---

(1) On voit dans le rapport de M. Bigge que, chaque année, il arrive à la Nouvelle-Galles du Sud un certain nombre de condamnés qui y ont déjà été déportés une première fois.

du désir de la quitter; ils n'ont pas d'avenir, par conséquent point d'industrie ; leur présence menace cent fois plus le repos de la colonie que celle des détenus eux-mêmes dont ils partagent les passions, sans être retenus par les mêmes liens (1).

Le système de la déportation présente donc, comme théorie légale, un problème difficile à résoudre.

Mais son application fait naître des difficultés bien plus insurmontables encore.

CHAPITRE II.

DIFFICULTÉS QUI S'OPPOSENT A L'ÉTABLISSEMENT D'UNE COLONIE PÉNALE.

Choix d'un lieu propre à l'y fonder. — Frais de premier établissement. — Difficultés et dangers qui environnent l'enfance de la colonie. — Résultats obtenus par la colonie pénale ; elle n'amène point d'économie dans les charges du trésor; elle augmente le nombre des criminels. — Budget des colonies australiennes. — Accroissement des crimes en Angleterre. — La déportation envisagée comme moyen de coloniser. — Elle crée des colonies ennemies de la mère-patrie. — Les colonies fondées de cette manière se ressentent toujours de leur première origine. — Exemple de l'Australie.

Ce n'est certes pas une petite entreprise que celle d'établir une colonie, lors même qu'on veut la composer d'éléments sains, et qu'on a en son pouvoir tous les moyens d'exécution désirables.

L'histoire des Européens dans les deux Indes ne prouve que trop quels sont les difficultés et les dangers qui environnent toujours la naissance de pareils établissements.

Toutes ces difficultés se présentent dans la fondation d'une

---

(1) V. L'histoire des colonies pénales, par M. Ernest de Blosseville. Dans tout ce qui suit, nous avons souvent eu occasion de recourir au livre de M. de Blosseville. Cet ouvrage, dont l'auteur paraît du reste favorable au système de la déportation, abonde en faits intéressants et en recherches curieuses. Il forme le document le plus complet qui ait été publié dans notre langue sur les établissements anglais de l'Australie.

colonie pénale, et beaucoup d'autres encore qui sont particulières à ces sortes de colonies.

Il est d'abord extrêmement difficile de trouver un lieu convenable pour l'y fonder : les considérations qui président à ce choix sont d'une nature toute spéciale : il faut que le pays soit sain ; et, en général, une terre inhabitée ne l'est jamais avant les vingt-cinq premières années de défrichement ; encore, si son climat diffère essentiellement de celui de l'Europe, la vie des Européens y courra toujours de grands dangers.

Il est donc à désirer que la terre qu'on cherche se rencontre précisément entre certains degrés de latitude et non au delà.

Nous disons qu'il est important que le sol d'une colonie soit sain et qu'il soit tel dès les premiers jours ; cette nécessité se fait bien plus sentir pour des détenus que pour des colons libres.

Le condamné est un homme déjà énervé par les vices qui ont fini par l'amener au crime. Il a été soumis, avant d'arriver au lieu de sa destination, à des privations et à des fatigues qui, presque toujours, ont altéré plus ou moins sa santé ; enfin, sur le lieu même de son exil, on trouve rarement en lui cette énergie morale, cette activité physique et intellectuelle qui, même sous un climat insalubre, soutient la santé du colon libre, et lui permet souvent de braver avec impunité les dangers qui l'environnent.

Il y a beaucoup d'hommes d'État, et il se trouverait peut-être même quelques philanthropes, que cette difficulté n'arrêterait guère, et qui nous répondraient au fond de leur âme : Qu'importe, après tout, que ces hommes coupables aillent mourir loin de nos yeux ? la société, qui les rejette, ne demandera pas compte de leur sort. Cette réponse ne nous satisfait point. Nous ne sommes pas les adversaires systématiques de la peine de mort, mais nous pensons qu'on doit l'infliger loyalement ; et nous ne croyons pas que la vie des hommes puisse être ainsi enlevée par détour et supercherie.

Pour une colonie ordinaire, c'est assurément un avantage d'être située près de la mère-patrie ; ceci se comprend sans commentaires.

La première condition d'une colonie pénale est d'être séparée par une immense étendue de la métropole. Il est nécessaire que le détenu se sente jeté dans un autre monde ; qu'il soit obligé de se créer tout un nouvel avenir dans le lieu qu'il habite, et que l'espérance du retour apparaisse à ses yeux comme une chimère. Et combien encore cette chimère ne viendra-t-elle pas troubler l'imagination de l'exilé ? Le déporté de Botany-Bay, séparé de l'Angleterre par tout le diamètre du globe, cherche encore à se frayer un chemin vers son pays à travers des périls insurmontables (1). En vain sa nouvelle patrie lui offre-t-elle dans son sein la tranquillité et l'aisance ; il ne songe qu'à se replonger en courant dans les misères de l'ancien monde. Pour obtenir d'être rapporté sur le rivage de l'Europe, un grand nombre se soumet aux conditions les plus dures, plusieurs commettent de nouveaux crimes, afin de se procurer les moyens de transport qui leur manquent.

Les colonies pénales diffèrent si essentiellement des colonies ordinaires, que la fertilité naturelle du sol peut devenir un des plus grands obstacles à leur établissement.

Les déportés, on le conçoit sans peine, ne peuvent être assujétis au même régime que le détenu de nos prisons. On ne saurait les retenir étroitement renfermés entre quatre murailles ; car alors autant voudrait les garder dans la mère-patrie. On se borne donc à régler leurs actions, mais on n'enchaîne pas complètement leur liberté.

Si la terre sur laquelle on fonde l'établissement pénal présente des ressources naturelles à l'homme isolé ; si elle offre des moyens d'existence comme en général celle des tropiques ; si le climat y est continuellement doux, les fruits sauvages abondants, la chasse aisée, il est facile d'imaginer qu'un grand nombre de criminels profiteront de la demi-liberté qu'on leur laisse, pour fuir dans le désert, et échangeront avec joie la tranquillité de l'esclavage contre les périls d'une indépendance contestée. Ils formeront pour l'établissement naissant autant d'ennemis dangereux ; sur une terre inhabitée, il faudra dès les premiers jours avoir les armes à la main.

Si le continent où se trouve placée la colonie pénale était

(1) Pendant les premières années de la colonie, il s'était répandu parmi les détenus la croyance assez générale que la Nouvelle-Hollande tenait au continent de l'Asie. Plusieurs déportés tentèrent de s'échapper de ce côté. La plupart moururent de misère dans les bois, ou furent contraints de revenir sur leurs pas. On eut bien de la peine à persuader à ces malheureux qu'ils étaient dans l'erreur.

peuplé de tribus semi-civilisées, le danger serait encore plus grand.

La race européenne a reçu du ciel ou a acquis par ses efforts une si incontestable supériorité sur toutes les autres races qui composent la grande famille humaine, que l'homme placé chez nons, par ses vices et son ignorance, au dernier échelon de l'échelle sociale, est encore le premier chez les sauvages.

Les condamnés émigreront en grand nombre vers les Indiens; ils deviendront leurs auxiliaires contre les blancs, et le plus souvent leurs chefs.

Nous ne raisonnons point ici sur une vague hypothèse : le danger que nous signalons s'est déjà fait sentir avec force dans l'île de Van-Diémen. Dès les premiers jours de l'établissement des Anglais, un grand nombre de condamnés se sont enfuis dans les bois; là, ils ont formé des associations de maraudeurs; ils se sont alliés aux sauvages, ont épousé leurs filles et pris, en partie, leurs mœurs. De ce croisement est née une race de métis plus barbares que les Européens, plus civilisés que les sauvages, dont l'hostilité a, de tous temps, inquiété la colonie, et parfois lui a fait courir les plus grands dangers.

Nous venons d'indiquer les difficultés qui se présentent, dès l'abord, lorsqu'on veut faire le choix d'un lieu propre à y établir une colonie pénale. Ces difficultés ne sont pas, de leur nature, insurmontables, puisque enfin le lieu que nous décrivons a été trouvé par l'Angleterre. Si elles existaient seules, on aurait peut-être tort de s'y arrêter; mais il en est plusieurs autres qui méritent également de fixer l'attention publique.

Supposons donc le lieu trouvé : la terre où l'on veut établir la colonie pénale est à l'autre bout du monde; elle est inculte et déserte. Il faut donc y tout apporter et tout prévoir à la fois. Quels frais immense nécessite un établissement de cette nature? Il ne s'agit point ici de compter sur le zèle et l'industrie du colon pour suppléer au manque de choses utiles, dont l'absence se fera toujours sentir, quoi qu'on fasse. Ici, le colon prend si peu d'intérêt à l'entreprise, qu'il faut le forcer par la rigueur à semer le grain qui doit le nourrir. Il se résignerait presque à mourir de faim, pour tromper les espérances de la société qui le punit. De grandes calamités doivent donc accompagner les commencements d'une pareille colonie.

Il suffit de lire l'histoire des établissements anglais en Australie pour être convaincu de la vérité de cette remarque. Trois fois la colonie naissante de Botany-Bay a failli être détruite par la famine et les maladies. Et ce n'est qu'en rationnant ses habitants, comme les marins d'un vaisseau naufragé, qu'on est parvenu à attendre les secours de la mère-patrie.

Peut-être y eut-il inertie et négligence de la part du gouvernement britannique; mais, dans une semblable entreprise, et lorsqu'il faut opérer de si loin, peut-on se flatter d'éviter toutes les fautes et toutes erreurs?

Au milieu d'un pays où il s'agit de tout créer à la fois, où la population libre est isolée, sans appui; au milieu d'une population de malfaiteurs, on comprend qu'il soit difficile de maintenir l'ordre et de prévenir les révoltes. Cette difficulté se présente surtout dans les premiers temps, lorsque les gardiens, comme les détenus, sont préoccupés du soin de pourvoir à leurs propres besoins. Les historiens de l'Australie nous parlent, en effet, de complots sans cesse renaissants, et toujours déjoués par la sagesse et la fermeté des trois premiers gouverneurs de la colonie, Philip, Hunter et King.

Le caractère et les talents de ces trois hommes doivent être comptés pour beaucoup dans le succès de l'Angleterre. Et quand on accuse le gouvernement britannique d'inhabileté dans la direction des affaires de la colonie, il ne faut pas oublier qu'il remplit du moins la tâche la plus difficile et la plus impotrante peut-être de tout gouvernement : celle de bien choisir ses agents.

Nous avons supposé tout à l'heure que le lieu de déportation était trouvé; nous admettons encore en ce moment que les premières difficultés sont vaincues. La colonie pénale existe: il s'agit d'en examiner les effets.

La première question qui se présente est celle-ci :

Y a-t-il économie pour l'État dans le système des colonies pénales?

Si l'on fait abstraction des faits pour ne consulter que la raison, il est permis d'en douter : car, en admettant que l'entretien d'une colonie pénale coûte moins cher à l'État que celui des prisons, à coup sûr, sa fondation exige des dépenses plus considérables ; et, s'il y a économie à nourrir, entretenir et garder le condamné dans le lieu de son exil, il est fort cher de l'y transporter (1). D'ailleurs, toute espèce de condamné ne peut être envoyé à la colonie pénale ; le système de la déportation ne fait donc pas disparaître l'obligation d'élever des prisons.

Les écrivains qui, jusqu'à présent, se sont montrés les plus favorables à la colonisation des criminels, n'ont pas fait difficulté de reconnaître que la fondation d'un établissement pénal de cette nature était extrêmement onéreuse pour l'État. Les raisons de ce fait se comprennent aisément, sans qu'il soit besoin de les développer.

On n'a pu encore déterminer avec exactitude ce qu'il en avait coûté pour créer les colonies de l'Australie ; nous savons seulement que, de 1786 à 1819, c'est-à-dire pendant trente-deux ans, l'Angleterre a dépensé, dans sa colonie pénale, 5,301,623 livres sterling, ou environ 133,600,000 francs (2). Il est certain, du reste, qu'aujourd'hui les frais d'entretien sont beaucoup moins élevés que dans les premières années de l'établissement ; mais sait-on à quel prix ce résultat a été obtenu ?

Lorsque les détenus arrivent en Australie (3), le gouvernement choisit parmi eux, non les hommes qui ont commis les plus grands crimes, mais ceux qui ont une profession et savent exercer une industrie. Il s'empare de ceux-là et les occupe aux travaux publics de la colonie. Les criminels ainsi réservés pour le service de l'État ne forment que le huitième de la totalité des condamnés (4), et leur nombre

---

(1) Pendant les années 1828 et 1829, chaque détenu envoyé en Australie a coûté à l'État, pour frais de transport, environ 26 livres sterling (555 fr.) *Documents législatifs envoyés par le parlement britannique*, vol. 23, page 25.

(2) La livre sterling (pound sterling) vaut 25 fr. 20 c., le schelling 1 fr. 24 c.

(3) Enquêtes faites par ordre du parlement britannique en 1812 et 1819. Ces enquêtes se trouvent au nombre des documents législatifs envoyés par le parlement britannique, volumes intitulés : *Reports Committees*, tome 90 et 91.

Rapport fait par M. Bigge en 1822, même collection.

Rapport de la commission chargée de l'examen du budget des colonies, 1830, même collection.

(4) En 1828, sur 15,668 condamnés, 1,918 étaient employés par le gouvernement. *Documents législatifs envoyés par le parlement britannique*, vol. 23.

tend sans cesse à décroître, à mesure que les besoins publics diminuent eux-mêmes. A ces détenus est appliqué le régime des prisons d'Angleterre, à peu de chose près, et leur entretien coûte très cher au trésor.

A peine débarqué dans la colonie pénale, le reste des criminels est distribué parmi les cultivateurs libres. Ceux-ci, indépendamment des nécessités de la vie, qu'ils sont obligés de fournir aux condamnés, doivent encore rétribuer leurs services à un prix fixé.

Transporté en Australie, le criminel, de détenu qu'il était, devient donc réellement serviteur à gages. Ce système, au premier abord, paraît économique pour l'État; nous en verrons plus tard les mauvais effets.

Divers calculs, dont nous donnons en note les bases (1), nous portent à croire qu'en 1829 (dernière année connue), l'entretien de chacun des quinze mille condamnés qui se trouvaient alors en Australie a coûté à l'État au moins 12 livres sterling, ou 302 francs (2).

Si on ajoute annuellement à cette somme l'intérêt de celles qui ont été dépensées pour fonder la colonie, si ensuite on fait entrer en ligne de compte l'accroissement progressif du nombre des criminels qui se font conduire en Australie, on sera amené à penser que l'économie qu'il est raisonnable d'attendre du système de la déportation se réduit en résumé à fort peu de chose, si même elle existe.

Au reste, nous reconnaîtrons volontiers que la question d'économie ne vient ici qu'en seconde ligne. La question principale est celle de savoir si, en définitive, le système de la déportation diminue le nombre des criminels. S'il en était ainsi, nous concevrions qu'une grande nation s'imposât un sacrifice d'argent dont le résultat serait d'assurer son bien-être et son repos.

Mais l'exemple de l'Angleterre tend à prouver que si la déportation fait disparaître les grands crimes, elle augmente

---

(1) V. La note placée à la fin des notes alphabétiques.

(2) Chaque détenu dans les *hulks*, espèces de bagnes flottants établis dans plusieurs ports de la Grande-Bretagne, ne coûte annuellement, déduction faite du prix de son travail, que 6 livres sterling (environ 165 fr.). Il est vrai de dire que, d'un autre côté, l'entretien de chaque individu détenu dans le pénitencier de Milbank revient annuellement à environ 35 liv. sterl., ou 882 fr. Voyez Enquête faite par ordre du parlement britannique en 1832.

sensiblement le nombre des coupables ordinaires; et qu'ainsi la diminution des récidives est plus que couverte par l'augmentation des premiers délits.

La peine de la déportation n'intimide personne, et elle enhardit plusieurs dans la voie du crime.

Pour éviter les frais immenses qu'entraîne la garde des détenus en Australie, l'Angleterre, comme nous venons de le voir, en rend à la liberté le plus grand nombre, dès qu'ils ont mis le pied dans la colonie pénale.

Pour leur donner un avenir et les fixer sans retour par des liens moraux et durables, elle facilite de tout son pouvoir l'émigration de leur famille.

Après que la peine est subie, elle distribue des terres, afin que l'oisiveté et le vagabondage ne les ramènent pas au crime.

De cette combinaison d'efforts il résulte quelquefois, il est vrai, que l'homme réprouvé par la métropole devient un citoyen utile et respecté dans la colonie; mais on voit plus souvent encore celui que la crainte des châtiments aurait forcé de mener une vie régulière en Angleterre enfreindre les lois qu'il eût respectées, parce que la peine dont on le menace n'a rien qui l'effraie, et souvent flatte son imagination plutôt qu'elle ne l'arrête.

Un grand nombre de condamnés, dit M. Bigge dans son rappport à lord Bathurst, sont retenus bien plus par la facilité qu'on trouve en Australie à subsister, par les chances de gain qu'on y rencontre, et l'aisance des mœurs qui y règne, que par la vigilance de la police. Singulière peine, il faut l'avouer, que celle à laquelle le condamné craint de se soustraire.

A vrai dire, pour beaucoup d'Anglais, la déportation n'est guère autre chose qu'une émigration aux terres australes, entreprise aux frais de l'État.

Cette considération ne pouvait manquer de frapper l'esprit d'un peuple renommé à juste titre pour son intelligence dans l'art de gouverner la société.

Aussi, dès 1819 (6 janvier), on trouve dans une lettre officielle écrite par lord Bathurst cette énonciation : La terreur qu'inspirait d'abord la déportation diminue d'une manière graduelle, et les crimes s'accroissent dans la même proportion. (*They have increased beyond all calculations.*)

Le nombre des condamnés à la déportation, qui était de 662 en 1812, s'était en effet élevé successivement jusqu'en 1819, époque de la lettre de lord Bathurst, au chiffre de 3,130; pendant les années 1828 et 1829, il avait atteint 4,500 (1).

(1) En 1832, le parlement britannique nomma une commission à l'effet d'examiner quels étaient les meilleurs moyens de rendre efficace l'application des peines autres que la peine de mort. La commission fit son rapport le 22 juin 1832. C'est dans ce précieux document que nous puisons les extraits qui suivent ; nous devons dire cependant que la commission ne fut pas unanime, et que ses conclusions n'expriment que les opinions de la majorité. C'est du moins ce que nous a assuré un membre très distingué du parlement britannique, qui en faisait partie.

« D'après des témoignages reçus par elle, la commission est fondée à croire qu'il existe assez souvent dans l'esprit des individus appartenant aux dernières classes du peuple l'idée qu'il est très avantageux d'être déporté à Botany-Bay. Elle pense qu'on a vu des exemples de crimes commis dans le seul dessein d'être envoyé en Australie. Il lui semble donc nécessaire d'infliger aux condamnés un châtiment réel, soit avant leur départ d'Angleterre, soit immédiatement après leur arrivée en Australie et avant de les placer comme domestiques chez les cultivateurs. » Page 12.

« La commission pense que la peine de la déportation en Australie, réduite à elle-même, ne suffit pas pour détourner du crime ; et comme on n'a indiqué jusqu'à présent aucun moyen de faire subir aux individus une fois déportés le châtiment réclamé par la société, sans augmenter considérablement les charges du trésor public, il en résulte qu'il faut leur infliger ce châtiment avant leur départ pour la Nouvelle-Galles du Sud. » Page 14.

« Le peine de la déportation, telle qu'elle est mise en pratique en Angleterre, et si on l'inflige seule, paraît à la commission une punition insuffisante. Mais elle peut devenir utile, combinée avec d'autres peines. » Page 16.

« Il résulte de la déclaration des témoins entendus que l'impression produite sur les esprits par la déportation dépend essentiellement de la situation des condamnés. Les laboureurs qui ont une famille craignent au dernier point d'être envoyés à la colonie pénale, tandis que, pour les hommes non mariés, les ouvriers, qui sont sûrs d'obtenir des gages très elevés en Australie, et généralement tous ceux qui sentent le besoin de changer leur position et conçoivent le vague désir de l'ameliorer ; pour ceux-là, la deportation n'a rien de redoutable. Tous les rapports qui parviennent de la Nouvelle-Galles du Sud et de la terre de Van Diemen, la commission en a la preuve, sont en effet très favorables. Ils représentent la situation des condamnes en Australie comme fort heureuse, et les chances de fortune qui leur sont ouvertes comme certaines, pour peu qu'ils se conduisent avec prudence. Il est donc naturel que la deportation soit considérée par beaucoup d'individus plutôt comme un avantage que comme un châtiment. » Page 17.

« Il n'est pas surprenant que, dans un pays pourvu d'une population surabondante, où une foule d'hommes éprouvent de grandes privations, et où conséquemment il se rencontre de grands attraits au crime, ceux dont l'education

Les partisans du système de la déportation ne peuvent nier de pareils faits : mais ils disent que ce système a, du moins, pour résultat de fonder rapidement une colonie, qui bientôt rend en richesse et en puissance à la mère-patrie plus qu'elle ne lui a coûté.

Ainsi envisagée, la déportation n'est plus un système pénal, mais bien une méthode de colonisation. Sous ce point de vue, elle ne mérite pas seulement d'occuper les amis de l'humanité, mais encore les hommes d'État et tous ceux qui exercent quelque influence sur la destinée des nations.

Pour nous, nous n'hésitons pas à le dire, le système de la déportation nous paraît aussi mal approprié à la formation d'une colonie qu'à la répression des crimes dans la métropole. Il précipite sans doute sur le sol qu'on veut coloniser une population qui n'y serait peut-être pas venue toute seule;

---

a été abandonnée, et qui se sentent exposés aux besoins, cèdent sans peine à la tentation de mal faire. D'un côté ils se fient sur l'incertitude de la législation et sur les probabilités d'acquittement qu'elle présente ; si cette chance de salut vient à leur manquer, ils savent que le pis qui puisse leur arriver c'est d'éprouver un changement de condition qui les place à peine plus mal qu'ils n'étaient déjà. » Page 20.

« L'accroissement rapide et progressif des criminels en ce pays (l'Angleterre et le pays de Galles) a depuis un certain temps excité les alarmes et déjoué tous les efforts des philanthropes et des hommes d'État. On a cherché inutilement à arrêter cet accroissement, soit en amendant nos lois pénales, soit en établissant une police plus efficace. Tous ces moyens n'ont pu retarder les progrès du mal ni diminuer l'effrayant catalogue que nous offrent chaque année les monuments de la jurisprudence. Sans remonter à des périodes éloignées, on peut s'assurer par les documents officiels fournis à la commission que le nombre des personnes accusées, écrouées et condamnées pour crimes et délits en Angleterre et dans le pays de Galles augmente sans cesse.

Nombre des individus prévenus ou écroués.

de 1810 à 1817 — 56,308.
  1817   1824 — 92,848.
  1824   1831 —121,548.

Nombre des individus condamnés.

de 1810 à 1817 — 35,259.
  1817   1824 — 63,412.
  1824   1831 — 85,257.....

(*Report of the select committee appointed to inquire into the best mode of giving efficacy to secondary punishments and to report their observations to the House of Commons 22 june 1832.*)

mais l'État gagne peu à recueillir ces fruits précoces, et il eût été à désirer qu'il laissât suivre aux choses leur cours naturel.

Et d'abord, si la colonie croît, en effet, avec rapidité, il devient bientôt difficile d'y maintenir à peu de frais l'établissement pénal: en 1819, la population de la Nouvelle-Galles du Sud ne se composait que d'environ 29,000 habitants, et déjà la surveillance devenait difficile; déjà on suggérait au gouvernement l'idée d'élever des prisons pour y renfermer les condamnés: c'est le système européen avec ses vices, transporté à 5,000 lieues de l'Europe (1).

Plus la colonie croîtra en population, moins elle sera disposée à devenir le réceptale des vices de la mère-patrie. On sait quelle indignation excita jadis en Amérique la présence des criminels qu'y déportait la métropole.

Dans l'Australie elle-même, chez ce peuple naissant, composé en grande partie de malfaiteurs, les mêmes murmures se font déjà entendre, et on peut croire que, dès que la colonie en aura la force, elle repoussera avec énergie les funestes présents de la mère-patrie. Ainsi seront perdus pour l'Angleterre les frais de son établissement pénal.

Les colonies d'Australie chercheront d'autant plus tôt à s'affranchir des obligations onéreuses imposées par l'Angleterre, qu'il existe dans le cœur de leurs habitants peu de bienveillance pour elle.

Et c'est là l'un des plus funestes effets du système de la déportation appliqué aux colonies.

Rien de plus doux, en général, que le sentiment qui lie les colons au sol qui les a vus naître.

Les souvenirs, les habitudes, les intérêts, les préjugés, tout les unit encore à la mère-patrie, en dépit de l'Océan qui les sépare. Plusieurs nations de l'Europe ont trouvé et trouvent encore une grande source de force et de gloire dans ces liens d'une confraternité lointaine. Un an avant la révolution d'A-

---

(1) En 1826 (17 février) le gouverneur de la Nouvelle-Galles du Sud faisait établir une nouvelle prison indépendante de celle qui existait déjà à Sidney. Plusieurs établissements avaient déjà été créés sur divers points du territoire de la colonie, pour y retenir les déportés les plus indociles. V. Les documents imprimés par ordre de la chambre des communes d'Angleterre, et entre autres l'ordonnance du gouverneur Darling, en 1826, et les *Regulations on penal settlements*, imprimés en 1832.

mérique, le colon dont les pères avaient, depuis un siècle et demi, quitté les rivages de la Grande-Bretagne, disait encore *chez nous*, en parlant de l'Angleterre.

Mais le nom de la mère-patrie ne rappelle à la mémoire du déporté que le souvenir de misères quelquefois imméritées. C'est là qu'il a été malheureux, persécuté, coupable, déshonoré. Quels liens l'unissent à un pays où, le plus souvent, il n'a laissé personne qui s'intéresse à son sort. Comment désirerait-il établir dans la métropole des rapports de commerce ou des relations d'amitié? De tous les points du globe, celui où il est né lui semble le plus odieux. C'est le seul lieu où l'on connaisse son histoire et où sa honte ait été divulguée.

On ne peut guère douter que ces sentiments hostiles du colon ne se perpétuent dans sa race; aux États-Unis, parmi ce peuple rival de l'Angleterre, on reconnaît encore les Irlandais par la haine qu'ils ont vouée à leurs anciens maîtres.

Le système de la déportation est donc fatal aux métropoles, en ce qu'il affaiblit les liens naturels qui doivent les unir à leurs colonies; de plus, il prépare à ces États naissants eux-mêmes un avenir plein d'orage et de misère.

Les partisans des colonies pénales n'ont pas manqué de nous citer l'exemple des Romains, qui préludèrent par une vie de brigandage à la conquête du monde.

Mais ces faits dont on parle sont bien loin de nous; il en est d'autres plus concluants qui se sont passés presque sous nos yeux, et nous ne saurions croire qu'il faille s'en rapporter à des exemples donnés il y a trois mille ans, quand le présent parle si haut.

Une poignée de sectaires aborde, vers le commencement du dix-septième siècle, sur les côtes de l'Amérique du nord; là, ils fondent presque en secret une société à laquelle ils donnent pour base la liberté et la religion. Cette bande de pieux aventuriers est devenue depuis un grand peuple, et la nation créée par elle est restée la plus libre et la plus croyante qui soit au monde. Dans une île dépendante du même continent, et presque à la même époque, un ramas de pirates, écume de l'Europe, venait chercher un asile. Ces hommes dépravés, mais intelligents, y établissaient aussi une société qui ne tarda pas à s'éloigner des habitudes déprédatrices de ses fondateurs. Elle devint riche et éclairée, mais elle resta la plus corrompue du globe, et ses vices ont préparé la sanglante catastrophe qui a terminé son existence.

Au reste, sans aller rechercher l'exemple de la Nouvelle-Angleterre et de Saint-Domingue, il nous suffirait, pour mieux faire comprendre notre pensée, d'exposer ce qui se passe dans l'Australie même.

La société (1), en Australie, est divisée en diverses classes aussi séparées et aussi ennemies les unes des autres que les différentes castes du moyen âge. Le condamné est exposé au mépris de celui qui a obtenu sa libération; celui-ci aux outrages de son propre fils, né dans la liberté; et tous à la hauteur du colon dont l'origine est sans tache. Ce sont comme quatre nations qui se rencontrent sur le même sol.

On jugera des sentiments qui animent entre eux ces différents membres d'un même peuple, par le morceau suivant qu'on trouve dans le rapport de M. Bigge : « Tant que ces sentiments de jalousie et d'inimitié subsisteront, dit-il, il ne faut pas songer à introduire l'institution du jury dans la colonie. Avec l'état actuel des choses, un jury composé d'anciens condamnés ne peut manquer de se réunir contre un accusé appartenant à la classe des colons libres; de même que des jurés pris parmi les colons libres croiront toujours manifester la pureté de leur classe en condamnant l'ancien détenu contre lequel une seconde accusation sera dirigée. »

En 1820, le huitième seulement des enfants recevait quelque instruction en Australie. Le gouvernement de la colonie ouvrait cependant à ses frais des écoles publiques; il savait, comme le dit M. Bigge dans son rapport, que l'éducation seule pouvait combattre l'influence funeste qu'exerçaient les vices des parents.

Ce qui manque, en effet, essentiellement à la société australienne, ce sont les mœurs. Et comment pourrait-il en être autrement? A peine dans une société composée d'éléments purs, la force de l'exemple et l'influence de l'opinion publique parviennent-elles à contenir les passions humaines :

(1) Enquêtes de 1812 et 1819.
Rapport de M. Bigge.
Rapport de la commission du budget en 1830.
V. Documents législatifs envoyés par le parlement britannique.

sur trente-six mille habitants que comptait l'Australie en 1828, vingt-trois mille, ou près des deux tiers, appartenaient à la classe des condamnés. L'Australie se trouvait donc encore dans cette position unique, que le vice y obtenait l'appui du plus grand nombre. Aussi les femmes y avaient-elles perdu ces traditions de pudeur et de vertu qui caractérisent leur sexe dans la métropole et la plupart de ses colonies libres; quoique le gouvernement encourageât le mariage de tout son pouvoir, souvent même aux dépens de la discipline, les bâtards formaient encore le quart des enfants.

Il y a d'ailleurs une cause, en quelque sorte matérielle, qui s'oppose à l'établissement des bonnes mœurs dans les colonies pénales, et qui, au contraire, y facilite les désordres et la prostitution.

Dans tous les pays du monde, les femmes commettent infiniment moins de crimes que les hommes. En France, les femmes ne forment que le cinquième des condamnés; en Amérique, le dixième. Une colonie fondée à l'aide de la déportation présentera donc nécessairement une grande disproportion de nombre entre les deux sexes. En 1828, sur trente-six mille habitants que renfermait l'Australie, on ne comptait que huit mille femmes, ou moins du quart de la population totale. Or, on le conçoit sans peine, et l'expérience d'ailleurs le prouve, pour que les mœurs d'un peuple soient pures, il faut que les deux sexes s'y trouvent dans un rapport à peu près égal.

Mais ce ne sont pas seulement les infractions aux préceptes de la morale qui sont fréquentes en Australie; on y commet encore plus de crimes contre les lois positives de la société que dans aucun pays du monde.

Le nombre annuel des exécutions à mort en Angleterre est d'environ soixante, tandis que, dans les colonies australiennes, qui sont régies par la même législation, peuplées d'hommes appartenant à la même race, et qui n'ont encore que quarante mille habitants, on compte, dit-on, de quinze à vingt exécutions à mort chaque année (1).

Enfin, de toutes les colonies anglaises, l'Australie est la seule qui soit privée de ces précieuses libertés civiles qui ont

---

(1) Ce fait nous a été affirmé par une personne digne de foi qui a habité pendant plus de deux ans la Nouvelle-Galles du Sud.

fait la gloire de l'Angleterre et la force de ses enfants dans toutes les parties du monde. Comment confierait-on les fonctions du juré à des hommes qui sortent eux-mêmes des bancs de la cour d'assises? et peut-on sans danger remettre la direction des affaires publiques à une population tourmentée par ses vices et divisée par des inimitiés profondes?

Il faut le reconnaître, la déportation peut concourir à peupler rapidement une terre déserte; elle peut former des colonies libres, mais non des sociétés fortes et paisibles. Les vices que nous enlevons ainsi à l'Europe ne sont pas détruits; ils ne sont que transplantés sur un autre sol, et l'Angleterre ne se décharge d'une partie de ses misères que pour les léguer à ses enfants des terres australes.

CHAPITRE III.

DIFFICULTÉS SPÉCIALES A NOTRE TEMPS ET A LA FRANCE.

Où la France peut-elle espérer trouver un lieu propre à fonder une colonie pénale? — Le génie de la nation n'est pas favorable aux entreprises d'outremer. — Facilités qu'a rencontrées l'Angleterre dans la fondation de Botany-Bay, et qui manquent à la France. — Dépenses qu'entraînerait la création d'une semblable colonie. — Chances d'une guerre maritime.

Nous venons de faire connaître dans ce qui précède les raisons qui nous portaient à croire que le système de la déportation n'était utile ni comme moyen répressif, ni comme méthode de coloniser. Les difficultés que nous avons exposées nous semblent devoir se représenter dans tous les temps et chez toutes les nations; mais, à certaines époques et pour certains peuples, elles deviennent insurmontables.

Premièrement, où la France ira-t-elle aujourd'hui chercher le lieu qui doit contenir sa colonie pénale? Commencer par savoir si ce lieu existe, c'est assurément suivre l'ordre naturel des idées; et, à cette occasion, nous ne pouvons nous défendre de faire une remarque.

Parlez à un partisan du système des colonies pénales, vous entendrez d'abord un résumé des avantages de la dépor tation ; on développera des considérations générales et souvent ingénieuses sur le bien qu'en pourrait retirer la France; on émettra des vœux pour son adoption ; on ajoutera enfin quelques détails sur la colonisation de l'Australie. Du reste, on s'occupera peu des moyens d'exécution; et quant au choix à faire pour la colonie française, l'entretien finira sans qu'il en ait été dit un seul mot. Que si vous hasardez une question sur ce point, on se hâtera de passer à un autre objet; ou bien l'on se bornera à vous répondre que le monde est bien grand, et qu'il doit se trouver quelque part le coin de terre dont nous avons besoin.

On dirait que l'univers est encore divisé par la ligne imaginaire qu'avaient jadis tracée les papes, et qu'au delà s'étendent des continents inconnus où l'imagination peut aller se perdre en liberté.

C'est cependant sur ce terrain limité que nous voudrions voir venir les partisans de la déportation, c'est cette question toute de fait que nous désirerions le plus éclaircir.

Quant à nous, nous avouerons sans difficulté que nous n'apercevons nulle part le lieu dont pourrait s'emparer la France. Le monde ne nous semble plus vacant, toutes les places nous y paraissent occupées.

Qu'on se rappelle ce que nous avons dit plus haut sur le choix à faire d'un lieu propre à y établir une colonie pénale, ce qui, je crois, n'est pas contesté.

Or, nous posons ici la question en termes précis : Dans quelle partie du monde se rencontre aujourd'hui un semblable lieu?

Ce lieu, la fortune l'indiquait aux Anglais il y a cinquante ans. Continent immense et par conséquent avenir sans bornes, ports spacieux, relâches assurées, terre féconde et inhabitée, climat de l'Europe, tout s'y trouvait réuni, et ce lieu privilégié était placé aux antipodes.

Pourquoi, dira-t-on, abandonner aux Anglais la libre possession d'un pays dix fois plus grand que l'Angleterre? Deux peuples ne peuvent-ils donc pas se fixer sur cet immense territoire? et une population de 50,000 Anglais se trouvera-t-elle gênée, lorsqu'à 900 lieues de là, sur la côte de l'ouest, on voudra établir une colonie française? Ceux qui font cette question ignorent sans doute que l'Angleterre, avertie par ce qui s'est passé en Amérique du danger d'avoir des voisins, a déclaré à plusieurs reprises qu'elle ne souffrirait pas qu'un seul établissement européen se fondât en Australie. Nous sentons certes autant que d'autres ce qu'il y a d'orgueil et d'insolence dans une déclaration semblable, mais les partisans de la déportation veulent-ils qu'on fasse une guerre maritime à l'Angleterre pour fonder la colonie pénale?

Un auteur qui a écrit avec talent sur le système pénitentiaire, M. Charles Lucas, indique, il est vrai, aux méditations du gouvernement deux petits îlots des Antilles et la colonie de Cayenne, qui pourraient servir, dit-il, de lieux de détention à certains condamnés. Il y renfermerait les assassins en état de récidive, ainsi que ceux qui ont porté atteinte à la liberté de la presse et à celle des cultes. Mais la déportation, restreinte à ces deux espèces de criminels, n'est pas d'une utilité généralement sentie, et l'on peut douter d'ailleurs que le lieu qu'on indique soit bien choisi. L'auteur dont nous parlons, qui conteste à la société le droit d'ôter la vie, même au parricide, ne voudrait pas sans doute laisser à l'insalubrité du climat la charge de faire ce que la justice ne peut ordonner.

Personne, jusqu'à présent, à notre connaissance, ne s'est sérieusement occupé à résoudre la question que nous avons posée plus haut. Et cependant ne faudrait-il pas avant tout se fixer sur ce premier point?

Nous devons, au reste, nous hâter de le dire, nous n'avons pas la prétention de croire qu'il soit impossible de trouver un lieu propre à y fonder une colonie pénale, parce que nos recherches ne nous l'ont pas fait apercevoir.

Mais, ce lieu fût-il découvert, restent encore les difficultés d'exécution : elles ont été grandes pour l'Angleterre; elles paraissent insurmontables pour la France.

La première de toutes, il faut l'avouer, se rencontre dans le caractère de la nation, qui, jusqu'à présent, s'est montré peu favorable aux entreprises d'outre-mer.

La France, par sa position géographique, son étendue et sa fertilité, a toujours été appelée au premier rang des pouvoirs du continent. C'est la terre qui est le théâtre naturel de sa puissance et de sa gloire; le commerce maritime n'est qu'un appendice de son existence. La mer n'a jamais excité chez nous, et n'excitera jamais sans doute ces sympathies profondes, cette sorte de respect filial qu'ont pour elle les peuples navigateurs et commerçants. De là vient que parmi nous on a vu souvent les génies les plus puissants s'obscurcir tout à coup lorsqu'il s'agissait de combiner et de diriger des expéditions navales. Le peuple, de son côté, croit peu au succès de ces entreprises éloignées. L'argent des particuliers ne s'y engage qu'avec peine ; les hommes qui chez nous se présentent pour aller fonder une colonie sont le plus souvent du nombre de ceux auxquels la médiocrité de leurs talents, le délabrement de leur fortune, ou les souvenirs de leur vie antérieure, interdisent l'espérance d'un avenir dans leur patrie. Et cependant, s'il est une entreprise au monde dont le succès dépende des chefs qui la dirigent, c'est sans doute l'établissement d'une colonie pénale.

Lorsque l'Angleterre conçut, en 1785, le projet de déporter ses condamnés dans la Nouvelle-Galles du Sud, elle avait déjà acquis à peu près l'immense développement commercial qu'on lui voit de nos jours. Sa prépondérance sur les mers était dès lors un fait reconnu.

Elle tira un grand parti de ces deux avantages ; l'étendue de son commerce la mit à même de se procurer facilement les marins qu'elle destinait à faire le voyage d'Australie. L'industrie particulière vint au secours de l'État ; des navires d'un haut tonnage (1) se présentèrent en foule pour transporter à bon marché les condamnés dans la colonie pénale. Grâce au grand nombre des vaisseaux et aux immenses ressources de la marine royale, le gouvernement put sans peine faire face à tous les nouveaux besoins.

Depuis lors, la puissance de l'Angleterre n'a pas cessé de croître : l'île Sainte-Hélène, le cap de Bonne-Espérance, l'île de France, sont tombés entre ses mains, et offrent aujourd'hui à ses vaisseaux autant de ports où ils peuvent relâcher commodément à l'abri du pavillon britannique.

L'empire de la mer s'acquiert lentement ; mais il est moins sujet qu'un autre aux brusques vicissitudes de la fortune. Tout annonce que, pendant longtemps encore, l'Angleterre jouira tranquillement de ses avantages, et que la guerre même ne pourra point y mettre obstacle.

L'Angleterre était donc de toutes les nations du monde

---

(1) On n'emploie guère à ce service des navires jaugeant moins de 500 tonneaux.

celle qui pouvait fonder une colonie pénale le plus facilement et aux moindres frais.

L'enfance de la colonie de Botany-Bay a cependant été fort pénible, et nous avons vu quelles sommes immenses les Anglais avaient dû dépenser pour la fonder.

Ces résultats s'expliquent d'eux-mêmes. Une nation, quels que soient ses avantages, ne peut, à bon marché, créer un établissement pénal à trois ou quatre mille lieues du centre de sa puissance, alors qu'il faut tout apporter avec soi, et qu'on n'a rien à attendre des efforts ni de l'industrie des colons.

En imitant nos voisins, nous ne pouvons espérer trouver aucune des facilités qu'ils ont rencontrées dans leur entreprise.

La marine royale de France ne peut, sans augmenter considérablement son budget, envoyer chaque année des vaisseaux dans des contrées aussi lointaines; et le commerce français, de son côté, présente peu de ressources pour des expéditions de ce genre.

Une fois partis de nos ports, il nous faudra parcourir la moitié de la circonférence du globe sans rencontrer un seul lieu de relâche où nos marins soient sûrs de trouver un appui et des secours efficaces.

Ces difficultés s'exposent en peu de mots, mais elles sont très grandes; et plus on examine le sujet, plus on s'en convainc.

Si nous parvenions à surmonter de semblables obstacles, ce ne serait qu'à force de sacrifices et d'argent.

Nous ne saurions penser que, dans l'état actuel des finances, on puisse vouloir augmenter à ce point les charges du trésor. L'entreprise dût-elle avoir un succès heureux, dût-il même en résulter par la suite une économie, la France ne nous semble pas en état de s'imposer la première avance. Le résultat ne nous paraît nullement en rapport avec de pareils sacrifices.

Et d'ailleurs, est-on sûr de recueillir pendant longtemps les fruits d'une si coûteuse entreprise?

Ceux qui s'occupent des colonies pénales ont soin, en général, de peu s'appesantir sur les chances qu'une guerre maritime ferait nécessairement courir à la nouvelle colonie; ou, s'ils en parlent, c'est pour repousser loin d'eux la pensée que la France pût redouter un conflit, et n'eût pas la force de faire respecter en tout temps la justice de ses droits.

Nous ne suivrons pas cet exemple : la véritable grandeur, chez un peuple comme chez un homme, nous a toujours paru consister à entreprendre, non tout ce qu'on désire, mais tout ce qu'on peut. La sagesse comme le vrai courage est de se connaître soi-même et de se juger sans faiblesse, tout en conservant la juste confiance de ses forces.

La position géographique, les établissements coloniaux, la gloire maritime et l'esprit commerçant de l'Angleterre, lui ont donné une prépondérance incontestable sur les mers. Dans l'état actuel des choses, la France peut soutenir contre elle une lutte glorieuse; elle peut triompher dans des combats particuliers; elle peut même défendre efficacement des possessions peu éloignées du centre de l'empire; mais l'histoire nous apprend que ses colonies lointaines ont presque toujours fini par succomber sous les coups de sa rivale.

L'Angleterre a des établissements formés et des lieux de relâches préparés sur tous les rivages; la France ne peut guère trouver un point d'appui pour ses flottes que sur son territoire ou aux Antilles. L'Angleterre peut disséminer ses forces dans toutes les parties du globe sans rendre les chances de succès inégales; la France ne peut lutter qu'en réunissant toutes les siennes dans les mers qui l'environnent.

Après avoir fait de longs efforts pour fonder à grands frais sa colonie, la France se verrait en danger presque certain de la voir enlever par son ennemie.

Mais une pareille colonie tentera peu la cupidité de l'Angleterre. Rien n'autorise à le croire. L'Angleterre aura toujours intérêt à détruire un établissement colonial français, quel qu'il soit. L'Angleterre, d'ailleurs, en s'emparant de la colonie pénale, se hâtera sans doute de lui donner une autre destination, et cherchera à la peupler d'autres éléments.

Mais supposons que, la colonie ayant eu le temps de prendre un accroissement considérable, l'Angleterre ne veuille ou ne puisse s'en emparer; elle n'a pas besoin de le faire pour nuire à la France: il lui suffit d'isoler la colonie et d'arrêter ses communications avec la mère-patrie. Une colonie, et surtout une colonie pénale, à moins d'être parvenue à un haut degré de développement, ne supporte qu'avec peine un isolement complet du monde civilisé. Privée de ses rapports avec la métropole, on la voit bientôt dépérir. De son côté, si la France ne peut plus transporter ses condamnés au delà des mers, que deviennent les résultats de la déportation, si chèrement achetés? Sa colonie, au lieu de lui être utile, lui suscitera des difficultés, et nécessitera des dépenses qui n'existaient point avant elle. Que fera-t-on des détenus qu'on destinait à la colonie pénale? Il faudra les garder sur le territoire continental de la France; mais rien n'est préparé pour les recevoir; à chaque guerre maritime, il faudra donc recréer des bagnes provisoires qui puissent contenir les criminels.

Tels sont, dans l'état actuel des choses, les résultats presque certains d'une guerre avec l'Angleterre. Or, si l'on ouvre les fastes de notre histoire, on peut se convaincre que la paix qui subsiste aujourd'hui est une des plus longues qui aient existé entre les Anglais et nous depuis quatre cents ans.

NOTES

ALPHABÉTIQUES.

(*a*) C'est en 1804 que fut décrétée l'érection du premier pénitencier de Baltimore (Maryland), et en 1809 eut lieu la réforme générale des lois criminelles combinées avec un nouveau système d'emprisonnement.

« Toute personne (dit l'article 28 de la loi) convaincue d'un « crime puni de l'emprisonnement dans le pénitencier, sera placée « dans une cellule solitaire, où elle recevra une nourriture grossière et peu abondante, où elle restera pendant tout le temps « déterminé par la cour ; pourvu toutefois que le temps passé dans « la cellule n'excède pas la moitié de la peine totale d'emprisonnement, et ne soit pas moindre de la vingtième partie de cette « peine ; à la condition aussi que les directeurs du pénitencier auront le pouvoir de faire subir l'isolement de la manière et aux intervalles qu'ils jugeront convenables. »

V. Act of assembly, Baltimore 1819, page 24.

L'art. 30 de la même loi prescrit le travail aux détenus dans le pénitencier, excepté dans les cas d'emprisonnement dans les cellules ; et l'art. 40 autorise la peine du fouet comme moyen de discipline. La loi du Maryland diffère en ce point de celle de New-York.

Le système de l'isolement absolu dans certains cas déterminés n'a été adopté dans la prison de Boston (Massachussetts) que le 21 juin 1811. V. Rules and regulations for the government of the Massachussetts state prison, Boston, 1823.

Il a été mis en vigueur dans le New-Jersey dès l'année 1797.

V. 5ᵉ Rapport de la Société des prisons de Boston, p. 422.

En 1820, on fit dans le New-Jersey une loi qui autorisait les cours de justice à prononcer, dans les cas d'incendie, de meurtre, de viol, de blasphème, de parjure, de vol avec effraction ou avec violence, de faux, etc., contre les coupables, la peine de l'emprisonnement solitaire dans une cellule pour un temps qui ne pourrait excéder le quart de celui auquel ils auraient pu être condamnés à l'emprisonnement avec travail. Voyez Lettre de M. Southard du New-Jersey, du 27 décembre 1831.

(*b*) Ce fut le 2 avril 1821 que la législature de New-York prit un arrêté par lequel les directeurs d'Auburn étaient chargés de choisir une classe de condamnés composée des criminels les plus endurcis, et de les renfermer jour et nuit, sans la moindre interruption, dans leurs cellules solitaires, où il ne leur était pas permis de travailler. Le 25 décembre 1821, un nombre suffisant de cellules étant complété, on choisit quatre-vingts condamnés qu'on plaça dans les cellules. Voyez rapport de Gershom Powers, surintendant d'Auburn en 1828, page 80, et note manuscrite d'Elam Lynds, qui nous l'a remise lui-même.

Cet arrêté de la législature fut pris sur le rapport d'une commission d'enquête dont était membre M. J. Spencer de Canandagua, l'un des criminalistes les plus distingués de l'État de New-York :

« Les détenus, disait-il dans son rapport, devraient être classés
« selon leur moralité; *les scélérats endurcis au crime seraient sou-*
« *mis à un emprisonnement solitaire non interrompu;* ceux qui
« viennent après dans l'échelle du crime seraient une partie du
« temps soumis à la même peine; et pendant le reste de leur dé-
« tention ils auraient la permission de travailler; les moins crimi-
« nels et les moins dépravés auraient la faculté de travailler tout le
« jour. » Voyez le Rapport à la législature, de l'année 1821.

(*c*) C'était pendant l'année 1822, celle qui suivit immédiatement l'expérience des cellules solitaires sans travail. Voici comment M. G. Powers, le directeur d'Auburn, raconte ce qui arriva dans cette circonstance :

« Pendant l'année 1822, dit-il, il y a eu, terme moyen, deux cent
« vingt détenus dans la prison; d'après le rapport du médecin aux
« inspecteurs, il paraît que le nombre des malades à l'hôpital cha-
« que jour a été, terme moyen, sept ou huit. Il y a eu dix morts,
« dont sept ont été causées par la phthisie pulmonaire; et sur ces
« sept, cinq appartenaient aux cellules solitaires. Le médecin parle
« dans son rapport de malades sortant des cellules et arrivant à
« l'hôpital avec la respiration gênée et des douleurs dans la poi-
« trine. »

Voici dans quels termes conclut le médecin dont parle ici M. Gershom Powers :

« Il est désormais reconnu que la vie sédentaire, quelles que
« soient les circonstances qui l'accompagnent, a pour effet d'affai-
« blir le corps, et par conséquent le dispose à la maladie; cet effet
« se peut remarquer dans les écoles comme dans les prisons, et par-
« tout où l'exercice du corps ne reçoit pas son entier développe-
« ment. Si nous passons en revue les causes morales des maladies
« humaines, nous en viendrons probablement à reconnaître que la
« vie sédentaire dans la prison, qui entraîne avec elle toutes les
« passions débilitantes, telles que la mélancolie, le chagrin, etc.,

« doit hâter singulièrement le progrès de la phthisie pulmonaire. »
Voyez Rapport de G. Powers, 1828, page 81. Nous verrons plus tard que le travail, ajouté au régime de la prison, change entièrement les conclusions du médecin.

(*d*) Cette prison est aujourd'hui dans une sorte d'abandon; les cellules solitaires destinées à recevoir chacune un condamné sont ouvertes à tous les détenus, qui peuvent communiquer entre eux; nous en avons trouvé soixante-quatre dans la prison; on n'a gardé du système que ce qu'il avait de vicieux, c'est-à-dire l'absence du travail. Les détenus, à l'exception d'un très petit nombre, sont absolument oisifs, parce qu'on n'a point d'atelier pour les réunir. Malgré les défauts matériels de l'établissement, il nous semble qu'on pourrait en tirer un meilleur parti; mais l'administration est dégoûtée par la mauvaise disposition des lieux; et le système n'ayant point eu le succès qu'on en attendait, l'attention publique a cessé de se porter sur ce point. Dans un gouvernement où la force et la suite ne sont nulle part, on ne fait bien que les entreprises qui intéressent vivement l'opinion publique, et qui donnent par conséquent de la gloire ou du profit aux individus qui s'en mêlent. Le pénitencier de Philadelphie est dirigé par des hommes d'un grand mérite; celui de Pittsburg, déjà oublié, ne trouve, pour le conduire, que des agents d'une capacité ordinaire.

(*e*) La société des prisons de Boston date de l'année 1826. Depuis cette époque jusqu'à ce jour, c'est-à-dire pendant un espace de six années, elle a dépensé 17,498 dollars 19 cents (92,740, fr. 40 c.), sur lesquels 15,681 dollars (83,111 fr. 31 c.) lui ont été donnés par des personnes charitables. C'est à l'aide de pareilles ressources que ses membres ont pu travailler efficacement à l'œuvre de la réforme des prisons : une des plus grandes richesses de la société consiste dans le zèle de M. L. Dwight, son secrétaire, qu'on voit rechercher avec une ardeur infatigable tous les documents propres à éclairer l'opinion publique; ne négligeant aucun voyage, quelque pénible qu'il soit, quand il poursuit la vérité; visitant les bonnes comme les mauvaises prisons; signalant les vices des unes, les avantages des autres; indiquant les améliorations obtenues et celles qui sont encore à faire. Il travaille sans relâche à l'œuvre de la réforme.

Les rapports publiés sous les auspices de la société sont comme un livre authentique dans lequel sont enregistrés tous les abus et toutes les erreurs du système pénitentiaire, en même temps qu'on y constate toutes les heureuses innovations.

La société de Boston, qui pense que l'instruction religieuse doit être la base de tout système de réforme dans les prisons, a, pendant six années, entretenu de ses propres fonds des ministres du culte dans les prisons d'Auburn, de Singsing, de Wethersfield, de Lamberton (New-Jersey) et de Charlestown, près de Boston.

Les sommes dépensées par elle pour cet objet se sont élevées à 4,727 dollars 29 cents (25,654 fr. 63 c.). V. les six rapports publiés par cette société.

(*f*) La loi qui prescrit le travail dans les cellules solitaires est du 23 avril 1829. V. section 3 de la loi intitulée « *An act to reform the penal laws of this commonwealth.* »

Il arrive assez fréquemment, même aux États-Unis, qu'on se méprend sur le véritable caractère du nouveau pénitencier de Philadelphie; les uns, croyant que cette prison n'est autre que celle de Walnut, jadis tant vantée malgré tous ses vices, en font l'éloge ou la blâment, selon qu'ils la jugent sur sa réputation ou qu'ils en ont une connaissance personnelle; d'autres, informés de l'existence de la prison nouvelle, mais croyant que le travail en est proscrit, conformément à l'intention de ses fondateurs, condamnent cette prison et sa discipline, dans la conviction où ils sont qu'on n'y admet point le travail, qui cependant y est en vigueur.

(*g*) Il est assez remarquable que la loi pénale et celle qui règle le mode de son exécution, c'est-à-dire le système d'emprisonnement, ne forment qu'un seul contexte. Cette manière de procéder est tout à la fois logique et sage. En effet, toute la sanction d'une peine est dans son exécution. Le jugement qui condamne un criminel n'est qu'un principe, une idée, s'il ne prend par son exécution une forme matérielle. La loi qui règle cette exécution est donc aussi importante que celle qui décrète le principe; voilà pourquoi toutes les lois qui portent la peine d'emprisonnement devraient dire avec soin comment cette peine sera subie. C'est ce qu'a fait la législature de Pennsylvanie.

(*h*) Le pénitencier du Massachussetts est organisé depuis 1829; celui du Maryland depuis le 1ᵉʳ janvier 1830; ceux du Tennessee, du Kentucky, ont été construits à la même époque. La prison du Vermont n'est pas encore entièrement achevée aujourd'hui; mais elle se poursuit en ce moment, et s'exécute sur le plan d'Auburn. Quant à la prison du Maine, nous la considérons comme étant établie sur le même système, quoique dans le principe elle n'ait eu en vue que l'emprisonnement solitaire sans travail dans des cas spéciaux déterminés par la loi; il est constant en effet que, depuis quelques années, le nombre des cellules ayant été augmenté et des ateliers ayant été formés pour que les détenus pussent travailler, ce pénitencier, qui avait dans son origine des traits communs avec Pittsburg et Walnut, appartient entièrement aujourd'hui au système d'Auburn.

(*i*) Le plan d'une maison de refuge y est déjà adopté, et un comité s'est formé pour en poursuivre l'exécution.

On peut, parmi les mauvaises prisons, citer celle de Lamberton (New-Jersey).

Les enfants et les vieillards y sont confondus. Tous les principes de discipline y sont méconnus ; les détenus et les employés de la prison s'entendent pour violer les règlements. La conversation des prisonniers roule uniquement sur les crimes qu'ils ont commis, sur ceux qu'ils commettront un jour, et sur leurs projets d'évasion. Depuis l'établissement de la prison, mille deux cent six individus y ont été renfermés, dont cent huit se sont évadés. La discipline est vicieuse, mais elle est sévère : on cite dix détenus qui sont morts par suite de châtiments rigoureux. Le travail des prisonniers est improductif et leur entretien est très dispendieux. V. 5e Rapport de la Société des prisons de Boston.

(*j*) On a vu les prisons qui renferment les condamnés pour crimes infectées de la plus grande corruption, et on a porté le remède là où s'est montré le plus grand mal : les maisons d'arrêt, où même le mal existe, mais où il fait moins de ravages, ont été oubliées ; cependant négliger les moins coupables pour ne travailler à la réforme que des grands criminels, c'est comme si, dans un hôpital, on ne s'occupait que des plus infirmes, et si, pour guérir des malades peut-être incurables, on laissait dépourvus de soins tous ceux qui pourraient facilement être rendus à la santé. Le vice que nous signalons ici est senti en Amérique par les hommes les plus distingués.

M. Edward Livingston l'attaque avec une grande force dans ses écrits :

« Dans les prisons qui renferment des condamnés, on ne mêle, « dit-il, que des coupables avec des coupables ; mais, dans celles « où se trouvent les prévenus arrêtés provisoirement, le crime est « confondu avec l'innocence. »

V. son Introduction au Code disciplinaire des prisons, page 31.

Afin de mieux faire sentir tout l'inconvénient d'un mauvais système d'emprisonnement pour les prévenus, M. Livingston présente le tableau des individus arrêtés, jugés, acquittés ou condamnés à New-York depuis 1822 jusqu'en 1826 inclusivement. Il résulte de ce tableau que les quatre cinquièmes des personnes arrêtées à New-York comme prévenues de crimes ou délits, et jetées comme telles dans une prison en attendant le jour du jugement, sont en définitive reconnues innocentes soit par les magistrats de police, soit par le jury d'accusation (grand jury), ou enfin par le jugement définitif. (V. ce tableau à la fin du volume.) Nous n'avons rencontré personne qui s'affligeât plus sincèrement du mauvais état des maisons d'arrêt en Amérique que M. Riker, le recorder de la ville de New-York, magistrat d'un rare mérite et d'une haute vertu, qui joint à beaucoup de connaissances une grande expérience des affaires criminelles.

(*k*) Aux États-Unis, la tête de la société est toujours en avant dans la voie de la réforme : le reste du corps social, qui compose la masse de la population, suit d'ordinaire le mouvement, mais en se tenant à distance ; et quand on veut le mener trop loin, il s'arrête tout court. C'est ainsi que, dans la Pennsylvanie, les quakers n'ont pu parvenir à faire abolir entièrement la peine de mort : son abolition pour le cas d'assassinat répugnait au sens des masses : il en serait de même dans les autres États de l'Union, si l'on tentait de la supprimer dans quelques-uns des cas où l'opinion générale la juge nécessaire. Les législateurs des divers États ne peuvent faire que ce qui plaît au plus grand nombre : et si, devançant l'opinion publique, ils tentaient des innovations dont le besoin ne fût pas encore senti, ils s'exposeraient non-seulement à perdre la faveur populaire, mais encore à voir leur ouvrage détruit l'année suivante par leurs successeurs.

(*l*) Il a été quelquefois reproché à l'emprisonnement solitaire de punir inégalement les criminels qui le subissent. Il est bien certain que ce châtiment fait éprouver aux détenus des impressions fort diverses ; il affecte plus vivement l'homme dont l'esprit a été cultivé que l'être brut dont l'intelligence n'a point été développée par l'éducation : la solitude devient plus pénible à mesure que les besoins de sociabilité sont plus grands. Mais cette inégalité dans les effets de la peine n'est point particulière à l'emprisonnement solitaire. Toutes les peines infamantes sont plus cruelles pour l'homme dont la position sociale est élevée que pour celui qui, pour les subir, sort d'une condition obscure. Le criminel dont l'imagination est ardente et vive souffre plus de quelques heures de détention, même non solitaire, que le condamné dont l'esprit est naturellement tranquille. On a remarqué que l'Indien ne peut supporter longtemps la privation de sa liberté ; sera-ce une raison pour abolir l'emprisonnement, de quelque nature qu'il soit, dans toute société où il y a des Indiens.

V. Rapport des commissaires-rédacteurs du Code pénal de Pennsylvanie.

(*m*) Sans parler des rapports monstrueux que les détenus ont entre eux pendant la nuit, il suffit de dire que l'entretien de deux criminels renfermés dans une prison roule uniquement sur les attentats qu'ils ont commis et sur ceux qu'ils espèrent commettre, lorsqu'ils seront en liberté. Dans de telles conversations, chacun se fait honneur de ses forfaits, et tous se disputent le privilége de l'infamie. Le moins avancé dans la carrière du crime prête l'oreille aux discours du plus expérimenté ; et le plus corrompu parmi les prisonniers est un type sur lequel se modèlent bientôt toutes les moralités.

Tous ceux qui ont visité les prisons de France reconnaîtront la vérité de ce tableau. M. Louis Dwight, dans les rapports de la Société de Boston, signale une multitude de faits qui prouvent que, dans cette peinture, nous sommes encore au-dessous de la réalité.

Du reste, la contagion des prisons et l'inutilité des classifications sont désormais deux points reconnus aux États-Unis. M. Livingston s'exprime sur ce point dans des termes qui méritent d'être cités.

« Il est devenu manifeste qu'on ne doit espérer aucune réforme
« chez les détenus, tant que cette confusion existera. On a essayé
« en Angleterre, et même chez nous, de remédier à ce mal par
« la classification des condamnés ; mais on a reconnu l'insuffisance
« de ce moyen. Pour que le système fût bon, il fallait en venir
« à la séparation individuelle de chaque détenu. En effet, alors
« même qu'on réduit à deux la classe des individus mis ensemble,
« il se trouve toujours que l'un a la puissance de corrompre l'au-
« tre ; et s'il arrive par hasard que deux personnes soient arrivées
« en même temps au même degré de dépravation ; si, par un ha-
« sard plus grand encore, il y a là un gardien dont le discerne-
« ment soit tel qu'il aperçoive cette conformité si difficile à saisir
« de deux moralités semblables, leur réunion leur sera encore fu-
« neste, car elle augmentera pour chacun d'eux le *fonds commun*
« *du crime* (the common stock of guilt). » Lettre de Livingston à Roberts Vaux, 1828.

(n) Le système de Baltimore est celui de Genève. Dans cette dernière ville on pense que le silence est si cruel, que l'homme n'a pas le droit de l'imposer à son semblable. En conséquence, on permet aux détenus de causer entre eux. C'en est assez pour qu'il n'y ait plus de système pénitentiaire. Le scrupule des Génevois prend sa source dans un sentiment d'humanité fort louable, mais qui nous semble mal entendu. Pour ne pas causer aux détenus une privation pénible, on leur laisse une liberté funeste ; afin de leur épargner une souffrance morale, on les laisse en proie au plus affreux de tous les maux, la corruption de la prison.

On conteste le droit de la société : eh quoi ! la société a le droit d'enchaîner le coupable dont le bras fut homicide, et elle ne peut étouffer une voix qui ne se fait entendre que pour corrompre ! On parle aussi des droits de l'homme ! mais est-ce après l'avoir mis en prison qu'il faut parler de ses droits à la liberté ?

(o) Nous avons, pour la visite de ce pénitencier, rencontré toutes les facilités possibles. M. Samuel Wood, le surintendant de la prison, homme d'un rare mérite, avait donné des ordres pour que nous fussions admis à toute heure dans l'établissement, soit qu'il fût présent ou non. Il avait en même temps prescrit à tous les employés de la maison de nous ouvrir toutes les cellules, selon notre fantaisie, et de nous laisser communiquer avec les détenus sans témoin. M. Wood nous disait souvent : « Nous n'avons pas d'autre « intérêt que celui de la vérité. S'il y a quelque chose de vicieux « dans la prison que je dirige, il est important que nous le sa- « chions. »

Nous avons noté avec soin toutes les conversations que nous avons eues avec les détenus. Elles forment, sous le titre d'Enquête sur le pénitencier de Philadelphie, un document intéressant qui fait connaître les impressions successives qu'éprouvent les prisonniers dans la solitude.

Voyez Enquête sur le pénitencier de Philadelphie, n° 10.

(p) Voici comment s'exprime à ce sujet M. Élam Lynds dans une note qu'il nous a remise lui-même :

« L'obéissance aux lois de la société est tout ce qu'on demande à un bon citoyen. C'est ce qu'il faut apprendre au criminel : et vous le lui enseignerez bien mieux par la pratique que par la théorie. Si vous renfermez dans une cellule un homme condamné pour crime, vous n'avez aucun contrôle sur sa personne : vous agissez seulement sur son corps. Au lieu de cela, mettez-le au travail, et forcez-le de faire tout ce qui lui est ordonné ; vous lui apprenez à obéir, et lui donnez des habitudes laborieuses ; maintenant, je le demande, est-il rien de plus puissant sur nous que la force de l'habitude ? Quand vous aurez donné à un homme des habitudes d'obéissance et de travail, il y a bien peu de chances qu'il devienne jamais un voleur.

« Les criminels détenus dans une solitude absolue, qui demandent à travailler, ne le font pas parce qu'ils aiment le travail, mais parce qu'ils s'ennuient de leur isolement. »

(q) On ne saurait voir la prison de Singsing et le système de travaux qui y est établi sans être frappé d'étonnement et de crainte. Quoique l'ordre soit parfait, on sent qu'il repose sur une base fragile : il est dû à un tour de force qui renaît sans cesse, mais qui se doit reproduire chaque jour sous peine de compromettre la discipline tout entière. La sûreté des gardiens est incessamment menacée. En présence de pareils dangers, si habilement mais si difficilement évités, il nous semble impossible de ne pas redouter quelque catastrophe dans l'avenir. Du reste, les périls que courent les employés de la prison sont, quant à présent, une des garanties les plus sûres du maintien de l'ordre : chacun d'eux comprend que la conservation de sa vie en dépend.

(*r*) V. Rapport du juge Powers, de 1828, page 108.

On ne saurait attacher trop d'importance au choix des employés : la discipline établie dans ces pénitenciers ne se soutient que par un zèle constant et une vigilance non interrompue.

Voyez ce que disent sur ce point M. Powers, page 25, rapport de 1828, et M. Barret, dans sa lettre n° 14. Voyez aussi les divers rapports de la Société de Boston.

Cette nécessité d'avoir de bons employés pour surveiller les détenus doit faire éviter une parcimonie mal entendue. En 1829, on a augmenté le salaire des employés de la prison de Baltimore, afin de les conserver ; sans cette augmentation ils se seraient retirés, et eussent été peut-être remplacés par des hommes sans talent et sans moralité. V. Rapport au gouverneur Martin, du 21 décembre 1829.

Il est important d'avoir des employés capables et honnêtes, non-seulement dans l'intérêt de la discipline de la prison, mais encore sous le rapport même de l'économie financière. Jusqu'en 1817, le pénitencier du Maryland avait été onéreux à l'État ; depuis cette époque il a été plus ou moins productif ; ce changement subit s'est opéré sans qu'on substituât à l'ancien système un autre régime d'emprisonnement. Il y a eu seulement une meilleure administration due à des employés plus honnêtes et plus intelligents. Voyez brochures de M. Niles, du 22 décembre 1828.

V. aussi ce que disent sur cette question les inspecteurs de la prison d'Auburn, qui, en 1826, demandent l'augmentation du salaire des employés de cette prison. Rapport du 28 janvier 1826, page 3.

(*s*) Le système des prisons d'Amérique, qui est de rendre le travail des detenus aussi productif que possible, convient parfaitement à ce pays, où la main-d'œuvre est extrêmement chère, faute de bras.

On ne craint pas, en établissant des manufactures dans les prisons, de compromettre le sort des ouvriers libres. A la vérité, une nation est en général intéressée à ce que la masse des productions s'accroisse toujours, parce que leur prix baisse à mesure que leur quantité augmente ; et le consommateur, les payant moins cher, s'enrichit. Néanmoins, dans les pays où l'abondance de la production a réduit la valeur des objets manufacturés à son taux le plus bas, on ne peut accroître le nombre des produits sans mettre en péril l'existence de toute la classe ouvrière. On peut dire que les produits sont à leur prix le plus bas, lorsque le gain de l'ouvrier lui donne tout juste de quoi vivre. Quand le gain de l'ouvrier libre est descendu à ce point, l'établissement de manufactures dans les prisons est bien plus dangereux que la création de nouvelles manufactures libres. En effet, ce n'est pas seulement une concurrence que les établissements particuliers ont à soutenir. Entre les manufactures d'ouvriers libres et celles des prisons, la partie n'est pas égale. La prison manufacture non pour gagner, mais pour diminuer ses charges; elle baisse en conséquence le prix de ses produits comme il lui plaît, et son existence n'est jamais menacée. Les objets manufacturés éprouvent-ils une dépréciation, l'entrepreneur paie moins cher le travail des détenus, et se fait payer davantage par l'État les frais d'entretien. Au contraire, le manufacturier ordinaire ne se soutient que s'il gagne: les ouvriers qu'il emploie ont besoin de trouver dans leur travail des moyens d'existence; et si les produits deviennent si modiques qu'il n'y ait profit ni pour l'un ni pour les autres, la manufacture croule.

Lors donc qu'on établit dans les prisons des manufactures, on élève contre toutes les industries libres une concurrence qui devient fatale, si, à raison du prix de la main-d'œuvre, elles se trouvent réduites à l'alternative de cesser leur cours ou de travailler à perte. En résumé sur ce point, les manufactures libres tombent si elles ne gagnent pas, parce qu'elles ont un capital limité; les manufactures des prisons, alimentées par l'État, se maintiennent toujours, soit qu'elles produisent peu ou beaucoup, parce qu'elles ne visent pas tant à gagner qu'à perdre le moins possible, et qu'elles ont pour se soutenir un capital qui se renouvelle à l'infini.

Ce sont sans doute ces considérations qui sont cause que le gouvernement anglais a déjà plusieurs fois interrompu dans les prisons le travail des détenus. Voilà pourquoi on a imaginé ces machines (*tread-mill*) qui font travailler sans produire.

Envisagées sous le rapport seulement de l'intérêt des prisonniers, ces machines ne remplissent que la moitié du but qu'on se propose en les faisant travailler. Il est vrai qu'elles occupent le détenu, et le préservent des dangers de l'oisiveté; mais que fera-t-il une fois sorti de prison? et à quoi lui servira l'art de faire tourner le *tread-mill*? A ne voir que l'intérêt du condamné, on ne devrait donc jamais le faire travailler de la sorte. Mais on ne doit pas, dans la société, considérer seulement l'avantage des individus en prison; on conçoit donc aisément l'embarras du gouvernement sur ce point. C'est une grande difficulté que de déterminer le moment où des manufactures ne sauraient être établies dans les prisons sans danger pour les industries particulières, de même que c'est une question délicate de morale et d'équité que celle de savoir jusqu'à quel point on peut protéger le criminel détenu sans opprimer l'ouvrier honnête et libre. On ne saurait présenter sur ces questions des théories absolues : leur solution est subordonnée à une parfaite connaissance des faits et de l'état des choses dans chaque pays.

Il y a cependant un cas où le *tread-mill* nous paraît mauvais sans aucune restriction : c'est lorsqu'il est établi de manière à créer des produits, comme il arrive quelquefois. Dans ce cas, il réunit le double inconvénient de n'apprendre aux détenus aucune profession, et d'augmenter la somme des produits manufacturés au détriment des ouvriers libres.

Quoi qu'il en soit, la question particulière du *tread-mill*, et celle du travail en général, qui sont graves pour plusieurs pays d'Europe, ne présentent aucune difficulté aux États-Unis; et il est manifeste que, dans ce pays, au point où en est le prix des objets manufacturés, le *tread-mill* dans les prisons ne répondrait à aucun besoin.

Il y a au contraire intérêt, pour la société en général comme pour les détenus, à ce que ceux-ci exercent dans leur prison une profession utile. Pour la société, parce que la production, aux États-Unis, est encore au-dessous des besoins de la consommation; pour les détenus, parce qu'il leur importe d'apprendre un métier dont l'exercice leur fournira plus tard des moyens d'existence.

(*t*) Il est probable que, lorsque la prison de Singsing sera totalement achevée, une plus grande variété de professions sera introduite dans l'établissement. A la vérité, les belles carrières de marbre qui existent sur le lieu même où la prison est bâtie, et dont l'exploitation est rendue si facile par le voisinage de l'Hudson, fourniront pendant longtemps une occupation suffisante aux prisonniers; mais ne sera-t-on jamais effrayé du danger qu'il y a de laisser mille criminels condamnés travailler en liberté hors des murs de la prison ?

A Auburn et à Baltimore, les ateliers les plus occupés sont ceux de tisserands, menuisiers, tonneliers, cordonniers, serruriers. Pour les détails, *voy.* Rapports annuels sur les prisons d'Auburn et de Baltimore.

(*u*) V. Cahier des charges pour l'entreprise générale du service des maisons centrales de détention.

Outre la nourriture, l'habillement et le coucher des détenus, on met encore à l'entreprise la propriété, la salubrité de la prison, le blanchissage, etc., etc. C'est l'entrepreneur qui fait raser les prisonniers et couper leurs cheveux; il est chargé du chauffage et de l'éclairage pour les détenus et les gardiens; il fait aussi les fournitures de bureaux, telles que papier, encre, cire, etc. Il entretient les objets nécessaires au culte, pourvoit à la sépulture des détenus; de sorte que la santé, la vie, la religion, la mort, tout est donné à l'entreprise.

De peur de rien oublier, on dit, à la fin du cahier des charges, que l'entrepreneur fera toutes les fournitures généralement quelconques, prévues ou non prévues.

La cantine est exploitée par l'entrepreneur, intéressé à vendre le plus de vin possible; intéressé par conséquent à ce que la discipline soit violée; disposition d'autant plus dangereuse que le détenu peut dépenser dans la prison la moitié de son pécule, qui est des deux tiers du produit de son travail.

La conséquence de tout ceci est que l'entrepreneur étant chargé de tout faire, est l'homme le plus important de la prison. Les chefs d'ateliers, contre-maîtres, cuisiniers, boulangers, cantiniers, buandiers, barbiers, infirmiers, garçons de pharmacie, servants, hommes de peine, et tous autres dont les fonctions ne se bornent pas à une simple surveillance, sont choisis par l'entrepreneur, qui doit seulement les faire agréer par l'administration.

Il résulte de là que la prison et sa discipline sont livrées à l'entrepreneur et à ses agents. L'entrepreneur a du reste une immense affaire à conduire : tout roule sur lui, les plus grandes opérations comme les plus petits détails.

Il y a sans doute une grande simplicité dans la comptabilité, puisqu'on n'a affaire qu'à un seul homme. Mais il est évident que cet homme doit être d'une extrême exigence; comme il fait tout, il doit gagner sur tout. Ajoutez à cela que sa position si compliquée est, sous quelques rapports, très défavorable : en cas de contestation, le procès entre lui et l'administration est jugé par le conseil de préfecture, c'est-à-dire par l'administration; en d'autres termes, par sa partie adverse. On conçoit qu'il ne s'engage dans l'entreprise qu'avec des chances presque certaines d'un grand bénéfice.

Si l'on voulait, dans nos prisons actuelles, imprimer à la discipline une direction morale, l'entrepreneur y serait un obstacle. L'universalité d'attributions qui lui sont dévolues fait que la plupart des employés de la prison sont ses agents personnels; élus, salariés par lui, ils sont dans sa dépendance immédiate; et c'est ainsi qu'il se trouve en possession des parties les plus importantes de la discipline.

Lorsque nous blâmons les inconvénients de l'entreprise, nous ne prétendons nullement approuver le régime de toutes les prisons où elle n'est pas en vigueur. Ainsi, nous sommes loin d'être partisans de la prison de Walnut-Street, dont l'administration est en régie; nous pensons même que le principe de l'entreprise, appliqué sagement, est en somme plus utile que funeste.

(v) Dans le cours de l'année 1828, une révolte éclata dans la prison de Newgate (New-York), et prit un caractère si grave, que les sentinelles furent obligées de tirer sur les détenus. On finit cependant par dompter les rebelles; mais, après s'être soumis à la force, cent des plus opiniâtres refusèrent de travailler; on n'avait, pour les contraindre à l'obéissance, d'autre moyen que l'emprisonnement dans des cellules solitaires, au pain et à l'eau. Ce moyen fut employé ; mais pendant soixante-dix jours il fut inefficace, et ainsi les détenus insoumis restèrent plus de deux mois sans travailler.

V. Rapport du 20 janvier 1819.

Le surintendant de l'ancienne prison de New-York (Newgate), dans laquelle l'emprisonnement solitaire dans les cellules, avec réduction de nourriture, était le seul châtiment disciplinaire en vigueur, disait à ce sujet :

« Le mode actuel de punition, quelle que soit sa durée, affaiblit
« beaucoup les détenus, sans cependant les dompter aucune-
« ment. »

V. Rapport du 31 décembre 1818.

(*x*) La loi de l'État de New-York disait autrefois, en termes exprès, la quantité de coups (c'était trente-neuf) que les gardiens étaient autorisés à donner aux délinquants; les nouveaux statuts (revised statutes) se bornent à dire que les employés de la prison se serviront de tous les moyens convenables pour faire exécuter les règles de la discipline. « The officers of the prison shall use all
« suitable means to defend themselves, to enforce the observance
« of discipline, etc., etc. »

V. Revised statutes of the State of New-York, tit. 2, ch. 3, 4ᵉ partie, art. 2, § 59.

La loi du Connecticut autorise en termes formels l'infliction des coups, mais elle en limite le maximum à dix : Moderate whipping (y est-il dit) not exceeding ten stripes for any one offence. Il résulte, du reste, de ces derniers mots, qu'on pourrait donner vingt coups de fouet au détenu qui aurait commis deux infractions.

V. Loi du 31 mai 1827, page 163, section 3.

La loi du Maryland permet aussi expressément l'usage des coups, dont le maximum ne doit pas, dit-elle, excéder treize.

V. Article 40 du Code pénal de 1809.

Dans l'un des procès qui furent intentés à un gardien d'Auburn, accusé d'avoir frappé des détenus, M. Walworth, chancelier de l'État de New-York, et chargé de la présidence des assises, s'exprime ainsi dans son résumé adressé aux jurés :

« Il n'y a rien dans l'emprisonnement avec le travail qui inspire
« de la terreur aux détenus, le travail forcé auquel est soumis le
« condamné pendant sa détention n'est guère plus pénible que
« celui de la classe honnête des ouvriers libres qui travaillent pour
« soutenir leur famille. Pour réformer les coupables et contenir
« les méchants par les terreurs de la peine, il faut absolument
« qu'on fasse comprendre au condamné l'état de dégradation dans
« lequel il est tombé; il faut qu'on lui fasse sentir qu'il est dans
« une prison pour y expier son infraction aux lois du pays; il
« faut qu'il apprécie lui-même la différence qui doit exister entre

« la condition de l'homme de bien qui travaille dans la société pour
« gagner sa vie, et celle du misérable qui, par des actes de fraude
« ou de violence, a privé l'homme honnête du fruit de son tra-
« vail ; la sympathie mal entendue qu'on éprouve pour de tels scé-
« lérats est une véritable injustice envers la partie saine de la so-
« ciété. Le système de discipline adopté par les inspecteurs de la
« prison, sous la sanction des lois, est parfaitement combiné de
« manière à réformer les moins vicieux parmi les condamnés, et
« à éloigner les autres du crime par la sévérité des châtiments.
« Dans ce système, les châtiments corporels ne jouent qu'un rôle
« secondaire. La rigueur de la peine est surtout une rigueur mo-
« rale ; mais c'est par la terreur des châtiments corporels que cette
« impression morale arrive à l'âme des détenus ; et c'est pour cela
« que le règlement de la prison est sans puissance, si le détenu qui
« refuse de se soumettre n'est immédiatement et rigoureusement
« puni par l'application d'un châtiment corporel. »

V. Rapport de M. Gershom Powers, 1828, page 121.

(y) Voici comment MM. Allen, Hopkins et Tibbits, inspecteurs de la prison d'Auburn, s'expliquent sur la nécessité d'investir le surintendant d'un pouvoir discrétionnaire :

« Sans doute le pouvoir de punir les détenus doit être exercé
« dans les limites de la loi ; mais aussi nous considérons comme un
« principe de droit commun chez nous, de même que c'est un
« principe de raison et de bon sens, que tout gardien d'une prison
« doit avoir personnellement le droit de punir.

« Les prisonniers ont la force du nombre : si le pouvoir de les
« punir n'est pas entier, leur soumission sera elle-même incom-
« plète.

« Nous sommes unanimes sur ce système de discipline, et nous
« n'hésitons pas à exprimer devant la législature notre opinion
« bien fixée, que l'administration d'une prison remplie de crimi-
« nels doit être absolue. Le principal gardien doit être ferme, dis-
« cret, vigilant ; il doit être responsable dans tout ce qui concerne
« la conduite et la sûreté des détenus. Sans cela, point de disci-
« pline ni d'économie.

« Tout concourt à exiger ce contrôle parfait du maître : la vie
« des employés de la prison y est aussi intéressée que celle des
« prisonniers eux-mêmes ; l'économie le réclame également, au-
« trement point de travail utile. »

Rapport d'Allen, Hopkins et Tibbits, de 1825. V. G. Powers, page 109, rapport de 1828.

On a souvent discuté en Amérique la question de savoir si les employés subalternes doivent, pour les châtiments à infliger, en référer au surintendant, ou bien s'ils doivent jouir du droit de punir instantanément (on the spot) les infractions qui se commettent sous leurs yeux. Les inspecteurs de la prison d'Auburn ont traité cette question dans un de leurs rapports, et ils émettent l'opinion que les employés inférieurs doivent être investis du droit dont il s'agit ici. « Le danger de l'abus, disent-ils, est un « bien moindre mal que le relâchement de la discipline produit « par le manque d'autorité. » Cette opinion a prévalu.

V. Rapport de la commission dont M. J. Spencer était l'organe, 1820.

(z) Au nombre de ces philanthropes estimables, qui nous ont paru se faire sur ce point quelques illusions, nous citerons M. Tukerman, de Boston, qui espère qu'un jour viendra où, tous les méchants étant régénérés, on n'aura plus besoin de prisons. Il est certain que s'il y avait beaucoup d'hommes aussi passionnés que lui pour la cause de l'humanité, son espérance ne serait pas chimérique. Le nom de M. Tukerman ne doit se prononcer qu'avec respect : il est l'image vivante de la bienfaisance et de la vertu. Disciple d'Howard, il passe sa vie à faire de bonnes œuvres, et aspire à soulager toutes les misères humaines ; faible de corps, pâle et presque éteint, il n'a plus qu'un souffle de vie ; mais, en présence d'une bonne action à faire, on voit cette espèce de fantôme humain s'animer et devenir plein d'énergie. M. Tukerman, qui sur quelques questions s'abuse peut-être, n'en rend pas moins à la société d'immenses services. Sa charité envers les pauvres de Boston l'a mis en droit d'être leur surveillant ; et si sa bonté pour eux est extrême, il faut dire aussi que rien n'égale sa sévérité à leur égard : ceux-ci l'aiment parce qu'il est leur bienfaiteur ; mais ils le respectent et le craignent, parce qu'ils connaissent l'austérité de sa vertu. Ils savent que son intérêt pour eux est subordonné à leur bonne conduite. M. Tukerman fait plus pour le bon ordre et la police de Boston que tous les aldermen et juges de paix réunis.

(aa) Les inspecteurs de la prison de Philadelphie signalent en ces termes un des avantages de l'emprisonnement solitaire :

« L'orgueil, qui, souvent, porte le criminel à juger de son propre « mérite par la haute opinion qu'excitent ses compagnons de pri- « son, cesse de l'influencer, car il n'a personne pour l'applaudir « et l'admirer. » Extrait du rapport sur Philadelphie, 1831.

(bb) C'est une opinion assez commune aux États-Unis, parmi le peuple, que le nombre des crimes y augmente plus rapidement que la population, même dans les États du nord : c'est une erreur. Cette erreur repose sur un fait mal compris, l'encombrement toujours croissant des détenus dans les prisons. Il est certain qu'au 30 janvier 1832 il y avait à Auburn six cent quarante-six criminels, c'est-à-dire quatre-vingt-seize de plus qu'il n'y a de cellules; et à Singsing, à la même époque, les cellules, qui sont au nombre de mille, ne suffisaient plus à tous les détenus : dans chacune de ces prisons on se trouvait dans la nécessité de doubler un certain nombre de cellules, ce qui est destructif de tout système pénitentiaire. Quelque hâte qu'on mette à bâtir des prisons nouvelles, le nombre des détenus croît plus vite que celui des édifices qui s'élèvent. Cet accroissement des criminels dans les prisons tient à trois causes principales : 1º la population dans l'État de New-York augmente avec une extrême rapidité; 2º les nouvelles lois de l'État de New-York (the revised statutes) ont multiplié les cas dans lesquels les criminels sont envoyés dans les pénitenciers (state prisons). Enfin, depuis quelques années, on accorde infiniment moins de grâces que précédemment. Cette dernière cause suffirait seule pour expliquer l'accumulation progressive des détenus dans les prisons de Singsing et d'Auburn. V. Observations statistiques, nº 17.

(cc) L'affranchi commet plus de crimes que l'esclave, par une raison bien simple : c'est qu'en recevant la liberté, il se trouve chargé du soin de son existence, qui pendant sa servitude lui était assurée par son maître. Élevé dans l'ignorance et dans l'abrutissement de sa condition première, il a été habitué à agir comme une machine dont tous les mouvements sont déterminés par une impulsion extérieure. Rien n'a développé son intelligence, à laquelle il n'a jamais été forcé d'avoir recours pour sortir d'embarras. Sa vie a été toute passive et matérielle. Dans cet état d'anéantissement moral, il commet peu de crimes : pourquoi volerait-il, puisqu'il ne saurait être propriétaire? Le jour où la liberté lui est donnée, il reçoit un instrument dont il ne sait pas se servir, et avec lequel il se blesse quand il ne se tue pas. Ses mouvements, qui étaient comprimés lorsqu'il était esclave, sont presque toujours désordonnés depuis qu'il est libre; il n'a aucune prévoyance pour l'avenir, parce qu'il a été habitué à ne rien prévoir. Il se trouve assailli dans la société par des passions qui ne se sont point progressivement développées et qui lui imposent subitement leur joug. Il est en proie à des besoins auxquels il ne sait point satisfaire, réduit ainsi à voler ou à mourir de faim. Aussi le pénitencier est-il rempli de noirs affranchis, tandis que le nombre des nègres esclaves qui commettent des crimes est fort restreint; et les nègres libres meurent moitié plus que les nègres esclaves. (V. Notes statistiques, nº 15.) Faut-il de ce qui précède conclure qu'on a tort d'affranchir les esclaves? Non, assurément; autant vaudrait dire que, lorsqu'un mal existe, il faut le conserver à tout jamais. Il nous semble qu'on doit seulement reconnaître que le passage de la servitude à la liberté amène un état de transition plus funeste que favorable à la génération affranchie, et dont les générations suivantes pourront seules recueillir le bienfait.

(*dd*) Chez nous, outre le relevé des condamnations prononcées, on sait encore le nombre des plaintes portées et des poursuites non suivies de condamnation ; on connaît aussi à peu de chose près la proportion des crimes commis avec les condamnations. Aux États-Unis, il serait très difficile, sinon impossible, d'obtenir un document de cette nature. D'abord, aucun magistrat n'est chargé par le gouvernement d'en faire le travail, et, d'un autre côté, on peut dire que jusqu'à un certain point la base elle-même du document n'existe pas.

Dans nos habitudes de police judiciaire, nous avons coutume, quand un crime est commis, de le constater d'abord, et puis d'en rechercher l'auteur, qui est condamné quoique absent. Aux États-Unis, on suit une autre marche : on ne condamne jamais par défaut ; et tant qu'on n'a pas saisi le coupable, on s'occupe fort peu de son délit ; chez nous il semble que ce soit le crime qu'on poursuit, aux États-Unis c'est le criminel. Ceci explique comment nous connaissons mieux le nombre des crimes commis, indépendamment de la condamnation prononcée contre leurs auteurs.

(*ee*) C'est une des causes auxquelles, dans le Connecticut, on attribue l'accroissement extraordinaire des crimes. Il nous semble en effet incontestable que la réputation méritée de l'excellent pénitencier de Wethersfield a dû contribuer à multiplier le nombre des condamnations. Mais il est évident que cette cause n'est pas la seule, puisque l'augmentation dont il s'agit est progressive et antérieure de vingt années à la fondation du pénitencier.

(*ff*) « Quel que soit le bien partiel que l'on puisse obtenir des
« châtiments pénitentiaires, on ne peut opérer dans la société au-
« cune réforme radicale, si l'on ne commence (comme dit le conte
« de la Fée) par le *commencement*. Forcez le peuple à s'instruire,
« au lieu de le contraindre au travail pour l'expiation des crimes
« que l'ignorance seule lui a fait commettre, enseignez dans les
« écoles primaires la religion, les sciences et les éléments de la loi
« pénale ; adoptez un système de procédure criminelle qui soit
« prompt, gratuit, facile à comprendre, et qui enlève aux coupa-
« bles toute chance d'échapper à la loi par le vice des formes ; as-
« surez une existence aux pauvres qui ne peuvent travailler, et du
« travail à ceux qui le savent.

« Mais, avant tout, ne souillez point les prévenus que vous met-
« tez en prison, innocents ou coupables, de la corruption dont vous
« vous efforcez de les laver après qu'ils ont été reconnus coupables.
« Rappelez vous qu'à Philadelphie, de même qu'à New-York, plus

« de deux mille cinq cents individus sont chaque année mis en pri-
« son, et que, sur ce nombre, moins du quart sont déclarés cou-
« pables ; et qu'ainsi il y a tous les ans plus de mille huit cents
« personnes, présumées innocentes, qui sont placées dans une
« école où tous les vices et tous les crimes sont enseignés par des
« professeurs de premier ordre. Nous fermons les yeux devant un
« mal aussi énorme ; et, par une incroyable inconséquence, nous
« allons prêchant la nécessité de l'isolement et du travail pour les
« condamnés, comme si les pénitenciers où les condamnés sont
« renfermés étaient les seuls lieux où la corruption des communi-
« cations fût à redouter. »

(*gg*) Ceux qui soutiennent que la prison de Walnut-Street a en
effet produit les effets qu'on lui attribue assez généralement répondent à notre objection que les rigueurs de l'emprisonnement solitaire et tout ce qui accompagne le régime de l'isolement exercent
une influence salutaire, non-seulement sur les détenus, mais encore sur tous les hommes libres qui peuvent craindre d'y être envoyés. Cette influence peut exister sans doute ; mais alors ce n'est
pas l'influence d'un régime pénitentiaire qui réforme le coupable ;
c'est l'effet d'un châtiment qui agit par la terreur qu'il inspire ; sous
ce rapport, la peine de mort serait le meilleur des châtiments ; or,
aux yeux des partisans exagérés du système pénitentiaire, le mérite de ce système n'est pas d'être cruel et terrible. Il faut donc,
pour juger le *système pénitentiaire* dans son acception propre, ne
considérer que l'influence qu'il exerce directement sur la réforme
des détenus. Il est assez remarquable que le système de Walnut-
Street soit aujourd'hui reconnu mauvais par ceux mêmes qui lui
attribuent une si heureuse efficacité.

(*hh*) V. Gershom Powers, page 64, 1828, et rapport des inspecteurs d'Auburn, 1829. C'est en 1826 qu'on a pour la première fois
tenté d'obtenir, par le moyen de lettres circulaires adressées au
maitres de poste, aux sheriffs et aux commissaires du gouvernement près les tribunaux, des renseignements sur la moralité et la
conduite des condamnés libérés de la prison d'Auburn, afin de juger
de l'effet produit par leur détention. Cette correspondance s'est pro-
longée jusqu'en 1829, époque à laquelle elle a cessé : on l'a jugée
trop dispendieuse et ses résultats trop incertains.

Le port des lettres est fort cher en Amérique : et cette dépense
devenait fort onéreuse pour l'administration de la prison. Pour
qu'elle continuât à recueillir des renseignements de cette sorte, il
aurait fallu que le gouvernement central, dans les attributions duquel la poste est placée, lui donnât la franchise des ports de lettres ; et c'est ce qui n'a pas eu lieu. Du reste, c'était M. G. Powers
qui avait eu l'idée de faire ces enquêtes : le gouvernement de l'É-

tat n'y était pour rien ; celui qui avait conçu la chose l'ayant abandonnée, elle n'a pas eu de suite. Nous ne savons pas d'ailleurs si ces documents méritent une pleine confiance. Il arrive quelquefois que celui qui est consulté est influencé dans sa réponse par des motifs tout autres que l'intérêt de la vérité ; tantôt il donne de *bons renseignements* par un pur sentiment de bienveillance et de charité, tantôt il le fait par crainte de celui sur le compte duquel on le consulte. Comme il procure *bénévolement* ces renseignements, il ne se croit pas forcé de les donner rigoureusement exacts, lorsqu'il y a pour lui danger de se compromettre.

(*ii*) Le surintendant de la prison de Colombus (Ohio) dit dans un rapport :

« Sur cent soixante-cinq condamnés qui sont dans le pénitencier « de l'Ohio, quinze sont en récidive ; et il est à ma connaissance que « quinze ou vingt individus qui sont sortis de cette prison sont « dans ce moment dans les prisons d'Indiana, du Kentucky, de la « Virginie et de la Pennsylvanie. »

Ainsi l'on voit que plus de la moitié des condamnés en récidive ne reviennent pas dans la première prison où ils ont été détenus ; et cependant, en général, aux États-Unis, le fait de récidive ne peut se prouver que par le retour des condamnés dans la même prison. Remarquez toutefois que la prison de Colombus, dont il s'agit ici, est une des mauvaises prisons des États-Unis.

V. Rapport du surintendant de la prison de Colombus. 6ᵉ Rapport de la Société de Boston, page 508.

(*jj*) Nous démontrons que le système pénitentiaire dont il s'agit est moins dispendieux que l'ancien régime des prisons. Cependant, alors même que le nouveau système coûterait plus cher pour son établissement et son entretien, il serait peut-être en définitive moins onéreux pour la société, s'il est vrai qu'il ait la puissance de réformer les méchants. Un système de prisons, quelque économique qu'il soit en apparence, devient très cher lorsqu'il ne corrige pas les détenus. Car, ainsi que l'a dit fort bien M. Livingston, « mettre en liberté un voleur qui n'a pas été ré- « formé dans sa prison, c'est frapper sur la société tout entière « une contribution dont le montant n'est pas déterminé. »

Livingston. Lettre à Roberts Vaux, 1828, page 13.

(*kk*) Les raisons de cette différence sont : 1° que l'entrepreneur est obligé par son contrat de payer le détenu ignorant et maladroit comme celui qui travaille avec adresse et talent ; 2° l'entrepreneur n'est pas sûr de vendre ce qu'il fait fabriquer, et cependant il ne peut jamais interrompre les travaux ; 3° la journée de travail dans la prison est moins longue que celle de l'ouvrier libre : ce dernier travaille en hiver depuis six heures du matin jusqu'à huit heures du soir, tandis que, dans la prison, il ne travaille que depuis huit heures du matin jusqu'à quatre ; 4° il paraît que, dans ce moment, les entrepreneurs, et notamment celui d'Auburn, ont obtenu des conditions trop favorables. C'est une des raisons pour lesquelles Auburn produit moins que Wethersfield et Baltimore. Chez nous l'entrepreneur paie pour les détenus qu'il fait travailler un peu plus de la moitié du salaire payé aux ouvriers dans les ateliers libres. Mais cet entrepreneur a un contrat général et à long terme.

(*ll*) Le pécule est la part qui est accordée au détenu sur le produit de son travail. On conçoit qu'il soit de l'intérêt même de l'administration de donner aux détenus qui travaillent un salaire propre à stimuler leur zèle ; et si ce prix était modéré, l'État lui-même gagnerait à le payer. C'est ainsi que, dans les bagnes, où autrefois le travail des forçats était sans récompense, on a fini par accorder aux détenus un léger pécule qui, en les rendant plus laborieux, a rendu aussi leur travail plus productif. L'État ne donne aux forçats que ce qu'il lui plaît. D'après la loi il ne leur doit rien.

Mais dans les maisons centrales de détention et de correction, les deux tiers du produit des travaux appartiennent aux prisonniers : un tiers leur est remis dans la prison pour les aider à améliorer leur sort, l'autre tiers est mis en réserve, et ne leur est délivré qu'à leur sortie de prison ; un tiers seulement est retenu par l'État. On peut donc avec raison dire qu'ils travaillent pour leur compte. Il nous semble qu'il serait plus juste d'admettre le principe contraire, non contesté aux États-Unis ; savoir, que les condamnés travaillent dans la prison pour la société, à laquelle ils doivent l'indemnité des frais de leur détention. Nous avons blâmé la sévérité des lois américaines, qui ne donnent aucun pécule aux condamnés ; celui qui en France est accordé aux criminels nous semble trop considérable, et nous pensons qu'on devrait le réduire. Du reste, nous ne ferons point ici la critique des lois existantes ; car l'ordre de choses que nous blâmons n'est point prescrit par la loi, et, sous quelques rapports, est contraire à ses dispositions. Le Code pénal, d'accord en cela avec la législation antérieure, ne reconnaît aux forçats aucun droit au pécule ; cependant les condamnés aux travaux forcés qui sont dans les maisons de détention reçoivent, comme les autres détenus, les deux tiers du produit de leurs travaux. Quant aux réclusionnaires, l'art. 21 du Code pénal dit qu'ils seront employés à des travaux dont le produit pourra être en partie appliqué à leur profit, ainsi qu'il sera réglé par le gouvernement ; mais nulle part la loi n'impose au gouvernement l'obligation de leur donner les deux tiers du produit. Elle laisse ce point à sa discrétion. Aussi à l'égard des réclusionnaires, l'administration, en leur donnant un pécule aussi considérable, ne fait pas un acte illégal, mais elle serait libre de ne pas agir ainsi.

Les condamnés correctionnels sont les seuls auxquels la loi (art. 41 du Code pénal) reconnaisse ce droit à un pécule des deux tiers, que l'administration donne à tous les condamnés indistinctement. Mais ce droit, conféré expressément par la loi à des condamnés dont la position est plus favorable que celle des forçats et des réclusionnaires, ne suffirait-il pas pour prouver que le législateur n'entendait pas que les condamnés en matière criminelle et correctionnelle fussent traités de la même manière? Nous doutons beaucoup que les individus condamnés correctionnellement à plus d'un an méritent la faveur que leur accorde l'art. 41 du Code pénal; et si nous insistons sur ce point, c'est seulement pour prouver qu'en leur concédant cette faveur, la loi la refuse nécessairement à tous ceux qui en sont encore moins dignes.

Si le pécule des prisonniers servait à les rendre meilleurs, nous nous garderions bien de l'attaquer, quelque considérable qu'il fût, persuadés comme nous le sommes que les dépenses à l'aide desquelles les méchants sont réformés sont des avances dont la société recueille plus tard les fruits. Mais nous voyons au contraire que le pécule, qui occasionne tant de frais, est lui-même une des sources les plus fécondes de la corruption des prisons.

(*mm*) En France, le prix moyen de la journée de travail de toutes sortes d'ouvriers peut être porté à 2 francs 50 centimes; aux États-Unis il est double. Ce prix qui, à Paris, varie de 3 à 4 francs, est moindre des deux tiers dans les autres villes, à l'exception de quelques grandes cités, telles que Lyon, Marseille, etc.

La main-d'œuvre est donc infiniment moins chère en France qu'en Amérique. Le prix des matières premières est, à la vérité, un peu plus élevé.

Aux États-Unis, le pied cube de pierre dure coûte 25 cents (1 franc 32 centimes); en France, il coûte de 1 fr. 50 cent. à 2 fr. (le double à Paris).

En Amérique, mille pieds de bois de charpente coûtent de 60 à 80 francs, tandis qu'à Paris leur prix est d'environ 200 francs (y compris sciage, transport, frais d'entrée, etc.). Il est moindre dans les départements.

La livre de fer coûte à peu près la même chose en France et aux États-Unis. Elle est de 14 à 17 centimes (la fonte) en France, et de 21 centimes aux États-Unis (4 cents).

Voyez, pour les prix d'Amérique, la note de M. Cartwright, ingénieur fort distingué de Singsing, et l'estimation de M. Wells de Wethersfield, n° 12.

Nous sommes redevables des renseignements sur les prix de France à l'obligeance de M. Gourlier, architecte à Paris, qui nous a fourni un grand nombre de documents utiles (1).

(1) Si nous comparons les prix et les devis de l'Amérique avec les nôtres, dit le docteur Julius, dans la préface de la traduction allemande de notre ouvrage, on sera forcé de reconnaître que le prix de la journée y est tellement supérieur à ce qu'il est en Prusse, et qu'au contraire, le prix des matériaux avec lesquels il faut bâtir, à l'exception du fer, est si peu inférieur que, l'un portant l'autre, les constructions nécessaires coûteraient chez nous moins cher qu'aux États-Unis. Cela résulte du rapprochement suivant entre les prix des matériaux et des journées de travail en Amérique, en France et à Berlin, dont les premiers ont été fournis par MM. de Beaumont et de Tocqueville, et dont les autres m'ont été communiqués par un architecte de Berlin.

	ÉTATS-UNIS de l'Amérique du Nord.	FRANCE.		BERLIN.	MONNAIES françaises
		PARIS et les grandes villes.	PROVINCES.		
Journée moyenne de toute espèce d'ouvrages en bâtiments.	fr. 5	fr. 3 à 4	fr. fr. c. 1 à 1 33	20 sil. gr.	fr. 2
Le pied cube de pierre dure à bâtir (probablement placé dans le mur et y compris la main-d'œuvre).	fr. c. 1 32	fr. 3 à 4	fr. c. fr. 1 50 à 2	Pierre calcaire 4 sil. gr. Brique 4 s. g. $\frac{1}{2}$	c. 40 c. 45
Mille pieds carrés de planches d'un pouce, bois et main-d'œuvre.	fr. 60 à 80	fr. 200	moins de 200 fr.	50 thal.	fr. c. 185 55 $\frac{1}{2}$
La livre de fonte de fer.	c. 21	c. 14 à 17	c. 14 à 17	1 s. g. $\frac{1}{2}$	c. 15

Les comparaisons des prix ci-dessus montrent, à ce que je crois, clairement qu'à Berlin la construction d'une maison de correction suivant la méthode cellulaire doit coûter quelque chose de moins qu'en Amérique; et que dans les autres provinces de notre monarchie, où à la fois les journées de travail et la matière première sont à un prix beaucoup plus bas que dans la capitale, elle coûterait encore beaucoup moins. On est donc en droit d'admettre que dans les cinq établissements américains, bâtis suivant la méthode cellulaire (Charlestown, Singsing, Wethersfield, Baltimore et Blackwell), la cellule ayant coûté moyennement 275 thalers (946 fr. 33 c.), une cellule chez nous ne coûterait pas plus de 200 thalers (742 fr. 22 c.). *America's Besserangs—System vor Dr. Julius. Préface*, p. 29.

(*nn*) L'établissement pénal des Anglais en Australie est en même temps un établissement colonial, qui a son administration, ses magistrats, sa police. Il est presque impossible d'apprécier les dépenses qui se rapportent uniquement à l'établissement pénal de celles qui s'appliquent à la colonie.

Ainsi, par exemple, la déportation des détenus en Australie exige la présence d'un corps de troupes. Mais, n'y eût-il pas de condamnés dans la colonie, l'Angleterre serait encore obligée d'y entretenir une garnison; seulement cette garnison serait moins nombreuse. Ces difficultés se représentent à chaque article du budget des colonies australiennes.

Il est donc impossible d'établir par livres et centimes ce que coûte l'établissement pénal; mais on conçoit que des Anglais éclairés puissent, à l'aide des points de comparaison fournis par les autres colonies britanniques, arriver à un résultat approximatif, et présenter une idée assez exacte des faits qu'entraîne pour l'Angleterre la déportation des criminels.

En 1829, la dépense occasionée par les colonies pénales s'est élevée en totalité à 401,283 livres sterling, ou 10,112,331 francs.

Les rapporteurs du budget qui énoncent ce fait devant le parlement britannique remarquent qu'il leur a été impossible d'établir d'une manière précise quelle était, dans cette dépense, la portion applicable seulement à l'établissement pénal. Mais ils ajoutent que la plus grande partie (much the greater proportion) doit être attribuée à la présence des condamnés sur le sol de l'Australie.

Supposons seulement que la moitié de cette somme, ou 200,641 livres sterling (5,056,153 francs), ait en effet été dépensée pour la garde et l'entretien des 15,688 condamnés qui se trouvaient cette année-là en Australie, chaque détenu aura coûté environ 12 livres sterling, ou 302 francs, à l'État (1).

On peut répondre, sans doute, qu'une partie de ces dépenses a été couverte par le produit des douanes de la colonie, qui s'est élevé cette même année à 226,191 livres sterling, ou 5,700,013 francs. Mais ces revenus appartiennent à l'Angleterre, et si elle ne les destinait point à entretenir ses condamnés en Australie, ils viendraient grossir le trésor de l'État. Peut-être, il est vrai, seraient-ils moins considérables si la déportation n'existait pas, puisque alors la colonie serait moins peuplée. C'est cette dernière

---

(1) Nous trouvons dans la déposition d'un témoin entendu le 18 mars 1832 par la commission nommée dans le sein du parlement britannique, à l'effet de découvrir quelle était l'efficacité des peines, l'énonciation suivante:

Les frais annels occasionés par un déporté dans la Nouvelle-Galles du Sud s'élèvent à 13 liv. sterl., *sans compter les dépenses qu'entraîne leur transport en Australie.* V. enquête de 1832.

considération qui nous a portés à n'attribuer au soutien de l'établissement pénal que la moitié de la totalité des dépenses, bien qu'en réalité les deux tiers des 400,000 liv. sterling aient été probablement employés pour le transport, la garde et l'entretien des détenus.

Au reste, on paraît croire en Angleterre qu'il n'en coûte guère plus pour déporter les condamnés en Australie que pour les garder dans la métropole.

On trouve en effet dans un document législatif de 1816 cette énonciation :

Estimation de ce qu'il en coûterait pour garder, entretenir, employer les condamnés en Angleterre pendant l'année 1817, 75,000 livres sterling ou 1,890,000 francs.

Estimation de ce qu'il en coûtera probablement pour faire honneur aux billets tirés par le gouverneur de la Nouvelle-Galles du Sud, sur le trésor, pendant la même année, 80,000 livres sterling ou 2,016,000 francs.

Voyez Rapport de la commission nommée pour examiner le budget des colonies, 1er novembre 1830.

Ce rapport se trouve dans les documents législatifs envoyés par le parlement britannique, volume intitulé : Reports commissionners, 1830 — 1831, page 69.

Pour les estimations ci-dessus, voyez même collection, tome 37, page 297.

N° IV.

COLONIES AGRICOLES.

Dans tous les États de l'Europe, sans en excepter ceux même où l'art de l'agriculture a été le plus perfectionné, on rencontre encore de très vastes étendues de territoire dont le sol aride a rebuté l'industrie, et qui sont restées dans le domaine de tous, faute d'avoir trouvé un maître qui voulût se donner la peine de les fertiliser.

A côté de ces champs inutiles se trouve souvent placée une population de prolétaires à laquelle manquent à la fois le sol et les moyens d'existence. En France, on compte près de 2,000,000 de pauvres, et les terres incultes forment plus du septième de la superficie du royaume.

L'expérience cependant a fait connaître que la plupart de ces terreins, ainsi abandonnés par l'homme, peuvent devenir productifs, lorsqu'on consacre à leur culture des capitaux suffisants et des efforts continus.

De là est née l'idée des colonies agricoles : on a compris qu'il était peut-être facile de fixer le pauvre sur ces champs négligés par l'industrie du riche, et qu'on pouvait, en lui avançant l'argent nécessaire et en le soumettant à des règlements utiles, le mettre à même de rendre fertile le sol qu'on lui livrait.

Si l'expérience réussissait, on obtenait ainsi un résultat favorable tout à la fois au pauvre, qui échangeait sa misère contre l'aisance du fermier, et à la société tout entière, qui voyait s'augmenter ses ressources et son bien-être sans être obligée de s'imposer aucun nouveau sacrifice.

C'est en Hollande qu'on a essayé pour la première fois de réduire ces théories en pratique ; et, jusqu'à présent, on peut dire que le succès a dépassé les espérances.

La société qui tenta cette belle entreprise se forma à La Haye en 1818, avec l'approbation mais non sous la direction du gouvernement ; son exemple fut suivi dans la Belgique en 1822.

D'après les statuts de l'association, tout individu qui fournit la somme de 3 florins (6 fr. 12 cent.) en devient membre, et, comme tel, il concourt à la direction des affaires et à la nomination des administrateurs.

A l'aide des fonds que lui fournissaient les dons volontaires de ses membres, la société acquérait une vaste étendue de terrains incultes, qu'elle divisait ensuite en lots de trois hectares et demi : 1,300 florins (2,743 fr.) devaient suffire à acheter, défricher et ensemencer ces trois hectares. Elle y plaçait alors le pauvre et sa famille, pouvant former en tout huit individus.

On sent que de pareils fermiers doivent se présenter dans un grand état de dénuement ; ils sont souvent peu habitués au travail, ils ne possèdent point les instruments nécessaires ; enfin la terre qu'on leur confie produit peu pendant les années qui suivent le défrichement.

La société de bienfaisance, qui a donné asile au pauvre, n'a garde de l'abandonner à ses propres ressources ; elle lui fournit au contraire tout ce qui peut lui être utile, instruments, troupeaux, vêtements, vivres ; mais elle les lui fournit à titre d'avances seulement ; seize ans forment le temps qu'on a jugé nécessaire pour que le nouvel arrivant puisse s'habituer à ses devoirs, rendre le terrain entièrement productif, et s'acquitter complètement des avances qu'a faites la société en sa faveur.

En retour des avantages qu'on lui accorde, et qui ne peuvent le dégrader, puisqu'en réalité ils ne constituent qu'un prêt, le colon est tenu à suivre la direction des administrateurs de l'établissement, à se soumettre à certaines prescriptions morales, et enfin à livrer chaque année la plus grande partie des produits de sa récolte, qui servent à l'acquitter envers la société. Une fois les avances de celle-ci couvertes (et nous avons vu qu'il était calculé qu'elles devaient l'être au plus tard en seize ans), le colon rentre dans l'exercice de tous ses droits ; il devient un véritable fermier, et ses rapports avec la colonie ne diffèrent en rien de ceux d'un autre fermier avec son maître. On évalue le prix de chaque ferme à 50 florins (105 fr.) par année.

Les rentes que se fait ainsi la société, et le surplus de l'argent provenant des donations de ses membres, doivent être employés à acheter de nouveaux terrains et à fonder gratuitement de nouvelles fermes.

On voit par cet exposé que la société de bienfaisance des Pays-Bas n'avait en vue qu'un but purement philanthropique et charitable. Elle eut soin de stimuler l'ardeur de ses membres en leur accordant des priviléges : tout homme, comme nous l'avons fait remarquer, pouvait, en payant la somme de 6 francs, devenir membre de l'association de bienfaisance ; mais tous les membres ne jouissaient pas des mêmes avantages.

Ceux qui donnaient à la société 1,600 florins (3,376 fr.), une fois payés, acquéraient à perpétuité le droit de désigner la famille pauvre qu'il leur plaisait de faire admettre dans un des lots. Le même droit était accordé à celui qui, pendant seize ans, payait pour chacun des pauvres qu'il plaçait sur la colonie la somme de 23 florins (48 fr. 53 cent.), montant des secours annuels réputés nécessaires au nouveau colon pendant seize ans, pour rendre productif le terrein qu'on lui confiait et le cultiver sans aide.

Le succès des colonies agricoles en Hollande fut bientôt constaté par l'expérience. Beaucoup de communes et d'administrations publiques ne tardèrent point à acheter le droit d'y envoyer à perpétuité des indigents; et le gouvernement conçut enfin l'idée de traiter lui-même avec la société, afin de se décharger sur elle d'une partie de l'entretien des vagabonds et des enfants trouvés que les lois mettaient à sa charge.

C'est ce traité entre le gouvernement et l'association qui donna naissance aux colonies agricoles forcées.

On sent que le plan originaire de la société n'était point applicable à des enfants, auxquels on ne pouvait confier la culture des terres, et encore moins peut-être à des repris de justice, que le vice plus que l'infortune avait ordinairement conduits dans les dépôts de mendicité.

Et d'abord il était naturel de croire que leurs travaux seraient moins productifs que ceux des hommes faits et des pauvres libres. En conséquence, la société exigea qu'on lui payât pendant seize ans la somme annuelle de 45 florins (94 fr. 95 cent.) pour se charger d'un enfant, et celle de 35 florins (73 fr. 85 cent.) pour admettre dans ses établissements un pauvre qui sortirait des dépôts de mendicité.

L'administration de la colonie forcée devait également reposer sur des bases différentes de celles de la colonie libre : pour surveiller plus facilement les nouveaux colons, on les réunit dans un seul emplacement; on leur donna un vêtement particulier, pour leur rendre la fuite moins facile; on les fit travailler sous la direction de gardiens, et on les soumit à une discipline sévère : au lieu de leur livrer une exploitation tout entière, on ne les traita que comme des ouvriers à la tâche dont une juste indemnité encourageait les efforts, et qui étaient remis dans le sein de la société lorsque leur conduite à la colonie avait fourni à l'État des garanties suffisantes.

Les colonies forcées ne prospérèrent pas moins que les colonies libres : leurs succès, en quelques endroits, parurent même plus grands et plus rapides. Il était moins difficile, en effet, de contraindre un détenu au travail que de persuader au colon libre de quitter ses habitudes d'oisiveté et de combattre son ignorance.

Les colonies agricoles de la Hollande et de la Belgique contenaient déjà en 1829 plus de 9,000 détenus, enfants trouvés ou colons libres.

Dans l'espace de dix années, une vaste étendue de territoire avait été livrée pour la première fois à l'agriculture et au développement de la population du royaume. L'État avait trouvé dans cette révolution des gages de tranquillité, le trésor public une nouvelle source de revenus et une plus grande encore d'économies : en effet, l'enfant et le mendiant coûtaient une fois moins cher dans la colonie agricole que dans les hôpitaux et les dépôts de mendicité ; et le gouvernement, en payant pendant seize ans cette somme déjà réduite, acquérait de plus le droit de s'en affranchir à jamais.

Dans le court tableau que nous venons de tracer des colonies agricoles, notre but n'a été que de faire comprendre les bases du système sur lequel elles reposent. Quant à ceux qui désireraient connaître en détail cette belle institution, nous ne saurions mieux faire que de les renvoyer à l'excellent ouvrage que M. Huerne de Pommeuse vient de publier à ce sujet.

N° V.

DE L'INSTRUCTION PUBLIQUE.

Il nous a semblé que le système de l'instruction publique reposait, dans tous les États de l'Union, sur des principes analogues qu'il était facile de faire connaître.

Les écoles se divisent, aux États-Unis comme ailleurs, en colléges consacrés aux hautes études, et en écoles élémentaires.

A la tête des premiers se trouvent en général placés un certain nombre d'établissements élevés aux frais ou subventionnés par la munificence de l'État, qui prend une part indirecte à leur administration.

La plupart des écoles élémentaires sont également soumises à la tutelle de l'autorité publique. Chaque commune, aux termes de la loi, doit être pourvue d'une école primaire ouverte à tous les enfants de ses habitants. Cette école est ordinairement sous la direction des autorités locales; quelquefois cependant le gouvernement a conservé le droit de l'inspecter.

En dehors de ce système d'éducation nationale règne une complète liberté. Chacun est maître d'établir une concurrence avec l'État, en matière d'instruction publique, et l'intérêt personnel des familles est le seul juge. Dans certaines parties de l'Union, on croit seulement devoir exiger, comme garantie contre les abus de cette liberté, un certificat de bonnes vie et mœurs, délivré au nouvel instituteur par les autorités locales et le pasteur de sa commune.

Aux États-Unis, le pouvoir n'abandonne donc point la direction de l'instruction publique; mais il ne se réserve pas de monopole. Au reste, pour faire mieux comprendre cette théorie, nous présenterons le tableau de ce qui se passe dans l'État de New-York, que son étendue, sa population et ses richesses placent à la tête de toute l'Union.

Dans l'État de New-York, la législature a créé deux fonds spéciaux, appelés l'un *the litterature fund*, et l'autre *the common school fund*; le premier est destiné à soutenir les hautes études; le second, les études élémentaires. Nous verrons plus bas de quelles sommes ces fonds se composent.

A la tête de la haute instruction est placé un corps administratif qui porte le nom d'Université de l'État de New-York (1). Ce corps est formé de vingt-un membres, appelés régents. Le gouverneur et le sous-gouverneur de l'État en font partie de droit. Les dix-neuf autres membres sont élus par la législature.

Toutes les fois qu'un établissement particulier veut obtenir de l'Etat une charte qui lui permette d'exister par lui-même à perpétuité, d'agir et de contracter en son nom, en un mot, de devenir en quelque sorte un établissement public, il doit s'adresser aux régents de l'Université ; et ce n'est qu'après avoir pris leur avis que la législature concède la charte qu'on lui demande. Une fois cette existence légale reconnue, il s'établit de nombreux rapports entre le collége et l'Etat : chaque année les régents de l'Université distribuent à tous les établissements d'instruction publique ainsi reconnus des secours fournis par l'un des fonds dont nous avons parlé plus haut. En retour de ce bienfait, les colléges subventionnés sont soumis à l'inspection des régents, qui font annuellement connaître à la législature les résultats de leurs investigations. Aux régents appartiennent également le droit de donner des diplômes en matière de sciences et de belles-lettres.

Le fonds des écoles primaires est infiniment plus considérable que celui destiné à soutenir les hautes études : aussi la société prend-elle une part plus directe encore dans le gouvernement de ces écoles.

A la tête de l'instruction primaire de l'État de New-York est placé un fonctionnaire, nommé le surintendant des écoles. C'est à lui qu'on en appelle lorsqu'il survient des difficultés dans l'exécution des lois relatives à l'instruction publique ; c'est lui qui est chargé de distribuer entre les comtés les secours annuels de l'Etat.

Chaque canton (*township*) est tenu d'avoir une école, et d'y consacrer une somme au moins égale à celle que lui accorde l'Etat.

A la tête des écoles de chaque canton sont placés plusieurs fonctionnaires nommés les commissaires des écoles. Ces commissaires distribuent à chacune des communes dont se compose le canton la portion qui lui revient dans la libéralité de l'Etat. Ils examinent les maîtres, les choisissent, les inspectent et les révoquent ; mais on peut en appeler de leurs sentences au surintendant des écoles.

Celui-ci reçoit chaque année un compte-rendu de l'état de l'instruction dans tous les cantons de la république, et il met le résultat de ces rapports sous les yeux de la législature en l'accompagnant d'observations (2).

(1) Revised Statutes, vol. 1, pag. 456-466.
(2) Revised Statutes, vol. 1, pag. 466-488.

Outre les colléges subventionnés et les écoles communales, il existe dans l'Etat de New-York un très grand nombre d'établissements consacrés à l'instruction publique, qui ne reçoivent rien de l'Etat, et qui vivent entièrement en dehors de la société politique.

Détails statistiques sur l'argent consacré par les habitants de l'État de New-York à l'instruction publique, sur le nombre des écoles et celui des écoliers en 1829.

Pour subvenir au besoin des écoles publiques, il y a deux systèmes simples : dans l'un, l'Etat ne donne rien, et les communes se chargent de tous les frais; dans l'autre, l'Etat seul fait face à toute la dépense.

Ces deux systèmes ont des partisans et des applications en Amérique.

Le système de l'État de New-York est mixte : la législature fournit annuellement à chaque canton (township) une certaine somme pour subvenir aux frais de l'instruction primaire; et, de son côté, le canton est obligé de s'imposer pour une somme au moins égale. On se loue beaucoup des résultats de ce système. Si le canton était chargé de faire à lui seul tous les frais de l'instruction publique, peut-être reculerait-il devant une semblable dépense. Si, au contraire, il recevait du trésor public toute la somme nécessaire, il cesserait d'en surveiller avec attention l'emploi. Mais ici la munificence de l'Etat stimule son zèle; elle lui fournit des ressources, sans cependant l'empêcher de porter à l'école l'intérêt qu'on a toujours pour son propre ouvrage.

Il y a certains États de l'Union, la Pennsylvanie, par exemple, où les écoles primaires, établies aux frais de la société, ne sont destinées qu'aux pauvres, qu'on y reçoit gratuitement.

Dans les communes de l'État de New-York, ainsi que dans celles de la Nouvelle-Angleterre (1), il n'y a qu'une seule école primaire subventionnée. Les riches comme les indigents s'y rencontrent, et y contribuent suivant leurs moyens. Les habitants de l'État de New-York prétendent que le pauvre met plus d'ardeur à obtenir des moyens d'instruction qui lui coûtent peu, mais qu'il croit acheter, que recevoir ceux qu'on lui fournit pour rien et à titre de charité; ils ajoutent, et ils ont raison, que cette confusion de tous

---

(1) Les États de la Nouvelle-Angleterre sont les six États situés à l'est de l'Hudson. C'est de la Nouvelle-Angleterre qu'est sortie la civilisation américaine.

les enfants dans les mêmes écoles est plus en rapport avec les institutions démocratiques et républicaines de leur pays.

Voici donc de quelle manière on réunit dans chaque canton la somme nécessaire à l'entretien des écoles primaires :

1° L'État ou la nation, agissant dans sa plus haute capacité politique, accorde annuellement une certaine somme à chaque canton ;

2° Le canton en lève une, de son côté, qui lui est au moins égale.

Jusque-là, c'est la société qui, en totalité ou en partie, agit dans un but politique. Ce sont les citoyens en corps qui établissent les écoles, et qui fournissent à une partie de leur entretien, quoique beaucoup d'entre eux n'aient point d'intérêt direct et actuel à propager l'instruction publique.

3° Mais l'argent ainsi obtenu est loin de suffire; il ne forme qu'une prime d'encouragement donnée aux parents, de même que la subvention de l'État n'était qu'une prime d'encouragement donnée aux communes. Pour prendre sa part de la libéralité nationale et communale, chaque élève est obligé de payer une certaine somme qui sert à couvrir le surplus des dépenses.

Ceci se comprendra mieux encore par le tableau suivant (1):

En 1829, l'État a donné aux différents cantons une somme de 100,000 doll. ou 530,000 fr.

Cette somme forme le produit annuel du fonds destiné aux écoles primaires, et qui lui-même est de 1,696,743 dol. ou 8,992,737 fr.

Cette même année, les cantons se sont taxés eux-mêmes pour une somme de 124,556 doll. ou 660,146 fr. 80 c.

De plus, cette même année, un fonds communal, spécialement appliqué aux écoles primaires, à produit 14,095 doll. 32 cents, ou 74,705 fr. 20 c.

Ainsi la société, en 1829, a donné aux écoles primaires, dans l'État de New-York, une subvention de 238,651 doll. 33 cents, ou 1,264,852 fr.

Tous les citoyens ont pris part à cette libéralité, même ceux qui n'avaient point un intérêt direct à y concourir. Voici le tour des intéressées.

Indépendamment des 1,264,852 fr. fournis par l'État ou les communes, les écoles primaires, en 1829, ont encore coûté pour leur entretien une somme de 821,986 dol. ou 4,356,525 fr., qui a dû être fournie par les parents des élèves.

La somme totale dépensée en 1829, par les habitants de l'État

---

(1) Ce tableau est extrait du document législatif intitulé : *Report of the superitendant of the common schools of the State of New-York*, 1831.

de New-York, pour l'instruction primaire, a donc été d'environ (1) 1,060,637 doll. ou 5,621,377 fr. ; ce qui porte à 2 fr. 94 c. la portion fournie par chaque habitant. Il ne faut pas oublier que la plus grande partie de cet argent a été fournie volontairement. La taxe relative à l'instruction primaire ne s'est réellement montée qu'à 66 c. par personne.

Le fonds destiné à encourager les hautes études consiste en un capital de 256,002 doll. ou 1,356,810 fr.

Ce capital a produit, en 1829, un revenu de 10,000 doll. ou 53,000 fr. que les régents de l'université ont distribué entre les différents colléges soumis à leur inspection.

Chaque année, le revenu du fonds destiné à encourager les hautes études est distribué de la même manière ; mais, indépendamment de cette libéralité, il arrive fréquemment que la législature accorde une somme considérable pour créer ou soutenir un établissement d'instruction qui lui paraît utile. C'est ainsi qu'en 1814 elle consacra 70,000 doll. ou 371,000 fr. à l'acquisition d'un jardin de botanique.

En 1829, les écoles primaires, créées par les communes et subventionnées par l'État, étaient au nombre de huit mille huit cent quarante-six. Il y avait dans l'Etat de New-York, en 1829, deux colléges de médecine, quatre colléges consacrés aux sciences, et cinquante-cinq établissements d'instruction publique d'un rang inférieur, appelés *Académies*, auxquels l'État accordait une subvention.

On ignore le nombre des écoles qui se soutiennent par elles-mêmes et sont indépendantes du gouvernement ; mais il ne peut manquer d'être considérable, comme nous le verrons tout à l'heure par le nombre des écoliers.

En 1829, dans les seules écoles primaires subventionnées par l'État, on a fourni l'instruction à quatre cent quatre-vingt-dix-neuf mille quatre cent vingt-quatre enfants.

La totalité des élèves reçus dans les colléges et académies dont nous avons parlé plus haut a été, la même année, de trois mille huit cent trente-cinq.

On évalue à quarante-cinq mille à peu près le nombre des enfants qui se sont procuré des moyens d'instruction d'une autre manière.

(1) Voici le détail de l'emploi de cet argent :

1° Intérêts à 6 p. 100 de la somme de 1,928,236 doll. ou 10,219,650 fr. employée à fonder des écoles,	115,694	613,178
2° Dépenses annuelles pour livres,	249,717	1,323,500
3 Chauffage des écoles,	88,460	468,838
4° Traitement des maîtres,	606,766	3,215,861
	1,060,637 doll.	ou 5,621,377 fr.

Ainsi, dans l'Etat de New-York, en 1829, environ cinq cent cinquante mille enfants ont fréquenté les écoles ; chiffre qui, comparé avec celui de la population durant la même année, donne un écolier sur 3 48/100 habitants (1).

On voit que, dans l'Etat de New-York, la presque totalité des enfants reçoit une éducation plus ou moins complète. Le surintendant des écoles, dans son rapport de 1831, se plaint encore, cependant, du peu de zèle que mettent certaines personnes à procurer à leurs enfants les moyens d'instruction qui sont à leur portée. Les inspecteurs des écoles, dit-il, ont pourtant grand soin de représenter fortement aux familles quels sont leurs devoirs sur ce point, et de les engager à faire instruire leurs enfants.

Au reste, ce n'est pas de nos jours seulement que la société, en Amérique, a pris tant d'intérêt à propager l'instruction parmi ses membres. Voici ce qu'on lit dans les lois de New-Haven, dès l'année 1665 :

« Les parents et maîtres doivent veiller à ce que leurs enfants et apprentis, à mesure qu'ils avancent en âge, acquièrent, avec la grâce de Dieu, un degré d'instruction qui puisse au moins leur permettre de connaître par eux-mêmes les écritures saintes, et de s'instruire dans la lecture des autres livres utiles publiés en anglais.

« Les parents et les maîtres qui négligeront ce devoir seront condamnés, pour la première fois, à payer une amende de 10 shellings. Si, trois mois après cette première condamnation, il y a lieu de leur en appliquer une seconde pour le même fait, l'amende sera de 20 shellings. S'ils commettent de nouveau la même faute, on peut les condamner à une amende encore plus forte, ou bien leur enlever la tutelle de leurs enfants ou apprentis, et la transporter à d'autres.. »

---

(1) On s'étonnera peut-être de ce grand nombre d'enfants, comparé à la population totale de l'État. Mais il faut remarquer qu'en Amérique la moyenne de la vie humaine n'est pas plus étendue qu'ailleurs, peut-être moins, et que les familles y sont, en général, beaucoup plus nombreuses qu'en Europe.

N° VI.

PAUPÉRISME EN AMÉRIQUE.

Les Américains ont emprunté aux Anglais la plupart des institutions relatives aux pauvres.

En Amérique, comme en Angleterre, tout homme dans le besoin a un droit ouvert contre l'État. La charité est devenue une institution politique.

Les secours sont accordés aux pauvres de deux manières : dans chaque grande ville, ainsi que dans le plus grand nombre des comtés, sont placés des établissements qui portent le nom de *amls-houses*, maisons de charité, ou *poor-houses*, maisons des pauvres. Ces établissements peuvent être considérés tout à la fois comme des lieux d'asile et comme des prisons. On y reçoit et on y entretient, aux dépens du public, les pauvres les plus nécessiteux. On y enferme et l'on y fait travailler les vagabonds que les juges de paix y envoient. Ainsi, la maison des pauvres contient tout à la fois des indigents qui ne peuvent pas, et ceux qui ne veulent pas gagner leur vie par un travail honnête.

Indépendamment des secours fournis dans les maisons de charité, l'administration, chargée de la surveillance des pauvres, en fait encore parvenir beaucoup à domicile.

Chaque année, les communes se taxent pour subvenir à ces frais de charité publique, et des commissaires sont nommés pour veiller à l'emploi des fonds ainsi perçus.

C'est un principe généralement admis, qu'en pourvoyant aux besoins des pauvres, l'État ne fait qu'avancer un argent que le travail de ceux-ci doit rembourser. Mais on a remarqué, en Amérique, comme en Angleterre, qu'il était presque impossible d'arriver dans la pratique à l'application rigoureuse de ce principe. Un grand nombre de pauvres sont incapables d'aucun travail ; c'est cette incapacité même qui les met à la charge de l'État. Les pauvres valides ont, presque tous, contracté des habitudes de paresse qu'il est difficile de changer. D'ailleurs, le pauvre qu'on renferme dans une maison de charité se considère comme malheureux, non comme coupable ; il conteste à la société le droit de le forcer par la violence à un travail infructueux, et de le retenir contre sa volonté. L'administration, de son côté, se sent désarmée à son égard ; le régime d'une maison de charité ne peut pas être celui d'une prison ; et lors même que l'homme qui y habite n'est plus libre, on ne saurait cependant le traiter comme un criminel.

De là naissent des difficultés extrêmes, et qu'on peut considérer comme inhérentes au système même de la législation anglaise sur les pauvres ; difficultés dont on a pu diminuer le nombre par des procédés administratifs plus ou moins parfaits, mais qu'on doit désespérer de voir complètement disparaître.

Ainsi, dans le Maryland, il est établi que le pauvre, en entrant dans la maison de charité, contracte l'obligation d'y demeurer jusqu'à l'entier paiement des frais occasionés par sa présence. Tel est le principe posé : mais on comprend sans peine que son application dans tous les cas serait fort onéreuse au trésor public, qu'on veut protéger : la plupart des pauvres sont incapables de se procurer par leur travail l'argent qu'on leur demande ; les condamner à rester dans la maison de charité jusqu'à ce qu'ils aient indemnisé l'État serait le plus souvent les condamner à une détention perpétuelle, aussi préjudiciable pour le public que pour eux-mêmes. Il a donc fallu, en proclamant la loi, permettre aux administrateurs des pauvres de la violer sans cesse dans l'exercice ordinaire de leurs fonctions, et revêtir ces magistrats d'un pouvoir discrétionnaire sans limite. Ajoutez que l'administration, quelque soin qu'ait pris le législateur de lui fournir des armes, est encore impuissante pour retenir malgré eux les indigents qui veulent recouvrer leur liberté; car, nous le répétons, une maison de pauvres n'est pas et ne peut être une prison.

On ne saurait douter cependant que les principes de la législation du Maryland, relative aux pauvres, n'aient produit une diminution notable dans le budget des dépenses publiques de cet État; non pas peut-être qu'ils aient eu pour résultat d'augmenter les produits du travail des pauvres, mais ils leur ont rendu les charités publiques peu désirables, et les ont empêchés ainsi d'y recourir sans la plus extrême nécessité.

Au demeurant, un système régulier de charité publique est-il préjudiciable ou utile ? C'est là une question immense, que nous ne sommes pas en position de discuter avec détail ni de résoudre.

Il nous semble qu'en pareille matière il faut distinguer avec soin la pauvreté qui naît d'une incapacité physique et matérielle, de celle qui provient d'autres causes. Quant à la première, l'État peut la soulager, sans qu'il en résulte pour la société un grand préjudice. Personne assurément ne s'exposera jamais à perdre un membre pour être nourri aux dépens du public. Mais nous sommes portés à croire que toute loi qui viendra d'une manière régulière et assurée au secours des misères du peuple aura pour résultat presque certain d'en augmenter sans cesse le nombre. Une pareille loi d'ailleurs déprave toujours la population qu'elle est appelée à soulager. On sait à quelles sommes énormes s'élève déjà en Angleterre la taxe des pauvres. Que l'état actuel des choses dure encore un demi-siècle, et l'on pourra dire avec justice que, dans ce pays, les prolétaires jouissent du sol, et que les'propriétaires sont leurs fermiers. Il y a peu d'indigents en Amérique ; mais ce fait nous semble tenir à des raisons étrangères à l'objet qui nous occupe ; et on peut croire qu'il en est ainsi, non à cause de la loi, mais au contraire en dépit de la loi. Nous avons remarqué aux États-Unis que la législation sur le paupérisme était une source d'abus administratifs de tous genres , de très grandes dépenses et de difficultés d'exécution sans nombre. Il nous a paru que les dernières classes du peuple en Amérique se livraient à des habitudes désordonnées, et agissaient avec une imprévoyance qui tenait surtout à la certitude d'être secourues au besoin. L'Irlandais des grandes villes passe l'été dans l'abondance, et l'hiver à la maison des pauvres. La charité publique a perdu pour lui son cachet d'ignominie, parce que des milliers d'hommes y ont journellement recours. On a observé d'ailleurs en Europe que quand les classes supérieures de la société entreprennent de soulager les misères du pauvre, elles dépassent presque toujours le but qu'elles veulent atteindre, parce que leur imagination leur exagère les souffrances que causent à l'indigent des privations qu'elles n'ont jamais endurées elles-mêmes. Il en est ainsi en Amérique : les maisons de charité que nous avons eu occasion de visiter offrent en général au pauvre un asile non-seulement sain , mais agréable ; il y trouve un bien-être et des jouissances qu'un honnête travail ne lui procurerait peut-être pas au dehors.

Nous joindrons à ces réflexions préliminaires le tableau statistique du nombre des pauvres de l'État de New-York en 1830 et des sommes qui ont été dépensées pour leur entretien : ce tableau servira à donner une idée fort exacte du paupérisme en Amérique. L'État de New-York est, comme on sait, le plus grand de l'Union, et rien n'indique que le nombre des indigents y doive être moindre qu'ailleurs.

L'État de New-York était en 1830 divisé en cinquante-cinq districts administratifs, appelés *comtés* ; dans chacun de ces comtés résidaient trois ou cinq administrateurs nommés les *surintendants des pauvres*. Ces magistrats veillent à ce que les secours soient fournis aux indigents, font bâtir et entretenir la maison de charité du comté, et président à sa direction. Chaque année, les fonds nécessaires à cet objet sont levés, d'après le vote d'un corps électif appelé *the board of supervisors*, lequel représente le comté. Les surintendants des pauvres doivent, aux termes de la loi, envoyer annuellement un compte de leur administration au gouvernement central de l'État. C'est l'extrait de ces différents rapports annuels que nous allons présenter.

Quarante-quatre districts seulement, contenant un million six cent cinquante-trois mille huit cent quarante-cinq habitants, ont envoyé leurs rapports en 1830 (1).

Il résulte de ces documents que dans les quarante-quatre comtés on a secouru en 1830 quinze mille cinq cent six pauvres ; ce qui donne un pauvre sur sept cent habitants (2). Parmi les quinze mille cinq cent six pauvres se trouvaient deux mille trois cent soixante-seize individus étrangers à l'État de New-York : reste donc un pauvre de l'État de New-York sur cent vingt-six habitants.

Le travail de ces quinze mille cinq cent six individus a épargné à l'État une dépense qu'on aurait pu évaluer en 1830 à 10,674 dollars.

Chaque pauvre n'a donc gagné durant cette année à l'État que 70 cents ou 3 fr. 71 c.

L'entretien de ces quinze mille cinq cent six pauvres a coûté à l'État, déduction faite du produit de leurs travaux, 216,535 dollars au moins (3) ; ce qui donne pour chaque pauvre pendant l'année une dépense de 14 dollars ou 74 fr.

Les frais d'administration et de justice seuls se sont élevés à 27,981 dollars ou 158,299 fr.

Ainsi, dans l'année 1830, la taxe relative à l'entretien des pauvres s'est montée, dans l'État de New-York, à 13 cents ou 69 c. par habitant.

Indépendamment de ces dépenses annuelles, les terres et bâtiments que l'État consacre à nourrir et contenir les pauvres forment encore un capital considérable.

On applique depuis peu, dans l'État de New-York, au soutien des pauvres, le système des colonies agricoles (4). Dans les qua-

---

(1) Le secrétaire d'État, dans son rapport au Corps législatif, signale cette omission importante de la part des administrations locales de onze comtés. Mais il établit le fait sans l'accompagner d'aucunes observations. En Amérique, l'autorité centrale semble n'exister que par tolérance, et se dissimule elle-même le plus qu'elle le peut. Dans l'État de New-York, le seul où se rencontre une ombre de centralisation, on se plaint déjà fort haut du pouvoir accordé au gouvernement.

(2) Des évaluations dont la base est, il est vrai, assez incertaine, portent le nombre des pauvres, en France, à environ un sur seize habitants.

(3) Nous disons *au moins*, parce que, en effet, plusieurs comtés n'ont pas parlé, dans leurs rapports, des frais d'administration, qui cependant sont fort considérables.

(4) Quand nous disons qu'on a appliqué au soutien des pauvres le système des colonies agricoles, nous ne voulons pas dire par là qu'on ait imité l'exemple de la Hollande. Dans les deux pays, on emploie les pauvres à cultiver la terre ; mais, du reste, il n'y a presque aucune analogie entre les deux systèmes.

rante-quatre comtés dont nous avons parlé, on a affecté à leur usage trois mille huit cent soixante-seize acres de bonne terre. Ces terres, en général, appartenaient à l'État ou ont été acquises par lui à peu de frais. En les consacrant aux indigents, on diminue beaucoup les charges du trésor public, et on occupe les pauvres aux seuls travaux auxquels ils soient tous propres. C'est encore là un des plus grands avantages qu'aient les États-Unis sur l'Angleterre.

On évaluait en 1830 le capital ainsi engagé par l'État de New-York à 757,257 dollars ou 4,013,409 fr.

N° VII.

EMPRISONNEMENT

POUR DETTES AUX ÉTATS-UNIS.

Les anciennes lois américaines sur l'emprisonnement pour dettes étaient extrêmement sévères. Comme toutes les institutions anglaises, elles étaient surtout dures pour le pauvre; elles faisaient bon marché de sa liberté.

Ainsi, l'emprisonnement pour dettes avait lieu quel que fût le montant de la créance. Il précédait le jugement, et frappait le débiteur avant que son obligation ne fût prouvée. Le titre suffisait au créancier pour l'opérer. En général, on doit remarquer avec surprise que les Anglais ont été, de tous les peuples modernes, ceux qui ont mis le plus de liberté dans leurs lois politiques, et qui ont fait le plus grand usage de la prison dans leurs lois civiles.

Depuis dix ans à peu près, cette législation oppressive commence à être le but d'attaques violentes en Amérique; plusieurs États de l'Union l'ont déjà modifiée ou abrogée. C'est ainsi que, dans les États de Kentucky, de l'Ohio et de New-York, l'emprisonnement pour dettes a été entièrement aboli dans le cas où le débiteur n'aurait pas été de mauvaise foi.

Dans beaucoup d'autres, les femmes ont été exemptes de la contrainte par corps; dans d'autres enfin, tels que le New-Hampshire et le Maryland, on a fixé à la dette un minimum assez élevé, au-dessous duquel le débiteur ne peut être sujet à l'emprisonnement.

Mais, dans la majorité des États, l'ancienne loi est encore en vigueur. C'est ainsi qu'à Philadelphie on rencontre un grand nombre de détenus dont la créance ne s'élève pas, en capital, à 1 dollar (5 fr. 30 c.). En 1830, un homme a été arrêté pour une dette de 19 cents (à peu près 1 fr.); il est resté neuf jours en prison, et n'en est enfin sorti qu'en payant, indépendamment de la créance originaire, 8 fr. de frais. Une pareille loi ne vient pas au secours des créanciers : elle ne fait que sanctionner la violence et les vengeances particulières.

On pense qu'en Pennsylvanie le nombre des individus arrêtés pour dettes est annuellement de sept mille. Si nous joignons ce chiffre à celui des condamnés pour crime et délit, que nous avons estimé s'être élevé en 1830 à deux mille soixante-quatorze, nous trouverons qu'en Pennsylvanie, sur cent quarante-quatre habitants, il y en a un à peu près qui va chaque année en prison.

V. *Fifth and sixth annual Reports of the prison Society of Boston* (1).

---

(1) A ces détails le traducteur américain ajoute :

Nous avons reçu le rapport lu par M. Gibbon devant la chambre des représentants de la Pennsylvanie, le 15 mars 1833, relatif aux prisonniers pour dette, renfermés dans la prison d'Arch-Street, à Philadelphie. Les faits que contient ce rapport font horreur, et l'on ne saurait concevoir qu'une société qui n'a qu'à obéir à ses propres instincts en faisant ses lois, et qui, plusieurs fois, depuis l'époque de sa formation, s'est distinguée par son esprit d'humanité, puisse permettre à un semblable état de choses d'exister encore. Ceci forme, à coup sûr, une triste anomalie. Le rapport de M. Gibbon commence ainsi :

« Il résulte de l'examen des peines relatives aux individus renfermés pour dettes dans la prison de Philadelphie, depuis le 1ᵉʳ mai jusqu'au 24 septembre 1830, que le montant des dettes de quarante détenus s'élevait seulement à 23 dollars 40 cents 1/2, auxquels il faut ajouter 70 doll. 20 cents de frais, faisant ensemble un total de 98 doll. 60 cents 1/2. Parmi ces dettes, il y en avait qui ne s'élevaient qu'à 2, 19, 25 et 37 c. Ces débiteurs sont en général conduits à la prison dans un grand état de misère ; ils sont couverts de haillons.

N° VIII.

EMPRISONNEMENT

DES TÉMOINS.

Aux États-Unis, lorsqu'un témoin ne peut fournir de cautionnement, on le met en prison, et il y reste confondu avec les condamnés et les prévenus, jusqu'à ce que la procédure soit complète et la cour d'assises en état de l'entendre.

On nous raconta à Philadelphie l'histoire de deux jeunes Irlandaises qui, trop nouvellement arrivées dans le pays pour trouver des répondants, et trop pauvres pour fournir caution, avaient ainsi été détenues pendant une année entière, attendant toujours que les tribunaux voulussent bien recevoir leur déposition.

Un marchand forain est volé dans une auberge de Baltimore; il porte plainte : mais, comme le voleur ne lui avait pas laissé de quoi fournir caution, on l'arrête. Ainsi, pour arriver à découvrir celui qui lui avait volé une partie de sa fortune, on le force à attendre justice en prison, et à abandonner des affaires qui l'appelaient impérieusement dans l'Ouest.

Nous citons ces exemples entre mille.

On se plaint souvent en Europe des obligations onéreuses que les lois imposent quelquefois à l'indigent, et des obstacles qui l'environnent lorsqu'il veut faire valoir son droit.

En Amérique, la condition du pauvre est plus dure encore : si le hasard le rend témoin d'un crime, il doit se hâter de détourner les yeux; et s'il en est lui-même la victime, il ne lui reste qu'à fuir, de peur que la justice n'entreprenne de le venger.

Quelque monstrueuse que paraisse une semblable législation, l'habitude y a tellement familiarisé les esprits, que nos remarques à ce sujet n'ont été comprises que par un petit nombre d'hommes éclairés. La masse des gens de loi ne voit dans une pareille forme de procéder rien qui lui paraisse contraire aux idées du juste et de l'injuste, ni même aux principes de la constitution démocratique qui les régit.

Les Américains, par une assez singulière anomalie, tout en changeant les lois politiques des Anglais, ont conservé la plupart de leurs lois civiles.

Ces lois ont, en général, tout prévu pour la commodité du riche, et presque rien pour la garantie du pauvre. Dans le même pays, où le plaignant est mis en prison, le voleur reste en liberté, s'il peut donner caution. Il n'y a que l'assassinat dont la loi ne protége pas les auteurs.

N° IX.

SOCIÉTÉS DE TEMPÉRANCE.

Il n'y a pas de pays au monde où l'on ait plus tiré parti de l'association qu'en Amérique. C'est l'association qui, au sein d'un pays où règne l'égalité des fortunes, parvient à créer d'énormes capitaux, et, par eux, à soutenir le plus grand mouvement commercial et industriel qui existe. C'est par l'association qu'en politique les minorités réussissent à repousser l'oppression du plus grand nombre, à prendre pied peu à peu dans l'opinion publique, et à régner à leur tour. En Amérique, on s'unit dans des buts de plaisir, de science, de religion. L'appui que l'association prête à la faiblesse des individus est si bien connu, qu'un grand nombre d'hommes ont enfin conçu l'idée de s'associer pour combattre un ennemi tout intellectuel, une passion dont les effets, aux États-Unis, sont plus funestes que partout ailleurs, l'intempérance.

Les habitants d'une même commune ou d'un même comté qui désirent former une société de tempérance se rassemblent dans un lieu convenu; là ils s'engagent les uns envers les autres, par écrit, à s'abstenir de toute liqueur forte (ardents spirits), et à veiller à ce que leurs subordonnés s'en abstiennent. Tous ceux qui s'engagent de cette manière deviennent membres de la nouvelle société. Ils nomment des administrateurs qui sont chargés de recevoir les nouveaux agrégés. Ces administrateurs ont à rechercher quelle est la consommation annuelle des liqueurs fortes dans la commune ou le comté au sein desquels l'association s'est formée. Ils tâchent de connaître l'influence que l'abus des liqueurs fortes exerce sur la moralité et le bonheur des habitants, et ils s'efforcent de constater les effets déjà obtenus par l'établissement de la société ou ceux qu'on doit en attendre. Chaque année, le résultat de ces recherches est consigné dans un rapport qui est lu aux sociétaires assemblés.

Au-dessus de toutes les sociétés inférieures d'un État se trouve ordinairement placée une société centrale qui se charge d'analyser et de publier les résultats généraux obtenus.

En Amérique, les hommes les plus influents se sont empressés de faire partie des sociétés de tempérance. Ils ont espéré entraîner avec eux l'opinion publique, engager la vanité dans la cause de la morale, et opérer ainsi une révolution dans les habitudes de leurs compatriotes.

Il est impossible de savoir exactement jusqu'à quel point ces efforts ont réussi; ce dont on ne saurait douter, c'est qu'un grand bien n'ait déjà été produit. Dans l'État de New-York, la société de tempérance compte plus de cent mille membres, et l'on a raison de croire que la consommation des liqueurs fortes a déjà diminué de moitié. En Pennsylvanie, le nombre des sociétaires n'est pas connu; mais on estime que la consommation des liqueurs fortes est déjà réduite de cinq cent mille gallons chaque année. En 1831, il y avait dans le Maine cent quarante sociétés de tempérance, dans le New-Hampshire, cent quatre-vingt-seize; dans le Vermont, cent trente une; dans le Massachussetts, deux cent neuf; dans le Connecticut, deux cent deux; dans Rhode-Islande, vingt; dans l'État de New-York, sept cent vingt-sept; dans le New-Jersey, soixante-une; en Pennsylvanie, cent vingt-quatre; en Delaware, cinq; au Maryland, trente-huit; dans le district de Colombia, dix; en Virginie, treize; dans la Caroline du Nord, trente-une; dans la Caroline du Sud, seize; en Géorgie, soixante; dans les Florides, une; Alabama, dix; Mississipi, dix-neuf; Louisiane, trois; Tenessee, quinze; Kentucki, vingt-trois; Ohio, cent quatre; Indiana, vingt-cinq; Illinois, douze; Missoury, quatre; Michigan, treize; total, deux mille deux cents. Les membres de ces sociétés étaient au nombre de deux cent soixante-dix mille. On doit remarquer qu'il ne s'agit ici que de sociétés qui ont publié un compte-rendu de leurs opérations (returns). On pense que la totalité des sociétés de tempérance aux États-Unis peut s'élever à trois mille.

Reports of the temperance Societies of the states of New-York and Pennsylvania, 1831. Letter to the Mechanics of Boston.

N° X.

ENQUÊTE

SUR LE PÉNITENCIER DE PHILADELPHIE (1).

(Octobre 1831.)

N° 28. — Le détenu sait lire et écrire ; il a été condamné pour meurtre. Il dit que sa santé, sans être mauvaise, est inférieure à ce qu'elle était hors de la prison. Il nie fortement avoir commis le crime qui a motivé sa condamnation ; il avoue, du reste, sans difficulté, qu'il était buveur, turbulent et irréligieux. Mais aujourd'hui, ajoute-t-il, son âme est changée : il trouve une sorte de plaisir dans la solitude, et n'est tourmenté que par le désir de revoir sa famille et de donner à ses enfants une éducation morale et chrétienne, chose à laquelle il n'avait jamais songé.

D. Pensez-vous que vous puissiez vivre ici sans travailler ! — R. Le travail me paraît absolument nécessaire à l'existence ; je crois que je mourrais sans lui.

D. Voyez-vous souvent les gardiens ? — R. Environ six fois par jour. — D. Est-ce une consolation pour vous que de les voir ? — Oui, monsieur ; c'est avec une sorte de joie que nous apercevons leur figure. Cet été, un grillon est entré dans ma cour, il me semblait avoir trouvé en lui un compagnon. *It looked like a company for me.* Lorsqu'un papillon ou tout autre animal entre dans ma cellule, je ne lui fais jamais de mal.

---

(1) Personne ne peut visiter les condamnés pendant leur détention, à l'exception des inspecteurs, des gardiens et du chapelain. Les magistrats de Philadelphie voulurent bien faire en notre faveur une exception à cette règle. Nous fûmes donc introduits successivement dans toutes les cellules et laissés seuls avec les détenus. C'est le résultat des conversations de quinze jours que nous mettons ici sous les yeux du lecteur. Le numéro qui précède l'article de chaque détenu indique son rang d'ancienneté dans la maison. Nous avons souvent omis d'en tenir note, comme on le verra par la suite de l'enquête.

N° 36. — Le détenu a déjà subi une première peine dans la prison de Walnut-Street ; il déclare préférer le séjour du pénitencier à celui de l'ancienne prison. Sa santé est très bonne, et la solitude ne lui paraît pas insupportable.

A lui demandé s'il est forcé de travailler, il répond que non. Mais le travail, ajoute-t-il, doit être regardé ici comme un grand bienfait. Le dimanche est le jour de la semaine dont la longueur paraît la plus interminable, parce que ce jour-là le travail est interdit.

D. Quel est, à votre avis, le principal avantage du nouveau système d'emprisonnement auquel vous êtes soumis ? — R. Ici le détenu ne connaît aucun de ses compagnons et n'est pas connu d'eux. C'est un ami de prison qui, en sortant de Walnut-Street, m'a entraîné de nouveau à commettre un vol.

D. La nourriture qu'on vous donne est-elle suffisante ? — R. Oui, monsieur.

D. Croyez-vous la cour attenante à votre cellule nécessaire à votre santé ? — R. Je suis convaincu qu'on ne peut s'en passer.

N° 41. — Ce détenu est un jeune homme ; il avoue qu'il est criminel ; il verse des larmes pendant tout le cours de notre entretien, surtout quand on lui parle de sa famille. Heureusement, dit-il, ici personne ne peut me voir. Il espère donc pouvoir retourner sans honte dans le monde, et n'être pas repoussé par la société.

D. Trouvez-vous la solitude difficile à supporter ? — R. Ah ! monsieur, c'est le plus affreux supplice qu'on puisse imaginer. — D. Mais votre santé n'en souffre pas ? — R. Non, elle est très bonne ; mais l'âme est bien malade. — D. A quoi pensez-vous le plus souvent ? — R. A la religion ; les idées religieuses sont ma plus grande consolation. — D. Voyez-vous quelquefois un ministre du culte ? — R. Oui, tous les dimanches. — D. Causez-vous avec plaisir avec lui ? — C'est un grand bonheur de pouvoir s'entretenir avec lui. Dimanche dernier nous avons été une heure ensemble ; il m'a promis de m'apporter demain des nouvelles de mon père et de ma mère. J'espère qu'ils vivent ; depuis un an que je suis ici, je n'en ai pas entendu parler. — D. Considérez-vous le travail comme un adoucissement de la solitude ? — R. On ne pourrait vivre ici sans le travail. Le dimanche est un jour bien long à passer, je vous assure. — D. Croyez-vous que, sans nuire à la santé des détenus, il fût possible de supprimer la cour attenante à la cellule ? — R. Oui, en établissant dans la cellule un continuel courant d'air. — Quelle idée vous formez-vous quant à l'utilité du système d'emprisonnement auquel vous êtes soumis ? — R. S'il en est un qui puisse porter les hommes à rentrer en eux-mêmes et à se corriger, c'est celui-là.

No 56. — Ce détenu a déjà été condamné trois fois. Il est d'une faible constitution; il a été souffrant durant les premiers mois de son séjour dans le pénitencier, ce qu'il attribue à l'absence d'exercice et au défaut d'un courant d'air suffisant. C'est sur sa demande qu'il a été conduit au pénitencier : il aime, dit-il, la solitude ; il veut perdre de vue ses anciens compagnons et n'en pas avoir de nouveaux ; il montre sa Bible, et assure qu'il puise dans ce livre ses plus grandes consolations.

D. Vous paraissez travailler ici sans peine ; vous m'avez dit qu'il n'en était pas de même dans les autres prisons où vous avez été enfermé ; d'où vient la différence ? — R. Le travail est ici un plaisir ; ce serait une grande aggravation à nos maux que de nous en priver ; je crois cependant qu'à la rigueur je pourrais m'en passer.

No 46. — Ce détenu est âgé de cinquante-deux ans. Il a été condamné pour vol avec effraction (*burglary*); il jouit d'une bonne santé ; la solitude lui paraît un châtiment extrêmement dur ; la présence même des gardiens est pour lui un plaisir, et il regarderait comme un bonheur qu'un ministre du culte vînt quelquefois le visiter ; il considère le travail comme sa plus grande consolation. Il nie avoir commis le crime qui a motivé sa condamnation.

No 61. — Ce détenu a été condamné pour vol de chevaux (*horse stealing*) ; il se dit innocent. Personne, suivant lui, ne peut comprendre ce qu'il y a d'affreux dans la solitude continue. A lui demandé comment il parvient à passer le temps, il répond qu'il n'a que deux plaisirs : travailler et lire sa Bible. La Bible, dit-il, est sa plus grande consolation. Ce détenu paraît fortement agité d'idées et même de passions religieuses ; sa conversation est animée ; il ne peut parler longtemps sans être ému et avoir les larmes aux yeux. (Nous avons fait la même remarque chez tous ceux que nous avons vus jusqu'à présent.) Il est Allemand d'origine, a perdu son père de bonne heure, a été mal élevé. Il est depuis un an en prison. Bonne santé. Suivant lui, la cour attenante à la cellule est absolument nécessaire à la santé des détenus.

No 65. — Ce détenu est âgé de trente ans, sans famille, condamné pour faux ; en prison depuis sept mois ; très bien portant. Ce condamné est peu communicatif; il se plaint des maux que cause la solitude, dont le travail, dit-il, est le seul adoucissement. Il paraît peu préoccupé d'idées religieuses.

No 32. — Ce détenu est un nègre âgé de vingt ans ; il n'a reçu aucune éducation, et n'a pas de famille ; il a été condamné pour vol avec effraction (*burghary*) ; il a déjà passé quatorze mois au pénitencier ; sa santé est excellente ; il déclare que le travail et les visites du chapelain sont les seuls plaisirs qu'il connaisse. Ce jeune homme, qui paraît avoir un esprit fort épais, connaissait à peine les lettres de l'alphabet avant d'entrer en prison; il est cependant parvenu, par ses propres efforts, à lire couramment sa Bible.

N° 20. — Ce détenu a été condamné pour meurtre de sa femme; il est depuis dix-huit mois au pénitencier, et sa santé est excellente; il a l'air très intelligent. La solitude, dit-il, est insupportable durant les premiers temps, mais on s'y accoutume par degré; le travail devient une distraction, et la lecture de la Bible un plaisir; l'isolement, d'ailleurs, est tempéré par les visites journalières des gardiens. C'est en prison qu'il a appris le métier de tisserand. La tournure des idées de ce détenu est singulièrement grave et religieuse; c'est une remarque que nous avons déjà eu occasion de faire chez presque tous ceux que nous avons visités.

N° 72. — Ce détenu est un nègre âgé de vingt-quatre ans, condamné pour la seconde fois comme voleur; il paraît plein d'intelligence.
D. Vous avez été détenu dans la prison de Walnut-Street. Quelle différence faites-vous entre cette prison et le pénitencier où vous êtes?
R. Les détenus étaient bien moins malheureux dans la prison de Walnut-Street qu'ici, parce que là ils pouvaient communiquer librement entre eux.
D. Vous semblez travailler avec plaisir, en était-il de même dans la prison de Walnut-Street?
R. Non. Là le travail était une peine à laquelle on cherchait, par tous les moyens, à échapper; ici, c'est une grande consolation. —
D. Lisez-vous quelquefois la Bible? — R. Oui, très souvent. —
D. Le faisiez-vous de même dans la prison de Walnut-Street? —
R. Non; je n'ai jamais trouvé qu'ici du plaisir à lire la Bible et à entendre des discours religieux.
Le détenu est en prison depuis six mois; santé excellente.

N° 83. — Ce détenu est âgé de trente ans; il est en état de récidive. Dans la prison de Baltimore, où il a déjà été détenu, la discipline était très dure, et la tâche imposée à chaque prisonnier très considérable. — D. Préférez-vous être détenu ici? — Non, j'aimerais bien mieux retourner à Baltimore, parce que là il n'y a point de solitude.
Le détenu n'est au pénitencier que depuis deux mois; il y a eu la fièvre; mais sa santé est complètement rétablie.

N° 64. — Ce détenu est un nègre âgé de vingt-six ans; il a été condamné pour vol avec effraction; son intelligence paraît très bornée; il a appris le métier de tisserand en prison.

N° 00. — Ce détenu a été condamné pour tentative de meurtre; il est âgé de cinquante-deux ans, et a sept enfants; il paraît avoir reçu une éducation distinguée. Avant son jugement, il a été renfermé dans le prison de Walnut-Street; il fait une peinture effrayante des vices qui règnent dans cette prison; il croit cependant que la plupart des condamnés aimeraient mieux y retourner que de venir dans le pénitencier, tant ils redoutent la solitude.

Interrogé sur le point de savoir quelle est son opinion touchant le système d'emprisonnement suivi dans le pénitencier où il se trouve, il répond qu'il ne peut manquer de faire une profonde impression sur l'âme des détenus.

N° 15. — Ce détenu est âgé de vingt-huit ans; il a été condamné pour homicide (*manslaughter*); il est au pénitencier depuis près de deux ans; sa santé est excellente; il a appris le métier de tisserand dans sa cellule. La solitude, dit-il, paraît, dans les premiers moments, insupportable; mais on s'y accoutume ensuite.

N° 54. — Ce détenu est âgé de trente-cinq ans; il a été condamné pour meurtre de sa femme; il est au pénitencier depuis un an, et se porte à merveille.

Les réflexions que fait cet homme sur les maux causés par la solitude prouvent combien il en a souffert; mais il commence à s'habituer au genre de vie qui lui est imposé, et ne le trouve plus si dur.

N° 22. — Ce détenu est un nègre âgé de trente-quatre ans; il a déjà été condamné une première fois pour vol; il habite le pénitencier depuis dix-huit mois; sa santé est assez bonne.

D. Trouvez-vous le régime de la prison où vous êtes en ce moment aussi rigoureux qu'on l'assure?

R. Non; mais cela dépend de la disposition d'esprit de celui qu'on y renferme. Si le condamné prend mal l'emprisonnement solitaire, il tombe dans l'irritation et le désespoir; si, au contraire, il aperçoit tout de suite l'avantage qu'il peut tirer de sa position, elle ne lui paraît point insupportable.

D. Avez-vous déjà été détenu à la prison de Walnut-Street?

R. Oui, monsieur, et je ne puis m'imaginer un plus grand repaire de vices et de crimes. Là, il ne faut que quelques jours à un petit coupable pour devenir un scélérat consommé.

D. Ainsi vous croyez que le pénitencier est supérieur à l'ancienne prison?

R. C'est comme si vous me demandiez si le soleil est plus beau que la lune (1).

---

(1) Nous avons cru devoir reproduire textuellement les réponses des détenus.

N° 68. — Cet individu est âgé de vingt-trois ans; il a été condamné pour vol; il est au pénitencier depuis six mois; sa santé y est excellente; ce jeune homme est froid et peu communicatif; il ne s'anime qu'en parlant des maux de la solitude; il se livre au travail avec ardeur; la présence même du visiteur ne l'interrompt point.

N° 85. — Cet individu n'habite le pénitencier que depuis deux mois; il a été condamné pour vol. Sa santé est bonne, mais son esprit paraît livré à une grande agitation. Quand on l'entretient de sa femme et de son enfant, il fond en larmes. En somme, l'impression produite sur lui par la prison paraît très profonde.

N° 67. — Le détenu est âgé de trente-huit ans. Il a été condamné pour vol, et habite le pénitencier depuis huit mois. Sa santé est bonne. Il a appris dans la prison le métier de cordonnier, et fait six paires de souliers par semaine.

Cet homme paraît avoir reçu de la nature un esprit grave et méditatif. Le séjour de la prison a singulièrement augmenté cette disposition naturelle. Ses réflexions sont puisées dans un ordre d'idées fort élevé. Il semble préoccupé de pensées philosophiques et chrétiennes.

N° 52. — Ce condamné est âgé de trente-neuf ans. Il est en récidive. Il a d'abord été détenu dans la prison de Walnut-Street. Cette prison, dit-il, est un horrible lieu : on ne peut en sortir honnête. Si j'avais été, dès le principe, dans une prison comme celle-ci, je n'aurais point été condamné une seconde fois.

D. Vous êtes-vous facilement habitué à la solitude?

R. La solitude m'a paru affreuse dans l'origine; je m'y suis peu à peu habitué; mais je crois que je ne pourrais y vivre sans travailler. Sans travail, il n'y a point de sommeil.

Cet homme est depuis près d'un an dans la prison. Il se porte très bien.

N° 1. — Ce détenu, le premier qui ait été envoyé au pénitencier, est un nègre. Il habite la prison depuis plus de deux ans. Sa santé est très bonne.

Cet homme travaille avec ardeur : il fait dix paires de souliers par semaine. Son esprit paraît très tranquille et ses dispositions excellentes. Il semble regarder sa venue dans le pénitencier comme un bienfait signalé de la Providence. En général, ses pensées sont religieuses. Il nous a lu dans l'Évangile la parabole du bon pasteur, dont le sens, qu'il avait pénétré, le touchait vivement, lui qui était né d'une race dégradée et opprimée, et n'avait jamais éprouvé que l'indifférence ou la dureté des hommes.

N° 17. — Le détenu est un mulâtre condamné pour vol. Il habite le pénitencier depuis vingt mois, et n'y a jamais été malade. Des hommes charitables sont venus lui enseigner à lire. C'est aussi dans la prison qu'il a fait l'apprentissage du métier de cordonnier. Le besoin qu'il sentait de travailler était tel, qu'au bout de huit jours il était déjà en état de faire des souliers de forme grossière.

N° 50. — Ce condamné, âgé de trente-sept ans, est en récidive. Il fait une peinture énergique des vices qui règnent dans la prison de Walnut-Street, où il a déjà été enfermé.

Si on m'avait mis ici, dit-il, lors de mon premier crime, je n'en aurais jamais commis un second; mais on sort toujours de la prison de Walnut-Street plus corrompu qu'en y entrant. Il n'y a qu'ici qu'on puisse réfléchir et faire un retour sur soi-même.

D. Mais le régime du pénitencier est bien sévère?

R. Oui, monsieur, surtout pendant les commencements. Durant les deux premiers mois, peu s'en est fallu que je ne tombasse dans le désespoir. Mais la lecture et le travail m'ont peu à peu consolé.

Le détenu est depuis vingt mois dans la prison; il se porte à merveille.

N° 62. — Ce détenu est un homme bien élevé, âgé de trente-deux ans. Il exerçait l'état de médecin.

L'emprisonnement solitaire paraît avoir causé une impression profonde sur ce jeune homme. Il ne parle des premiers temps de sa détention qu'avec terreur; ce souvenir lui arrache des larmes. Pendant deux mois, dit-il, il a été livré au désespoir; mais cette impression s'est adoucie avec le temps. Maintenant il est résigné à son sort, quelque rigoureux qu'il soit. On lui a accordé la liberté de ne rien faire; mais l'oisiveté dans la solitude est une si horrible chose, qu'il n'en travaille pas moins sans cesse. Comme il ne connaissait aucun métier, il s'occupe à tailler les cuirs qui servent à faire les souliers. Son plus grand chagrin est de ne pouvoir communiquer avec sa famille. Il termine la conversation en disant: L'emprisonnement solitaire est bien pénible à supporter, mais je ne l'en regarde pas moins comme une institution éminemment utile à la société.

La santé de ce détenu est bonne. Il ne se plaint point du régime physique auquel il est soumis.

N° 4. — Cet homme, âgé de vingt ans, a déjà subi une détention dans la prison de Walnut-Street. C'est à l'influence pernicieuse de ce lieu qu'il attribue sa récidive. On est bien plus heureux ici, dit-il; ce n'est cependant pas que le régime du pénitencier soit doux, loin de là; les premiers temps qu'on y passe surtout sont affreux; j'ai cru que j'y mourrais de désespoir. Cependant je n'y ai jamais été malade, et voilà déjà deux ans que j'y suis renfermé.

N° 35. — Ce détenu est plus qu'octogénaire. Au moment où nous sommes entrés dans sa cellule, il était occupé à lire la Bible.

N° 73. — Cette cellule est occupée par une négresse âgée de vingt ans, et qui se trouve en état de récidive. Le pénitencier, dit-elle, est bien supérieur à la prison de Walnut-Street.
D. Pourquoi cela? — R. Parce qu'il fait réfléchir.
Cette femme habite depuis sept mois sa cellule. Elle s'y porte très bien.

N° 63. — Ce détenu, âgé de 22 ans, a été condamné à treize mois de prison. Il habite sa cellule depuis neuf mois. Sa santé est excellente. Ses dispositions paraissent bonnes. Il se félicite d'avoir été renfermé au pénitencier.

N° 6. — Cet individu est depuis deux ans en prison. Il y est arrivé malade et y a rétabli sa santé.

N° 69. — Cet individu est âgé de trente ans. Il a été condamné pour vol. Il est depuis cinq mois en prison. Sa santé paraît très bonne, mais son esprit est fort accablé. Je ne crois pas, dit-il, que je sorte jamais en vie d'ici : la solitude est funeste à la constitution de l'homme, et elle me tuera.
D. Quelles sont vos consolations?
R. Je n'en ai que deux : le travail et la lecture de ma Bible.

N° 51. — Ce détenu, âgé de quarante-quatre ans, a déjà été condamné une première fois. Il regrette amèrement d'avoir été renfermé à la prison de Walnut-Street. Il n'y a qu'ici, dit-il, qu'on puisse réfléchir.
Il est dans sa cellule depuis dix mois, et ne s'est jamais mieux porté.

N° 47. — Cet homme a déjà passé un an au pénitencier ; il paraît jouir d'une santé excellente.
Ses dispositions semblent bonnes; mais il est difficile d'attacher une grande importance à ses paroles, attendu qu'il espère bientôt obtenir sa grâce.

N° 66. — Ce condamné est âgé de vingt-un ans. Contre l'ordinaire, il a d'abord refusé de travailler, et il a fallu une longue diète pour le réduire. Maintenant il paraît complètement soumis;

il a senti l'utilité du travail dans la solitude, et s'y livre avec ardeur. Il a appris en peu de temps le métier de cordonnier, et fait maintenant huit à neuf paires de souliers par semaine.

Il habite sa cellule depuis huit mois. Santé excellente.

N° 00. — Ce détenu est âgé de quarante ans ; il a été condamné pour vol à main armée sur un chemin public. Il paraît plein d'intelligence. Voici en quels termes il raconte son histoire :

J'avais quatorze ou quinze ans lorsque j'arrivai à Philadelphie. J'étais le fils d'un pauvre cultivateur de l'Ouest, et je venais chercher à gagner ma vie en travaillant dans une grande ville. N'étant recommandé à personne, je ne trouvai point d'ouvrage ; et, dès le premier jour, je fus réduit, faute d'asile, à aller me coucher sur le pont d'un des vaisseaux du port. Ce fut là qu'on me découvrit le matin ; le constable m'arrêta, et le maire me condamna à un mois de prison comme vagabond. Confondu, pendant ce mois de détention, avec une foule de malfaiteurs de tous les âges, je perdis les principes honnêtes que m'avait donnés mon père ; et, en sortant de la prison, un de mes premiers actes fut de m'unir à plusieurs jeunes délinquants de mon âge, et de les aider à commettre divers vols. Je fus arrêté, jugé et acquitté. Je me crus désormais à l'abri des efforts de la justice, et, plein de confiance dans mon habileté, je commis d'autres délits qui m'amenèrent de nouveau devant les assises. Cette fois, je fus condamné à un emprisonnement de neuf années dans la prison de Walnut-Street.

D. Ce châtiment ne vous fit-il pas sentir la nécessité de vous corriger ?

R. Oui, monsieur ; ce n'est pas cependant que la prison de Walnut-Street m'ait donné du regret des actions criminelles que j'avais commises. J'avoue que je n'ai jamais pu m'en repentir, ni même n'ai eu l'idée de le faire pendant tout mon séjour dans ce lieu-là. Mais je ne tardai point à remarquer que les mêmes individus y reparaissaient sans cesse, et que, quelle que fût l'adresse, la force et le courage des voleurs, ils finissaient toujours par être pris. Ceci me fit revenir sérieusement sur moi-même, et je pris la ferme résolution de quitter pour toujours, à ma sortie de prison, un genre de vie si dangereux. Ce parti pris, ma conduite devint meilleure, et après sept ans d'emprisonnement j'obtins ma grâce. J'avais appris le métier de tailleur dans la prison, et je trouvai bientôt à me placer favorablement. Je me mariai, et je commençais à gagner assez facilement ma vie ; mais Philadelphie était plein de gens que j'avais connus en prison ; je tremblais sans cesse d'être trahi par eux. Un jour, en effet, deux de mes anciens compagnons de chambrée se présentèrent chez mon maître, et demandèrent à me parler. Je fis d'abord semblant de ne pas les reconnaître ; mais ils me forcèrent bientôt à avouer qui j'étais. Ils me demandèrent alors de leur prêter une somme considérable ; et, sur mon refus, ils me menacèrent de découvrir à mon maître l'histoire de ma vie. Je promis alors de les satisfaire, et je leur proposai de revenir le lendemain. Dès qu'ils furent partis, je sortis moi-même ; et, m'embarquant aussitôt avec ma femme, je quittai Philadelphie et me rendis à Baltimore. Je trouvai encore facilement à me placer dans cette ville, et pendant longtemps j'y menai une existence fort aisée ; lorsqu'un jour mon maître reçut une lettre d'un des constables de Philadelphie, qui l'avertissait qu'il avait au nombre de ses ouvriers un ancien détenu de Walnut. J'ignore qui a pu porter cet homme à une semblable démarche. C'est à lui que je dois d'être ici. Aussitôt après avoir reçu la lettre dont je parle, mon maître me congédia avec ignominie. Je courus chez tous les autres tailleurs de Baltimore, mais ils étaient avertis, et refusèrent de me recevoir. La misère me contraignit à aller travailler au chemin de fer qu'on établissait alors entre Baltimore et l'Ohio. Le chagrin et les fatigues d'un pareil genre de vie ne tardèrent point à me donner une fièvre violente. Je fus malade longtemps, et épuisai mes ressources. A peine remis, je me fis transporter à Philadelphie, où la fièvre me reprit. Lorsque je commençai à entrer en convalescence, que je me vis sans ressources, sans pain pour ma famille, que je songeai à tous les obstacles que je trouvais à gagner honnêtement ma vie, et à toutes les persécutions injustes qu'on me faisait subir, je tombai dans un état d'exaspération inexprimable. Je me dis : Eh bien ! puisqu'on m'y réduit, je redeviendrai voleur ; et s'il existe encore un seul dollar aux Etats-Unis, fût-il dans la poche du président, je l'aurai. J'appelai ma femme, je lui ordonnai de vendre tous les habits qui ne nous étaient pas nécessaires, et avec l'argent je lui fis acheter un pistolet. Muni de cette arme, et dans le temps que j'étais encore trop faible pour marcher sans béquilles, je me rendis dans les environs de la ville, j'arrêtai le premier passant et le forçai de me donner son portefeuille. Mais je fus découvert le soir même. J'avais été suivi de loin par celui que j'avais volé ; et ma faiblesse m'ayant forcé de m'arrêter dans le voisinage, on n'y eut pas de peine à s'emparer de moi. J'avouai sans difficulté mon crime, et on m'envoya ici.

D. Quelles sont vos résolutions actuelles pour l'avenir ?

R. Je ne me sens disposé, je vous le dis franchement, ni à me reprocher ce que j'ai fait, ni à devenir ce qu'on appelle un bon chrétien ; mais je suis déterminé à ne plus voler, et je vois la possibilité d'y réussir. Quand, dans neuf ans, je sortirai d'ici, personne ne me reconnaîtra plus dans le monde ; personne ne saura que j'ai été en prison ; je n'y aurai fait aucune connaissance dangereuse. Je serai libre de gagner ma vie en paix. C'est là le grand avantage que je trouve à ce pénitencier, et ce qui fait que, malgré la dureté de la discipline qui y est en vigueur, je préfère cent fois m'y trouver que d'habiter de nouveau la prison de Walnut-Street.

En prison depuis un an. Santé très bonne.

N° 00. — Ce détenu est âgé de quarante ans. Il n'est dans le pénitencier que depuis huit jours. Je l'ai trouvé lisant l'Evangile. Il paraissait calme et presque satisfait. Il m'a dit que, durant les premiers jours, la solitude lui avait paru insupportable. Il ne lui était permis ni de lire ni de travailler.

Mais, la veille, on lui avait remis des livres, et depuis lors il trouvait son sort tout changé. Il me montra qu'il avait déjà lu presque en entier le volume qui contient les évangiles ; cette lecture lui fournit plusieurs réflexions religieuses et morales. Il ne concevait pas qu'il n'eût pas eu l'idée de les faire plus tôt.

N° 00. — Ce détenu était depuis deux ans dans le pénitencier. Sa peine allait expirer sous peu de jours. Sa santé était excellente. Il régnait sur sa physionomie un air d'espérance et de joie qui faisait plaisir à voir. Il se louait beaucoup du traitement qu'il avait subi dans sa prison. Il assurait avoir pris la résolution de ne plus commettre de fautes à l'avenir. Tout annonce que les intentions de ce jeune homme sont, en effet, bonnes, et qu'il les suivra. Il a été condamné pour un acte de violence. Sa conduite dans la prison a toujours été exemplaire.

N° 00 et 00. — Ces deux individus sont fous. Le directeur du pénitencier nous a assuré qu'ils étaient arrivés tels dans la prison. Leur folie est très tranquille. Au milieu de l'incohérence de leurs discours, on ne saisit rien qui permette d'attribuer à leur emprisonnement la maladie qui les afflige (1).

N° 00. — Ce détenu est âgé de soixante-dix ans. Il est arrivé au dernier degré d'une phthisie pulmonaire. Il n'est préoccupé que des pensées de l'autre vie.

N° 00. — Ce détenu était médecin avant sa condamnation. Il est chargé dans le pénitencier du soin de la pharmacie. Il cause avec intelligence, et parle des divers systèmes d'emprisonnement avec une liberté d'esprit que sa position rend assez extraordinaire. La discipline du pénitencier lui paraît, dans son ensemble, douce et

---

(1) Il n'y a pas en Amérique de maisons de fous où l'on reçoive gratuitement les malades ; il doit arriver souvent aux États Unis, comme chez nous, qu'un fou soit condamné à la prison pour donner à sa famille le droit de le faire détenir aux frais de l'État.

réformatrice. Pour un homme bien élevé, dit-il, il vaut encore mieux vivre dans une solitude absolue que se trouver confondu avec des misérables de toute espèce. Pour tous, l'isolement favorise la réflexion et est utile à la réforme.

D. Mais n'avez-vous pas remarqué que l'emprisonnement solitaire fût nuisible à la santé? En votre qualité de détenu et de médecin, vous êtes plus à même de juger cette question-là qu'un autre.

R. Je n'ai point remarqué qu'à tout prendre il y eût plus de maladies ici que dans la société. Je ne crois pas qu'on s'y porte plus mal.

N° 00.—L'individu renfermé dans cette cellule est âgé de cinquante-cinq ans. Avant sa condamnation il jouissait d'une fortune aisée, et il était juge de paix de son comté. Il a été condamné pour avoir tué l'amant de sa femme.

Ce détenu, qui parle français, ne semble préoccupé que d'une idée fixe : celle d'obtenir sa grâce. Nous n'avons jamais pu le faire parler d'autre chose que de son procès et des causes qui l'ont amené. Il rédige un mémoire au gouverneur; il a fallu en écouter en partie la lecture, et examiner avec lui les pièces de la procédure. Il est condamné à un long emprisonnement ; il se sent vieux, et ne vit que de l'espérance d'un prochain élargissement. Cet homme nous a paru croire à l'efficacité du genre d'emprisonnement auquel il était soumis. Il le trouve singulièrement propre à corriger les coupables, au nombre desquels, du reste, il a bien soin de ne pas se ranger.

Très bonne santé.

N° 00.—Ce détenu est un jeune homme de vingt ans. Il est Anglais de naissance, et arrivé depuis peu en Amérique. Condamné pour faux. Il paraît intelligent, doux et résigné. Sa santé est excellente. Ses dispositions paraissent bonnes pour l'avenir.

N° 00.—Ce détenu est de l'âge du précédent ; Anglais comme lui. Il paraît irrité, et non soumis par le châtiment. On semble le gêner en venant le visiter ; il n'interrompt pas son travail pour vous parler, et répond à peine aux questions qu'on lui adresse. Il ne témoigne point de repentir, et ne se montre nullement préoccupé d'idées religieuses.

Santé bonne.

N° 00.—Ce détenu est âgé de trente-huit ans. Il n'est dans le pénitencier que depuis trois semaines ; aussi est-il plongé dans un véritable désespoir. La solitude me tuera, dit-il; jamais je ne pourrai supporter jusqu'à la fin la peine qui m'est infligée. Je mourrai avant de redevenir libre.

D. Ne trouvez-vous pas au moins une consolation dans votre travail ?

R. Oui, monsieur ; la solitude sans le travail est mille fois plus horrible encore ; mais le travail n'empêche pas de penser et d'être bien malheureux. Ici, je vous assure, l'âme est bien malade.

Ce pauvre homme sanglotait en parlant de sa femme et de ses enfants, qu'il ne croyait plus revoir. Quand nous sommes entrés dans sa cellule, nous l'avons trouvé pleurant et travaillant tout à la fois.

N° 00. — Ce détenu est âgé de vingt-cinq ans ; il appartient aux classes les plus aisées de la société. Il s'exprime avec chaleur et facilité. Il a été condamné pour fausse déclaration d'insolvabilité.

Ce jeune homme marque un grand plaisir à nous voir. On s'aperçoit facilement que pour lui la solitude est un tourment affreux. Le besoin des rapports intellectuels avec ses semblables semble le préoccuper bien plus vivement encore que ceux de ses compagnons qui ont reçu une éducation moins soignée. Il se hâte de nous raconter son histoire ; il parle de son crime, de sa position dans le monde, de ses amis, de ses parents surtout ; les sentiments de famille paraissent avoir pris chez lui un développement extraordinaire. Il ne peut penser à ses parents sans fondre en larmes ; il tire de dessous son lit quelques lettres que sa famille est parvenue à lui faire remettre. Ces lettres sont presque en lambeaux à force d'avoir été lues ; il les relit encore, les commente, et s'attendrit aux moindres expressions d'intérêt qu'elles contiennent.

D. Je vois que la peine qui vous est infligée vous paraît d'une dureté extrême. La croyez-vous du moins réformatrice ?

R. Oui, monsieur, je crois qu'à tout prendre ce genre d'emprisonnement vaut encore mieux qu'un autre. Il me serait plus pénible encore de me trouver confondu avec des misérables de toute espèce, que de vivre seul ici. D'ailleurs, il est impossible qu'une pareille peine ne fasse pas beaucoup réfléchir.

D. Mais ne croyez-vous pas que son influence puisse être fatale à la raison ?

R. Je crois que le danger que vous signalez doit exister quelquefois. Je me rappelle, pour mon compte, que pendant les premiers mois de ma solitude j'étais souvent visité par d'étranges visions. Durant plusieurs nuits de suite, il me semblait entre autres voir un aigle perché sur le pied de mon lit. Mais maintenant je travaille, et suis accoutumé au genre de vie que je mène ; je ne suis plus tourmenté par de semblables idées.

Un an de prison. Bonne santé.

N° XI.

CONVERSATION

AVEC M. ELAM LYNDS.

......J'ai passé dix ans de ma vie dans l'administration des prisons, nous dit-il; j'ai été pendant longtemps le témoin des abus qui régnaient dans l'ancien système; ils étaient très grands. Les prisons coûtaient alors fort cher, et les détenus achevaient d'y perdre leur moralité. Je crois que cet état de choses eût fini par nous ramener aux lois barbares des anciens codes. La majorité du moins commençait à se dégoûter de toutes les idées philanthropiques, dont l'expérience semblait démontrer l'application comme impossible. Ce fut dans ces circonstances que j'entrepris la réforme à Auburn. Je trouvai d'abord dans la législature, et même dans l'opinion publique, de grands obstacles à vaincre : on cria beaucoup à la tyrannie; il ne fallut rien moins que le succès pour me justifier.

D. Pensez-vous que le système de discipline établi par vous pût réussir autre part qu'en Amérique?

R. Je suis convaincu qu'il réussira partout où on suivra la méthode que j'ai suivie. Autant même que je puis en juger, je pense qu'en France il a plus de chances de réussite que parmi nous. On dit qu'en France les prisons sont sous la direction immédiate du gouvernement, qui peut prêter un appui solide et durable à ses agents : ici, nous sommes les esclaves d'une opinion publique qui change sans cesse. Or il faut, suivant moi, qu'un directeur de prison, surtout quand il est novateur, soit revêtu d'une autorité absolue et assurée; il est impossible d'y compter dans une république démocratique comme la nôtre. Chez nous, il faut qu'il travaille tout à la fois à captiver la faveur publique et à pousser à bout son entreprise; deux choses qui souvent sont inconciliables. Mon principe a toujours été que, pour parvenir à réformer une prison, il était bon de concentrer à la fois sur le même homme toute la puissance et toute la responsabilité. Lorsque les inspecteurs voulaient m'obliger à entrer dans leurs vues, je leur disais : Vous êtes parfaitement libres de me renvoyer; je dépens de vous; mais, tant que vous me garderez, je suivrai le plan que j'ai conçu; c'est à vous de choisir.

D. Nous avons entendu dire à des Américains, et nous ne serions pas éloignés de le croire, que la réussite du système pénitentiaire aux États-Unis doit être attribuée, en partie, à l'habitude qu'a contractée chez vous le peuple d'obéir scrupuleusement à la loi.

R. Je ne le pense pas. A Singsing, le quart des détenus est composé d'hommes étrangers à l'Union. Je les ai tous pliés à la discipline, comme les Américains des États-Unis. Ceux qui donnaient le plus de peine à réduire étaient les Espagnols de l'Amérique du Sud, race qui tient plus de la bête féroce et du sauvage que de l'homme civilisé. Les hommes les plus faciles à gouverner étaient les Français; c'étaient ceux qui se soumettaient le plus vite et de meilleure grâce à leur sort, quand ils le jugeaient inévitable. Si j'avais le choix, j'aimerais mieux diriger une prison en France qu'en Amérique.

D. Quel est donc le secret de cette discipline si puissante que vous avez introduite à Singsing, et dont nous avons admiré les effets?

R. Il me serait bien difficile de vous le dire: elle est le résultat d'une suite d'efforts et de soins journaliers, dont il faudrait être le témoin. On ne peut indiquer de règles générales. Il s'agit de maintenir le travail et le silence continuel; pour y parvenir, il faut s'occuper sans cesse à surveiller les gardiens comme les détenus, être tout à la fois impitoyable et juste.

D. Pensez-vous qu'on pût se passer des châtiments corporels?

R. Je suis convaincu du contraire. Je regarde le châtiment du fouet comme le plus efficace et en même temps le plus humain qui existe; il ne nuit jamais à la santé, et force les détenus à mener une vie essentiellement saine. L'emprisonnement solitaire, au contraire, est souvent impuissant et toujours dangereux. J'ai rencontré dans ma vie beaucoup de détenus qu'il était impossible de réduire de cette manière, et qui ne sortaient du cachot que pour se rendre à l'hôpital. Je crois impossible de gouverner une prison sans se servir du fouet. Il n'y a que ceux qui ont appris à connaître la nature humaine dans les livres qui puissent dire le contraire.

D. Ne croyez-vous pas qu'on commet une imprudence à Singsing, en laissant des détenus travailler en plein champ?

R. Pour ma part, j'aimerais mieux diriger une prison où un pareil état existerait, qu'une autre où il en serait différemment. Il est impossible dans une prison fermée d'obtenir des gardiens la même surveillance ni un soin continuel. Une fois, d'ailleurs, qu'on est parvenu à soumettre complètement les détenus au joug de la discipline, on peut sans danger les employer aux travaux qu'on juge les plus profitables, et dans les lieux qu'on veut choisir.

C'est ainsi que l'État utilise de mille manières les criminels, quand une fois il a amélioré la discipline de ses prisons.

D. Croyez-vous qu'il fût absolument impossible d'établir une bonne discipline dans une prison où le système cellulaire n'existerait pas?

R. Je crois qu'on pourrait maintenir un grand ordre dans une pareille prison, et y rendre le travail productif; mais on ne pourrait empêcher qu'il ne s'y glissât une foule d'abus dont la conséquence est très grave.

D. Croyez-vous qu'on pût établir des cellules dans une vieille prison?

R. Cela dépend entièrement de la disposition des lieux. Je ne doute pas que dans beaucoup de vieilles prisons on ne pût sans de grandes difficultés introduire le système cellulaire. Il est toujours facile et peu coûteux d'établir des cellules en bois; mais elles ont l'inconvénient de retenir la mauvaise odeur, et par suite de devenir quelquefois malsaines.

D. Croyez-vous en définitive à la réforme d'un grand nombre de détenus.

R. Il faut nous entendre : je ne crois pas à la réforme *complète*, excepté pour les jeunes délinquants. Rien de plus rare, à mon avis, que de voir un criminel d'un âge mûr devenir un homme religieux et vertueux. Je n'ajoute point de foi à la sainteté de ceux qui sortent de prison; et je ne crois pas que les conseils du chapelain ni les méditations du détenu fassent jamais de lui un bon chrétien. Mais mon opinion est qu'un grand nombre d'anciens condamnés ne retombent point en récidive, et que même ils deviennent des citoyens utiles, ayant appris en prison un état, et y ayant contracté l'habitude constante du travail. Voilà la seule réforme que j'aie jamais espéré produire, et je pense que c'est la seule que la société puisse demander.

D. Que pensez-vous que prouve pour la réforme future la conduite du détenu en prison?

R. Rien. S'il fallait porter un pronostic, je dirais même que le détenu qui se conduit bien en prison retournera probablement à ses anciennes habitudes en sortant du pénitencier. J'ai toujours remarqué que les plus mauvais sujets faisaient d'excellents détenus. Ils ont en général plus d'adresse et d'intelligence que les autres; ils aperçoivent plus vite et plus complètement que la seule manière de rendre leur sort moins intolérable est d'éviter les punitions douloureuses et répétées qui seraient la suite infaillible de l'insubordination; ils se conduisent donc bien sans en valoir mieux. Le résultat de cette observation, c'est qu'on ne doit jamais accorder au détenu son pardon, uniquement à cause de la conduite qu'il tient en prison. On ne parvient ainsi qu'à créer des hypocrites.

D. Le système que vous combattez est pourtant celui de presque tous les théoristes.

R. En cela comme en beaucoup d'autres points ils se trompent parce qu'ils connaissent mal ceux dont ils parlent. Si M. de Livinsgton, par exemple, était chargé d'appliquer ses théories pénitentiaires à des hommes nés comme lui dans une position sociale où l'intelligence est fort développée et la sensibilité morale très excitée, je crois sans peine qu'il arriverait à produire d'excellents résultats; mais les prisons sont au contraire remplies d'êtres grossiers, dont l'éducation est nulle, et qui ne perçoivent qu'avec difficulté les idées et souvent même les sensations. C'est là ce qu'il oublie sans cesse.

D. Que pensez-vous du système de l'entreprise?

R. Je pense qu'il est très utile de louer le travail des détenus à l'entreprise; pourvu cependant que le directeur de la prison reste parfaitement maître de leur personne et de leur temps. Lorsque j'étais à la tête du pénitencier d'Auburn, j'avais fait avec différents entrepreneurs des contrats qui leur interdisaient jusqu'à l'entrée de la maison. Leur présence dans les ateliers ne peut qu'être très nuisible à la discipline.

D. En France, le prix du travail du détenu est estimé très bas.

R. Il s'élèverait à mesure que la discipline deviendrait meilleure. C'est ce dont nous avons l'expérience? Autrefois les prisons coûtaient très cher à l'État de New-York; elles lui rapportent aujourd'hui. Le détenu bien discipliné travaille davantage; il fait mieux, et ne gâte jamais la matière première qui lui est confiée, comme il arrivait quelquefois dans les anciennes prisons.

D. Quelle est, à votre avis, la qualité qu'on doive le plus rechercher dans un directeur de prisons?

R. L'art pratique de conduire les hommes. Il faut surtout qu'il soit profondément convaincu, comme je l'ai toujours été, qu'un malhonnête homme est toujours un lâche. Cette persuasion, qu'il ne manquera pas de communiquer bientôt à ceux qu'il doit gouverner, lui donnera sur eux un ascendant irrésistible, et lui rendra facile une foule de choses qui peuvent paraître hasardeuses au premier abord (1).

---

(1) En exprimant cette dernière pensée, M. Elam Lynds faisait probablement allusion à un fait qu'on nous avait raconté à Singsing quelques jours auparavant.

Un individu, renfermé dans ce pénitencier, avait annoncé qu'à la première occasion il tuerait M. Elam Lynds, alors directeur de l'établissement. Celui-ci, instruit des dispositions de cet homme, l'envoie chercher, l'introduit dans sa chambre à coucher, et, sans avoir l'air de remarquer son trouble, se fait raser par lui. Il le congédie ensuite en lui disant : Je savais que vous vouliez me tuer; mais je vous méprisais trop pour croire que vous eussiez jamais l'audace d'exécuter votre dessein. Seul et sans armes, je suis toujours plus fort que vous tous.

Pendant tout le cours de cette conversation, qui a duré plusieurs heures, M. Elam Lynds est revenu sans cesse sur cette idée, qu'il fallait commencer par dompter l'âme du détenu et le convaincre de sa faiblesse. Ce point obtenu, tout devenait facile, quelle que fût la construction de la prison ou le lieu du travail.

N° XII.

RÈGLEMENT

DE LA PRISON DU CONNECTICUT.

SECTION PREMIÈRE.

Devoirs du gardien-chef (warden).

1° Le gardien-chef résidera dans la prison ; il visitera au moins une fois le jour chacune des salles et des cellules, et verra chacun des détenus.

2° Il ne pourra s'absenter pour plus d'une nuit sans en donner avis aux directeurs.

3° Il devra veiller à ce que les livres et registres de la prison soient tenus de manière à montrer clairement dans quel état se trouvent les détenus, le nombre de ceux qu'on a employés dans chaque genre d'industrie, leur gain, le nombre des malades ; ces registres feront connaître les comptes de la prison, recettes et dépenses, achats et ventes ; il devra mettre ses livres sous les yeux des directeurs lors de leurs réunions trimestrielles, ou toutes les fois qu'il en sera requis. Des rapports seront présentés quatre fois l'an par lui ; il les affirmera véritables, et y spécifiera en détail les personnes auxquelles l'argent a été payé ou dont on l'a reçu, ainsi que le but du paiement.

4° Le gardien-chef sera chargé de faire tous les contrats, achats et ventes, pour le compte de la prison. Il commandera tous les employés inférieurs et les surveillera dans l'exercice de leurs fonctions ; il aura soin qu'ils se conforment aux lois, ainsi qu'aux règles prescrites par les directeurs. Il tiendra la main à ce que les prisonniers soient traités avec douceur et humanité, et à ce que les employés inférieurs de la prison n'exercent pas sur eux des rigueurs inutiles. Mais si la sûreté de la maison était compromise, ou si des actes de violence étaient à craindre, le gardien-chef et les autres employés devraient user de tous les moyens que la loi leur accorde pour se défendre et pour s'emparer des auteurs du désordre. Dans l'exécution de ses devoirs, le gardien-chef ne devra jamais perdre de vue la réforme des criminels ; il se tiendra avec soin en garde contre les mouvements de colère ou de ressentiment qui pourraient l'animer contre eux. Tous les ordres qui émaneront de lui seront donnés avec douceur et dignité ; il les fera exécuter avec fermeté et promptitude.

5° Le gardien-chef devra recevoir avec politesse toutes les personnes qui viendront visiter la prison, et veiller à ce que les employés inférieurs de l'établissement en usent de même à leur égard.

6° La loi impose aux directeurs le devoir de s'assurer par eux-mêmes de la position dans laquelle se trouvent les condamnés et du traitement qu'on leur fait subir. Rien ne doit donc empêcher les détenus d'aborder librement les directeurs toutes les fois qu'ils se présentent dans la prison ; on n'a pas le droit de les punir pour leur avoir parlé. En remplissant cette partie de leurs fonctions, les directeurs auront soin que le détenu qui s'adresse à eux ne leur parle pas en présence de ses compagnons, ou de manière à être entendu d'eux.

7° Le gardien-chef peut, après avoir pris par écrit l'avis et le consentement des directeurs, choisir une personne pour lui servir d'adjoint ; il peut de la même manière la renvoyer.

SECTION II.

Du sous-gardien (deputy-warden).

1° Le sous-gardien sera présent lorsqu'on ouvrira ou qu'on fermera les portes de la prison ; il assistera au service divin, ainsi qu'à tout ce qui se fera dans l'intérieur de l'établissement.

2° Il visitera chaque jour l'hôpital, la cuisine, les cellules ; il veillera à ce que la propreté et l'ordre règnent partout.

3° Il devra, sous la direction du gardien-chef, inspecter et surveiller l'ensemble de l'établissement, ainsi que tous ses détails ; il veillera à ce que chacun des employés inférieurs remplisse strictement les devoirs qui lui sont imposés ; il visitera fréquemment, et sans donner avis de sa venue, les ateliers et les cours ; il verra si les détenus se livrent au travail avec diligence et continuité ; en un mot, il s'assurera que toutes les règles de l'établissement sont exactement suivies, et que toutes les précautions sont prises pour maintenir l'ordre et la sûreté de la prison.

4° Il surveillera l'habillement des détenus ; il verra si rien n'y manque, et si les changements que la propreté indique ont été faits.

SECTION III.

Des surveillants (overseers).

1º Dans chaque atelier se trouvera un surveillant. Ce surveillant sera nommé par le gardien-chef.

2º Chaque surveillant, en entrant en fonctions, devra faire avec soin un état de tous les meubles ou instruments appartenant à l'atelier auquel il est préposé; il en estimera le prix en argent. Copie de cet état sera déposée par lui dans les mains du gardien-chef; et tous les trois mois on y ajoutera la liste des nouveaux instruments dont on aura fait l'achat dans l'intervalle, de même qu'on prendra note de tous ceux qui, pendant le même temps, ont été brisés, endommagés ou perdus. Il tiendra compte des matières premières qui ont été fournies à son atelier, des objets qui y ont été manufacturés et vendus, et aussi de ce que gagne chaque détenu par jour et par semaine. Il veillera à ce que tout le mobilier appartenant à son atelier soit entretenu avec soin, et que les travaux soient faits avec exactitude. Il fera tout ce qui dépendra de lui pour servir les intérêts de l'État ou ceux de l'entrepreneur qui sera chargé d'employer les détenus. Il est spécialement enjoint à chaque surveillant de faire régner dans son atelier le plus grand ordre.

Il ne doit pas permettre qu'il s'établisse la moindre conversation entre les prisonniers; lui-même ne doit adresser la parole au détenu que pour le diriger dans son travail. Si un condamné se montre paresseux ou indocile, le surveillant en rendra compte au gardien-chef ou au sous-gardien. Chaque surveillant aura un livre sur lequel il inscrira le nom de ceux d'entre les détenus qui sont malades : chaque jour, avant neuf heures du matin, cette liste, avec sa date, sera remise au gardien-chef ou au sous-gardien, et affichée ensuite dans l'hôpital.

3º Chaque surveillant sera préposé à son tour à la garde de nuit, suivant qu'il sera fixé par le gardien-chef.

SECTION IV.

Des gardes (watchmen).

1º Les gardes sont chargés, sous la direction du gardien-chef, de veiller pendant la nuit et le jour à la sûreté de l'établissement. Dans l'exercice de leurs fonctions, il leur faut déployer de l'activité et une grande vigilance; lorsqu'ils ne sont pas de service, ou se trouvent réunis dans le corps-de-garde, ils doivent se conduire les uns envers les autres, et vis-à-vis de tout le monde, d'une manière convenable et mesurée; ils auront soin de s'abstenir de tout ce qui s'écarterait des convenances; ils traiteront avec une égale politesse toutes les personnes qui voudront visiter l'établissement, et ne perdront jamais de vue que la réputation ainsi que la sûreté de la maison repose essentiellement sur eux tous et sur chacun d'eux. Ils doivent se montrer toujours parfaitement propres et soignés sur leur personne; il faut que leur corps-de-garde présente en tout temps l'image de l'ordre et de la propreté. Leurs armes doivent se trouver toujours en bon état et prêtes à servir. Il n'est permis à aucun garde de parler aux détenus, sinon pour les diriger dans leurs travaux. Les gardes ne donneront aux détenus ou ne recevront d'eux aucun objet quelconque, sans que le gardien-chef ou le sous-gardien en soit averti.

2º Le gardien-chef choisira une personne dont les fonctions seront de veiller à ce que, chaque jour, les rations fixées par le présent règlement, après avoir été pesées et mesurées avec soin, suivant le nombre des prisonniers, soient remises au cuisinier de la maison. Ce préposé tiendra un compte exact du nombre des rations ainsi livrées; ce compte, qu'il aura rédigé de sa main, sera remis par lui tous les trois mois au gardien-chef; il affirmera sous serment la vérité de son contenu, et ensuite le gardien-chef le fera passer sous les yeux des directeurs.

3º Tous ceux qui seront nommés par le gardien-chef pour remplir un emploi dans la prison ou ayant rapport à la prison, devront se considérer comme engagés envers l'établissement lui-même; de telle sorte que, si le gardien vient à cesser ses fonctions, les employés qu'il aura choisis continuent à devoir leurs services à la prison pendant un mois à partir de la mort, de la destitution ou de la démission du gardien-chef, à moins cependant que son successeur ne les renvoie auparavant. Si l'employé refusait ou négligeait de remplir les devoirs de sa place, il deviendrait débiteur du montant de ses appointements pendant les trois derniers mois. Le recouvrement de cet argent devrait être poursuivi par le nouveau gardien-chef. On considérera que cette partie du règlement est connue de tous ceux qui accepteront un emploi dans la prison, et ils seront censés s'être soumis aux conditions qu'elle impose au contractant.

SECTION V.

De la propreté.

1º Les cellules et les galeries seront balayées tous les jours.

Les balayures seront portées hors de la prison; le pavé de la grande galerie circulaire sera lavé tous les quinze jours. On lavera aussi très fréquemment les cellules, et on les blanchira.

2° Les lits et tout ce qui sert au coucher des détenus seront portés hors de la prison, et on les exposera au grand air, dans la cour, une fois la semaine pendant l'été, et une fois par quinzaine durant le reste de l'année, lorsque le temps le permettra. Le détenu devra s'appliquer à faire régner la plus grande propreté dans sa cellule, et à empêcher que les objets destinés à son usage ne se trouvent endommagés. S'il manque à l'observation de ces règles, on lui enlèvera tout ce qui sert à son coucher, jusqu'à ce qu'il se soit soumis.

3° On doit prendre un soin extrême à ce que les détenus entretiennent une grande propreté sur leur personne. On leur fournira tout ce qui peut leur être utile pour atteindre ce but.

4° Les seaux de nuit seront nettoyés avec soin, et on portera au delà des murs de la prison leur contenu.

5° On ne souffrira pas qu'aucune ordure ou matière nuisible reste déposée autour des murs de la prison, des ateliers et de la cour. Il faut, au contraire, que l'établissement tout entier présente un modèle de bon ordre, de surveillance et de propreté.

SECTION VI.

De l'hôpital et du médecin.

1° Le gardien-chef, après avoir pris l'avis des directeurs, désignera la personne en état de remplir les fonctions de médecin dans la prison. Le médecin, ainsi choisi, recevra le traitement qui aura été fixé par les directeurs.

2° On garnira l'hôpital de lits, tables et toutes autres choses qui peuvent être utiles aux malades; on sera toujours en position d'y admettre ceux des détenus que le médecin croira devoir y envoyer.

3° Le médecin donnera les ordres nécessaires à l'effet de procurer les secours, provisions et fournitures qui seront nécessaires aux malades. Sur le vu de sa demande, le gardien-chef est autorisé à se les procurer. Le médecin tiendra note sur un registre de toutes les réquisitions de cette espèce, ainsi que de la nature et de l'époque des demandes. Il aura soin également de faire un état de tout ce qui appartient à l'hôpital. Le même registre fera connaître le nombre de ses visites; les noms des individus qui, chaque jour, se font porter comme malades, et, parmi eux, le nom de ceux qu'il a envoyés à l'hôpital, de ceux qu'il s'est borné à mettre au régime dans leur cellule, et enfin de ceux qu'il a fait reconduire à leurs ateliers. Le médecin sera tenu de visiter l'hôpital tous les jours, ou plus souvent si cela devenait nécessaire ou qu'il en fût requis.

Il verra lui-même tous les détenus qui sont portés malades dans le rapport journalier des surveillants. Il tiendra note du nom des malades qui quittent l'hôpital et de ceux qui y meurent. Il fera connaître, dans un registre à ce destiné, de quelle maladie ils étaient atteints, quels remèdes ont été prescrits, et ajoutera, en général, toutes les remarques qu'il jugera utiles concernant la nature des affections et des moyens employés pour les traiter; il consignera sur le même registre ses observations relativement à la santé, au régime, au travail des détenus, ainsi qu'à la propreté de la maison. Le registre qui contiendra ces détails restera toujours à l'établissement; il sera sans cesse ouvert au gardien-chef et aux directeurs.

Le médecin obtiendra du gardien-chef l'assistance d'un certain nombre de détenus pour soigner les malades, quand cette assistance deviendra nécessaire. En général, le médecin et le gardien-chef doivent unir leurs efforts afin de rendre la condition du prisonnier malade aussi douce que sa situation le permet. S'il se trouve que le détenu ne soit pas assez malade pour qu'on l'envoie à l'hôpital, le médecin pourra ordonner néanmoins qu'il sera soumis à un régime particulier. Dans ce cas, tout ce qui composera ce régime sera tiré, soit de l'hôpital, soit des magasins de la prison.

4° S'il arrivait que les ordres du médecin ne fussent pas suivis, et que ses prescriptions restassent sans exécution, il devrait rendre compte de cette omission sur son registre, et en faire connaître la cause, afin qu'on prît des mesures pour que pareil abus ne se représentât plus.

SECTION VII.

Règles générales.

1° Il est expressément défendu aux employés de la prison, comme à tous ceux qui sont attachés d'une manière quelconque à l'établissement, d'acheter ou de vendre quoi que ce soit au détenu, de contracter aucun engagement avec lui, d'employer son travail pour leur usage et à leur bénéfice, de lui accorder aucune faveur spéciale et de le traiter avec plus d'indulgence que ne le permet la loi. Ils s'abstiendront de recevoir d'un détenu ou dans son intérêt aucun émolument, présent ou récompense. Ils ne souffriront pas qu'on leur fasse des promesses pour les engager à rendre des services, ou à procurer des secours, ou même sans but apparent. Ils ne recevront, pour leur usage ou celui de leur famille, aucun droit ou libéralité d'aucune personne commise à leur garde, des amis ou connaissances de ces mêmes personnes, ni même d'individus quelconques; celui qui manquera à cette partie du règlement sera immédiatement congédié.

2º Le traitement de chaque employé sera arrêté par les directeurs avant son entrée en fonctions; et il ne pourra rien recevoir ni prendre en sus de la somme fixée. Il ne lui sera permis de retirer aucun profit indirect des deniers de l'État ou du travail des détenus qu'après en avoir reçu l'autorisation écrite des directeurs.

3º Dans aucun cas on ne pourra fournir aux détenus de liqueurs spiritueuses, à moins que ce ne soit sur l'ordre du médecin. Et il est enjoint aux employés de s'en abstenir complètement eux-mêmes tant qu'ils seront attachés à l'établissement. Ceux qui contreviendront à cette obligation seront congédiés.

4º Il n'y a que le gardien-chef qui ait le droit d'infliger aux détenus des punitions corporelles. Les autres employés ne peuvent frapper un détenu que quand ils sont réduits à la nécessité de se défendre.

5º L'employé qui s'absentera de la prison sans cause légitime sera privé de son traitement jusqu'à son retour.

6º On placera une Bible dans chaque cellule; on pourra même donner au détenu les autres écrits religieux que le gardien-chef et les directeurs croiront de nature à amener une réforme dans ses principes et dans sa conduite.

7º Toutes les sommes déposées comme offrandes par ceux qui viendront visiter l'établissement seront recueillies pour le compte de l'État; elles feront partie du revenu de la prison, et figureront dans les rapports trimestriels du gardien-chef.

SECTION VIII.

Obligations des détenus.

1º Les détenus doivent se montrer actifs, soumis, obéissants. Ils travailleront en silence et avec assiduité.

2º Les détenus ne porteront avec eux ni ne cacheront aucun instrument ou objet quelconque qui puisse servir à leur évasion.

3º Nul détenu ne pourra écrire ou recevoir de lettres, ni entretenir de rapports avec qui que ce soit hors de la prison, sans la permission du gardien-chef.

4º Les détenus devront s'abstenir de brûler, endommager ou détruire les matières premières ou les objets manufacturés qui appartiennent à l'État. Ils n'endommageront ni ne gâteront aucune partie des édifices.

5º Ils se conduiront toujours avec déférence et respect vis-à-vis des employés de la maison. Ils entretiendront une grande proprêté sur leur personne, leur habillement et leur coucher. Lorsqu'ils se rendront au réfectoire ou aux ateliers, ils s'avanceront avec ordre et silence, et marcheront en rang serré (*lock steps*).

6° Nul détenu ne pourra parler à un autre prisonnier ou quitter son travail sans la permission d'un surveillant. Il n'adressera pas la parole à ceux qui viendront visiter l'établissement, et ne les regardera même pas. Il ne quittera l'hôpital que quand on le lui aura permis. Au travail, il ne fera que le bruit nécessaire, et en général il ne se livrera, dans les ateliers ou les cellules, à aucun acte de nature à troubler le bon ordre qui doit toujours régner dans la maison.

SECTION IX.

Des rations, du coucher.

1° La ration de chaque jour sera fixée ainsi qu'il suit : une livre de bœuf, une livre de pain fait avec du maïs et de la farine de seigle. Il y aura cinq boisseaux de pommes de terre pour cent rations. A souper, on donnera aux détenus une soupe composée de vingt livres de maïs et six *quarts* de pois, divisés en cent rations. Chaque détenu aura en outre à sa disposition le sel et le poivre.

2° Le coucher se composera d'un matelas rempli de paille, de trois couvertures dans l'hiver, deux dans l'été, deux draps d'une fabrique grossière de coton, et d'une grandeur suffisante. Le tout sera entretenu avec la plus grande propreté. On ne permettra pas aux détenus de dormir tout habillés, ni de se lever ou de se coucher avant que la cloche n'en ait donné le signal. Ils prendront leurs repas dans les cellules.

N° XIII.

RÈGLEMENT DE M. WELLES

POUR LA MAISON DE REFUGE DE BOSTON.

INITIATION.

1° Lorsqu'un jeune garçon est amené à la maison de refuge, on l'examine, on lui fait prendre un bain, on l'habille au besoin ; et, s'il est malade, les secours de la médecine lui sont aussitôt donnés.

2° Le chapelain l'interroge ensuite ; il cherche à connaître son histoire, ses principes, ses passions. Il lui explique la cause qui le conduit dans la maison, le but qui l'y fait détenir, le temps qu'il doit y rester, et les preuves de bonne conduite qui lui permettront d'en sortir.

3° Le jeune garçon est alors présenté par son nom aux membres de la société. S'il sait lire, on lui remet une copie du règlement, et on le place, suivant les circonstances, dans la seconde ou troisième catégorie de la seconde division. Il y demeure durant une semaine d'épreuve. Si pendant ce temps sa conduite a été bonne, il en est tenu note, et les membres de la société sont appelés à décider par leur vote si le nouvel arrivant peut ou non prendre rang parmi eux. Si, au nombre des votants qui lui sont contraires, se trouve un membre de la première catégorie de la première division, deux de la seconde, quatre de la troisième, ou cinq en tout, il n'est pas admis, et doit attendre une autre épreuve.

DIVISION ET OCCUPATION DU TEMPS.

1° Il y aura, chaque jour, trois repas. Il sera accordé au moins une heure pour les trois. Il y aura trois récréations par jour ; chacune durera trois quarts-d'heure. On ira deux fois à l'école et deux fois dans les ateliers, excepté le dimanche.

2° Le moment précis où chacune de ces choses doit se faire, ainsi que l'heure du lever et du coucher, seront indiqués par le son d'une cloche. La règle à cet égard peut varier suivant les saisons, et avec l'approbation du comité.

3º C'est le chapelain qui règle tout ce qui a rapport aux exercices de piété. Le dimanche, il doit célébrer le service divin. De plus, on fera la prière tous les jours, matin et soir.

DISCIPLINE.

C'est particulièrement sur un lien moral que la discipline doit reposer.

1º Aucun membre de la société ne peut être puni du fouet ni du cachot. A ces châtiments sont substitués les chambres solitaires, les bandeaux pour empêcher de voir, les menottes, la privation de société, de jeu, de travail, de quelques aliments, ou même d'un repas entier.

2º On ne peut administrer de punitions que pour des fautes expressément prévues par les lois de Dieu et du pays, ou par les règles de la maison; encore faut il que le délinquant connaisse l'existence de ces lois et de ces règles.

3º Nul ne sera forcé de dénoncer les fautes d'un autre; on ne permettra même de le faire que quand il sera évident que c'est la conscience seule qui fait agir le dénonciateur.

4º Nul ne sera puni pour une faute, quelque grande qu'elle soit, s'il vient la confesser avec franchise et honnêteté, à moins qu'il n'apparaisse que le délinquant n'a eu recours a un aveu que par la considération qu'il était soupçonné et en partie découvert. Nul ne sera puni pour une faute que l'aveu d'un autre aura fait connaître, à moins que celui qui a fait l'aveu n'y consente.

5º Un registre de *comptabilité morale* sera tenu pour chacun des membres de la société. Lorsqu'un d'entre eux commettra une faute légère, les lettres D. R. (debet) seront inscrites sur le registre. A la fin de chaque jour on appellera par leur nom tous les membres de la société. Ils devront se juger eux-mêmes, et déclarer si, suivant eux, leur conduite a été bonne, passable ou mauvaise. On ne leur dira rien qui puisse leur suggérer leur réponse; mais s'ils se jugent avec trop de sévérité ou de faveur, les maîtres ou moniteurs rétabliront la vérité. Le membre de la société dont la conduite aura, en effet, été bonne, recevra sur le registre la marque C. R. (credit).

6º Chaque jour, avant les prières du matin ou celles du soir, un tribunal examinera et jugera les questions relatives à la conduite tenue par les membres de la société.

7º Comme il est hors du pouvoir de l'homme de punir le manque de respect commis envers la Divinité, on se bornera à interdire à celui qui s'en sera rendu coupable toute participation aux offices religieux, abandonnant ainsi le criminel à la justice de Dieu, qui l'attend dans l'avenir.

8° Tous les samedis soir, on règle l'état du livre de la comptabilité morale. Si, après avoir établi la balance, il reste à un membre de la société deux mauvais points, on peut les passer au compte de la semaine suivante. Mais celui qui aura plus de deux mauvais points descendra d'une ou deux catégories, suivant les règles qui régissent ces catégories. Il n'y a que si le délinquant appartient à la première catégorie de la seconde division, qu'on peut alors se borner à lui retirer le souper du dimanche, pourvu qu'il n'ait pas plus de quatre mauvais points.

Si, après avoir établi la balance, il reste à un membre de la société plusieurs bons points, on les passe au compte courant, et ils lui servent à l'achat de livres, papiers, crayons, peignes, mouchoirs, et autres choses utiles ou agréables.

9° Celui qui tiendra une conduite extraordinairement répréhensible, soit par la nature des fautes qu'il commettra, soit par leur fréquence, pourra être exclu de la société. Dans ce cas, il n'existera plus aucun rapport entre lui et les autres membres; et si, par la suite, il se rend digne d'être de nouveau admis, il ne sera pas exempté du cours ordinaire des épreuves.

10° La direction de la maison est en partie remise aux moniteurs.

Les moniteurs seront nommés au commencement de chaque mois. Leur nombre et leurs fonctions seront réglés ainsi qu'il suit: Il y aura un moniteur en chef, qui aura la direction de l'établissement en l'absence des employés; deux gardiens des clefs, qui devront sonner la cloche, ouvrir et fermer les portes le matin, la nuit, et aux autres époques fixées; un sheriff et ses deux seconds, qui seront chargés de maintenir dans l'ordre les indociles; le sheriff devra surveiller la seconde et la troisième divisions en tout temps; la première durant la récréation seulement; un intendant (steward) auquel on adjoindra un aide; il sera chargé de tout ce qui regarde les provisions et les repas des membres de la société; un inspecteur, qui aura sous ses ordres deux ou trois adjoints; il sera chargé de nettoyer et ranger la partie de la maison habitée par les jeunes gens, en en exceptant cependant les dortoirs et le réfectoire; un inspecteur des dortoirs, qui veillera à ce que chaque jour ils soient nettoyés et rangés; un inspecteur de la garde-robe, qui veillera à ce que les habits soient brossés et tenus en ordre; trois gardiens de portes, qui, suivant les besoins, seront préposés à la garde des portes. On peut encore nommer d'autres moniteurs, si cela était reconnu utile. Les moniteurs chargés de la direction des membres de la première division (les éprouvés) seront élus par ceux-ci tous les mois; ils marcheront à leur tête, et veilleront chaque jour à ce que ces derniers entretiennent toujours la plus grande propreté sur leurs personnes.

CLASSIFICATION DES MEMBRES DE LA SOCIÉTÉ.

Les membres de la société se rangent sous deux grandes divisions, suivant la bonne ou mauvaise conduite qu'ils tiennent dans la maison.

Ire DIVISION.

Les membres de la première divison se partagent encore en trois catégories.

PREMIÈRE CATÉGORIE.

La première catégorie se compose de ceux qui font des efforts *positifs, réguliers* et *constants* vers le bien.

Leurs fautes ne sont que le résultat d'une erreur, ou très rarement d'un défaut de soin.

Les priviléges de ceux qui font partie de cette catégorie sont les mêmes que les priviléges des autres, et de plus ils peuvent nager sans être accompagnés d'un moniteur, se rende dans leur chambre sans permission, et dans le réfectoire lorsque cela est nécessaire; quitter leur siége dans la salle de réunion sans permission; toutes choses égales, ils ont droit de choisir les premiers. Ils peuvent se tenir dans la chambre de récréation. On leur confie, quand cela se présente, les plus importantes clefs. Leur parole fait foi dans les circonstances ordinaires. Enfin on célèbre leur jour de naissance. Ils portent le petit uniforme.

DEUXIÈME CATÉGORIE.

Ceux qui font des efforts *positifs* et *réguliers* vers le bien composent la seconde catégorie.

Leurs fautes naissent d'un manque de soin (*carelessness*). Elles n'ont rien de grave, du moins dans l'intention de celui qui les commet. Quelques mauvais points de reste, après avoir établi la balance sur le livre de la comptabilité morale, suffisent pour faire descendre de la première catégorie dans celle-ci. Il en est de même pour les transgressions aux règles de la discipline.

Les priviléges des membres de la deuxième catégorie sont de pouvoir aller en ville sans être accompagnés d'un moniteur, pourvu toutefois que leur compte courant sur le livre de comptabilité présente vingt-cinq bons points; d'être chargés de la garde des clefs d'une importance secondaire; de pouvoir être nommés aux charges qui sont au choix du directeur; de prendre des livres dans la bibliothèque, de faire usage des papiers qui se trouvent dans la chambre des réunions, sans en demander la permission. Toutes choses égales, d'avoir le droit de choisir avant les membres des catégories inférieures.

TROISIÈME CATÉGORIE.

Elle se compose de ceux qui font des efforts *positifs* vers le bien. Leurs fautes résultent d'un manque de soin ou d'un moment d'erreur. Ces fautes peuvent être répréhensibles en elles-mêmes; mais le coupable s'en est repenti dès qu'il a pu réfléchir. Trois mauvais points de reste sur le livre de la comptabilité suffisent pour placer un membre de la société dans cette catégorie.

Les priviléges de ceux qui en font partie sont d'aller en ville accompagnés d'un moniteur, après avoir obtenu vingt-cinq bons points; de se promener dans le jardin avec un moniteur; d'aller dans le gymnase et la bibliothèque; de faire usage, après en avoir demandé la permission, des livres et des papiers qui se trouvent dans la chambre de réunion; de pouvoir être élu aux charges de la maison.

IIe DIVISION.

Composée de ceux dont la conduite est mauvaise.

Les membres de la deuxième division se partagent aussi en trois catégories.

PREMIÈRE CATÉGORIE.

Font partie de la première catégorie ceux qui sont *positivement* enclins au mal. Leurs fautes en général sont des infractions à la discipline. Elles n'ont rien de répréhensible en elles-mêmes, ou, si elles ont ce caractère, elles sont du moins fort peu fréquentes. Cinq mauvais points font descendre dans cette catégorie.

Ceux qui s'y trouvent ne peuvent jouer et converser qu'avec les membres de leur catégorie, à moins que le genre de travail auquel on les occupe n'en ordonne autrement. Ils ne peuvent entrer dans la chambre du surintendant; ils n'ont pas droit de voter aux élections. S'ils commettent des fautes, on les punit en inscrivant de mauvais points au livre de comptabilité morale, ou en les renvoyant dans les catégories inférieures.

DEUXIÈME CATÉGORIE.

Font partie de la deuxième catégorie ceux qui se montrent *positivement* et *régulièrement* enclins au mal. Leurs fautes sont ou purement disciplinaires ou moralement répréhensibles. Dix mauvais points font descendre dans cette catégorie.

Ceux qui en font partie ne peuvent converser avec aucun membre de la société, sinon lorsque leur travail l'exige. Ils ne peuvent adresser la parole au surintendant que quand celui-ci le leur permet; ils sont privés de leurs siéges ordinaires; ils en occupent de distincts, sous l'inspection d'un sheriff. On leur retranche les gâteaux et tout ce qui forme *extra* dans la nourriture. S'ils commettent des fautes, on les fait descendre dans la dernière catégorie, à moins cependant que les fautes ne soient très légères; auquel cas on se borne à inscrire de mauvais points sur le livre de comptabilité.

TROISIÈME CATÉGORIE.

Font partie de la troisième catégorie ceux qui se montrent *positivement*, *régulièrement* et *continuellement* enclins au mal. Leurs fautes sont des infractions aux lois de la morale, commises en grand nombre. Une seule faute suffit si elle a été commise par le seul désir de mal faire.

Ceux qui font partie de cette catégorie ont pour toute nourriture du pain et de l'eau. On peut leur faire porter des menottes, leur mettre un bandeau sur les yeux, ou bien les renfermer dans des chambres solitaires.

Lorsqu'un individu de cette catégorie commet une faute, ou lorsqu'un membre d'une autre catégorie est envoyé dans celle-ci pour quelques fautes graves, telles que mensonges, action déshonnête, paroles profanes ou autres infractions de même nature, il est puni de la manière ci-dessus indiquée.

On peut, comme on l'a vu, s'élever de catégorie en catégorie suivant la conduite qu'on mène; mais, avant de quitter celle où l'on se trouve, un temps d'épreuve est nécessaire. Ainsi les membres de la première division sont obligés de rester quatre semaines dans la seconde catégorie avant de passer dans la première, et deux semaines dans la troisième avant de passer dans la seconde. Les membres de la seconde division ne peuvent quitter la première catégorie qu'après y avoir passé une semaine, et la seconde ainsi que la troisième qu'après y avoir passé au moins un jour.

N° XIV.

NOTES STATISTIQUES.

N° I. Divers documents relatifs à l'état sanitaire des pénitenciers d'Auburn et de Philadelphie. — II. Documents relatifs aux individus qui, de 1822 à 1831, ont reçu leur grâce à Auburn et à Singsing. Ainsi que quelques observations sur l'exercice du droit de faire grâce en Amérique. — III. Quelques lois pénales du Maryland, relatives aux esclaves. — IV. Différence qu'on remarque entre la mortalité des nègres et celle des blancs, des affranchis et des esclaves.

N° I. — *Documents relatifs à l'état sanitaire des pénitenciers d'Auburn et de Philadelphie.*

Rapports annuels du médecin d'Auburn.

1826. . . . . . Les maladies qui règnent dans le pénitencier sont les mêmes que celles qui prévalent dans le voisinage. Tant qu'on fera suivre aux détenus le régime auquel ils sont actuellement soumis, et qu'on entretiendra la même propreté dans la prison, on ne doit pas craindre de voir une maladie épidémique s'y établir.

1827. . . . Les maladies qui règnent dans la prison continuent à être les mêmes que celles qu'on remarque dans la contrée environnante. Nous ne croyons pas qu'on doive attribuer à l'état d'emprisonnement où se trouvent les condamnés la cause première des maladies. Sur les neuf personnes qui ont succombé pendant l'année, quatre étaient arrivées malades au pénitencier. Toutefois, on ne peut nier que la mort, chez eux, n'ait été hâtée par l'action que l'emprisonnement ne manque jamais d'exercer sur l'âme et le corps.

1828. . . . . . Nous sommes heureux de constater que l'état sanitaire des prisonniers est au moins aussi satisfaisant qu'il pourrait l'être parmi un même nombre d'hommes en liberté. Pour la majorité des détenus, l'emprisonnement, le travail et les rigueurs de la discipline, ont eu des résultats salutaires. Leur santé s'est fortifiée depuis qu'ils ne peuvent plus se livrer à leurs habitudes désordonnées. Il se rencontre parmi eux, il est vrai, des hommes qui ont vécu si longtemps sous l'influence de causes débilitantes, telles que l'intempérance et la débauche, que la maladie s'est entièrement emparée de leurs organes. Pour ceux-là l'emprisonnement est fatal. Cette remarque est surtout applicable au cas de phthisie pulmonaire. Soumis à un exercice modéré et à un régime approprié à leur état, les pulmoniques eussent résisté plus longtemps aux progrès du mal; l'emprisonnement l'aggrave. On ne peut pas nier, non plus, que l'emprisonnement, lorsqu'on le combine avec des travaux sédentaires, ne prédispose à certaines maladies. L'ouvrier libre que son travail force à se tenir sans cesse plié sur lui-même est toujours exposé aux lésions organiques de l'estomac, du foie et des poumons. Il en est ainsi, et à plus forte raison, pour le détenu dont la liberté est gênée, et qui ne peut prendre qu'un exercice très limité. Malgré ces conditions défavorables, nous avons vu cependant un grand nombre de détenus, dont la constitution avait été énervée par mille excès, trouver encore en eux la force de triompher de leurs maladies, parce qu'ils ne pouvaient plus se livrer aux vices qui les leur avaient données. Plusieurs ont ainsi retrouvé la santé que depuis des années ils avaient perdue.

1829. . . . . . . On doit attribuer l'état sanitaire de cette prison, qui est sans exemple, aux progrès qu'y a faits la discipline, au régime simple et uniforme auquel les détenus sont soumis, au travail régulier qui leur est imposé, à la propreté qui règne sur eux et dans leurs cellules, aux moyens de ventilation qu'on a introduits, et, plus que tout, à l'abstinence de boisson stimulante.

On se trompe lorsqu'on pense qu'un homme habitué à l'usage des boissons fortes ne peut sans danger en être privé. L'exemple de la prison prouve le contraire. Parmi les 391 condamnés qui depuis quatre ans ont quitté le pénitencier, 211 avaient été livrés à la passion des liqueurs fortes; on l'a appris d'eux-mêmes.

Il est également prouvé que l'usage des liqueurs fortes n'est point indispensable pour soutenir les forces de l'homme exposé au soleil, à la fatigue, et à un travail rude. Si ce que nous avançons était contesté, nous pourrions le prouver jusqu'à l'évidence, en présentant le relevé du travail exécuté par des détenus qui n'avaient au milieu de leurs fatigues, pour toute boisson, que de l'eau.

1830. . . . . . Parmi les 18 individus qui sont morts cette année, il n'y en a que deux qui fussent bien portants en entrant en prison.

1831. . . . . L'état sanitaire continue à être très bon. Cependant on ne peut se dissimuler que l'emprisonnement ne soit préjudiciable à ceux des détenus dont les occupations sont entièrement sédentaires : c'est notamment le cas des tailleurs et des cordonniers. La position dans laquelle la nature de leur travail les force à se tenir, et le peu d'exercice qu'ils prennent en allant au réfectoire et aux cellules, favorisent le développement des maladies, quand ils y sont prédisposés.

Des 15 individus morts dans l'année, 1 s'est suicidé, et 10 étaient déjà malades lorsqu'ils sont entrés au pénitencier.

(*Annual reports of the inspectors of the Auburn prison.*)

Traduction d'un morceau détaché de la brochure publiée par le docteur Bache sur le système pénitentiaire en 1829.

On ne saurait affirmer ni nier d'une manière absolue que l'emprisonnement solitaire soit nuisible à la santé. Ce genre de peine peut, suivant les circonstances, être préjudiciable ou inoffensif. Entendons-nous par santé cet état de bien-être parfait dans lequel on conçoit un homme qui vit dans l'aisance de tout, sans faire abus de rien? Je suis d'avis en effet que l'emprisonnement solitaire doit porter préjudice à une santé de cette espèce. Donnerons-nous au contraire le nom de santé à l'état dans lequel se trouve un individu qui n'est atteint d'aucune maladie actuelle? Alors, je suis porté à croire que si vous prenez un nombre donné de détenus appartenant, comme d'ordinaire, aux classes les plus débauchées et les plus intempérantes de la société, vous vous apercevrez qu'après un certain temps d'emprisonnement solitaire, leur état de santé sera devenu meilleur; je suis convaincu, du moins, que la mortalité sera infiniment moins grande parmi eux qu'elle n'eût été parmi le même nombre d'individus restés en liberté.

Comparant les deux systèmes d'emprisonnement entre eux et relativement à l'influence qu'ils exercent sur le corps, nous arriverons sans doute à penser que l'ancienne méthode en elle-même est moins dangereuse pour la santé que l'emprisonnement solitaire. Mais si nous songeons à tous les vices que l'expérience nous montre comme inhérents à l'ancien système, nous pencherons à croire que ce système est, à tout prendre, plus préjudiciable à la vie que le nouveau. Les rapports officiels publiés sur l'état sanitaire de la prison de Walnut-Street nous font voir que la mortalité dans ce pénitencier a été, depuis six ou huit ans, dans la proportion de six pour cent, terme moyen. Après y avoir mûrement réfléchi, je pense que cette mortalité eût été moindre, si le même nombre de détetenus avait été soumis à l'emprisonnement solitaire (1).

On a beaucoup parlé de l'influence fâcheuse que devait exercer l'emprisonnement solitaire sur la raison des détenus. Pour moi, qui ai été à même d'examiner l'effet produit par un emprisonnement de cette nature, continué pendant l'espace de six mois ou un an, je me crois fondé à penser que ces craintes sont exagérées.

---

(1) M. Bache est en même temps médecin de la prison de Walnut-Street et du nouveau pénitencier.

L'emprisonnement tend sans doute à abattre le corps et l'âme, et il peut produire la folie chez ceux qui ont une prédisposition à cette maladie; mais aucun fait ne vient m'établir que ce résultat soit plutôt produit par l'emprisonnement solitaire que par tout autre.

Extrait du rapport de M. Bache, médecin des prisons de Philadelphie, pour l'année 1831.

...... Il est difficile de se faire une idée, quant à présent, de ce que sera la moyenne de la mortalité dans le nouveau pénitencier de Philadelphie, le nombre des détenus renfermés dans cette prison ayant été jusqu'ici trop restreint pour qu'on puisse tirer un argument concluant du nombre de décès qui ont eu lieu parmi eux.

On ne peut pas dire qu'une maladie plutôt qu'une autre ait prévalu dans ce pénitencier par suite du régime d'emprisonnement ou du système de discipline qui y a été suivi. Il ne s'y est point déclaré d'affections mentales. Les indispositions les plus fréquentes ont été des rhumes, des affections rhumatismales et des diarrhées.

(*Hazard's register* 1832.)

Résumé du rapport de M. Bache pour 1830.

..... En résumé, le médecin de la prison se croit autorisé, par ce qu'il a déjà vu dans le pénitencier, à conclure que si le système d'emprisonnement solitaire, qui y est suivi, porte quelquefois atteinte à la santé des détenus, il est encore, à tout prendre cependant, beaucoup plus favorable à leur existence que le système en vigueur dans les anciennes prisons.

(*First and second annual reports of the inspectors of the eastern state penitentiary of Philadelphia*, 1831.)

N° II.— *Documents relatifs aux individus qui, de 1822 à 1831, ont reçu leur grâce à Auburn et à Singsing, ainsi que quelques observations sur l'exercice du droit de faire grâce en Amérique.*

Nous avons pensé qu'on lirait avec intérêt quelques détails relatifs à la manière dont le droit de grâce est exercé en Amérique, et particulièrement dans l'État de New-York.

De 1822 à 1831, on a gracié, tant à Auburn qu'à Singsing, 130 individus condamnés à 3 ans de prison.

Parmi ces détenus, celui qui est resté le plus de temps en prison, avant d'obtenir sa grâce, y est demeuré 2 ans (1).

---

(1) Nous devons avertir que nous négligeons les fractions de mois et de jours.

Le minimum du séjour du gracié en prison, avant d'obtenir son pardon, a été 17 jours.

86, ou plus de moitié, ont obtenu leur grâce avant d'avoir accompli la moitié de leur peine.

Dans la même période, on a gracié 49 individus condamnés à 5 ans de prison.

Maximum de la durée du séjour dans la prison avant d'obtenir sa grâce, 4 ans.

Minimum, 3 mois.

27, ou plus de la moitié, ont obtenu leur grâce avant d'avoir accompli la moitié de leur peine.

On a gracié neuf individus condamnés à 6 ans de prison.

Maximum du séjour dans la prison, 5 ans.

Minimum, 1 an.

6 détenus ont obtenu leur grâce avant d'avoir subi la moitié de leur peine.

On a gracié 83 individus condamnés à 7 ans de prison.

Maximum du séjour dans la prison, 6 ans.

Minimum, 4 mois.

53, ou près des deux tiers, n'avaient pas encore subi la moitié de leur peine.

On a gracié 38 individus condamnés à 10 ans de prison.

Maximum de la durée du séjour dans la prison, 9 ans.

Minimum, 2 mois.

28, ou près des trois quarts, ont été graciés avant d'avoir subi la moitié de leur peine.

On a gracié 36 individus condamnés à 14 ans de prison.

Maximum du séjour dans la prison, 10 ans.

Minimum, 1 an.

22, ou près des deux tiers, ont été graciés avant d'avoir subi la moitié de leur peine.

Enfin, on a gracié 60 individus condamnés à perpétuité.

Tous ont obtenu leur pardon avant d'avoir passé 7 ans dans la prison.

Plusieurs avant d'y avoir passé deux ans, et un après y être resté moins de 8 mois.

On voit donc que tous les condamnés à perpétuité qui ont obtenu leur grâce dans le cours de ces 8 années étaient restés moins de temps en prison que les individus condamnés à 14 ans et même à 10 ans.

Il est facile de prouver également que le choix de l'autorité qui fait grâce tombe plus souvent sur eux que sur les autres détenus.

Ainsi, les condamnés à perpétuité forment environ le dix-huitième de tous les condamnés qui ont été envoyés chaque année à Auburn et à Singsing de 1822 à 1831 ; il est donc à croire qu'ils forment également à peu près le dix-huitième des détenus.

Or, sur 447 individus graciés, on trouve 60 condamnés qui avaient été condamnés à perpétuité, ou le septième des graciés.

Il y a donc un condamné à perpétuité sur 18 détenus, et un sur 7 graciés.

Les condamnés a perpétuité se trouvent ainsi doublement privilégiés, et l'on peut dire sans exagération que, dans l'État de New-York, le criminel a intérêt à voir prononcer contre lui la peine d'emprisonnement la plus forte.

Il est facile d'indiquer pourquoi le droit de faire grâce s'exerce si fréquemment en Amérique, et pourquoi on en fait si souvent usage en faveur des condamnés à perpétuité.

Sans examiner la question de savoir s'il est absolument indispensable au bien de la société de confier à une autorité quelconque le droit de remettre les peines, on peut dire, toutefois, que, moins cette autorité sera élevée et indépendante, plus l'abus du droit de faire grâce sera grand.

En Amérique, c'est au gouverneur seul de chaque État qu'est remis, en général, le dangereux pouvoir de pardonner. En cela les Américains suivent plutôt les traditions de l'ancienne constitution coloniale que l'ordre logique des idées. Or, malgré l'étendue de ces droits en cette matière spéciale, le gouverneur d'un État en Amérique occupe une position sociale peu élevée. Chacun peut l'aborder à chaque instant du jour; le presser en tout temps et en tous lieux. Livré ainsi sans intermédiaire aux sollicitations, peut-il refuser toujours ?

Lui-même se sent l'esclave des caprices du public; il dépend des chances d'une élection, et il a besoin de se ménager avec soin des partisans. Voudra-t-il mécontenter ses amis politiques en leur refusant une légère faveur? D'ailleurs, étant revêtu de peu de pouvoir, il doit aimer à faire amplement usage des droits qu'on lui laisse. Toutes ces causes, jointes à l'embarras où on a été pendant longtemps pour trouver des prisons qui pussent contenir tous les détenus, expliquent pourquoi la puissance exécutive en Amérique a fait un si grand abus du droit de pardonner. Il n'y a que l'excès du mal qui, depuis quelques années, ait enfin éveillé l'attention publique. Les grâces, qu'on distribue encore en beaucoup trop grand nombre, sont cependant bien moins fréquentes que jadis.

Les mêmes raisons expliquent en partie pourquoi les condamnés à perpétuité sont traités plus favorablement que d'autres.

D'abord, parmi tous les détenus, ce sont ceux qui ont le plus d'intérêt à obtenir leur grâce, puisque ce sont les plus punis. On est porté d'ailleurs à attendre avec patience le terme d'une peine dont on connaît exactement la durée. L'imagination du condamné et de ses amis se repose facilement dans des limites fixées d'avance; l'autorité, de son côté, refuse aisément d'alléger un châtiment qui doit finir.

Mais le condamné à perpétuité n'a rien qui borne ses espérances ni ses craintes ; lui et ses amis ont un intérêt de tous les moments à employer les prières les plus pressantes pour obtenir un pardon qui peut se faire attendre des années ou être accordé demain.

Le gouverneur se trouve donc sollicité plus obstinément et avec plus d'ardeur en faveur du condamné à perpétuité que de tout autre, et il accorde plus vite ce qu'on lui demande, parce que, ne voulant pas refuser toujours, il ne voit pas clairement pourquoi il céderait dans un moment plutôt que dans un autre.

C'est ainsi que les plus grands coupables sont précisément ceux qui réunissent le plus de chances de pardon en leur faveur.

Au reste, rien ne saurait mettre mieux au jour les abus qui règnent dans l'exercice du droit de grâce aux Etats-Unis que le morceau suivant, extrait d'un ouvrage américain :

« Il a été reconnu par la commission des prisons de l'État de
« New-York qu'il y a des hommes qui n'ont d'autre profession
« que de procurer aux condamnés leur grâce ; cette industrie leur
« fournit des moyens d'existence. Leur talent consiste à obtenir
« des signatures de recommandation auprès du pouvoir exécutif
« en faveur de ceux qui ont recours à leur ministère. En général,
« ils réussissent. Peu d'hommes ont assez de courage pour ne pas
« accorder leurs signatures, quand elles leur sont demandées par
« des personnes en apparence respectables ; et peu de gouver-
« neurs ont assez d'énergie pour refuser les grâces qu'on sollicite
« avec instance. Il est certain que la grâce ne dépend nullement
« du caractère du crime, mais uniquement des ressources pécu-
« niaires que peut avoir le condamné pour employer des gens qui
« font ce trafic. L'individu condamné pour meurtre accompagné
« des circonstances les plus aggravantes a dix fois plus de chan-
« ces d'être gracié, s'il a des amis puissants ou la bourse bien gar-
« nie, que le détenu pauvre qui n'a commis qu'un vol simple. »
CAREY, page 59.

Proportion des individus qui, après avoir été graciés, tombent en récidive.

Sur 641 détenus qui, de 1797 à 1811, ont reçu leur grâce dans la prison de Newgate (New-York), 54 ont commis de nouveaux crimes et sont rentrés dans la même prison. C'est un individu en récidive sur 12 graciés à peu près.

Nous n'avons pu obtenir le chiffre des années suivantes.

(*Extrait de l'ancien registre de Newgate.*)

N° III. — *Quelques lois pénales du Maryland, relatives aux esclaves.*

Au Maryland, ainsi que dans la plupart des États du Sud, les mêmes dispositions pénales ne sont pas appliquées aux esclaves et aux nègres libres.

Les nègres libres sont soumis à la même législation que les blancs. Les mêmes peines leur sont infligées; mais les esclaves se trouvent, en fait de pénalité, comme pour le reste, dans une position spéciale.

Quand un nègre esclave s'est rendu coupable d'un délit peu grave, on se borne à lui infliger la punition du fouet, et le maître paie les dommages-intérêts, comme s'il s'agissait des dégâts occasionés par un animal domestique. On pend les esclaves qui commettent un grand crime, et on vend hors de l'État ceux dont le délit, quoique grave, ne mérite cependant point la mort.

Cette législation est économique; elle repose sur des idées simples, dont l'exécution est facile et rapide, qualités particulièrement appréciées dans les gouvernements démocratiques. On ne doit pas moins la considérer comme une des nombreuses anomalies que présente la société américaine.

Lorsque la vente d'un esclave est ainsi ordonnée par les tribunaux, le coupable est livré à des entrepreneurs dont l'industrie est d'acheter des esclaves dans les États du nord où leur nombre dépasse les besoins, pour les transporter dans les États du sud, où ils sont très recherchés. L'esclave criminel est confondu au milieu des autres; on cache avec soin son histoire : car, si sa moralité était connue, on ne trouverait pas d'acheteurs. L'État qui vend ainsi un coupable ne fait donc autre chose que de se délivrer d'un germe de crime, pour l'introduire furtivement chez des voisins et des membres de la même association politique. C'est, en un mot, un acte d'égoïsme brutal que tolère et sanctionne une société morale et éclairée.

N° IV.—*Différence qu'on remarque aux États-Unis entre la mortalité des nègres et celle des blancs, des affranchis et des esclaves.*

Lorsqu'on examine les tables de mortalité en Amérique, on est frappé d'un résultat qui montre les priviléges de la race dominante des blancs sur la race noire, même quant à la vie.

A Philadelphie, de 1820 à 1831, il n'est mort que 1 blanc sur 42 individus appartenant à la race blanche, tandis qu'il est mort 1 nègre sur 21 individus appartenant à la race noire.

Si on compare la mortalité parmi les nègres esclaves à la mortalité parmi les nègres libres, on arrive à un résultat plus surprenant encore : à Baltimore, pendant les trois dernières années, il est mort 1 nègre libre sur 28 nègres libres (1), et 1 esclave sur 45 nègres esclaves.

(1) Chose bizarre! les nègres libres meurent moins à Baltimore où le gou-

Ainsi, les esclaves meurent moins que les hommes libres.

Ceci s'explique sans peine : l'esclave n'a point d'agitation d'esprit, puisqu'il n'a pas d'avenir; il ne lutte jamais contre la misère, puisqu'on est obligé de pourvoir à tous ses besoins; enfin si ses actions manquent de moralité, n'étant pas libres, elles sont du moins régulières et bien ordonnées.

L'affranchi se trouve, sans capital et sans industrie, exposé à toutes les horreurs du dénûment. Aux difficultés de sa position, vient s'ajouter encore son peu de connaissance dans l'art de se conduire lui-même; il ignore l'usage de la raison qui doit désormais remplacer pour lui le fouet du maître; ses passions comme ses besoins abrégent sa vie. Il lui arrive en petit ce qui est arrivé à tous les peuples du monde qui se sont soustraits tout d'un coup au pouvoir arbitraire. La liberté est assurément une belle et grande chose, mais ceux qui les premiers en acquièrent la jouissance en recueillent rarement les bienfaits.

Emerson's medical statistic, p. 28, *reports of the health office of Baltimore.*

---

vernement est dur et oppresseur pour eux, qu'à Philadelphie, où ils sont l'objet de la philanthropie et de l'attention publique.

N° XVII.

N° I. Tableau comparatif des individus entrés dans les différents pénitenciers, classés par nature de délit. — II. Moyenne des décès dans les pénitenciers. — III. Tableau comparatif des récidives. —IV. Proportion des hommes et des femmes dans les différents pénitenciers.—V. Proportion des nègres parmi les détenus et dans la société.—VI. Proportion des Américains étrangers à l'État où ils ont commis leur crime.—VII. Proportion des individus étrangers à l'Amérique parmi les détenus.—VIII. Proportion des Irlandais et des Anglais proprement dits parmi les détenus.—IX. Proportion des individus originaires de l'État où ils ont commis leur crime. — X. Proportion des condamnés originaires de l'État où ils ont commis leur crime, par rapport à la population de ce même État.—XI. État des graciés. — XII. Age des condamnés.—XIII. Rapport des individus condamnés à la prison centrale avec la population de divers États.

N° I.— *Tableau des individus entrés dans les pénitenciers de Pennsylvanie, New-York, Connecticut et Massachussetts, classés par nature de délit.*

Connecticut. (1789-1830.)

Condamnés p. crimes contre les propriétés 87,93 sur 100 c.
—   —   les personnes   12,06 sur 100 c.

Pennsylvanie. (1789-1830.)

Condamnés p. crimes contre les propriétés 90,03 sur 100 c.
—   —   les personnes   9,97 sur 100 c.

Massachussetts. (1820-1824-1380 (1).)

Condamnés p. crimes contre les propriétés 93,64 sur 100 c.
—   —   les personnes   6,36 sur 108 c.

New-York. (1800-1830.)

Condamnés p. crimes contre les propriétés 93,56 sur 100 c.
—   —   les personnes   6,26 sur 100 c.

(1) Nous n'avons pu obtenir dans l'État de Massachussetts le tableau des *condamnés*; mais nous avons trouvé à la prison, à côté du nom des individus detenus en 1820, 1824 et 1830, la mention du crime qu'ils avaient commis, ce qui revient au même à peu près.

Condamnés pour crimes contre les mœurs.

New-York. (Même période.) 2,78 sur 100 condamnés.
Massachussetts. (Id.) 2,79 sur 100 —
Pennsylvanie. (Id.) 2,72 sur 100 —
Connecticut. (Id.) 7,93 sur 100 —

Condamnés pour faux.

Pennsylvanie. (Même période.) 3,91 sur 100 condamnés.
Massachussetts. (Id.) 9,60 sur 100 —
New-York. (Id.) 13,28 sur 100 —
Connecticut. (Id.) 14,26 sur 100 —

Si on prend la moyenne pour ces quatre États, dont les habitants formaient, en 1830, le tiers de la population de l'Union (4,168,905 habitants), on arrive au résultat suivant :

Condamnés p. crimes contre les propriétés 91,29 sur 100 c.
— — les personnes 8,66 sur 100 c.
— — les mœurs 4,05 sur 100 c.
— — de faux 10,26 sur 100 c.

Comparaison entre les différentes époques.

En comparant entre elles les différentes époques que nous avons indiquées plus haut, on arrive au résultat suivant :

Connecticut. (1789-1800.)

Condamnés p. crimes contre les propriétés 95,40 sur 100 c.
— — les personnes 4,60 sur 100 c.
— — les mœurs 3,44 sur 100 c.
— — de faux 10,34 sur 100 c.

1819-1830.

Condamnés p. crimes contre les propriétés 83,10 sur 100 c.
— — les personnes 16,90 sur 100 c.
— — les mœurs 11,34 sur 100 c.
— — de faux 13,65 sur 100 c.

Pennsylvanie. (1799-1800.)

Condamnés p. crimes contre les propriétés 94,35 sur 100 c.
— — les personnes 5,65 sur 100 c.
— — les mœurs 2,74 sur 100 c.
— — de faux 4,97 sur 100 c.

1819-1830.

Condamnés p. crimes contre les propriétés 94,61 sur 100 c.
— — les personnes 5,34 sur 100 c.
— — les mœurs 1,72 sur 100 c.
— — de faux 4,84 sur 100 c.

État de New-York. (1800-1810.)

Condamnés p. crimes contre les propriétés 96,45 sur 100 c.
— — les personnes 3,54 sur 100 c.
— — les mœurs 0,87 sur 100 c.
— — de faux 8,88 sur 100 c.

1820-1830.

Condamnés p. crimes contre les propriétés 90,12 sur 100 c.
— — les personnes 9,37 sur 100 c.
— — les mœurs 5,06 sur 100 c.
— — de faux 16,76 sur 100 c.

Nous n'avons pas fait le même travail pour le Massachussetts, parce que cet État ne nous fournit qu'une seule période.

Il est assez généralement reçu en Europe qu'à mesure que la société fait des progrès en civilisation, le nombre des crimes contre les personnes ne peut manquer de diminuer.

Les chiffres que nous venons de présenter prouvent qu'en Amérique du moins il n'en est point ainsi. On voit au contraire que, dans l'État de Pennsylvanie, le nombre des crimes contre les personnes ne diminue pas avec le temps, et que, dans les États du Connecticut et de New-York, à mesure que la civilisation augmente, il semble croître avec elle. Cette augmentation a lieu d'une manière égale et uniforme : il est difficile de l'attribuer à un hasard. On ne peut pas dire non plus qu'elle tienne à des causes étrangères à l'Amérique, telles que l'émigration des étrangers, la présence des Irlandais... Jamais, comme on le verra bientôt, les étrangers n'ont été moins nombreux qu'à présent dans les prisons des États-Unis, comparativement à la population américaine, et le chiffre des Irlandais ne varie point depuis trente ans.

D'autres observations viennent donner un nouveau poids à cette remarque.

Ainsi, non-seulement deux États sur trois présentent une proportion plus grande de condamnés pour crimes contre les personnes en 1830 qu'en 1790; mais, en 1830, l'État où l'on en rencontre le plus est celui du Connecticut, qui, en fait d'instruction et de lumières, occupe le premier rang dans toute l'Union; et l'État qui en a le moins est l'État de Pennsylvanie, où la population est comparativement ignorante.

On voit que, parmi les crimes contre les propriétés, il en est dont le nombre augmente sans cesse et très rapidement, à mesure que les lumières se répandent. Ce sont les crimes de faux.

Dans l'État de New-York, État très éclairé et qui est placé à la tête du mouvement commercial de l'Amérique, les faussaires finissent par former le sixième des condamnés environ. Dans le Connecticut, qui n'a que peu de commerce, mais où la population entière sait lire et écrire, les faussaires entrent pour un septième à peu près dans le nombre des condamnés; tandis qu'en Pennsylvanie, État peuplé en grande partie d'Allemands, chez lesquels l'instruction et surtout l'ardeur de s'enrichir n'est pas à beaucoup près aussi développée, on ne compte pas un faussaire sur vingt condamnés.

N° II. — *État sanitaire.*

La mortalité dans les différentes prisons d'Amérique, sur lesquelles nous avons recueilli des documents, suit cette progression :

A Walnut-Street (Pennsylvanie), 1 décès sur 16,66 détenus.
A Newgate (New-York),   1   18,80
A Singsing (*id.*)   1   36,58
A Wethersfield (Connecticut),   1   44,40
Au pénitencier du Maryland,   1   48,57
A Auburn (New-York),   1   55,96
A Charlestown (Massachussetts), 1   58,40

Il ne faut pas oublier que, pour trois de ces prisons, Singsing, Wethersfield et le pénitencier du Maryland, nous n'avons pu obtenir qu'une moyenne de trois années.

Dans la ville et les faubourgs de Philadelphie, de 1820 à 1831, la mortalité a été, chaque année, de 1 habitant sur 38,85.

A Baltimore, en 1828, il est mort 1 individu sur 47 habitants.

Ainsi, dans deux prisons, Newgate et Walnut-Street, la mortalité a été beaucoup plus considérable que dans la ville de Philadelphie et celle de Baltimore (ce sont d'anciennes prisons). Dans une (à Singsing), la mortalité a été à peu près égale; dans quatre (Wethersfield, Auburn, le pénitencier du Maryland et celui de Boston), la mortalité a été moindre.

Dans la population des prisons on rencontre moins de vieillards que dans la société; au premier abord il ne doit donc pas sembler surprenant que la mortalité soit moins grande parmi les détenus que parmi les hommes libres; le résultat qui précède n'en paraîtra pas moins remarquable, si l'on pense à la vie sédentaire que mènent toujours des condamnés ; et si l'on songe surtout que toutes les classes de la société ont fourni leur contingent au chiffre de Philadelphie et de Baltimore, tandis que, dans les pénitenciers, les classes les plus pauvres, les plus vicieuses et les plus désordonnées, ont seules concouru.

Nature des maladies qui ont amené la mort.

Dans le pénitencier de Wethersfield, les maladies prédominantes ont été celles de l'estomac et des intestins. Elles ont même pris en 1819 un caractère épidémique. Les 9/10 des détenus en ont été affectés ; le médecin de la prison, dans ses rapports annuels, se demande si cet état de choses ne doit pas être attribué au régime de la prison. Il ne peut s'expliquer comment il en serait ainsi ; les détenus sont, dit-il, mieux nourris que la plupart des cultivateurs.

Dans les prisons d'Auburn et de Philadelphie, les maladies prédominantes ont été celles des poumons. Sur 64 personnes qui, de 1825 à 1832, sont mortes à Auburn, 39 ont succombé à des maladies de poitrine. Sur 60 personnes qui sont mortes à la prison de Walnut-Street en 1829 et 1830, 36 sont décédées par suite de maladies du même genre.

Pendant ces mêmes années on n'a compté dans la ville de Philadelphie qu'une mort causée par les maladies de poitrine sur 4 décès 1/2.

Nombre journalier des malades.

A Auburn, de 1828 à 1832, il y a eu chaque jour 1 malade sur 102 détenus.

N° III.—*Tableau comparatif des récidives dans les différentes prisons d'Amérique.*

Il est très difficile de comparer entre eux les résultats obtenus dans les diverses prisons d'Amérique, relativement aux récidives. En effet, les documents qui se rapportent à cet objet de nos recherches indiquent trois bases qui diffèrent entre elles.

Ainsi, dans certaines prisons, on compare le nombre des individus en récidive lorsqu'ils *rentrent* dans la prison, avec la totalité des individus qui *entrent* avec eux dans la même prison.

Dans d'autres, on compare les détenus en récidive qui se *trouvent* dans la prison, avec la totalité des criminels qui y *sont détenus*.

Dans d'autres, enfin, on compare le nombre des individus qui *reviennent* en prison, à la totalité de ceux qui ont été *mis en liberté*.

Les nombres obtenus par ces différentes opérations ne sauraient être utilement comparés entre eux.

On ne peut, par exemple, comparer le rapport des condamnés en récidive et des autres condamnés, avec le rapport des détenus en récidive et des autres détenus. Ce sont bien, il est vrai, les détenus entrant chaque année qui finissent par composer toute la population de la prison; mais ces détenus n'y restent pas tous le même temps; et si les individus en récidive sortent plus tôt que les autres, il s'en trouvera moins dans la prison au bout d'un certain temps, proportion gardée, qu'il n'y en avait parmi les condamnés qui sont entrés successivement dans la prison. Si, au contraire, ce qui arrive presque toujours, les détenus en récidive restent plus longtemps en prison que les autres, la prison, au bout d'un certain temps, en contiendra plus, proportion gardée, qu'il ne s'en trouvait parmi les condamnés de chaque année.

Il est encore bien plus difficile de comparer les rapports obtenus par les deux opérations indiquées plus haut, avec le rapport obtenu par la comparaison des condamnés en récidive avec la totalité des détenus libérés.

Dans un cas, vous comparez les individus en récidive avec les condamnés à une première peine arrivant en prison, ou les détenus de la même prison; dans l'autre, vous comparez ces mêmes individus avec ceux qui ont été dans la prison et n'y sont plus. Le terme de comparaison est absolument différent.

Ne pouvant concilier ces trois bases, nous avons pris le parti de ne comparer entre eux que les États où on s'était servi des mêmes pour opérer.

Première méthode de comparer.

Ainsi à Walnut-Street (Pennsylvanie), il est entré pendant dix ans (1810-1819) 1 condamné en récidive sur 5,98 condamnés.

Au pénitencier du Maryland, pendant 12 ans (1820-1832), il est entré 1 condamné sur 6,96 condamnés.

A Newgate (New-York), pendant 16 ans (1803-1820), 1 sur 9,45.

A Auburn (id.), pendant 6 ans (1814-1821), 1 sur 19,10.

Seconde méthode de comparer.

A Walnut-Street (Pennsylvanie), en 1830, il y avait 1 détenu en récidive sur 2,57 détenus.

A Newgate, ancienne prison du Connecticut, il se trouvait en 1825 1 détenu en récidive sur 4,50.

Dans Auburn (1824-1831), 1 sur 12.

Troisième méthode de comparer.

Sur 6,15 détenus mis en liberté depuis 25 ans dans la prison de Massachussetts, 1 est revenu en récidive.

Sur 19,80 détenus qui ont été mis en liberté depuis l'ouverture du pénitencier de Wethersfield (1826) jusqu'à présent (1832), 1 est revenu en récidive.

On voit que, quelle que soit la manière d'opérer, les nouveaux pénitenciers ont un avantage décidé sur les anciens.

Mais ici se présente une objection : nous comparons une prison nouvelle à une prison ancienne. Il est tout simple que ceux qui reviennent dans la première soient moins nombreux que ceux qui rentrent dans la seconde. La première n'a remis dans la société qu'un petit nombre de condamnés, tandis que l'autre en a remis un grand nombre. Les criminels sortis de la première ont eu un temps d'épreuve beaucoup plus long, et conséquemment beaucoup plus de chances de faillir une seconde fois.

Quand on songe à l'histoire de la plupart des récidives, et lorsqu'on réfléchit à ce qui arrive notamment en Amérique, cette observation frappe beaucoup moins qu'au premier abord. Il est certain qu'en général les récidives ont lieu peu de temps après la sortie de prison. Si le condamné libéré triomphe des premières tentations qui se présentent, et échappe avec bonheur à l'entraînement de passions que la contrainte même a rendues plus énergiques, on peut croire qu'il ne succombera plus.

Ajoutons qu'à mesure qu'on s'éloigne de l'époque du premier crime, il devient plus difficile de constater l'état de récidive. Cette difficulté se fait sentir particulièrement en Amérique, où les hommes changent sans cesse, et où on ne tient note de rien.

On doit donc établir comme un fait à peu près certain que quand un ancien détenu n'est pas tombé en récidive pendant les trois ou quatre premières années de sa liberté, il a échappé à la chance de commettre un second crime, ou du moins au danger de voir l'état de récidive constaté.

L'exemple de la prison de Newgate vient à l'appui de cette observation : Newgate a été fondée en 1797. Quatre ans après, en 1802, la proportion des individus en récidive y était déjà aussi forte que dix ans plus tard. Elle y était au moins double de celle qui existait à Auburn quatre ans après l'établissement du système pénitentiaire.

N° IV. — *Tableau comparatif des hommes et des femmes dans les prisons des États-Unis.*

Ce chiffre nous manque pour le pénitencier de Charlestown (Massachussetts). Les femmes, dans le Massachussetts, ne sont point renfermées dans la même prison que les hommes, et nous n'avons pu savoir quel était leur nombre.

(État de New-York). A Singsing, de 1828 à 1831, on trouve :

Une femme sur 19,24 détenus des deux sexes.
Une femme blanche sur 33,73 détenus blancs des deux sexes.
Une négresse sur 9,87 détenus des deux sexes appartenant à la race noire.

A Auburn, de 1826 à 1831, on trouve :

Une femme sur 19 détenus des deux sexes.

Connecticut, de 1827 à 1831, on trouve :

Une femme sur 14,60 détenus des deux sexes.
Une femme blanche sur 16,14 détenus blancs des deux sexes.
Une négresse sur 11 détenus des deux sexes appartenant à la race noire.

Pennsylvanie, en 1830, on trouve :

Une femme sur 7,30 détenus des deux sexes.
Une femme blanche sur 15,64 détenus blancs des deux sexes.
Une négresse sur 3,40 détenus des deux sexes appartenant à la race noire.

Maryland, en 1831, on trouve :

Une femme sur 6,27 détenus des deux sexes.
Une femme blanche sur 86 détenus blancs des deux sexes.
Une négresse sur 3,56 détenus des deux sexes appartenant à la race noire.

Si l'on prend une moyenne entre tous ces nombres, on trouve que, dans les quatre pénitenciers dont nous venons de parler, il se rencontre une femme sur 11,85 détenus des deux sexes.

Une femme blanche sur 37,88 détenus blancs des deux sexes.

Une négresse sur 6,96 détenus des deux sexes appartenant à la race noire.

La proportion des femmes, dans les prisons de l'Union, doit devenir plus considérable, à mesure qu'on descend vers les États où les nègres sont plus nombreux, parce que les négresses commettent infiniment plus de crimes que les femmes blanches. C'est ce que confirme la série des chiffres que nous venons de présenter.

N° V. — *Proportion des nègres dans les prisons et dans la société.*

Au Massachussetts, il y a eu, chaque année, de 1822 à 1831, un nègre sur 6,53 détenus.
Au Connecticut, de 1828 à 1832, 1 nègre sur 4,42 détenus.
Dans l'État de New-York, de 1825 à 1830. 1 nègre sur 4,67 détenus.
En Pennsylvanie, en 1830, 1 (1) nègre sur 2,27 détenus.
Au Maryland, en 1831, 1 (2) nègre sur 1,82 détenus.

On voit que le nombre des nègres, dans les prisons, augmente à mesure qu'on s'avance vers le midi ; il en est de même dans la société libre.

Voici maintenant dans quelle proportion les nègres se trouvaient, en 1830, dans les Etats dont nous venons de parler :

Au Massachussetts, 1 nègre sur 87 habitants.
Au Connecticut, 1 nègre sur 37 habitants.
Dans l'État de New-York, 1 nègre sur 42 habitants.
En Pennsylvanie, 1 nègre sur 36 habitants.
Au Maryland, 1 nègre libre (3) sur 6 habitants.

En prenant un terme moyen, on voit que, dans les prisons des cinq Etats dont nous venons de parler, il se trouve 1 nègre sur 4 détenus.

En 1830, dans ces mêmes Etats, on comptait 1 nègre libre sur 30 habitants.

N° VI. — *Rapport des condamnés à la prison centrale (state prisoners) à la population dans les Etats de Massachussetts, Connecticut, New-York, Pennsylvanie et Maryland.*

Il paraît assez difficile, au premier abord, de comparer entre

---

(1) Il est probable qu'en Pennsylvanie la proportion des nègres dans les prisons est un peu moins considérable qu'elle ne semble être ici. Le chiffre que nous donnons plus haut n'est fourni que par une seule année, et le hasard peut avoir contribué à le former. Nous sommes d'autant plus tentés de le croire, qu'en prenant le nombre de tous les condamnés, blancs et noirs, arrivés au pénitencier de 1817 à 1824 (nombre qui s'élève à 1,510), on trouve la moyenne de 1 nègre sur 261 condamnés. Or, le nombre des nègres doit plutôt tendre à diminuer qu'à croître, dans les prisons de la Pennsylvanie, puisqu'il diminue sans cesse dans la société.

(2) On a vu précédemment (notes statistiques, n° 3) que quand nous parlons des nègres détenus dans les prisons du Maryland, il ne s'agit que de nègres affranchis ; les esclaves n'y paraissent jamais.

(3) Comme il n'entre que des *nègres libres* dans les prisons, il nous a fallu dans la société ne compter également que les *nègres libres*. Sans cela, l'argument à tirer de la comparaison des deux rapports eût reposé sur une base vicieuse. Tous les nègres qui habitent le Massachussetts, le Connecticut, l'État de New-York et la Pennsylvanie, sont libres, à l'exception d'un très petit nombre. L'esclavage est entièrement aboli dans ces États.

eux, sur ce point, les cinq États de l'Union, auxquels se rapportent nos tableaux.

D'abord, il existe des différences notables entre leurs lois pénales. Ainsi, il y a des crimes pour lesquels, chez les uns, le coupable est envoyé à la prison centrale (state prison), dans d'autres à la prison du comté (county-jail).

Secondement, le minimum de la peine nécessaire pour être envoyé dans une prison centrale varie beaucoup. Or, il est naturel de croire que, proportion gardée, la prison qui contient des condamnés à un an sera plus peuplée que celle où l'on envoie des condamnés à trois.

Les différences provenant de ces variations dans les lois ne sont pas cependant aussi grandes, en résultat, qu'on pourrait le croire. Nous nous sommes assurés que les crimes pour lesquels on envoie dans les prisons centrales sont presque partout les mêmes. Ces crimes sont punis d'un emprisonnement plus ou moins long, suivant la législation des divers États; mais tous ceux qui s'en sont rendus coupables n'en sont pas moins condamnés à la prison centrale, que le minimum soit fixé à un an ou à deux. Ainsi, l'époux adultère sera puni d'un an de prison dans le Connecticut, de deux ans dans l'État de New-York; mais l'un et l'autre seront envoyés dans la prison centrale.

Il ne faut pas toutefois perdre de vue ces observations préliminaires en comparant entre eux les résultats suivants :

De 1820 à 1830, il y a eu annuellement :

Au Connecticut.	1 (1) condam. sur	6,662 hab.
Au Massachussetts.	1	5,555
En Pennsylvanie.	1	3,968
Au Maryland.	1 (2)	3,102
Etat de New-York.	1	5,532

Le rapport des criminels à la population augmente en proportion du nombre des étrangers et de celui des nègres dans chaque Etat. Ainsi le Connecticut, où on ne compte que peu de nègres et d'étrangers, a moins de condamnés que l'Etat de Massachussetts, qui, sans posséder plus de nègres, attire beaucoup plus l'industrie étrangère.

Le Massachussetts, à son tour, compte moins de criminels que l'Etat de New-York (3), qui, avec plus de nègres, a aussi beaucoup plus d'étrangers. L'Etat de New-York a moins de crimes

---

(1) Le minimum de la peine nécessaire pour être envoyé dans ces trois pénitenciers est un an.

(2) Minimum 2 ans.

(3) Surtout si l'on considère la différence dans le minimum de la peine.

que la Pennsylvanie ; celui qui en présente le plus, sans comparaison, est le Maryland, où la race noire forme le sixième de la population.

Examinons maintenant si, dans les cinq États dont il est question plus haut, le nombre des crimes augmente ou diminue avec le temps.

Pennsylvanie.

1795-1800 (1)	1 condamné sur	4,181 habitants.
1800-1810	1	4,387
1810-1820	1	3,028
1820-1830	1	3,968

Connecticut.

1789-1800	1	27,164
1800-1810	1	17,098
1810-1820	1	13,413
1820-1830	1	6,662

Massachussetts.

De 1820 à 1830, seule période que nous connaissions, le nombre des crimes n'a cessé d'aller en décroissant dans le Massachussetts. En effet, il résulte des rapports de la prison que, pendant ces dix années, le chiffre annuel des condamnés est resté constamment le même. Or, pendant cette période, la population croissait sans cesse ; elle était de 523,287 habitants en 1820, et de 610,014 en 1830.

Ainsi, tandis que la population croissait d'un septième, le crime restait stationnaire.

Maryland.

La même observation s'applique au Maryland ; depuis dix ans, le nombre annuel des condamnés est resté le même, tandis que,

---

(1) Nous n'avons pu placer notre point de départ qu'à 1795, bien que la prison de Walnut-Street ait été créée plusieurs années auparavant. Mais antérieurement on n'y renfermait que les condamnés de la ville et du comté de Philadelphie. Ce n'est que le 22 mars 1794 qu'est intervenue une loi *permettant* aux juges d'envoyer à Walnut-Street tous les criminels condamnés à plus d'un an de prison.

On a pu remarquer que la loi du 22 mars 1794 *autorisait* les juges à envoyer les condamnés à la prison de Walnut-Street, mais ne les y obligeait pas. Il est donc possible que quelques condamnés à plus d'un an aient été détenus dans les prisons des comtés. Toutefois la chose est peu probable.

durant cette période, la population s'est accrue d'un onzième.

New-York.

1800-1810	1 condamné sur	4,465 habitants.
1810-1820	1	4,858
1620-1830	1	5,532

On voit par ce tableau que le nombre des condamnés à la prison centrale diminue, comparativement à la population, dans l'État de New-York. Il tend à diminuer dans le Massachussetts et le Maryland.

Après s'être élevé dans la Pennsylvanie, à l'époque de la guerre de 1812 (1), il reprend à peu près son niveau, et paraît vouloir plutôt diminuer que croître.

Dans le Connecticut il suit une marche inexplicable : on le voit doubler à peu près tous les dix ans. Les raisons qui nous ont été données dans le pays même ne suffisent pas pour expliquer complétement ce phénomène. L'augmentation excessive du chiffre des condamnés dans le Connecticut tient probablement à quelques circonstances locales qui nous sont inconnues. Le Connecticut, du reste, est de tous les États comparés celui qui mérite le moins d'attirer notre attention. Sa population n'excède pas celle de nos plus petits départements.

En général, on peut dire que, suivant la marche naturelle des choses, le nombre des criminels doit sans cesse tendre à diminuer dans la plus grande partie des États de l'Union, sans qu'il en résulte précisément pour cela la preuve d'un accroissement de moralité.

La population des États-Unis se compose de trois éléments fort distincts :

1° Des blancs nés dans le pays ; 2° des nègres ; 3° des étrangers.

La moralité de ces trois classes est fort différente. Le blanc, en-

---

(1) Cette guerre a exercé une grande influence sur le chiffre des crimes en Amérique. Il en sera de même de toutes celles qu'entreprendront les États-Unis. Les Américains, chose assez bizarre, ont conservé dans leurs armées les anciens usages de l'Europe. Le soldat est un mercenaire acheté au poids de l'or, qui combat sans chances d'avancement. A la classe privilégiée des officiers appartiennent les honneurs et la gloire. Quand une guerre est terminée, la plus grande partie de l'armée américaine est licenciée. Les soldats, qui en général n'ont ni foyers ni industrie, se répandent alors dans le pays, et bientôt le nombre des crimes augmente avec rapidité. En 1814, plus de deux cent mille Français ont, dit-on, quitté la carrière militaire, sans qu'on ait vu croître en France le chiffre des criminels. Ces hommes appartenaient à la population honnête du royaume ; ils avaient presque tous une industrie ou des moyens d'existence.

touré de ses parents et de ses amis, et possesseur du sol, doit être certainement moins enclin à commettre un crime que l'étranger qui arrive, inconnu et livré à mille besoins pressants, ou le nègre que l'opinion publique ainsi que les lois concourent à dégrader.

Or, plus le temps s'écoule, et plus la classe des blancs nés dans le pays tend à accroître sa prépondérance sur les deux autres. En effet, le mouvement naturel de la population ne saurait être égal pour la race noire et la race blanche. Dans tout le nord et dans tout le centre de l'Union, l'aisance règne chez le blanc, la misère chez le noir. De plus, les blancs se recrutent sans cesse, les noirs ne peuvent que perdre. Si on compare les blancs nés dans le pays aux blancs étrangers, on arrive au même résultat. Sans doute il aborde maintenant, chaque année, en Amérique, plus d'étrangers qu'il y a trente ans; mais l'accroissement naturel de la population américaine dépasse de beaucoup encore l'accroissement de l'émigration. D'ailleurs l'émigrant ne compte que pour lui seul dans la classe des étrangers; ses fils vont augmenter celle des Américains.

Chaque année, comparativement parlant, il doit donc se trouver parmi les condamnés plus d'Américains blancs, et moins de nègres et d'étrangers, et c'est ce qui arrive en effet. (Voyez les tableaux.) La somme totale des condamnés, par rapport à la population, doit donc être annuellement moindre; car la classe qui est de plus en plus appelée à fournir les condamnés est en même temps celle où les criminels, relativement à la population, sont et doivent être en plus petit nombre. S'ensuit-il que la moralité du pays augmente? Nullement; car le blanc né en Amérique, l'étranger et le nègre, peuvent garder chacun leur moralité respective sans que le résultat en soit moins produit. Le décroissement des crimes prouve, non pas que les éléments qui composent la population deviennent plus moraux, mais seulement que leur proportion relative vient à changer.

Ce qu'on pourrait affirmer avec plus de certitude, c'est que toutes les fois qu'en Amérique l'accroissement des crimes ne fait que suivre les progrès de la population, loin d'en tirer la conséquence que la moralité du peuple reste la même, on doit au contraire en conclure qu'elle diminue. Car si la classe sédentaire, la véritable population américaine, ne commettait pas chaque année plus de crimes, le nombre total des condamnés devrait décroître sans cesse, au lieu de rester stationnaire.

Le midi seul de l'Union fait exception à ce principe.

Dans les pays à esclaves, il y a une cause spéciale qui tend à augmenter continuellement le nombre des individus condamnés à la prison (1), c'est l'affranchissement. Les esclaves, comme nous

(1) Il ne faut pas oublier que ce sont les condamnés à la prison qui nous servent de base pour apprécier le nombre des crimes en Amérique.

l'avons vu précédemment, ne sont pas soumis au code pénal des blancs; on ne les envoie presque jamais en prison. Affranchir un nègre, c'est donc réellement l'importer dans la société et introduire avec lui un nouvel élément de crimes.

De tout ceci il résulte que, dans l'état actuel de la statistique en Amérique, il est presque impossible, soit de déterminer avec exactitude quelle est, quant à la moralité, la prééminence des différents États de l'Union entre eux ou par rapport à l'Europe, soit d'établir qu'il y a progression ou décroissance dans le crime.

Pour obtenir un résultat net et véritablement significatif sur ce point, il faudrait qu'on pût savoir le nombre de crimes commis par la population sédentaire, la seule qu'on doive appeler américaine. Si ce chiffre était connu à plusieurs époques différentes, c'est alors, et seulement alors, qu'on pourrait dire avec certitude que la moralité augmente ou diminue en Amérique. Mais il ne nous a été possible d'obtenir un pareil document que pour les trois années qui ont précédé 1831. Tout incomplet qu'il est, nous le reproduirons cependant ici; il jettera une nouvelle lumière sur notre pensée.

De 1827 à 1831, on a condamné :

1 individu originaire du Massachussetts sur 14,524 hab.
1 Id. de la Pennsylvanie, sur   11,821
1 Id. de l'État de New-York, sur   8,610
1 Id. du Connecticut, sur   8,269
1 Id. du Maryland, sur   3,954

Ainsi la Pennsylvanie, l'un des États où, de 1820 à 1830, on a compté le plus de condamnés (1), se trouve être réellement l'un des plus moraux de l'Union; tandis que le Connecticut, placé à la tête de l'échelle de moralité légale dans les tableaux auxquels nous faisons allusion, est en réalité l'un des États qui, de 1827 à 1831, a fourni le plus de criminels.

(1) V. Le Tableau en tête de ce chapitre.

N° XVIII.

QUELQUES POINTS DE COMPARAISON

ENTRE LA FRANCE ET L'AMÉRIQUE.

N° I. Classification des condamnés suivant leurs délits en France et en Amérique. — II. Tableau comparatif de la moralité dans les prisons centrales de France et les pénitenciers d'Amérique. — III. Tableau comparatif des récidives dans les deux pays. — IV. Proportion des hommes et des femmes parmi les détenus dans les prisons de France et d'Amérique. — V. Tableaux : 1° du nombre des étrangers parmi les individus condamnés en France et en Amérique ; 2° du nombre de Français nés hors du *département* où ils ont été jugés. — VI. Age des condamnés en France et en Amérique. VII. Rapport des condamnés à la population en France et en Amérique.

N° I.—*Classification des condamnés en France et en Amérique.*

Dans l'année 1830, 10,046 individus ont été condamnés en France, soit criminellement, soit correctionnellement, à un an de prison ou plus. Sur ces 10,046 individus (1) :

1208 avaient commis des crimes contre les personnes, ou 12,02 sur 100 ;

8,838 avaient commis des crimes contre les propriétés, ou 87,98 sur 100 ;

195 avaient commis des crimes de faux, ou 1,94 sur 100 ;

208 avaient commis des crimes contre les mœurs, ou 2,07 sur 100.

Dans la même année 1830, la moyenne des condamnations prononcées dans les États du Massachussetts, Connecticut, New-York et Pennsylvanie, présente le résultat suivant :

Condamnés p. crimes contre les personnes	8,66 sur 100.
Condamnés p. crimes contre les propriétés	91,29 sur 100.

(1) Dans les divisions des crimes contre les personnes et les propriétés, nous n'avons pas adopté complètement l'ordre des tableaux de la justice criminelle, afin de pouvoir établir une comparaison plus exacte entre la France et l'Amérique.

Condamnés p. crimes de faux   10,26 sur 100.
Condamnés p. crimes contre les mœurs   4,05 sur 100.

La proportion des crimes contre les personnes a été, comme on le voit, un peu plus considérable en France qu'en Amérique (1).

Les condamnations pour crimes contre les mœurs ont au contraire été un peu plus nombreuses en Amérique qu'en France.

Une grande différence ne se rencontre que dans les crimes de faux.

L'état de l'instruction en Amérique, le grand nombre des banques, et l'immense mouvement commercial qu'on y remarque, expliquent facilement cette différence.

En France, on a observé que les crimes contre les personnes avaient une légère tendance à devenir moins fréquents. C'est ainsi qu'en 1825 on compte 22 crimes contre les personnes sur 100 crimes; en 1826, 22; en 1827, 22; en 1828, 19; en 1829, 18, et en 1830, 17.

Depuis trentre ans, au contraire, les crimes contre les personnes semblent devenir plus fréquents en Amérique.

Notes statistiques, n° 17, § 1.

Tableaux de la justice criminelle en France, 1830, p. 2, 114; 1829, p. 2; 1828, p. 2; 1827, p. 2; 1826, p. 2; 1825, p. 2.

N° II.—*Tableau comparatif de la mortalité dans les maisons centrales de France et les pénitenciers d'Amérique.*

En 1828, la population des maisons centrales de France était de 17,560 individus; sur ce nombre, 1,372 sont morts dans l'année: 1 décès sur 12,79.

En 1829, le nombre des détenus était de 17,586; le nombre des décès de 1,386 : 1 décès sur 12,68.

En 1830, le nombre des détenus était de 16,842; le nombre des décès a été de 1,111, 1 décès sur 15,16.

Ainsi durant les trois dernières années, la moyenne de la mortalité dans les maisons centrales de France a été d'environ 1 décès sur 14 détenus.

En Amérique, pendant les mêmes années, il n'est mort, terme moyen, dans les cinq pénitenciers de Singsing, d'Auburn, de Wethersfield, de Baltimore et de Charlestown (Massachussetts), que 1 détenu sur 49 à peu près.

Ce résultat paraîtra encore plus extraordinaire, si on songe qu'en Amérique, dans les cinq pénitenciers dont nous venons de

---

(1) Mais il faut se rappeler qu'en Amérique c'est presque toujours la partie lésée qui poursuit, et souvent elle a intérêt à ne pas se plaindre. En France, dans la plupart des cas, le ministère public prend soin de venger l'offensé, et l'État paie les frais de la procédure.

parler, il ne se trouve que peu ou point de femmes. Or, si l'on retranchait le chiffre des femmes dans les prisons de France, la mortalité serait encore bien plus considérable. Ainsi, nous avons dit qu'en 1830 la moyenne de la mortalité avait été 1 décès sur 1,16 détenus ; elle aurait été de 1 sur 14,03, s'il ne s'était agi que des détenus mâles.

Documents fournis par M. le ministre des travaux publics et du commerce.

Tableaux comparés relatifs à l'État de New-York, p. 2.

N° III.—*Tableau comparatif des récidives en France et en Amérique.*

En France, pendant les trois dernières années, 1828, 1829 et 1830, on a condamné à l'emprisonnement 95,876 individus, dont 13,622 étaient en état de récidive.

Rapport : 1 condamné en récidive sur 7 condamnés (1).

En Pennsylvanie, de 1810 à 1819, il y a eu 1 condamné en récidive sur 6 condamnés.

Au Maryland, de 1820 à 1832, 1 id. sur 7 id.

Dans l'État de New-York, de 1803 à 1820, 1 id. sur 9 id.

A Auburn, de 1824 à 1831, 1 id. sur 19 id.

Ainsi la France a eu, chaque année, moins de condamnés en récidive que la Pennsylvanie, autant que le Maryland, et près de trois fois plus que l'État de New-York depuis la fondation d'Auburn.

Il faut bien remarquer, du reste, que la comparaison de ces chiffres ne peut jamais fournir que des *à peu près*. Le nombre des condamnés en récidive d'Amérique ne peut être exactement comparé au nombre des condamnés en récidive de France. En Amérique, l'administration criminelle proprement dite n'existe pas. Ce n'est, en général, que le retour du coupable dans la *même prison* qui établit son état de récidive. En France, on a mille moyens de connaître la condamnation antérieure d'un criminel.

Il résulte de là qu'en admettant que le chiffre des condamnés en récidive d'Amérique soit le même que le chiffre des condamnés en récidive de France, on peut encore compter qu'en réalité l'Amérique en fournit plus que la France. On ne saurait douter, par

---

(1) Ce chiffre ne représente que la proportion des récidives *judiciairement* constatées en 1828, 1829 et 1830. Mais, quelle que soit l'activité de la police judiciaire, il y a, même chez nous, une foule d'individus dont la vie antérieure reste ignorée des tribunaux, et dont l'état de récidive n'est constaté que dans la prison. En 1830, sur 16,000 détenus, qui subissaient leur peine dans les maisons centrales, 4,000 étaient en état de récidive, ce qui donne un détenu en récidive sur 4 détenus.

exemple, qu'en France il n'y ait moins de récidives que dans l'Etat de Maryland, bien que les chiffres des deux pays soient identiquement les mêmes.

Tableau comparatif des récidives, n° 17, § 3.

Compte rendu de la justice criminelle en France, 1828, p. 192 et 112; 1829, p. 193 et 114; 1830, *Rapport au roi*, p. xi, xvij et xviij; p. 165 et 94.

N° IV.—*Tableau comparatif du nombre des femmes dans les prisons de France et d'Amérique.*

Sur 22,304 individus qui ont été condamnés pour crimes en France, de 1825 à 1831, il y avait 3,911 femmes.

Rapport : 17,53 sur 100 condamnés des deux sexes.

Sur 31,655 individus qui, dans la même période, ont été condamnés correctionnellement à un an de prison et plus, se trouvaient 8,087 femmes.

Rapport : 25,55 femmes sur 100 condamnés des deux sexes.

Si nous additionnons ces nombres, pour rendre la comparaison avec l'Amérique plus facile, nous trouvons que sur 53,959 individus qui, de 1825 à 1831, ont été condamnés criminellement ou correctionnellement à un an et plus de prison, il y avait 11,998 femmes.

Rapport : 22,23 femmes sur 100 condamnés des deux sexes.

Sur 104,709 individus qui, dans la même période, ont été condamnés correctionnellement à moins d'un an de prison, on trouve 20,649 femmes.

Rapport : 19,72 femmes sur 100 condamnés des deux sexes.

En Amérique, dans les prisons centrales (state prisons) de New-York, du Connecticut, de la Pennsylvanie et du Maryland, les femmes étaient aux hommes dans la proportion de 9,34 à 100 détenus des deux sexes.

Si on compare à ce chiffre celui des individus condamnés criminellement et correctionnellement en France à un an de prison et plus, chiffre composé des mêmes éléments à peu près, on voit que le nombre des femmes détenues est plus du double en France qu'en Amérique.

Encore faut-il remarquer que le chiffre de 9 sur 100 s'applique à la totalité des Américaines, blanches ou négresses; mais si on ne prenait que le chiffre des femmes blanches, la différence entre la France et l'Amérique serait bien plus grande encore; car, dans les pénitenciers américains, les blanches sont à la totalité des détenus blancs des deux sexes comme 3,87 à 100 (1).

(1) On aurait tort toutefois de comparer le chiffre des femmes blanches

Nous ne pouvons comparer le chiffre des femmes condamnées à moins d'un an de prison avec aucun chiffre correspondant en Amérique. Nous savons seulement qu'en Amérique, à mesure que la peine devient moins forte, le nombre des femmes condamnées augmente beaucoup; c'est du moins ce que nous avons observé dans les États de New-York et de Pennsylvanie. Il n'en est pas de même en France : la proportion des femmes condamnées à moins d'un an de prison n'est pas si considérable que celle des femmes condamnées à plus d'un an.

Proportion des hommes et des femmes dans les différents pénitenciers, n° 17, § 3.

Tableau de la justice criminelle en France, 1826, p. 9 et 121; 1827, p. 9 et 132; 1828, p. 14 et 140; 1829, p. 14 et 151; 1830, p. 14 et 125.

N° V.—*Tableau comparatif : 1° en France, du nombre des étrangers parmi les accusés, et du nombre des Français nés hors du département où ils ont été jugés ; 2° en Amérique, des étrangers parmi les condamnés, ainsi que des Américains nés hors de l'État où ils ont été jugés.*

En France, sur 21,731 individus qui ont été accusés, de 1827 à 1831,

    697 n'étaient point Français ;
15,691 étaient nés dans le département où ils ont été jugés;
5,303 étaient nés hors de ce département.

Ainsi les étrangers étaient à la totalité des accusés comme	3 est à 100
Les accusés nés dans le département étaient à la totalité des accusés jugés dans ce même département comme	72 est à 100
Les accusés nés hors du département étaient à la totalité des accusés jugés dans ce même département comme	23 est à 100

En Amérique (dans les États du Massachussetts, du Connecticut, de New-York, de la Pennsylvanie et du Maryland), les individus condamnés à la prison centrale se divisent ainsi qu'il suit :

14 étrangers à l'Amérique sur 100 détenus ;

dans les pénitenciers d'Amérique avec celui des femmes dans les prisons de France. Les femmes blanches en Amérique, même celles qui appartiennent aux basses classes de la société, occupent relativement aux négresses une position sociale élevée. Être confondues avec ces dernières leur semble le comble de l'ignominie. La crainte d'une pareille honte empêche beaucoup d'entre elles de commettre des crimes. Souvent aussi le jury lui-même recule devant l'application d'une peine à laquelle est attachée l'idée de l'infamie.

51 individus nés dans l'État où ils avaient été jugés sur 100 détenus ;

33 individus nés hors de l'État où ils avaient été jugés sur 100 détenus.

La comparaison de ces nombres établit un fait dont on avait déjà connaissance, savoir : que la population est infiniment moins sédentaire en Amérique qu'en France.

On s'en convaincra d'autant plus, si l'on songe que nos départements sont, en général, beaucoup plus petits que les États de l'Union, et qu'aucun lien politique n'y attache ceux qui y ont reçu la naissance. Il devrait donc être plus commun chez nous qu'en Amérique de changer son domicile ; c'est cependant le contraire qui arrive.

Notes statistiques, n° 17, § § 7, 8, 9.
Tableau de la justice criminelle en France, 1828, p. 26; 1829, p. 26; 1830, p. 27.

N° VI. — *Tableau comparatif de l'âge des condamnés en France et en Amérique.*

Sur 21,703 (1) individus qui, de 1825 à 1831, ont été condamnés en France pour crimes,

4,251 étaient âgés de moins de 21 ans, ou 1 sur 5 condamnés environ.
7,504 étaient âgés de 21 à 30 ans, ou 1 sur 3 —
5,195 étaient âgés de 30 à 40 ans, ou 1 sur 4 —
2,800 étaient âgés de 40 à 50 ans, ou 1 sur 8 —
1,211 étaient âgés de 50 à 60 ans, ou 1 sur 18 —
  483 étaient âgés de 60 à 70 ans, ou 1 sur 46 —

Il y a encore quelques détenus qui sont âgés de plus de 70 ans, mais ils sont en trop petit nombre pour qu'il soit utile de s'en occuper.

Si l'on compare ces chiffres avec les chiffres correspondants obtenus en Amérique, on remarque peu de différence entre eux.

Les condamnés au-dessous de 20 ans sont, en Amérique, dans la proportion de   1 sur 10
Ceux âgés de 20 à 30 ans, dans la proportion de   1 sur 2
Ceux âgés de 30 à 40 ans, dans celle de   1 sur 5
Ceux âgés de 40 à 50 ans, dans celle de   1 sur 9
Ceux âgés de 50 à 60 ans, dans celle de   1 sur 25

Ce sont, comme on a pu l'observer, les deux premières proportions qui diffèrent le plus dans les deux pays.

---

(1) Il y a eu en réalité pendant ces cinq années 21,740 condamnés ; mais il y en a 37 dont on ignore l'âge.

Mais il ne faut pas oublier qu'en France la première proportion se compose des individus âgés de moins de 21 ans; en Amérique, de ceux âgés de moins de 20 ans. C'est ce déplacement d'une année qui cause la différence remarquée, différence seulement apparente.

Notes statistiques, n° 17, § 12.

Tableau de la justice criminelle en France, 1826, p. 14; 1827, p. 14; 1828, p. 22; 1829, p. 22; 1830, p. 22.

N° VII. — *Rapport des condamnés à la population en France et en Amérique.*

En France, en 1830, 10,261 individus ont été condamnés à l'emprisonnement d'un an et au-dessus.

Rapport : 1 condamné sur 31,18 habitants (1).

Ce rapport n'est point le résultat d'un hasard; car il se reproduit à peu près en 1829, 1828 et 1827.

Aux États-Unis, de 1820 à 1830, si nous faisons une moyenne de tous les résultats obtenus dans les pénitenciers du Massachussetts, du Connecticut, de New-York, de la Pennsylvanie et du Maryland, nous trouvons 1 condamné à la prison centrale sur 4,964 habitants.

En France, comme on le voit, il y a plus d'individus condamnés pour crimes graves qu'en Amérique. Mais il faut se rappeler que, pour la France, nous avons adopté, comme base de nos calculs, le minimum des condamnations à un an de prison, tandis que, dans deux des plus grands États comparés, le minimum est 2 ans (2).

Nous avons lieu de croire que si l'on pouvait comparer dans les deux pays le nombre total des individus condamnés à un emprisonnement quelconque, l'avantage resterait à la France.

Voici sur quel fait cette opinion est fondée :

En 1830, dans la Pennsylvanie, on a condamné 327 personnes à la prison centrale; il y a donc eu 1 condamné de cette espèce sur 4,121 habitants, proportion qui se rapproche beaucoup de la moyenne que nous avons indiquée plus haut.

En Pennsylvanie, durant cette même année, on a condamné à moins d'un an de prison, dans le seul comté de Philadelphie, 1,431 individus.

Ce nombre n'est pas le produit du hasard d'une année. Il forme à peu près la moyenne des quatre années qui ont précédé 1830.

En additionnant 1,431 et 327, on obtient le chiffre de 1,758.

Il est évident que ce chiffre de 1,758 est loin de représenter la

---

(1) En prenant pour la population de la France 32,000,000 d'habitants.

(2) Il ne faut jamais perdre de vue non plus qu'en France la justice criminelle est infiniment plus active qu'aux États-Unis.

totalité des individus condamnés à la prison en 1830 dans l'État de Pennsylvanie, puisque l'un des éléments dont il se compose est fourni par un seul des comtés, et qu'on ignore les résultats obtenus dans les 50 autres.

Nous comparerons cependant ce chiffre, tout incomplet qu'il est, avec celui des habitants de la Pennsylvanie en 1830, et nous obtiendrons pour rapport : 1 condamné à la prison sur 767 habitants.

Or, en France, en 1830, il n'y a eu qu'un condamné à la prison sur 1,043 habitants, et ce rapport est à peu près le même dans les années 1829, 1828 et 1827.

Ainsi les individus condamnés à la prison centrale en Pennsylvanie, joints aux individus condamnés à moins d'un an de prison dans le seul comté de Philadelphie, sont déjà beaucoup plus nombreux, proportion gardée avec la population de la Pennsylvanie, que les individus condamnés à un emprisonnement quelconque dans toute la France ne le sont par rapport à la population du royaume.

La comparaison nous serait bien autrement favorable encore, si nous pouvions obtenir les résultats de la justice criminelle dans les 50 comtés de la Pennsylvanie, dont les rapports nous manquent.

Nous estimons que si cette opération avait pu être faite, nous aurions trouvé au moins 1 condamné sur 600 habitants (1), tandis qu'en France on n'en trouve qu'un sur 1,000.

On peut attribuer ce grand nombre d'emprisonnements principalement à deux causes :

1° D'abord à la sévérité de principes que les mœurs des premiers habitants ont importée dans les lois. Il y a une foule de petits désordres que nos codes laissent impunis, et que répriment les législations pénales de l'Amérique : tels sont les jeux de toute espèce, les jurements, le tapage, l'ivrognerie, l'oisiveté en beaucoup de cas.

2° Ces lois sont sévères ; leur application l'est encore plus. Il y règne un grand arbitraire.

En général, aux États-Unis, la liberté du pauvre est mal garantie. Un des principes de la constitution britannique est de laisser aux classes supérieures le droit de faire fort librement la police de la société. En Amérique, l'aristocratie anglaise n'existe pas, mais une partie de ses attributions règlementaires est restée aux administrations municipales, qui, composées de magistrats plébéiens, n'en ont pas moins jusqu'à présent adopté les mêmes doctrines.

Documents statistiques sur la Pennsylvanie, p. 15.
Tableau de la justice criminelle en France, 1830, p. 12, p. 125.

(1) V. Les détails sur ce point aux notes statistiques, n° 16, § 5.

N° XIX.

PARTIE FINANCIÈRE.

SECTION PREMIÈRE (ANCIEN SYSTÈME).

TABLEAU STATISTIQUE PRÉSENTANT LA DÉPENSE D'ENTRETIEN DES ANCIENNES PRISONS, ANTÉRIEUREMENT AU SYSTÈME PÉNITENTIAIRE.

Dépense de la journée, déduction faite des produits du travail.

Newgate (Connecticut.)

L'entretien de l'ancienne prison de Newgate (Connecticut) a coûté, pendant les dix dernières années, ainsi qu'il suit :

Année			
1817	—	12,679 doll.	51 cents.
1818	—	12,494	27
1819	—	11,403	73
1820	—	9,704	11
1821	—	6,000	00
1822	—	5,263	65
1823	—	5,500	00
1824	—	8,002	80
1825	—	7,284	90
1826	—	6,301	08
Total		88,634 doll.	05 cents.

En 1828, il y avait dans la nouvelle prison 93 détenus : supposez que pareil nombre se trouvât dans l'ancienne pendant les dix années ci-dessus, chacune de ces dix années ayant coûté, terme moyen, 8,863 doll. 40 cents (46,976 fr. 02 c.), déduction faite du produit des travaux, il en résulte que la journée d'un détenu coûtait à l'État, terme moyen, 26 cents 10/10,000 (1 fr. 38 c. 38/10,000). Remarquez qu'en prenant le chiffre 93 pour terme moyen du nombre des détenus dans l'ancienne prison, de 1817 à 1826, nous prenons un chiffre certainement trop élevé, puisqu'il est démontré que le nombre des crimes est en progression dans l'État du Connecticut : il est donc probable que l'entretien des détenus coûtait davantage; mais il est certain qu'il ne pouvait être inférieur au chiffre que nous présentons.

Du reste, depuis 1791 jusqu'en 1826, la prison de Newgate a, pour son entretien seul, occasioné à l'État du Connecticut une dépense de 204,711 doll. 38 cents (1,084,968 fr. 30 c.).

Voy. *Rapport de 1826 sur la prison du Connecticut.*

Lamberton (New-Jersey).

L'entretien de la prison du New-Jersey a coûté, pendant les dix années de 1820 à 1829, ainsi qu'il suit :

Année			
1820	—	1,872 doll.	50 cents.
1821	—	10,169	84
1822	—	5,805	00
1823	—	3,725	00
1824	—	6,331	00
1825	—	3,350	00
1826	—	2,025	00
1827	—	2,987	50
1828	—	3,029	37
1829	—	3,125	48
Total :		42,420 doll.	69 cents.

En 1829 (la dernière année), il y avait dans la prison 90 détenus : supposé que pareil nombre s'y trouvât pendant toutes les autres années, chacune de ces dix années ayant coûté, terme moyen, 4,242 doll. 06 cents (22,482 fr. 61 c.), déduction faite du produit des travaux, il en résulte que la journée d'un détenu coûtait à l'État, terme moyen, 12 cents 90/10,000 (68 c. 44/10,000). Il est à remarquer qu'en prenant le chiffre de 90 pour terme moyen du nombre des détenus dans la prison, de 1820 à 1829, nous prenons un chiffre probablement trop élevé, puisque, dans tous les États de l'Union, le nombre des détenus augmente, soit par l'accroissement des crimes dans les uns, soit par la diminution des grâces dans les autres; du reste, on peut douter que la dépense de la journée ne fût pas plus élevée, mais il paraît bien certain qu'elle n'était pas moindre.

Depuis 1797 jusqu'en 1829, l'Etat du New-Jersey a payé, pour l'entretien de sa prison, 164,963 doll. 81 cents (874,298 fr. 19 c.) — V. 5e *Rapport de la Société de Boston*, p. 423.

Il est juste de dire que, dans les derniers temps, la prison de Lamberton s'est singulièrement améliorée sous le rapport financier. En 1831, ses dépenses n'ont excédé ses recettes que de 1,038 doll. 65 cents (5,504 fr. 84 c.) — V. *Rapport sur la prison du New-Jersey, inclus dans une lettre du juge Coxe de Philadelphie.*

Walnut-Street (Pennsylvanie).

Pendant les onze années qui se sont écoulées depuis 1819 jusqu'en 1829 inclusivement, l'Etat de la Pennsylvanie a payé, pour le soutien de la prison de Walnut-Street, les sommes qui suivent :

Année		doll.	cents.
1819	—	8,234	46
1820	—	7,110	75
1821	—	4,330	00
1822	—	3,050	40
1823	—	4,118	13
1824	—	4,065	83
1825	—	6,046	80
1826	—	4,046	80
1827	—	5,095	17
1828	—	56	80
1829	—	256	22
Total :		46,111 doll.	86 cents.
Ou		244,390 fr.	20 c.

En 1827, il y avait dans la prison de Walnut-Street 576 détenus : supposé que pareil nombre s'y soit trouvé pendant les huit années précédentes et les deux postérieures, chacune des onze années ayant coûté, terme moyen, 4,191 doll. 94 cents (22,017 fr. 28 c.), déduction faite du produit des travaux, il en résulte que la journée d'un détenu dans cette prison coûte à l'Etat, terme moyen, 1 cent 99/10,000 (10 c. 47/10,000).

V. 5e *Rapport de la Société des prisons de Boston*, p. 354.

Les causes qui influent sur la cherté ou l'économie de l'administration d'une prison sont très bien développées à l'occasion de Walnut-Street, dans le 5e Rapport de la Société de Boston (*loco citato*).

Newgate (New-York).

En vingt-trois années qui se sont écoulées depuis 1797 jusqu'en 1819 inclusivement, l'ancienne prison de New-York a coûté, tant pour sa construction que pour son entretien annuel, 646,912 doll. (3,428,633 fr. 60 c.). Il paraît qu'environ 1,060,000 fr. (200,000 doll.) avaient été dépensés pour la construction ; restaient donc 446,912 doll. (2,368,633 fr. 60 c.) pour l'entretien seul, déduction faite du produit des travaux. Chacune de ces vingt-trois années a donc coûté, terme moyen, 19,432 doll. (102,989 fr. 60 c.). Or, il y a eu dans cette prison, terme moyen, chaque année, 440 prisonniers durant les années dont il s'agit ; d'où il résulte que la journée d'un détenu dans cette prison coûtait à l'Etat 12 cents 32/10,000 (65 c. 29/10,000).

SECTION II (NOUVEAU SYSTÈME).

§ I⁰. — CONSTRUCTION. { Système de Philadelphie.
id.   d'Auburn.

DÉPENSE DE CONSTRUCTION (Système de Philadelphie).

Pénitencier de Cherry-Hill, près Philadelphie. — *262 cellules.*

432,000 doll. (2,289,600 fr.), ce qui porte le prix de chaque cellule à 1,648 doll. 85 cents (8,738 fr. 93 c.).
(Document recueilli par nous sur le lieu même.)—V. aussi *Rapport des commissaires rédacteurs de la Pennsylvanie et celui du juge Powers*, 1828.

Pénitencier de Pittsburg. — *190 cellules.*

186,000 doll. (985,800 fr.), ce qui porte le prix de chaque cellule à 978 doll. 95 cents (5,188 fr. 42 c.).
V. *Carey.*
Nous rangeons le pénitencier de Pittsburg sous le titre du système de Philadelphie, parce qu'il a été créé pour l'emprisonnement solitaire du jour et de nuit, qui forme le trait distinctif de ce système : nous devons cependant faire observer que les détenus de Pittsburg ne travaillant point, leurs cellules ont plus de ressemblance avec celles d'Auburn qu'avec celles du pénitencier de Cherry-Hill.

DÉPENSE DE CONSTRUCTION (Système d'Auburn).

Pénitencier de Washington. — *160 cellules.*

180,000 doll. (954,000 fr.), ce qui porte le prix de chaque cellule à 1,125 doll. (5,962 fr. 50 c.) (1).

Pénitencier de Charlestown, près de Boston. — *300 cellules.*

86,000 doll. (455,800 fr.), ce qui porte le prix de chaque cellule à 286 doll. 66 cents (1,519 fr. 23 c.) (2).

---

(1) Le chiffre des dépenses de construction nous a été donné par le surintendant actuel. La partie exécutée de ce pénitencier n'a encore coûté que 120,000 doll. (633,000 f.) ; mais on estime à 60,000 doll. la dépense qui reste à faire. Il est probable que les frais dépasseront l'estimation.
(2) V. La brochure qui contient le règlement de la nouvelle prison de Charlestown (Massachussetts).

Pénitencier de Singsing. — *1,000 cellules.*

200,000 doll. (1,060,000 fr.), ce qui porte chaque cellule au prix de 200 dollars (1,060 fr.) (1).

Pénitencier de Wethersfield. — *232 cellules.*

35,000 doll. (185,500 fr.), ce qui porte le prix de chaque cellule à 150 doll. 86 cents (799 fr. 56 c.) (2).

Pénitencier de Baltimore. — *320 cellules.*

46,823 doll. 44 cents (248,164 fr. 23 c.), ce qui porte le prix de chaque cellule à 146 doll. 32 cents (775 fr. 51 c.) (3).

Pénitencier de Blakwel-Island. — *240 cellules.*

32,000 doll. (169,600 fr.), ce qui porte le prix de chaque cellule à 133 doll. 33 cents (706 fr. 86 c.) (4).

Nous ne savons point exactement le prix du pénitencier de Singsing, que nous indiquons comme ayant coûté 200,000 doll. (1,060,000 fr.).

Il résulte des documents que nous trouvons soit dans les rapports à la législature, soit dans une note de M. Cartwright, ingénieur à Singsing, que la construction du pénitencier a coûté à l'État environ 150,000 doll. (795,000 fr.). Mais il faut ajouter à ce prix la valeur des travaux faits par les détenus employés à bâtir au lieu d'ouvriers libres. C'est pour cela que nous ajoutons 50,000 doll. (265,000 fr.) à la première somme. Il est évident que cette somme de 50,000 doll. excède de beaucoup la valeur des travaux exécutés par les détenus. On est donc sûr qu'en estimant la construction de Singsing 200,000 doll., on l'estime plus qu'il n'a coûté réellement, tout compris.

On voit par le tableau ci-dessus que la cellule coûte moyennement 257 doll. 47 cents (1,364 fr. 59 c.); encore doit-on remarquer que le prix élevé, et disproportionné avec les autres, du pénitencier de Washington, grossit singulièrement la moyenne; et il serait peut-être plus juste d'établir une moyenne prise sur tous

---

(1) V. Note manuscrite de M. Cartwright, ingénieur à Singsing.

(2) V. Les notes manuscrites du juge Welles de Wethersfield, et Rapports à la législature sur la prison du Connecticut.

(3) V. page 16 du Rapport des inspecteurs du pénitencier du Maryland, du 23 décembre 1828.

(4) V. Carey, page 38.

les pénitenciers, à l'exception de celui de Washington, qui a été bâti sans aucune vue d'économie ; en agissant ainsi, on obtiendrait pour moyenne du prix de la cellule 191 doll. 11 cents (1,012 fr. 88 c.). On ne doit pas oublier qu'il s'agit ici du prix de la cellule et de tous ses accessoires dans la prison.

§ II. — ENTRETIEN. { Dépenses. Produits.

Les tableaux statistiques qui suivent ne sont que le résumé fort succinct d'un immense travail que nous avons fait sur la situation financière des prisons d'Amérique, et que son étendue même nous interdit de publier en entier. Nous pouvons du reste affirmer qu'il n'y a pas un de nos chiffres qui ne soit fondé sur un document officiel. Toutes les pièces justificatives ont été déposées par nous au ministère du commerce et des travaux publics.

SITUATION FINANCIÈRE D'AUBURN.

Année 1825. — 386 *détenus, terme moyen.*

Dép. de la prison.	24,275 d. 92 cents	(128,662 fr. 37 c.)
Recettes provenant du travail.	13,976 d. 10 id.	(74,073 fr. 33 c.)
	10,299 d. 82 id.	(54,589 fr. 04 c.)
Différ. à la charge de la prison.	10,299 d. 82 id.	(54,589 fr. 04 c.)

Année 1826. — 433 *détenus, terme moyen.*

Dép. de la prison.	30,736 d. 05 cents	(162,901 fr. 06 c.)
Recettes provenant du travail.	20,522 d. 17 id.	(108,767 fr. 50 c.)
	10,213 d. 88 id.	(54,133 fr. 56 c.)
Différ. à la charge de la prison.	10,213 d. 88 id.	(54,133 fr. 56 c.)

Année 1827. — 476 *détenus, terme moyen.*

Dép. de la prison.	36,543 d. 91 cents	(193,682 fr. 72 c.)
Recettes provenant du travail.	25,191 d. 17 id.	(133,513 fr. 20 c.)
	11,352 d. 74 id.	(60,169 fr. 52 c.)
Différ. à la charge de la prison.	11,352 d. 74 id.	(60,169 fr. 52 c.)

Année 1828. — 547 *détenus, terme moyen.*

Dép. de la prison.	33,571 d. 84 cents	(177,930 fr. 75 c.)
Recettes provenant du travail.	33,460 d. 56 id.	(177,340 fr. 96 c.)
	00,111 d. 28 id.	(000,589 fr. 79 c.)
Différ. à la charge de la prison.	00,111 d. 28 id.	(000,589 fr. 79 c.)

Année 1829. — 604 *détenus, terme moyen.*

Dép. de la prison.	38,200 d. 80 cents	(202,464 fr. 24 c.)
Recettes provenant du travail.	34,056 d. 17 id.	(180,497 fr. 70 c.)
	4,144 d. 63 id.	(21,966 fr. 54 c.)
Différ. à la charge de la prison.	4,144 d. 63 id.	(21,966 fr. 54 c.)

Année 1830. — 629 *détenus, terme moyen.*

Recettes provenant du travail.	36,251 d. 79 cents	(192,134 fr. 48 c.)
Dép. de la prison.	36,226 d. 42 id.	(192,000 fr. 02 c.)
	25 d. 37 id.	(134 fr. 46 c.)
Différ. au profit de la prison.	25 d. 37 id.	(134 fr. 46 c.)

Année 1831. — 643 *détenus, terme moyen.*

Recettes provenant du travail.	56,209 d. 44 cents	(191,910 fr. 93 c.)
Dép. de la prison.	34,405 d. 60 id.	(182,349 fr. 70 c.)
	1,803 d. 84 id.	(9,560 fr. 33 c.)
Différ. au profit de la prison.	1,803 d. 84 id.	(9,560 fr. 33 c.)

V. *Rapports des inspecteurs de la prison d'Auburn pour les années* 1825, 1826, 1827, 1828, 1829, 1830 et 1831.

SITUATION FINANCIÈRE DE WETHERSFIELD.

Année 1828 (demi-année). — 93 *détenus, terme moyen.*

Dép. de la prison.	2,598 d. 31 cents	(13,771 fr. 04 c.)
Recettes provenant du travail.	3,615 d. 47 id.	(19,161 fr. 99 c.)
Différ. au profit de la prison.	1,017 d. 16 id.	(5,390 fr. 95 c.)

Année 1829. — 115 *détenus, terme moyen.*

Dép. de la prison.	5,876 d. 13 cents	(31,143 fr. 48 c.)
Recettes provenant du travail.	9,105 d. 54 id.	(48,259 fr. 36 c.)
Différ. au profit de la prison,	3,229 d. 41 id.	(17,115 fr. 88 c.)

Année 1830. — 150 *détenus, terme moyen.*

Dép. de la prison.	7,295 d. 00 cents	(38,663 fr. 50 c.)
Recettes provenant du travail.	12,363 d. 94 id.	(65,529 fr. 08 c.)
Différ. au profit de la prison.	5,068 d. 94 id.	(26,865 fr. 40 c.)

Année 1831. — 174 *détenus, terme moyen.*

Dép. de la prison.	7,342 d. 16 cents	(38,913 fr. 44 c.)
Recettes provenant du travail.	15,166 d. 18 id.	(80,380 fr. 75 c.)
Différ. au profit de la prison.	7,824 d. 02 id.	(41,467 fr. 30 c.)

Le nouveau pénitencier de Wethersfield a donc, dans l'espace de trois ans et demi, rapporté à l'État, déduction faite de toutes dépenses, 17,139 doll. 53 cents (90,839 fr. 50 c.)

L'ancienne prison du Connecticut (Newgate) a coûté à l'État, depuis 1790 jusqu'en 1826, 204,711 doll., c'est-à-dire 1,000,084 fr. 30 c., pour l'entretien des détenus, déduction faite du produit de leurs travaux.

V. *Rapports des inspecteurs du pénitencier du Connecticut pour les années* 1828, 1829, 1830 *et* 1831.

SITUATION FINANCIÈRE DU PÉNITENCIER DE BALTIMORE.

Année 1828. — 317 *détenus, terme moyen.*

Dép. de la prison.	15,883 d. 79 cents	(84,184 fr. 08 c.)
Recettes provenant des travaux.	27,464 d. 31 id.	(145,560 fr. 84 c.)
Différ. au profit de la prison.	11,580 d. 52 id.	(61,376 fr. 76 c.)

Année 1829. — 342 *détenus, terme moyen.*

Dép. de la prison.	16,265 d. 00 cents (86,204 fr. 50 c.)
Recettes provenant des travaux.	36,216 d. 25 id. (191,946 fr. 12 c.)
Différ. au profit de la prison.	19,751 d. 61 id. (105,741 fr. 62 c.)

Année 1830 (de 9 mois). — 365 *détenus, terme moyen.*

Dép. de la prison	13,292 d. 61 cents (70,450 fr. 83 c.)
Recettes provenant des travaux.	25,105 d. 29 id. (133,358 fr. 03 c.)
Différ. au profit de la prison.	12,812 d. 68 id. (67,907 fr. 20 c.)

Ainsi, en trois ans, le pénitencier de Baltimore a, déduction faite de toutes dépenses, rapporté à l'État du Maryland la somme de 44,344 doll. 45 cents, c'est-à-dire 235,025 fr. 58 c.

V. *Rapports des inspecteurs du pénitencier du Maryland pour les années* 1828, 1829, 1830.

SITUATION FINANCIÈRE DE SINGSING.

Années 1828 *et* 1829. — 541 *détenus, terme moyen.*

Dép. de la prison.	33,654 d. 00 cents (178,366 fr. 20 c.)
Recettes provenant du travail.	4,648 d. 19 id. (24,635 fr. 40 c.)
Différ. à la charge de la prison.	29,005 d. 88 id. (124,635 fr. 40 c.)

V. *Rapport du 6 janvier* 1830.

Années 1829 *et* 1830. — 669 *détenus, terme moyen.*

Dép. de la prison.	36,606 d. 00 cents (194,011 fr. 80 c.)
Recettes provenant du travail.	13,253 d. 01 id. (70,240 fr. 95 c.)
Différ. à la charge de la prison.	23,352 d. 99 id. (123,770 fr. 85 c.)

V. *Rapport des inspecteurs du 5 janvier* 1831.

Année 1831. — 875 *détenus, terme moyen.*

Dép. de la prison.	51,703 d. 31 cents	(274,027 fr. 54 c.)
Recettes provenant des travaux.	40,205 d. 33 id.	(213,088 fr. 24 c.)
Différ. à la charge de la prison.	11,497 d. 98 id.	(60,939 fr. 30 c.)

V. *Rapports des inspecteurs du* 12 *janvier* 1832.

Dans chacun des rapports dont ces calculs sont extraits, le chiffre de la dépense annuelle est beaucoup plus élevé que celui que nous donnons ici, parce qu'on y comprend les dépenses occasionées par la construction de la prison, tandis que nous ne comptons que les dépenses d'entretien.

Le chiffre des dépenses ainsi réduit est exact; celui des produits ne l'est pas. Voici pourquoi : jusqu'en 1831, la plus grande partie des détenus ont été employés à bâtir la prison; il en résulte que leur travail, qui était fructueux en ce sens qu'il dispensait d'une dépense, ne produisait cependant aucun revenu, et n'était point porté en recette. En 1831, 526 détenus sur 875 ont été occupés à des travaux productifs : aussi le chiffre des recettes a été singulièrement augmenté; on pourrait, en établissant une proportion, calculer ce qui doit être produit par 875 détenus en prenant pour base ce qui est produit par 526. Mais, à cet égard, on risquerait de faire un calcul inexact. En effet, le produit des travaux ne double pas toujours avec le nombre des ouvriers : il arrive souvent que la fabrication des objets manufacturés excède la consommation et dépasse les besoins du commerce; et on ne peut pas savoir si 1,000 détenus taillant de la pierre dans les carrières de Singsing rapporteraient autant à l'Etat, proportionnellement, que 526.

Tout ce qu'on peut dire, c'est que, selon toutes probabilités, la prison se soutiendra d'elle-même et ne coûtera absolument rien à l'État, lorsque les travaux de tous les détenus seront appliqués à des industries productives.

SYSTÈME DE PHILADELPHIE.

Nous ne présentons aucun tableau statistique de la situation financière du pénitencier de Philadelphie, parce qu'il nous a été impossible de nous procurer sur ce point les documents que nous désirions.

Cependant il résulte, du 2e rapport fait à la législature en 1831, que, pendant la première année de son exercice, l'entretien des détenus a été couvert par le produit de leurs travaux, et il n'est resté à la charge de l'État que le paiement du salaire des employés. Le rapport de l'année suivante semble annoncer un résultat semblable. Cependant on ne donne aucun chiffre. Il est à remarquer que le nombre des détenus au nouveau pénitencier de Philadelphie est très petit; et M. Samuel Wood, le directeur de cette prison, pense que le travail des détenus deviendra proportionnellement plus productif, à mesure que ceux-ci deviendront plus nombreux.

V. 2° *Rapport sur le pénitencier de Philadelphie.*

DÉPENSES

ET PRODUITS COMPARÉS.

ENTRETIEN ET TRAVAIL.

Auburn. (Moyenne de 7 années.)

La dépense totale pour chaque détenu a coûté par jour	17 cents 61 (0 fr. 93 c. 33)
Le travail de chaque détenu a produit par jour	14 cents 50 (0 fr. 77 c. 34)

Singsing. (Moyenne des 3 dernières années.)

La dépense totale pour chaque détenu a coûté par jour	16 cents 33 (0 fr. 86 c. 68)
Le travail de chaque détenu a produit par jour	10 cents 26 (0 fr. 54 c. 39)

Wethersfield. (Moyenne de 4 années.)

La dépense totale pour chaque détenu par jour s'est élevée à	13 cents 55 (0 fr. 71 c. 81)
Le travail de chaque détenu a produit	28 cents 35 (1 fr. 18 c. 46)

Baltimore. (Moyenne des 3 dernières années.)

La dépense totale pour chaque détenu par jour s'est élevée à	13 cents 36 (0 fr. 70 c. 78)
Le travail de chaque détenu par jour a produit	26 cents 31 (1 fr. 39 c. 42)

NOURRITURE SEULE.

La nourriture seule d'un détenu a coûté par jour, terme moyen :

Auburn. (Moyenne de 6 ans.)	4 cents 36 (23 c. 34)
Singsing. (Moyenne de 2 ans.)	6 cents 00 (31 c. 80)
Wethersfield. (Moyenne de 4 ans.)	4 cents 72 (25 c. 01)

FRAIS DE SURVEILLANCE SEULS.

La surveillance d'un détenu, c'est-à-dire les frais de garde, salaire des employés, etc., coûte par jour, terme moyen :

Auburn. (Moyenne de 6 années.)   6 cents 17 (32 c. 72)
Singsing. (Moyenne de 3 années.)   6 cents 83 (36 c. 19)
Wethersfield. (Moyenne de 4 années.)   6 cents 87 (36 c. 37)

FRAIS DE NOURRITURE, VÊTEMENT ET COUCHER RÉUNIS.

La nourriture, le vêtement et le coucher d'un détenu coûtent par jour, terme moyen :

Auburn. (Moyenne de 3 années.)   5 cents 76 (30 c. 52)
Singsing. (Moyenne de 3 années.)   8 cents 07 (43 c. 58)

Si on rapproche le tableau ci-dessus de l'état statistique relatif à l'ancien système, on verra que dans l'État du Connecticut la journée de chaque détenu a, pendant les 4 dernières années, rapporté à l'État, déduction faite des dépenses, 46 c. 65 (8 cents 80) ; tandis que, pendant les 10 années qui ont précédé l'établissement du nouveau système, la journée de chaque détenu coûtait à l'État, terme moyen, 26 cents 10 (1 fr. 38 c. 38) ; ce qui fait une différence de 1 fr. 84 c. 65 (34 cents 90) pour la journée de chaque détenu.

DÉPENSE D'ENTRETIEN ANNUEL (Auburn).

Pendant les sept années qui se sont écoulées depuis 1825 jusqu'en 1831, chaque détenu a coûté, terme moyen, chaque année, 63 dollars 76 cents 06 (337 fr. 95 c. 03).

Le plus qu'ait coûté par année un détenu est 76 dollars 77 cents (406 fr. 88 c.).

Le moins qu'il ait coûté, c'est 53 doll. 50 cents 8/1,000 (283 fr. 59 c.).

SALAIRE DES EMPLOYÉS.

	AUBURN. 1831. 643 détenus.	SINSING. 1831. 875 détenus.	BOSTON (ancienne pris.). 1829. 276 détenus.	WETHERSFIELD. 1831. 174 détenus.
Surintendant....	1,250 doll.	1,750 doll.	1,500 doll.	1,200 doll.
Autres employés.	13,700	18,370	11,671 d. 55 c.	2,513 d. 33 c.
TOTAL........	14,950 doll. (78,970 f. 73 c.)	20,120 doll. (106,686 f. 20 c.)	13,171 d. 55 c. (69,809 f. 21 c.)	3,713 d. 33 c. (19,680 f. 64 c.)

NOTA. Le surintendant de la prison de Virginie reçoit 2,000 dollars.

CHAMBRE DES DÉPUTÉS.

SESSION 1843.

RAPPORT

FAIT

Au nom de la Commission (1) chargée d'examiner le Projet de loi sur les Prisons.

PAR M. DE TOCQUEVILLE,

Député de la Manche.

SÉANCE DU 5 JUILLET 1843.

MESSIEURS,

La question qui vous est soumise n'est pas nouvelle. Un projet de loi sur les prisons avait déjà été présenté en 1840 à la législature.

Ce projet ne fut pas discuté; mais il donna lieu à un long et sérieux examen dans le sein de la commission à laquelle il avait été renvoyé par la Chambre.

La commission de 1840 avait fait au projet de loi un grand nombre d'amendements. La plupart de ces amendements ont été adoptés par le gouvernement et font partie du nouveau projet: d'autres ont été repris par votre commission et vous sont proposés par elle.

Le projet de loi actuel tel que le gouvernement le présente et tel que votre commission l'a amendé s'écarte donc très peu des idées qui avaient servi de base au travail de la commission précédente. Cette identité de vues entre nous et nos devanciers rendra notre tâche plus facile, et le rapporteur n'aura souvent qu'à répéter ce qu'il avait déjà dit en 1840.

(1) Cette commission est composée de MM. Saint-Marc Girardin, de Tocqueville, de Peyramont, Chégaray, le baron de Berthois, le vicomte d'Haussonville, Parès, de la Farelle, Hébert.

Comme à cette époque, le premier soin de votre commission a été de rechercher si la réforme considérable et onéreuse qu'on a en vue se justifie par un grand besoin social.

Le tableau de la criminalité, qui a été mis sous ses yeux, et en particulier celui des récidives, ne lui a point laissé de doutes à cet égard.

En 1827, la population de la France était de 32,049,707.

Elle était, en 1841, de 34,213,929.

Pendant cette même période de quinze années, le nombre total des accusés et des prévenus des délits ordinaires a été chaque année ainsi qu'il suit :

Année	Nombre
1827	65,226
1828	66,773
1829	69,350
1830	62,544
1831	69,225
1832	73,061
1833	69,994
1834	72,299
1835	75,022
1836	79,930
1837	83,226
1838	88,940
1839	91,742
1840	98,336
1841	96,324

On remarquera que, sur ces quinze années, il n'y en a que trois, 1830, année exceptionnelle, 1833, 1841, qui présentent un chiffre inférieur à celui de l'année précédente. Pour toutes les autres, le chiffre s'élève graduellement d'année en année.

Si l'on divise les quinze ans dont nous venons de parler en cinq périodes de trois années chacune, et que l'on compare la moyenne de la population de la France pendant la première de ces périodes à la moyenne de la population durant la dernière, on trouvera que la population de la dernière excède la population de la première de 1/17e.

Si l'on divise de même le nombre des accusés et des prévenus en cinq périodes, et que l'on compare la première et la dernière, on découvre que le nombre des accusés et des prévenus de la dernière période excède le nombre des accusés et des prévenus de la première d'environ du tiers. De telle sorte que le nombre des délinquants se serait accru, relativement au nombre des citoyens, dans la proportion de 3 à 17.

Il est, du reste, juste de faire observer que la plus grande partie de cette augmentation porte sur les délits, c'est-à-dire les infractions à la loi pénale, les moins dangereuses à la tranquillité publique.

Toutefois, ces chiffres, que nous avons cru de notre devoir de mettre sous les yeux de la Chambre, paraissent à la commission de nature à faire naître des craintes très sérieuses. Ils accusent un mal auquel il est urgent d'apporter remède.

Quelles sont les causes de ce mal?

Ce serait envisager une si grande question d'une manière bien étroite, que de prétendre qu'un si considérable accroissement des crimes n'est dû qu'au mauvais état des prisons. La commission n'est pas tombée dans cette erreur. Elle sait que le développement plus ou moins rapide de l'industrie et de la richesse mobilière, les lois pénales, l'état des mœurs, et surtout l'affermissement où la décadence des croyances religieuses, sont les principales causes auxquelles il faut toujours recourir pour expliquer la diminution ou l'augmentation des crimes chez un peuple.

Il ne faut donc pas attribuer uniquement, ni même peut-être principalement à l'état de nos prisons, l'accroissement du nombre des criminels parmi nous; mais la commission est restée convaincue que l'état des prisons avait été une des causes efficaces de cet accroissement.

Un mauvais système d'emprisonnement peut augmenter le nombre des crimes de deux manières:

1° Il peut faire disparaître aux yeux des citoyens une partie de la terreur de la peine, ce qui accroît le nombre des premiers crimes.

2° Il peut ne pas corriger, ou achever de corrompre les condamnés, ce qui multiplie les récidives.

Les anciennes prisons de l'Europe avaient été toutes bâties dans un but d'intimidation et non de réforme. Rien n'y était préparé pour y améliorer l'état de l'âme, mais le corps y souffrait; il y était fréquemment chargé de chaînes. La nourriture était insuffisante ou malsaine; on y était mal vêtu; on y couchait, d'ordinaire, sur la paille; on y endurait le froid et souvent la faim. Toutes les précautions de l'hygiène y étaient parfois méconnues d'une manière inhumaine; la mortalité y était très grande.

Tel était encore, à peu d'exceptions près, l'état de beaucoup d'entre nos prisons en 1817 (1).

(1) Une circulaire de l'an IX, citée dans un rapport fait au roi, par M. le ministre de l'intérieur, semble indiquer qu'à cette époque la nourriture des détenus n'était pas encore considérée comme une charge obligatoire de l'État; car cette circulaire recommande de ne procurer le pain de la soupe aux détenus qu'en cas d'indigence absolue.

Depuis cette époque, plusieurs millions ont été dépensés dans nos seules maisons centrales, dans le but d'y rendre la condition matérielle des détenus plus douce, avant qu'on ait commencé à chercher le moyen de produire sur l'esprit de ces coupables une impression profonde et salutaire, que le mal physique ne produisait plus. Il est résulté de là que la plupart des prisons ont cessé d'être intimidantes, sans devenir réformatrices.

Les conséquences fâcheuses de cet état de choses se sont manifestées par l'augmentation des premiers crimes et par l'accroissement plus marqué encore des récidives.

En 1828, sur mille accusés, il y en avait cent huit en récidive.

En 1841, on en comptait deux cent trente-sept ou plus du double.

En 1828, sur mille prévenus, il y en avait soixante en récidive.

En 1841, on en comptait cent cinquante quatre en récidive, ou près du triple (1).

Ce sont là les chiffres officiels fournis par les tableaux de la justice criminelle; mais ils n'indiquent qu'une partie du mal. Beaucoup de récidives échappent entièrement à la connaissance des autorités judiciaires, et ne sont reconnues que dans la prison. Il résulte des pièces fournies par M. le ministre de l'intérieur, et des tableaux mis sous les yeux de la commission, que, sur 18,322 condamnés que contenaient, le 1er janvier 1843, les maisons centrales, il s'en trouvait 7,365 en récidive, ou 40 sur 100 du nombre total.

La commission a donc eu raison de dire que notre système d'emprisonnement a exercé une grande influence sur l'accroissement graduel des crimes. S'il ne faut pas s'exagérer outre mesure cette influence, il serait déraisonnable de nier qu'elle ne soit très considérable, et qu'elle ne mérite d'attirer vivement l'attention du gouvernement et des Chambres.

Édifiée sur ce premier point, votre commission s'est occupée de rechercher ce qu'il convenait de faire pour rendre la peine de l'emprisonnement plus efficace.

Les prisons, messieurs, sont de plusieurs espèces. Mais toutes les espèces de prisons se classent dans l'une des deux catégories suivantes :

1º Prisons où sont placés les prévenus ou accusés ;

2º Prisons qui renferment les condamnés.

La commission, comme le projet de loi, s'est d'abord occupée des maisons destinées à contenir les prévenus et accusés. Ces mai-

---

(1) Il est juste, toutefois, de faire remarquer que le nombre des récidives a crû beaucoup moins vite durant les trois dernières années de la période que pendant les années antérieures.

sons forment une catégorie absolument séparée, puisqu'elles n'ont pour objet, comme les prisons proprement dites, ni d'effrayer, ni de moraliser les détenus qu'elles contiennent, mais seulement de les garder sous la main de la justice.

Les écrivains qui ont traité jusqu'ici de la réforme des prisons sont restés fort divisés sur la question de savoir à quel régime il fallait soumettre les condamnés. Mais tous ont fini par tomber d'accord qu'il convenait d'isoler les prévenus les uns des autres, et de les empêcher d'une manière absolue de communiquer ensemble. Tous les hommes qui, en France et ailleurs, se sont occupés pratiquement de la question, sont arrivés à une conclusion semblable. Ils ont jugé qu'il y avait très peu d'inconvénients et beaucoup d'avantages à empêcher toute communication quelconque de prévenu à prévenu.

Des pays mêmes qui s'étaient prononcés contre l'emprisonnement séparé, quant aux condamnés, l'ont adopté lorsqu'il s'agissait des détenus avant jugement. C'est ainsi que, dans l'État de New-York, où le système d'Auburn a pris naissance ; à Boston, où on le préconise ; à Genève, où on l'a adopté en partie, des maisons cellulaires pour les accusés sont construites ou vont l'être.

Le projet de loi actuel, comme celui de 1840, a reproduit cette idée. C'est aussi celle à laquelle la commission, après un mûr examen, s'est arrêtée.

Elle a pensé que s'il était un cas où le droit de la société pût aller jusqu'à séparer les détenus les uns des autres, c'était assurément celui où il s'agissait non plus d'empêcher des coupables de se corrompre davantage, mais de s'opposer à ce que des hommes honnêtes ne devinssent, malgré eux, corrompus par le contact impur des criminels. Détenir un accusé jusqu'à ce que son innocence soit prouvée est rigoureux ; mais le forcer de vivre, en attendant son jugement, au milieu d'une population de malfaiteurs, est tout à la fois imprudent et cruel.

Afin de diminuer les dangers et la rigueur de ce contact des accusés entre eux, sans leur imposer la solitude, on avait imaginé d'abord et on a quelquefois essayé le système des catégories et des classifications de détenus. L'expérience n'a pas tardé à en démontrer l'impuissance.

Il n'y a, en effet, rien de mieux prouvé que l'inutilité des classifications de détenus pour prévenir leur corruption mutuelle. Sur ce point, tous les hommes qui ont vu de près les prisons sont aujourd'hui d'accord. Mettre ensemble des hommes d'une immoralité égale, c'est déjà vouloir que chacun d'eux devienne, à la longue, plus mauvais qu'il n'était ; mais, de plus, il est impossible de savoir quels sont les criminels dont l'immoralité est égale. Il n'y a pas de signe extérieur qui puisse indiquer avec quelque certitude le degré de corruption auquel est arrivé un accusé, non plus que les moyens qu'il possède pour communiquer autour de lui ses vices. Le fait punissable qui lui est imputé ne jette sur ce point que très peu de lumière. M. le ministre de l'intérieur ayant demandé, en 1836, aux directeurs des maisons centrales, si, parmi les détenus qu'ils avaient sous les yeux, les condamnés pour crimes leur paraissaient plus corrompus que les condamnés pour délits, presque tous répondirent que la différence entre ces deux catégories était insaisissable, et qu'en tous cas elle serait plutôt en faveur des criminels.

Si l'on veut que des accusés ne se corrompent pas les uns les autres, il n'est qu'un seul moyen d'y parvenir, c'est de mettre chacun d'eux à part.

Il ne faut pas confondre cet isolement avec le secret. Le prévenu mis au secret est d'ordinaire plongé dans la solitude la plus profonde, au moment même où il aurait le plus d'intérêt à interroger tous ceux dont il attend quelque secours; il est privé des avis de ses parents, de ses amis, de son défenseur, quand il sent le plus vivement le besoin de leur parler ou de leur écrire. Ce seul fait qu'il est l'objet d'une mesure exceptionnelle, contraire aux habitudes de la justice, suffit d'ailleurs pour produire une très vive impression sur son esprit et pour le remplir de terreur. Dans le système du projet de loi, le prévenu est séparé, il est vrai, de la population vicieuse qui remplit la prison, mais on lui facilite, autant que l'ordre de la maison peut le permettre, toute espèce de rapport avec la société honnête du dehors. Ses parents, ses amis, son défenseur, peuvent le visiter chaque jour, et correspondre avec lui. Il se livre au travail qu'il préfère, et le fruit de son travail lui appartient tout entier; en un mot, si on le sépare des autres détenus, l'on ne saurait dire qu'ils sont mis dans la solitude.

On ne croira pas qu'un pareil régime puisse porter d'atteinte sérieuse à la santé non plus qu'à la raison des détenus, surtout si l'on songe à la courte durée qu'a d'ordinaire la détention préventive. En 1838, sur près de 19,000 individus arrêtés pour crimes ou délits, et qui ont été déchargés des poursuites ou acquittés, 13,000, ou les deux tiers, ont passé moins d'un mois en prison; 285 seulement y ont passé six mois ou plus de six mois.

Or, on peut affirmer aujourd'hui, avec la dernière certitude, que l'emprisonnement individuel, appliqué aux courtes détentions, lors même que le régime est plus dur que celui que nous venons de décire, ne présente aucun danger et ne peut compromettre ni la santé ni la raison.

Il faut bien remarquer, d'ailleurs, que si ce régime est pénible pour quelques accusés ou pour quelques prévenus, ceux-là sont en général des hommes déjà corrompus ou coupables, pour lesquels la vie commune dans une société de malfaiteurs n'a rien de nouveau, et qui ne ressentent ni honte ni douleur à la mener : ceux-là souffriront sans doute de l'isolement où on les place. Mais quel est l'accusé honnête qui ne le considérera pas comme un bienfait? Dans l'état actuel de nos prisons préventives, c'est le détenu corrompu ou coupable qui se sent bien ; c'est le détenu innocent ou honnête qui se sent mal. Dans le régime indiqué par le projet de loi, l'inverse aura lieu : il faut s'en applaudir.

Votre commission, messieurs, s'est donc prononcée à l'unanimité pour le principe du projet de loi en ce qui concerne les maisons destinées à renfermer les accusés et les prévenus. Elle en a également adopté les différentes dispositions, et elle est passée à l'examen du titre III, qui traite des prisons pour peine.

La première question que nous nous soyons posée est celle-ci :

Est-il nécessaire d'adopter un nouveau système d'emprisonnement, et, par suite, de modifier à grands frais l'état matériel de nos prisons? Ne suffirait-il pas plutôt de perfectionner l'ancien système sans opérer de changements considérables dans les maisons où on le met en pratique?

La commission est demeurée convaincue que ce dernier parti ne pouvait être adopté.

C'est celui auquel s'était d'abord arrêté le gouvernement. Avant de demander aux Chambres d'instituer un nouveau régime d'emprisonnement, l'administration, comme cela était son devoir, avait cherché pendant plusieurs années à tirer parti du régime actuel en l'améliorant. Depuis 1839, surtout, elle a déployé dans cette tâche un zèle persévérant que la commission doit reconnaître.

Avant cette époque, les maisons centrales présentaient encore l'image d'une manufacture, et souvent d'une manufacture mal réglée, bien plus que d'une prison. Les détenus y jouissaient d'un bien-être supérieur à celui que trouvent la plupart des ouvriers honnêtes de la société. La prison avait donc perdu son caractère intimidant, et les criminels, sortis de ses murs, y rentraient bientôt sans peine et quelquefois avec plaisir (1).

---

(1) En 1836, l'administration fit une enquête auprès des directeurs des maisons centrales. Les réponses de ces fonctionnaires ont été communiquées à la commission. Nous croyons devoir en mettre quelques-unes sous les yeux de la Chambre. La question était : Quel effet produit d'abord sur les condamnés en récidive leur réintégration dans l'établissement?

L'un des directeurs répond : Les mauvais sujets sont honteux, mais c'est de n'avoir pu échapper à la justice.

Un second : La rentrée dans la prison cause, en général, aux récidivistes, un effet de satisfaction qu'on ne prend guère la peine de dissimuler qu'en présence du directeur et de l'inspecteur.

Un troisième : C'est avec la plus grande indifférence qu'ils se voient réinté-

L'arrêté du 10 mai 1839 a changé cet état de choses : depuis lors, l'argent à cessé de circuler librement dans les mains des détenus, comme on le tolérait précédemment au grand détriment de l'ordre et de la moralité.

L'usage du vin et du tabac leur a été interdit, ainsi que cela se pratique depuis longtemps dans les prisons d'Amérique et d'Angleterre. Les abus de la cantine ont été détruits. Le travail est devenu plus obligatoire.

On a établi dans les maisons centrales la règle du silence. Les dortoirs ont été mieux surveillés. On a choisi de meilleurs gardiens. Des sœurs de différents ordres ont été introduites dans les prisons de femmes. Des écoles primaires ont été fondées. Partout l'action bienfaisante de la religion est devenue plus facile et plus continue.

Ces réformes ont été opérées avec une fermeté et quelquefois avec une rigueur que la Chambre aura bientôt l'occasion d'apprécier. La plupart de leurs effets ont été salutaires.

Les désordres extérieurs qui choquaient le plus les regards ont disparu. Les prisons ont pris l'aspect soumis et austère qui leur convient. Comme l'ordre était plus grand et les distractions plus rares et plus difficiles, le travail a été plus soutenu et plus productif. Depuis quatre ans, les produits se sont accrus de $22/100^{es}$, tandis que la population des prisons ne s'est augmentée que de $9/100^{es}$ (1).

Mais qu'a-t-on obtenu quant aux deux grands objets que tout système pénitentiaire a en vue, savoir : la réforme des criminels et la diminution des crimes ?

---

grés dans la prison. Point de larmes, point de tristesse. Ils semblent rentrer chez eux après une absence.

Un quatrième : Les récidivistes rentrent au sein de la prison avec la gaîté et le contentement de parents qui, après une longue absence, rentreraient dans leur famille.

Un cinquième : Les récidivistes saluent leurs camarades comme s'ils venaient de faire un voyage. Ceux-ci paraissent tout satisfaits de les revoir ; c'est ce qu'ils appellent de bons prisonniers.

Un sixième : Parmi les récidivistes, il y en a dix-sept au moins qui ont déclaré n'avoir pris aucun soin pour éviter les nouvelles poursuites de la justice, désireux qu'ils étaient de revenir passer un an ou deux dans la maison centrale pour y remettre leur santé délabrée par la débauche.

(1) Il est vrai qu'à partir de 1841 l'administration a introduit le matin et le soir le travail à la lumière dans les ateliers, ce qui a permis d'utiliser pendant l'hiver des heures qui restaient improductives. C'est là une sage réforme, aussi favorable à la moralité des détenus, qui achevaient de se pervertir durant de longues nuits de douze à treize heures, qu'à la prospérité financière de la prison.

La commission a pu consulter sur ce point capital les documents les plus propres à l'éclairer. Les rapports des inspecteurs-généraux des prisons pour l'année 1842, et ceux des divers directeurs de maisons centrales durant le dernier trimestre de la même année, ont été mis sous ses yeux.

L'examen de ces documents a convaincu la commission qu'un certain effet de moralisation avait été produit par le nouveau régime, principalement dans les prisons de femmes où les sœurs avaient remplacé les anciens gardiens. Mais elle pense que ce bien reste renfermé dans de très étroites limites.

Presque tous les inspecteurs-généraux semblent croire que la réforme obtenue n'est ni étendue ni profonde.

Parmi les directeurs de prisons, quelques-uns nient positivement qu'il y ait eu réforme morale, quoique leur intérêt personnel dût souvent les porter à présenter les choses sous un autre jour.

Dans toutes les prisons, il est vrai, les détenus ont suivi avec un grand empressement les cérémonies du culte, et se sont adonnés aux pratiques religieuses. Rien ne saurait être de meilleur augure que ces manifestations, si elles étaient sincères; car, ainsi que le dit avec raison un inspecteur-général dans son rapport : « Nulle « puissance humaine n'est comparable à la religion pour opérer « la réforme des criminels, et c'est sur elle surtout que repose « l'avenir de la réforme pénitentiaire. »

Il est indubitable que chez plusieurs détenus ce symptôme de conversion a été accompagné d'un changement réel dans les sentiments et dans la conduite. Mais cela est-il vrai pour un grand nombre? La plupart des directeurs de prisons, et presque tous les inspecteurs en doutent. Quelques-uns le nient et donnent des preuves du contraire. Plusieurs de MM. les aumôniers paraissent eux-mêmes concevoir des craintes à cet égard, si l'on en juge par cette phrase du rapport de l'un d'entre eux : « Je suis tou- « jours en garde, dit-il, contre l'hypocrisie qui, en général, a « remplacé le faux respect humain, qui, autrefois, exerçait sur les « détenus un si grand empire. »

On a remarqué que, depuis que le nouveau régime est en vigueur, les détenus ont envoyé à divers membres de leur famille, principalement à leurs femmes, une partie de l'argent qu'ils gagnent dans la prison. C'est là un bon signe, sans doute, mais dont il ne faut pas s'exagérer la portée ; car, ainsi que le font observer plusieurs directeurs et inspecteurs dans leur rapport, un envoi de cette espèce peut être attribué à plusieurs motifs fort étrangers à la moralité (1) de celui qui le fait. Ces envois, d'ailleurs, sont la

---

(1) A ce point que l'un des directeurs d'une des plus grandes maisons centrales déclare qu'il a dû s'opposer à plusieurs envois de cette espèce, qui, dans sa conviction, étaient faits dans une intention coupable.

conséquence pour ainsi dire nécessaire des réformes introduites par l'arrêté du 10 mai 1839. Aujourd'hui les détenus gagnent plus d'argent qu'autrefois, parce qu'ils travaillent davantage, et en même temps ils sont privés de presque tous les moyens qu'ils pouvaient avoir pour dépenser leur argent en prison. Il est tout naturel qu'ils en envoient une petite portion (1/20e) à leur femme et à leurs enfants.

« En résumé, comme le dit avec un grand sens l'un des inspecteurs-généraux dans son rapport, les réformes et mesures prescrites par l'arrêté du 10 mai 1839 sont excellentes en elles-mêmes, mais il ne faut leur demander que les résultats qu'elles peuvent donner. »

« Ainsi, la défense faite aux détenus d'avoir de l'argent a détruit les jeux, les trafics, les vols, les prêts usuraires.

« La réforme de la cantine a mis un terme aux orgies scandaleuses qui convertissaient un séjour de pénitence en une maison de débauche.

« La suppression du tabac est un bienfait pour un grand nombre de détenus qui vendaient leurs vivres afin de satisfaire une passion qui était devenue plus impérieuse que toutes les autres.

« Toutes ces mesures ont établi l'ordre, la décence, la gravité, dans les maisons centrales ; elles ont fait disparaître une foule d'abus. Mais là se bornent leurs effets. Les condamnés se soumettent à la nouvelle discipline; mais ils ne se convertissent pas. Une grande partie des libérés se font condamner de nouveau dans l'année qui suit leur sortie de prison. »

Nous avons vu, en effet, que si, depuis 1839, le chiffre des récidives ne s'était pas accru dans une proportion aussi rapide que durant les époques précédentes, du moins il n'avait pas cessé de croître, et qu'au 1er janvier 1843 les maisons centrales contenaient encore 40 récidivistes sur 100 détenus.

Quant aux crimes et aux délits en général, le tableau placé en tête de ce rapport fait voir qu'ils n'ont jamais augmenté aussi vite que depuis 1839, la moyenne des années 1839, 1840 et 1841, dépassant de plus de 11,000 accusés ou prévenus la moyenne de la période précédente, ce qui ne s'était jamais vu.

Il faut donc avoir enfin recours à des remèdes plus puissants que ceux dont on a fait usage jusqu'ici.

En 1840, l'administration espérait pouvoir se borner à améliorer le système actuel de nos prisons.

Aujourd'hui, convaincue, par son expérience, qu'il faut renoncer à cet espoir, elle vous demande les moyens de procéder à une réforme plus profonde et plus efficace.

Il faut bien remarquer d'ailleurs qu'alors même que le soin de la sécurité et de la moralité publiques ne forceraient pas les Chambres à indiquer dès aujourd'hui celui des systèmes d'emprisonnement qu'elles jugent le meilleur, les besoins du service et les règles d'une bonne administration les contraindraient encore à faire, sans plus tarder, un pareil choix. Il ne s'agit pas seulement, en effet, de régir les prisons anciennes : il faut savoir d'après quel plan on bâtira un grand nombre de prisons nouvelles, qu'en tout état de cause il est nécessaire de créer.

Si, comme semble le réclamer impérieusement l'opinion publique, les bagnes doivent cesser d'exister, il faut bien songer à élever les prisons qui devront contenir les sept mille forçats qui y sont aujourd'hui renfermés.

Il n'y a rien de plus contraire au bon ordre d'une prison que la réunion, dans les mêmes murs, de détenus des deux sexes, quelque disposition qu'on prenne pour séparer les deux établissements. Cet état de choses existe aujourd'hui dans cinq maisons centrales (1). Tout le monde est d'accord qu'il faut le faire cesser. Il est un point sur lequel tous les hommes pratiques s'entendent : c'est qu'une prison, quel qu'en soit le régime, ne doit guère, pour pouvoir remplir son objet, dépasser en population cinq cents détenus. Au-dessus de ce chiffre, la surveillance devient très difficile, et l'action du directeur sur chaque détenu à peu près nulle. Plusieurs de nos maisons centrales présentent une population double et quelquefois triple de ce chiffre normal (2). A cet encombrement, autant qu'aux imperfections du système, sont attribués par les inspecteurs et les directeurs les vices qui règnent dans ces maisons, et tous signalent qu'il est urgent de travailler à diminuer graduellement l'étendue du mal, en multipliant le nombre des établissements.

Enfin, il a été prouvé à la commission, par les documents que M. le ministre de l'intérieur lui a fournis, qu'en encombrant ainsi, au préjudice de la santé des détenus et de leur réforme, nos maisons centrales, on ne pouvait plus suffire à y placer tous les condamnés qui doivent, aux termes de leur arrêt, y être envoyés.

Ainsi, en admettant même qu'on laisse subsister nos prisons actuelles et le système qui les régit, il est hors de doute que l'Etat va être obligé d'en bâtir de nouvelles.

---

(1) Beaulieu, Clairvaux, Fontevrault, Limoges et Loos.
(2) Ensisheim avait au premier mai 1843   1,034 détenus.
  Melun,   id.   1,092
  Loos,   id.   1,092
  Lyon,   id.   1,186
  Nîmes,   id.   1,253
  Gaillon,   id.   1,263
  Fontevrault, id.   1,418
  Et enfin Clairvaux. id.   1,799

Si l'État est forcé à bâtir un nombre assez considérable de prisons nouvelles, il est évident qu'il lui faut se fixer d'avance sur le régime à suivre dans ces prisons ; car le plan d'une prison et le régime qu'il convient d'appliquer aux détenus qu'elle doit renfermer sont deux choses corrélatives et qu'on ne saurait envisager à part.

Le moment est donc arrivé de prononcer et de choisir entre les différents systèmes d'emprisonnement celui qui paraîtra le plus efficace.

Le gouvernement a pensé que c'est le système cellulaire qui doit être préféré.

La Chambre doit-elle penser de même ? C'est ce qui reste à examiner.

Les différents systèmes d'emprisonnement qui ont été, depuis vingt ans, préconisés ou adoptés tant en Amérique qu'en Europe, peuvent tous se réduire à deux (1).

Le premier consiste à renfermer, pendant la nuit, les condamnés chacun dans une cellule, et, pendant le jour, à les faire travailler en commun, mais en silence.

Le second sépare absolument les condamnés les uns des autres, pendant le jour aussi bien que pendant la nuit. On pourrait l'appeler le système de l'emprisonnement individuel.

Le premier a été d'abord mis en pratique à Auburn. Onze États de l'Union américaine l'ont depuis adopté. La république de Genève l'a introduit, avec quelques modifications, dans son pénitencier. En Sardaigne, plusieurs prisons ont été adaptées à ce système.

Le second est en vigueur dans les États de Pennsylvanie, de New-Jersey et de Rhode-Island. Il est depuis longtemps admis dans la prison de Glascow, en Écosse ; et, en vertu du bill du 17 août 1839, il s'étend peu à peu à toutes les prisons d'Angleterre. La Prusse l'a adopté. En France, il existe depuis plus de cinq ans, bien que d'une manière partielle, dans la prison de la Roquette, à Paris, et depuis plus de trois ans il y règne d'une manière générale et complète.

La Chambre n'attend pas de nous que nous entrions dans l'examen détaillé des avantages et des inconvénients que chacun de ces deux systèmes présente. Elle nous permettra seulement de rappeler les principaux d'une manière sommaire.

Le système d'isolement de nuit, avec travail commun, mais en silence pendant le jour, empêche les plus grossiers désordres des mœurs ; il prévient, en partie, la contagion morale qui règne dans

---

(1) La commission a cru devoir se faire une loi de ne prendre pour base de son examen que ceux d'entre les systèmes d'emprisonnement dont l'expérience avait déjà pu manifester les inconvénients et les avantages.

nos prisons ; il rend le travail des détenus plus productif. Son établissement est moins onéreux que dans le système opposé.

Voici les inconvénients qui sont liés à ces avantages :

Ce système est très compliqué dans son exécution ; il exige non-seulement dans le directeur de la prison, mais dans tous les agents qui sont sous ses ordres, une perpétuelle vigilance, un zèle constamment éclairé et actif.

La Chambre comprendra aisément quelle immense entreprise cela doit être de maintenir dans un silence continuel et absolu une multitude d'hommes qu'on met chaque jour en présence les uns des autres, qui souvent s'asseoient sur le même banc et mangent à la même table, et qu'on emploie en même temps aux mêmes travaux dans de vastes ateliers remplis de métiers, où le bruit des instruments couvre incessamment celui des paroles.

Dans toutes les prisons d'Amérique soumises à ce système, la moindre violation de la loi du silence est punie par un certain nombre de coups de fouets. La seule prison américaine (1) où l'on ne fit point usage du fouet en 1831 l'a adopté depuis. Dans la plupart de ces prisons, chaque gardien administre lui-même cette correction disciplinaire aux détenus, au moment où il les surprend causant entre eux.

Plusieurs des commissaires envoyés aux États-Unis pour visiter les pénitenciers en ont rapporté cette opinion que le silence ne pouvait être obtenu qu'à l'aide du châtiment dégradant et cruel dont nous venons de parler, et contre lequel nos mœurs se révoltent.

Les Anglais cependant ont essayé de s'en passer (2) ; mais, pour y suppléer, il leur a fallu : 1° augmenter de la manière la plus extraordinaire les punitions d'une autre nature ; 2° accroître la surveillance en multipliant les gardiens.

C'est ainsi que, dans la prison de Coldbathfield, où la moyenne de la population détenue n'excède pas 1,100, on compte 142 employés. Dans cette même prison, 18,074 punitions ont été infligées dans l'année 1841, dont 9,687 pour infraction à la règle du silence (3). En 1842, 16,918 punitions ont été infligées, dont 9,652 pour infraction à la même règle (4).

Malgré cette extrême rigueur, il est généralement reconnu en

---

(1) On parle ici des prisons dirigées d'après le système d'Auburn. Le fouet n'a jamais été introduit dans aucune des prisons américaines où l'emprisonnement cellulaire est en vigueur.

(2) Le fouet n'est cependant pas entièrement proscrit des prisons d'Angleterre comme des nôtres. Mais il est extrêmement rare qu'on ait recours à cette ressource extrême. Sur les 18,074 détenus qui, en 1841, ont été punis dans la prison de Coldbathfield, dix seulement ont subi la peine du fouet.

(3) *Sixth report of the inspectors of prisons for the home district*, p. 251.

(4) *Seventh report of the inspectors*, p. 164.

Angleterre que, dans les prisons dont le silence forme la règle, on n'est point encore parvenu à empêcher que les détenus ne communiquent de temps en temps entre eux.

Des faits analogues se sont produits dans nos maisons centrales dès qu'on s'est sérieusement occupé d'y introduire le silence.

Il y a une maison centrale où, en 1842, il y a eu, sur une population d'environ 1,200 détenus, plus de 10,000 punitions prononcées pour infraction à la règle du silence; dans une autre, près de 6,000 ont été prononcées pour la même cause, sur une population de 300 détenus à peu près. Ce sont les seules maisons centrales pour lesquelles le chiffre total des punitions, dans l'année 1842, nous ait été fourni. Pour toutes les autres, la commission n'a eu sous les yeux que les rapports du dernier trimestre ; et, quoiqu'on puisse conclure de ces rapports que le nombre des punitions a dû être moindre dans les prisons auxquelles ils se réfèrent que dans celles dont on vient de parler, dans toutes il est très considérable (1). Il existe, de plus, des différences très grandes, quant à la sévérité du régime, entre les diverses maisons centrales. Dans telle maison, il y a 20 punitions pour un détenu; dans telle autre, il y en a à peine *une*. Cela résulte naturellement du caractère des différents directeurs, de l'importance plus ou moins grande qu'ils attachent à l'observation du silence, et des facilités qu'ils trouvent pour le faire observer.

Le nombre des punitions est très grand. Le genre des punitions auquel on a recours peut, à la longue, devenir fort dangereux.

Dans une prison où l'usage du fouet est prohibé, où l'on ne peut aggraver la tâche journalière du détenu récalcitrant, parce que le travail habituel est aussi grand qu'il peut l'être; où l'on ne peut infliger le silence comme peine disciplinaire, puisque le silence est la loi commune; où enfin l'on ne saurait faire que rarement usage du cachot, parce que le nombre des cachots est limité, et que d'ailleurs le cachot arrache le détenu à son atelier et le plus souvent au travail, dans une pareille prison, il n'est pas aisé de savoir à quelle punition avoir recours pour maintenir la discipline. Il est difficile d'atteindre les délinquants autrement qu'en réduisant leur nourriture. La réduction de nourriture est, en effet, la peine la plus habituellement prononcée dans les prisons où le silence est la règle et où l'on ne fait point usage du fouet. Sur les 20,974 punitions infligées en 1840 dans la prison de Colbathfield, on en trouve 16,728 qui ont consisté dans une réduction de nourriture. Les rapports des directeurs de nos maisons centrales font voir également que la mise au pain et à l'eau est une peine disciplinaire très souvent appliquée; il est impossible qu'un si fréquent

---

(1) Il y a une prison dans laquelle l'inspecteur déclare qu'il a trouvé le *cinquième* de la population valide en punition.

usage d'une semblable peine ne produise pas à la longue de fort fâcheux effets sur le corps et même sur l'esprit des détenus. C'est ce que montre avec une grande force l'un des inspecteurs-généraux dans son rapport :

« Les détenus qui se font le plus souvent punir, dit-il, sont des
« hommes jeunes et vigoureux, dans la force des passions. Si le
« régime du pain et de l'eau se prolonge pour eux pendant plu-
« sieurs jours, la faim devient un mal, non-seulement pour le
« corps, mais encore et surtout pour l'esprit. Alors le cerveau se
« vide, l'imagination s'exalte, et la prolongation de la peine ne fait
« qu'accroître l'exaspération, au lieu de la calmer. »

Peut-être faut-il attribuer à cette cause l'augmentation de mortalité qui a été observée dans les maisons centrales durant les années 1840, 1841 et 1842, c'est-à-dire depuis qu'on a cherché à y introduire la règle du silence. Cette augmentation est assez grande dans toutes les prisons, mais elle est surtout remarquable dans la prison où le silence a été plus énergiquement et plus complètement maintenu. Le silence existe pourtant dans les prisons des États-Unis, qui sont les prisons du monde où la mortalité est la moindre. Ce ne peut donc pas être l'obligation du silence qui altère ainsi la santé de nos détenus ; ce sont évidemment les moyens dont on est obligé de se servir pour obtenir ce silence. A tout prendre, la discipline brutale et dégradante qui est en vigueur dans la plupart des prisons d'Amérique est en même temps plus efficace et moins dangereuse pour la santé de ceux qui la subissent que le régime actuel de nos maisons centrales. Cela est pénible à dire ; mais cela est vrai.

Il est difficile de croire d'ailleurs que cette multiplicité de punitions disciplinaires, qui est indispensable dans nos prisons pour faire respecter la règle du silence, ne soit pas, sous un certain rapport, contraire à la réforme même du criminel qu'on a principalement en vue. Il n'est pas indifférent de punir sans cesse un homme pour un fait qui en lui-même est indifférent.

Une pareille méthode doit souvent exaspérer les criminels endurcis, et abattre le courage de ceux qui veulent revenir au bien.

« Il arrive parfois que des détenus bons sujets, dit un de MM. les
« inspecteurs-généraux, ouvriers laborieux, s'imposant des priva-
« tions pour secourir leurs familles, ont malheureusement la tête
« un peu légère, et ne peuvent résister à la tentation de laisser
« échapper quelques paroles (1) ; ils sont punis. Quelques jours

---

(1) La tentation de parler est si puissante chez quelques condamnés, dit un directeur de maison centrale dans son rapport, que nisermons, ni punitions, quelle qu'en soit la rigueur, ne peuvent rien sur eux. Il en est qui, après leur vingt-cinquième punition dans l'année pour ce motif, ne sont pas plus tôt de retour à l'atelier, qu'ils me sont de nouveau signalés pour leurs bavardages.

« après, ils retombent dans la même faute et encourent une nou-
« velle punition; ainsi, les punitions se succèdent et deviennent
« plus fortes à mesure que les infractions se multiplient. Enfin,
« tant de châtiments, et pour une faute si légère, aigrissent l'es-
« prit du détenu, ils le rebutent et le changent souvent en un homme
« insubordonné, dont les actions démentent bientôt la bonne con-
« duite antérieure. »

Encore si le silence qu'on cherche à imposer à l'aide de cette rigueur était obtenu! Les rapports des directeurs ne l'affirment point, et les rapports de presque tous les inspecteurs-généraux le nient. Les bruyants propos ont cessé, les longues conversations sont interdites. Mais le silence complet, le silence *pénitencier,* comme le nomme heureusement un inspecteur, c'est-à-dire celui qui empêche absolument les confidences immorales et les accords dangereux, ce silence n'existe nulle part.

Parmi les maisons centrales de France, il en est une où, de l'aveu de tout le monde, la règle du silence est mieux observée que dans toutes les autres.

Or, voici ce que dit de cette maison l'inspecteur-général chargé de la visiter :

« L'ordre physique règne partout; point de bruit, point de tu-
« multe, pas de conversation à voix haute. Les mouvements y sont
« si réguliers, si calmes, si parfaits, qu'on dirait une machine ac-
« complissant sa fonction mécanique sans le frottement d'aucuns
« rouages. On voit qu'une volonté ferme et unique imprime son ac-
« tion à tous les exercices de la journée, et que tous ces exerci-
« ces se rattachent à une idée de moralisation et d'intimidation.
« Sous ce rapport, je regarde cette maison comme la mieux ordon-
« née qui soit peut-être en Europe. Mais, quant au silence, il m'est
« facile de prouver qu'il n'existe pas, malgré les prescriptions ri-
« goureuses du règlement et malgré les rigoureuses punitions qui
« suivent de près les infractions les plus légères. »

Suit le procès-verbal d'un interrogatoire subi devant l'inspecteur par un certain nombre de détenus. Il en résulte que ces criminels, non-seulement savent le nom de leurs voisins d'ateliers, mais connaissent le lieu de naissance de ceux-ci, leur histoire, la cause de leur condamnation, l'époque de leur sortie, leurs desseins ultérieurs, en un mot, tout ce que la règle du silence a pour but de leur cacher.

L'inspecteur-général dit en terminant : « Si le silence n'est pas
« observé ici, il l'est encore bien moins ailleurs. »

Il faut ajouter qu'en admettant même qu'une grande administra-

---

Les moins vicieux me demandent alors comme une faveur de les placer dans une cellule pour les soustraire à l'irrésistible penchant qui les entraîne à causer dès qu'ils en trouvent l'occasion ; et tous les jours ces scènes se renouvellent.

tion comme la nôtre puisse arriver, à un moment donné, à établir dans nos prisons un silence complet, il serait très difficile qu'elle le maintînt pendant longtemps. Il n'y a pas de matière dans laquelle il soit plus aisé de se relâcher. Chaque infraction au silence, prise isolément, a peu d'importance et ne saurait paraître bien criminelle. Celui qui en est témoin ne se sent guère disposé à punir un délit si excusable. L'infraction, en se renouvelant souvent et en beaucoup d'endroits, finit cependant par détruire ou par énerver la règle. Mais c'est là un résultat général que n'aperçoit pas clairement et d'avance chaque gardien qui n'a que le petit fait particulier sous les yeux.

Il est donc à croire que, dans la plupart de nos prisons, le silence cesserait peu à peu d'être observé. Or, le silence formant le trait principal du système, le système lui-même perd avec lui la plus grande partie de sa valeur.

Et supposant, d'ailleurs, que le silence puisse être observé d'une manière continuelle et absolue, possibilité que l'on conteste même en Amérique, resterait encore un danger fort grave, dont la commission a été très occupée.

Si, dans le système que nous venons de décrire, les détenus ne peuvent pas se parler, ils se voient du moins tous les jours, ils se connaissent, et, sortis de la prison, ils se retrouvent dans le sein de la société libre. Là, ils s'empêchent réciproquement de revenir au bien; ils se portent mutuellement au mal, et ils forment ces associations de malfaiteurs qui, dans ces derniers temps surtout, ont compromis la sûreté publique et la vie des citoyens.

Il y a dix-sept ans que la règle du silence a été introduite pour la première fois dans quelques-unes des prisons d'Angleterre, et qu'on a cherché à l'y maintenir sans avoir recours au fouet. Le résultat de cette longue expérience a été de convaincre tous les Anglais qui s'occupent pratiquement de la question que ce système devait être abandonné. « Le système du silence, disent les inspec-
« teurs-généraux (1), est un système sévère dans sa discipline, im-
« puissant et contraire à la réforme. Le système du silence, avaient-
« ils dit précédemment (2), quoique favorable à l'ordre de la prison
« et à la discipline, a des conséquences si fâcheuses et qui nous
« paraissait si redoutables, qu'à notre avis il ne parviendra ja-
« mais à éloigner du crime et à réformer les criminels. » Ces mêmes fonctionnaires recommandent de toutes leurs forces l'adoption du système de l'emprisonnement individuel, et on a vu plus haut que c'est en effet celui-là que le gouvernement anglais a choisi.

Votre commission, messieurs, a également pensé que le système

---

(1) Septième rapport (1842), p. 175.
(2) Cinquième rapport (1840), p. 233.

du travail commun en silence, quand on le séparait des châtiments corporels et qu'on voulait l'appliquer à près de quarante mille détenus, par l'effort combiné d'une multitude de fonctionnaires peu rétribués et placés dans une situation qui n'attire pas les regards, que le système présentait des difficultés d'exécution trop grandes et des résultats trop douteux pour qu'il fût sage de l'adopter.

Sa conviction sur ce point s'est encore affermie quand elle a vu que, pour achever d'introduire un pareil régime dans nos prisons, il fallait encore faire des dépenses très considérables.

En effet, le système d'Auburn n'a pas seulement pour condition de succès le silence, mais encore la *séparation individuelle de nuit;* ces deux choses se tiennent et ne peuvent être séparées. En vain parviendrait-on à imposer le silence pendant le jour, si l'on ne pouvait empêcher que pendant la nuit les détenus n'aient des rapports entre eux. Il n'y a pas un seul des documents dont il a déjà été parlé qui ne montre l'indispensable nécessité de créer des cellules de nuit dans nos maisons centrales.

Parmi les rapports qui ont été soumis à notre examen, il en est plusieurs qui prouvent jusqu'à la dernière évidence que, malgré les progrès incontestables de la surveillance et de la sévérité de la discipline, il se passe dans les dortoirs des désordres dont la gravité ainsi que la fréquence doivent faire profondément gémir la morale et l'humanité.

Or, pour pourvoir de cellules les 20,000 détenus environ qui habitent ou qui doivent habiter les maisons centrales, et les 7,000 détenus qui occupent aujourd'hui les bagnes, il faudrait dépenser trente millions au moins (1). La chambre remarquera que, dans ce chiffre, ne figurent point les sommes nécessaires pour pourvoir

---

(1) Voici la manière dont ce chiffre a été établi, d'après le rapport des quatre architectes chargés, par M. le ministre de l'intérieur en 1837, de visiter les maisons centrales, et d'étudier les questions relatives à la construction des pénitenciers, d'après le système d'Auburn.

Appropriation de dix-huit maisons centrales pouvant contenir, dans leur état actuel, 18,000 détenus. . . . .   13,351,221 f.
(Elles en ont réellement contenu moyennement, durant l'année 1842, 18,616.)

Ainsi appropriées, ces maisons ne pourront plus contenir que 14,179 détenus. Reste 3,821 détenus, pour lesquels il faut bâtir des prisons nouvelles. Ces prisons, dans le système d'Auburn, devant revenir, suivant l'estimation des mêmes architectes, à 1,350 fr. par cellule, coûteraient. .   5,158,350

Plus, pour les 2,000 condamnés à plus d'un an qui restent, faute de place, dans les prisons départementales. .   2,700,000

Plus, pour les 7,000 forçats renfermés dans les bagnes. .   9,450,000
                                                           ——————
                                                           30,659,571

de cellules les condamnés à moins d'un an qui restent dans les prisons départementales.

Les avantages qu'on peut raisonnablement attendre en France du régime du silence n'ont pas paru à la commission assez grands pour qu'on dût les payer si cher.

Restait le système de l'emprisonnement individuel, que le gouvernement vous propose d'adopter.

La commission en a fait aussi l'objet du plus sérieux examen.

Une première considération l'a frappée : la plupart de ceux qui ont reçu la mission d'aller aux États-Unis pour étudier sur les lieux l'état des prisons sont revenus partisans très zélés de l'emprisonnement individuel, bien qu'avant leur départ ils eussent conçu ou même publiquement exprimé une opinion qui lui était contraire ; tous en ont reconnu les puissants effets sur l'esprit des criminels. Cependant, les commissaires envoyés à différentes reprises et à différentes époques en Amérique par les gouvernements de France, d'Angleterre et de Prusse (1), n'avaient eu sous les yeux que la forme la plus austère et la plus dure que ce système puisse prendre.

Le système de l'emprisonnement individuel a, en effet, des avantages spéciaux et très grands qui ne peuvent manquer de frapper les regards.

La discipline en est facile et peut être réduite à des règles simples et uniformes, qui, une fois posées, sont aisément suivies. On comprend que quand des criminels sont séparés les uns des autres par des murailles, ils ne peuvent offrir aucune résistance ni se livrer à aucun désordre : ce système une fois bien établi, l'administration de la prison une fois bien choisie, les choses marchent donc en quelque sorte d'elles-mêmes, obéissant à la première impulsion qui leur est donnée. Cette raison, qui n'aurait que peu de puissance dans un pays comme la république de Genève, où le pénitencier, bien qu'il ne contienne en moyenne que 50 détenus, attire directement et chaque jour l'attention particulière du gouvernement et de la législature ; cette première raison, disons-nous, a paru très puissante à votre commission. Il s'agit, en effet, d'indiquer à la Chambre le système de détention le mieux applicable à une multitude de prisons disséminées sur un très vaste territoire, et dans un pays où l'administration centrale, quelle que soit son habileté et sa puissance, ne saurait jamais raisonnablement se flatter de diriger et de surveiller à chaque instant tous

---

(1) Une circonstance qui n'est pas sans importance, c'est que l'un de ces commissaires était médecin, membre correspondant de l'Académie royale de médecine de Paris, et très propre, par conséquent, à juger l'influence fâcheuse que le système d'emprisonnement individuel pouvait exercer sur la santé des détenus.

ses agents dans l'exercice de règles compliquées et minutieuses.

Votre commission a également été convaincue que l'emprisonnement individuel était, de tous les systèmes, celui qui rendait le plus probable la réforme morale des criminels, et exerçait sur leur âme l'influence la plus énergique et la plus salutaire; mais elle ne s'est point exagéré cet avantage. Suggérer à un condamné adulte des idées radicalement différentes de celles qu'il avait conçues jusqu'alors, lui inculquer des sentiments tout nouveaux, changer profondément la nature de ses habitudes, détruire ses instincts, faire, en un mot, d'un grand criminel un homme vertueux, c'est là assurément une entreprise si ardue et si difficile, qu'on ne saurait y réussir que rarement, et qu'il ne serait peut-être pas sage à la société d'en faire l'unique objet de ses efforts. Le système de l'emprisonnement individuel est plus propre qu'aucun autre à favoriser ce genre de réforme; mais il ne le garantit pas. Sur ce point, il ne présente qu'un résultat probable; mais il offre sur d'autres des certitudes absolues qui ont particulièrement fixé l'attention de votre commission.

S'il n'est pas sûr que le système de l'emprisonnement individuel, pas plus que tout autre système, rende les détenus meilleurs qu'ils n'étaient, il est sûr du moins qu'il les empêche de devenir pires, et c'est là un résultat immense, le seul résultat peut-être qu'il soit prudent à un gouvernement de se proposer. Non-seulement nos prisons actuelles ne corrigent pas, mais elles dépravent: cela est hors de doute. Elles rendent à la société des citoyens beaucoup plus dangereux que ceux qu'elles en ont reçus. Il en sera ainsi partout où les condamnés pourront communiquer ensemble; et le seul système qui garantisse d'une manière absolue et surtout permanente qu'ils ne communiquent pas, c'est le système de l'emprisonnement individuel.

Voilà une première certitude. En voici une seconde :

De tous les systèmes d'emprisonnement, celui-ci est le plus propre à frapper vivement l'imagination des citoyens, et à laisser des traces profondes dans l'esprit des détenus. En d'autres termes, il n'y en a point qui, par la crainte qu'il inspire, soit plus propre à arrêter les premiers crimes et à prévenir les récidives.

L'emprisonnement individuel n'empêche pas seulement les détenus de se parler, mais de se voir. Ils ne se connaissent pas les uns les autres. Ils ignorent qu'ils habitent sous le même toit. Cela a de grandes conséquences.

Il faut bien reconnaître qu'il existe en ce moment parmi nous une société organisée de criminels. Tous les membres de cette société s'entendent entre eux; ils s'appuient les uns sur les autres; ils s'associent chaque jour pour troubler la paix publique. Ils forment une petite nation au sein de la grande. Presque tous ces hommes se sont connus dans les prisons, ou s'y retrouvent.

C'est cette société dont il s'agit aujourd'hui de disperser les membres; c'est ce bénéfice de l'association qu'il faut enlever aux malfaiteurs, afin de réduire, s'il se peut, chacun d'eux à être seul contre tous les honnêtes gens unis pour défendre l'ordre. Le seul moyen de parvenir à ce résultat est de renfermer chaque condamné à part; de telle sorte qu'il ne fasse point de nouveaux complices, et qu'il perde entièrement de vue ceux qu'il a laissés au dehors.

Ces avantages, messieurs, ont paru assez graves à votre commission, pour qu'à l'exemple du gouvernement elle se déclarât en faveur de ce dernier système.

Avant, cependant, de proposer à la chambre de l'adopter, la commission croit de son devoir de vous faire connaître quelles sont les principales objections que ce système a soulevées, et quelles réponses y ont été faites.

En admettant que le système d'emprisonnement individuel ait d'heureux résultats, n'imposera-t-il pas des charges trop lourdes à la fortune publique?

Une prison où chaque détenu habite séparément, dans un lieu où il peut travailler et vivre pendant des années, sans que son existence soit compromise, une pareille prison doit coûter des sommes très considérables à bâtir.

L'entretien doit, de plus, en être fort onéreux au trésor, car une prison de cette espèce exige un grand nombre d'agents, et le travail des détenus y est peu productif.

A cela, on répond :

Une maison régie d'après le système de l'emprisonnement individuel coûte, en effet, plus cher à bâtir qu'une prison dirigée d'après l'autre système. Mais il est très douteux que le nombre des emplois y soit plus grand; car on a vu précédemment qu'à la terreur qu'inspirent dans les prisons américaines le fouet et l'arbitraire des gardiens, on ne pouvait substituer dans nos prisons qu'une surveillance de tous les instants, exercée par une multitude d'agents.

Il n'est pas certain non plus que, dans une prison cellulaire, le produit du travail soit moindre.

Cette question du travail des détenus dans l'emprisonnement individuel a tant d'importance, par rapport au trésor public et à l'avenir même de la réforme des criminels, que la chambre nous permettra de nous y arrêter un moment.

Au point de vue de la réforme, on dit : les professions exercées dans une prison cellulaire sont nécessairement en très petit nombre : or, il faut que les professions enseignées dans une prison soient très variées, afin que chaque détenu mis en liberté puisse trouver les moyens de vivre en travaillant.

Le nombre des métiers qui peuvent s'exercer dans la solitude est sans doute limité; mais c'est une erreur de croire qu'il est très petit. La commission a eu sous les yeux la liste d'un grand nombre de professions profitables et qu'un homme peut exercer étant seul. A mesure que la division du travail devient plus grande et que chaque détail du même produit est confectionné à part, le nombre de ces travaux solitaires augmente. On compte treize professions dans la seule prison de la Roquette, qui n'est habitée cependant que par des enfants.

Il ne faut pas s'exagérer, d'ailleurs, la nécessité qu'il peut y avoir à multiplier les métiers dans les lieux de détention, afin que tous les libérés qui en sortent puissent exercer au dehors celui qu'ils y ont appris. Les comptes de la justice criminelle nous apprennent que plus du tiers des accusés appartient aux classes agricoles. L'agriculture est leur véritable industrie; il n'est pas désirable qu'ils la quittent pour entrer dans les carrières industrielles, déjà encombrées. Plus du cinquième ont des professions industrielles qu'ils peuvent reprendre à leur sortie. Parmi le reste, les uns n'ont point de profession, et plusieurs n'ont pas besoin d'en avoir pour vivre, ou ne peuvent pas, à cause de leur éducation, vivre d'une profession manuelle. On voit donc que, pour le plus grand nombre, la profession qui est apprise en prison est inutile en liberté, et pourrait peut-être devenir nuisible; et, quant aux autres, celle qu'on leur enseigne en prison peut leur suffire. Il est de notoriété parmi les hommes pratiques que même aujourd'hui, où l'instruction professionnelle dans les prisons est aussi variée qu'elle peut l'être, la grande majorité des libérés n'exerce point en liberté le métier qu'on leur a enseigné en prison. Il est cependant très nécessaire d'apprendre un métier aux détenus, non pas seulement afin de les mettre en état d'exercer ce métier au dehors, mais afin de leur donner au dedans des habitudes réglées et laborieuses, et de leur faire sentir l'utilité du travail et son prix.

Au point de vue de l'intérêt financier, on ajoute : le nombre des métiers étant limité, l'administration ne sera pas libre de choisir les travaux les plus productifs. L'apprentissage qu'elle sera obligée de donner dans la solitude sera plus coûteux et plus long.

Il est vrai que l'administration ne sera pas toujours libre d'employer les détenus aux travaux les plus productifs; mais tous les détenus qu'elle emploiera travailleront beaucoup plus vite, beaucoup plus assidûment et beaucoup mieux dans la solitude.

C'est une grande erreur de croire que l'apprentissage sera plus long dans la solitude; il sera, au contraire, plus court, parce que toutes les forces de l'intelligence de l'ouvrier seront naturellement dirigées vers son travail.

Ces vérités n'avaient point été trouvées par la théorie; ce sont des expériences faites en Amérique, en Angleterre et en France, qui les ont mises en lumière. « Les entrepreneurs sont unanimes, disait M. le préfet de police dans son rapport de 1840, sur l'augmentation et la perfection du travail produit dans la prison de la Roquette, sur l'abrègement et la facilité de l'apprentissage dans l'état actuel. »

L'année dernière, des agents désignés par le président du tribunal de commerce de la Seine ont, sur la demande du préfet de police, visité la prison de la Roquette. Voici la conclusion de leur rapport : « Nous avons reconnu et constaté les immenses progrès « que l'application du système cellulaire a apportés dans l'instruc- « tion scholaire et l'éducation professionnelle des enfants. »

En 1839, les inspecteurs-généraux des prisons, réunis en conseil sous la présidence de M. le directeur de l'administration départementale et communale, débattirent cette question si importante du travail. Le procès-verbal de ces séances a été mis sous les yeux de la commission.

Après de longues discussions, la grande majorité du conseil (sept contre deux) conclut :

1° Qu'il était possible de donner au détenu, dans l'emprisonnement individuel, un métier réel, d'un usage constant, et qui puisse lui servir après sa libération ;

2° Que l'apprentissage d'un semblable métier peut avoir lieu dans l'emprisonnement individuel.

Il n'est donc pas certain que le produit du travail soit moindre dans une prison où l'emprisonnement est individuel, ni que, par conséquent, l'entretien d'une pareille prison soit beaucoup plus onéreux que l'entretien d'aucune autre (1).

Il est vrai qu'à Philadelphie les produits de la prison ne couvrent pas ses dépenses, contrairement à ce qui se voit dans la plupart des prisons américaines, où le travail est commun. Mais cela peut tenir à beaucoup d'autres causes qu'au régime.

C'est ainsi qu'en Amérique même, la prison de Wasinghton, qui est bâtie sur le plan d'Auburn, est très loin de couvrir ses dépenses. Qu'à Auburn même, en 1838, la recette était de plus de 200,000 fr. au-dessous des dépenses, tandis que, pendant les six premiers mois de cette année 1838, dans la nouvelle prison de New-Jersey (2), bâtie sur le plan de Philadelphie, les recettes excédaient les dépenses. Il résulte d'un rapport fait en 1838 à M. le ministre de l'intérieur, que, dans la prison de Glascow, prison bâtie d'après le système de Philadelphie, et, de plus, dans une si-

---

(1) A la Roquette, prison située à Paris, où rien n'a été disposé pour la vie cellulaire, où, par cette raison, l'éclairage, le chauffage, la surveillance coûtent plus cher qu'ils ne coûteraient ailleurs, le changement de système n'a amené qu'une augmentation de 7 centimes par journée de détenu.

(2) Cette prison n'a été habitée qu'à partir du 30 septembre 1837.

tuation très défavorable, puisque les détentions y sont très courtes, le travail des détenus a couvert, pendant les années 1833, 1834, 1835, les 85 centièmes des frais de l'établissement : aucune prison d'Europe n'a encore obtenu un résultat si favorable.

La commission persiste toutefois à croire que si l'on met en ligne de compte l'intérêt des sommes employées à fonder les prisons nouvelles, l'on trouvera que l'entretien de chaque détenu coûtera plus cher à l'État dans l'emprisonnement individuel que dans le système actuel.

Mais il reste à savoir si la somme totale de la dépense que nécessitent les criminels ne finira point par être moindre.

La commission ne doute pas que l'emprisonnement individuel n'ait pour effet de rendre beaucoup plus rares les premiers crimes et les récidives, et, par conséquent, de diminuer les frais de justice criminelle.

En 1827, ces frais s'élevaient à 3,300,000 fr., en 1841 à environ 4,490,000 fr., c'est-à-dire que leur accroissement avait suivi à peu près les mêmes proportions que celui des crimes et des délits. Si, par suite d'un système d'emprisonnement plus répressif et plus réformateur, le nombre des crimes et délits était seulement resté stationnaire, ou qu'il n'eût crû que dans la proportion de la population, l'État aurait dépensé en 1841 environ 1 million de moins qu'il n'a fait.

L'emprisonnement individuel rendant les crimes plus rares, rendra les détenus moins nombreux. De plus, il permettra d'appliquer aux criminels des peines plus courtes, ce qui diminuera encore la population des prisons. Raccourcir d'un cinquième la durée des peines, c'est à la longue (le nombre de ceux qui commettent des crimes restant le même) diminuer du cinquième le nombre des détenus. Il est donc permis de croire que, sous le régime de l'emprisonnement individuel, les prisons contiendront beaucoup moins de condamnés qu'aujourd'hui. Or, la dépense actuelle d'un condamné dans les maisons centrales s'élevant à 223 fr. à peu près, la chambre comprendra aisément quelle grande économie pourrait être obtenue sur ce point. Il en est un autre où l'épargne ne serait pas moindre. Dans la solitude, le détenu n'a pas besoin d'être excité à travailler, l'expérience l'a mille fois prouvé. Il n'est donc pas nécessaire de lui abandonner les deux tiers du produit de son travail, comme on le fait dans nos maisons centrales actuelles : un sacrifice moins grand peut suffire.

La commission, messieurs, a cru devoir s'étendre sur l'objection relative aux frais ; mais elle sent le besoin de dire qu'en pareille matière une objection de cette nature, fût-elle en partie fondée, ne lui paraîtrait pas suffisante pour vous arrêter.

La grande question est de savoir, non pas quel est le système d'emprisonnement le moins coûteux, mais quel est celui qui réprime le mieux les crimes et assure le plus la vie et la fortune des citoyens. Une société intelligente croira toujours regagner en tranquillité et même en richesse ce qu'elle dépense utilement pour ses prisons.

Une autre objection a souvent été présentée contre le système de l'emprisonnement individuel. On a dit :

L'emprisonnement individuel constitue, à lui seul, une peine de telle nature, qu'on ne peut atténuer ou aggraver cette peine que par sa durée. Cela est un grave inconvénient : il est bon de frapper l'imagination du public par la vue d'une échelle de peines. C'est le système du Code, qui ne fait en cela que suivre les principes respectés par toute bonne législation répressive.

A cette objection, qui peut paraître grave, il a été répondu qu'alors même que, dans le système de l'emprisonnement individuel, on ne graduerait la peine de l'emprisonnement que par la durée, il serait encore inexact de dire qu'on renverse l'échelle des peines, telle qu'elle est dressée dans le Code pénal. Le Code pénal, en effet, gradue la peine de plusieurs manières : par la mort civile, par l'infamie, par la privation temporaire des droits civils ou politiques. L'introduction de l'emprisonnement individuel laisse subsister dans leur entier tous ces degrés. Il ne change que la portion de la peine qui consiste dans la privation de la liberté, et, là encore, il n'est pas exact de dire qu'il soit impossible d'établir des différences entre les condamnés.

Il est vrai qu'on ne saurait, sans des inconvénients très graves, accroître avec la grandeur du crime l'état d'isolement comparatif dans lequel le condamné doit vivre. Mais des différences considérables peuvent être établies sur d'autres points. Le vêtement et les aliments peuvent être plus grossiers pour certains criminels ; le travail peut être plus pénible, et la rémunération quelconque qui lui est accordée peut être plus ou moins grande. Ainsi, les classifications du Code pénal se retrouvent en partie.

Indépendamment de ces deux objections, le système d'emprisonnement individuel en a soulevé une dernière ; elle mérite d'attirer toute l'attention de la Chambre.

L'emprisonnement individuel, a-t-on dit quelquefois, n'améliore pas les détenus ; bien plus, il les déprave, les abrutit, et à la longue il les tue.

Un homme renfermé entre quatre murailles est entièrement privé de son libre arbitre ; il ne peut faire un mauvais emploi de sa volonté, il est vrai, mais il ne saurait non plus apprendre à en faire un bon usage. On ne lui enseigne point à se vaincre, puisqu'il est hors d'état de faillir. Il ne devient pas sensible à l'opinion de ses semblables, puisqu'il est seul. Pour lui, le grand mobile des progrès, l'émulation, n'existe pas. Il ne devient donc pas meilleur qu'il n'était, et il est à craindre qu'il ne devienne pire. La solitude est un état contre nature. Elle aigrit, elle irrite tous les esprits qu'elle n'abat point. L'homme énergique qui y est soumis finit par considérer la société comme un tyran implacable, dont il n'attend que l'occasion de se venger. La solitude a enfin pour résultat presque assuré de troubler la raison, et, au bout d'un certain temps, d'attaquer le principe même de la vie. Elle est surtout de nature à produire tous ces effets chez les peuples où les besoins de la sociabilité sont aussi prononcés que parmi nous.

Quant à la portion de l'argument qui est spéciale à une race d'hommes plutôt qu'à une autre, elle ne s'appuie sur le résultat d'aucune expérience.

Des individus appartenant à des nations très diverses ont été renfermés dans le pénitencier de Philadelphie. On n'a point vu que ces hommes fussent différemment affectés par le régime que les Américains. Même observation a été faite dans les prisons du système d'Auburn, où le silence est maintenu par la force. Il a été remarqué, au contraire, dans ces différentes prisons, que les hommes qui se soumettaient le plus résolûment à leur sort, une fois qu'ils le jugeaient inévitable, et qui, par conséquent, en souffraient le moins, étaient les Français. Il semble, en effet, que cette facilité à supporter les maux inséparables d'une condition nouvelle soit un des traits du caractère national. On le retrouve dans nos prisons comme ailleurs. Il n'y a presque personne qui ne fût tenté de croire, au moment où la cantine, le vin et le tabac furent supprimés dans les maisons centrales et le silence ordonné, que l'ordre de la maison ne tarderait pas à être violemment troublé. Aujourd'hui, toutes nos maisons centrales sont soumises à ce régime.

Laissons donc de côté cet argument spécial pour revenir aux raisons plus générales et plus fortes qui ont été données.

Il est sans doute bon d'apprendre aux hommes à faire usage de leur volonté pour vaincre leurs mauvais penchants. Mais c'est une grande question de savoir si l'habitude que prend un détenu de résister à ses passions, non par amour du bien, mais par la crainte toute matérielle que lui cause à chaque instant le fouet, le cachot ou la faim, dont le menacent des geôliers auxquels il ne peut échapper; c'est une grande question, disons-nous, de savoir si une pareille habitude est fort utile à la réforme. Ce qui porterait à en douter, c'est une remarque que tous les directeurs de prison ont faite, et qui se trouve consignée dans les réponses de plusieurs des chefs de nos maisons centrales; savoir, que les détenus qui se conduisent en général le mieux en prison, et se plient le plus aisément à la règle, sont d'ordinaire les plus corrompus. Leur intelligence leur démontre aisément qu'ils ne peuvent se soustraire aux rigueurs de la discipline, et la bassesse de leur cœur les aide à s'y soumettre. Les plus dociles de tous sont les récidivistes.

Quant à l'action que les hommes peuvent avoir les uns sur les autres, elle ne saurait être que pernicieuse. Dans ces petites sociétés exceptionnelles que renferment les prisons, le mal est populaire; l'opinion publique pousse vers le vice, et non vers la vertu, et l'ambition ne saurait presque jamais porter à bien faire.

D'ailleurs, en admettant qu'il y eût quelque chose à perdre de ce côté, il y a beaucoup plus à gagner d'un autre.

Le plus simple bon sens indique que s'il est un moyen puissant de produire une impression profonde et salutaire sur un condamné, ce moyen est de l'isoler de ses compagnons de débauche ou de crimes, et de le livrer à sa conscience, à la paisible considération des maux que ses fautes lui ont produits, et au contact des gens honnêtes. Un pareil système d'emprisonnement ne peut guère manquer de faire prendre aux condamnés des résolutions, sinon vertueuses, au moins raisonnables, et il leur en rend, à leur sortie, l'application plus facile, parce qu'il a rompu ou détendu le lien qui, avant la condamnation, unissait chacun d'eux à la population libre des malfaiteurs.

Tous ceux qui ont visité le pénitencier de Philadelphie et conversé avec les détenus qu'il renferme ont été très frappés de la tournure grave et sérieuse qu'avait prise leur pensée. Tous ont été témoins de l'impression profonde que produisait sur eux la peine à laquelle ils étaient soumis, et des bonnes résolutions qu'elle faisait naître.

Mais, dit-on, ce système qui fait une si grande impression sur l'esprit, le trouble; il détruit la santé, amène la mort. Ce sont là des objections bien graves, et qui méritent assurément plus que toutes les autres de nous préoccuper.

Il est bon de s'entendre d'abord sur un premier point; il est bien certain que l'emprisonnement est un état contre nature, qui, en se prolongeant, ne peut guère manquer d'apporter certain trouble dans les fonctions de l'esprit et du corps. Cela est inhérent à la peine et en fait partie. L'objet des prisons n'est pas de rétablir la santé des criminels ou de prolonger leur vie, mais de les punir et d'arrêter leurs imitateurs. Il ne faut donc pas s'exagérer les obligations de la société sur ce point, et si dans les prisons les chances de longévité ne sont pas très inférieures à ce qu'elles eussent été pour les mêmes hommes dans la liberté, le but raisonnable est atteint. L'humanité est satisfaite.

Cette idée générale admise, interrogeons les faits.

A Glascow, où l'emprisonnement individuel existe depuis près de vingt ans, l'état sanitaire de la prison a toujours été excellent, mais la moyenne de la détention n'excède pas six mois.

A la prison de la Roquette, dont nous avons parlé, où depuis quatre ans quatre cents enfants sont soumis à l'emprisonnement individuel complet, la santé des détenus a presque toujours été meilleure et jamais plus mauvaise qu'elle n'était avant l'introduction du système. Les rapports de cette prison constatent que, dans l'isolement, la moyenne des malades durant les trois dernières années a été de 7/77ᵉ sur 100, tandis qu'elle était de 10 à 11 sur 100 dans le système de vie commune.

Quant au pénitencier de Philadelphie, le seul qui fournisse l'exemple des longues détentions, voici l'état réel des choses.

Dans son dernier rapport (1841), le médecin de la prison constate que, parmi les condamnés qui ont été mis en liberté durant l'année, 88 sur cent étaient très bien portants; et que, parmi ceux qu'avait reçus la prison durant la même période, 50 seulement sur cent étaient dans le même cas. Une remarque analogue a été faite durant les années antérieures; ce qui tend à prouver que la santé des détenus se rétablit plutôt qu'elle ne se détériore dans la prison.

Une base d'appréciation encore plus solide se trouve dans la liste des décès. La commission a eu sous les yeux la table de mortalité du pénitencier de Philadelphie, de 1830 à 1840; elle a constaté que la moyenne de la mortalité, durant cette période, avait été environ de un décès sur trente détenus.

A Auburn, la moyenne n'a été que de un sur cinquante-six; mais à Singsing, grande prison de l'Etat de New-York, qui suit le même régime qu'Auburn, elle a été de un sur trente-sept; à Genève, où la douceur du régime a été poussée jusqu'au point d'énerver la loi pénale, de un sur 30.

Ainsi Philadelphie n'a d'infériorité que comparativement aux pénitenciers américains, et cette infériorité s'explique très bien par des circonstances particulières (1). D'ailleurs, l'infériorité de Philadelphie, quant aux prisons de l'Amérique, n'existe que par rapport aux prisons réformées. Dans cette même ville de Philadelphie, il existait, antérieurement au pénitencier actuel qui n'a que treize ans d'existence, une autre prison, et dans cette prison où l'on rencontrait avec la vie commune tous les vices qu'elle entraîne avec elle, et que l'emprisonnement individuel fait disparaî-

---

(1) La principale de ces circonstances est celle-ci : la prison d'Auburn contient comparativement peu de nègres relativement à celle de Philadelphie, où les nègres forment près de la moitié de la population, 40 sur 100.

Or, il est reconnu en Amérique que la mortalité parmi les nègres est beaucoup plus grande que la mortalité parmi les blancs, et ce qui le prouve, c'est que, bien que les nègres du pénitencier de Philadelphie ne figurent au nombre total des détenus que dans la proportion de 40 sur 100, les décès appartenant à cette classe sont au nombre total des décès dans la proportion de 73 à 100.

Un fait analogue se produit dans la société libre. En 1830, la mortalité parmi la race blanche de la ville et du comté de Philadelphie a été de 1 blanc sur 50 blancs, et de 1 nègre sur 25 nègres.

On comprend dès lors qu'il est impossible de comparer, quant à la mortalité, une prison qui contient beaucoup de nègres à une prison qui n'en contient que peu.

tre, la mortalité n'était pas de un sur trente, mais de un sur sept.

Le résultat obtenu à Philadelphie paraîtra encore plus favorable, si on le compare à ce qui se passe en France. Les tableaux publiés par le ministre du commerce nous apprennent que, de 1817 à 1835, pendant l'époque où la discipline était la plus relâchée, la mortalité dans nos maisons centrales a été de un détenu sur quatorze ou sur quinze. Elle a été moyennement, dans les trois dernières années, de un sur douze ou treize.

M. le ministre de l'intérieur a chargé un médecin, M. le docteur Chassinat, de faire une étude spéciale de la moralité dans les prisons et de ses causes.

Pour remplir sa mission, M. le docteur Chassinat a pris note de tous les condamnés entrés dans les bagnes du royaume pendant dix ans, de 1822 à 1831 inclusivement, et il les a classés de manière à pouvoir étudier quelle action pouvaient avoir eu sur la mortalité différentes circonstances, telles que le séjour antérieur dans les prisons, la nature du crime, la profession exercée en liberté, la nationalité.

Un travail moins étendu, mais analogue et embrassant la même période, a été fait par M. le docteur Chassinat sur les maisons centrales.

M. Chassinat a ensuite comparé la mortalité des prisons à celle qui a lieu dans la société libre, d'après les tables de Duvillart.

Ce document a passé sous les yeux de la commission. Il mériterait d'être mis en entier sous ceux de la Chambre, car il jette une grande lumière non-seulement sur le question du régime des prisons, mais sur plusieurs points importants de la législation pénale ; voici, quant au sujet qui nous occupe, ce qui en résulte.

Pendant le même espace de temps, et parmi les hommes du même âge, il meurt deux personnes dans la société libre et cinq forçats. Dans les mêmes circonstances, il meurt deux personnes dans la société libre, et de six à sept détenus dans les maisons centrales. Un homme de trente ans, au bagne, a la même chance de vie qu'un homme de cinquante-huit dans la société libre.

Un homme de trente trois ans, dans la maison centrale, a la même chance de vie qu'un homme de soixante-quatre dans la société libre.

Il meurt dans les maisons centrales dix-sept hommes sur treize femmes.

L'âge où la mortalité sévit le plus dans les maisons centrales est l'âge de seize à vingt ans. On y meurt à cet âge une fois plus que ne le comporte la moyenne générale. Lorsqu'il meurt deux jeunes gens de seize à vingt ans dans la société libre, il est pénible de remarquer qu'il en meurt douze en prison.

Il est donc absolument faux de dire que le système d'emprisonnement suivi à Philadephie ait compromis outre mesure la vie des détenus, puisque dans nos maisons centrales, à l'époque même où le régime y était le plus doux, les décès ont été beaucoup plus nombreux qu'en Amérique.

Il y a plus : la commission de 1840 a constaté que, dans notre armée composée d'hommes jeunes et choisis, la mortalité dans les grandes villes de garnison, et particulièrement à Paris, était plus considérable que dans le pénitencier de Philadelphie.

L'État doit-il donc à des criminels une garantie d'existence plus grande que celle qu'il accorde à ses soldats ?

L'emprisonnement individuel de Philadelphie, qui n'a point été fatal à la vie des condamnés, paraît avoir eu, dans quelques circonstances, il faut le reconnaître, une influence fâcheuse sur leur raison.

En 1838, quatorze cas d'hallucination mentale ou de folie ont été constatés dans la prison (la population était de trois cent quatre-vingt-sept détenus); en 1839, le nombre de cas a été de vingt-six (la population étant de quatre cent vingt-cinq). Sur ce nombre, les inspecteurs du pénitencier, nommés par la législature de Pennsylvanie, constatent que huit sont relatifs à des détenus dont les facultés intellectuelles étaient plus ou moins altérées avant d'entrer en prison (1), et quinze se rapportent à des condamnés qui n'avaient été sujets qu'à une irritation momentanée, calmée par un traitement de quelques jours, ou au plus de quelques mois.

En 1840, il y a eu dix ou douze cas d'hallucination. Parmi les détenus atteints de cette maladie, deux étaient fous avant d'entrer en prison, presque tous les autres ont été guéris à l'aide d'un traitement qui a duré de deux à trente-deux jours.

Il y a donc eu à Philadelphie un certain nombre de surexcitations mentales, qui, s'étant manifesté dans la prison, peut (2) être attribué au régime qui y est en vigueur.

(1) Cette assertion ne paraîtra pas extraordinaire, si l'on songe que la Pennsylvanie ne possède point d'hôpital d'aliénés où les indigents ou bien les gens sans famille puissent être envoyés. C'est ainsi que, dans la prison de Connecticut, qui est régie d'après le système d'Auburn, il se trouvait, en 1838, huit détenus en état de démence sur cent quatre-vingt-onze détenus que contenait la prison. L'État de Connecticut, comme celui de la Pennsylvanie, n'a point d'hôpital d'aliénés.

(2) Nous disons *peut*. Il est naturel, en effet, de concevoir un doute dont il est de notre devoir de faire part à la Chambre. En 1838, un ou deux détenus, présumés fous, obtiennent pour cette raison leur grâce. A partir de ce moment, les cas de folie se multiplient ; mais, contrairement à la marche habituelle des maladies mentales, quelques jours suffisent d'ordinaire pour guérir le malade. N'est-il pas permis de croire que quelques-unes de ces affections, si facilement surmontées, et qui apparaissent au milieu d'une prison où la santé générale des détenus est remarquablement bonne, ont été simulées, soit dans l'espérance d'échapper momentanément à la rigueur du régime commun, soit dans l'espoir de la grâce ?

L'emprisonnement individuel avait, en effet, au pénitencier de Philadelphie, à l'époque où les personnes envoyées par le gouvernement français l'ont visité, des caractères particulièrement austères et qu'il n'est pas dans l'intention de la commission de préconiser.

La prison de Philadelphie a été créée dans un but de religion plus encore que d'intérêt social. On a surtout voulu en faire un lieu de pénitence et de régénération morale.

Partant de ce principe absolu, on avait entrepris, non pas seulement de séparer le détenu de la société de ses pareils, mais de le plonger dans une profonde et irrémédiable solitude. Une fois entré dans sa cellule, il n'en sortait plus. Il n'y trouvait que son métier et un seul livre, la Bible. Aucun visiteur, si ce n'est un très petit nombre d'individus désignés par la loi, n'était admis à le voir ni à lui parler. Aucun bruit du dehors ne parvenait à son oreille. C'étaient ses gardiens seuls qui lui apprenaient une profession. Il ne les voyait même que de loin en loin. Ils lui passaient sa nourriture à travers un guichet. Il n'était pas témoin des cérémonies du culte. Le condamné entendait la voix, mais n'apercevait pas les traits du prédicateur. En un mot, tout semblait avoir été combiné pour accroître la sévérité naturelle du système, au lieu de s'efforcer de l'adoucir.

On comprend que, parmi quatre cents individus soumis à un pareil régime, l'imagination de quelques-uns arrive à s'exalter; que les esprits faibles ou bizarres que renferme toujours en grand nombre une prison soient surexcités, et que des cas d'hallucination aient dû se présenter.

La commission de 1840, qui était fermement convaincue que l'emprisonnement individuel est le meilleur système de détention qui ait été trouvé, repoussait cependant les rigueurs inutiles dont les législateurs de la Pennsylvanie avaient voulu l'entourer. Le système qu'elle préconisait et dont elle proposait l'adoption à la Chambre n'avait pas tant pour objet de mettre le détenu dans la solitude que de le placer à part des criminels. C'était dans cette vue qu'après avoir posé dans la loi le principe de la séparation des détenus, elle n'avait pas voulu abandonner à un règlement d'administration publique le droit d'indiquer les différents moyens à l'aide desquels ce principe devait être appliqué. Elle avait cru que ces détails faisaient partie intégrante de la peine, et que, par conséquent, le législateur ne devait pas laisser à d'autres qu'à lui-même le soin de les fixer. Votre commission, messieurs, s'est pleinement associée à ces différentes pensées. Comme sa devancière, ce n'est pas la solitude absolue qu'elle prétend imposer aux détenus, c'est la séparation des criminels les uns des autres. Ainsi que la commission de 1840, elle juge qu'il ne suffit pas d'indiquer ce but, et qu'il faut que la loi elle-même prenne les mesures

res les plus propres à le faire atteindre. Le projet du gouvernement est entré dans cette voie. Votre commission vous propose d'y entrer encore plus avant.

Quant à la prison elle-même, nous n'avons pas cru que la loi dût indiquer un mode de construction plutôt qu'un autre. Le projet du gouvernement se borne avec raison à dire que *chaque détenu devra être renfermé dans un lieu suffisamment spacieux, sain et aéré.*

Cependant nous devons faire observer que toutes les prisons cellulaires bâties en Angleterre sont construites de façon à ce que chaque détenu puisse tous les jours prendre de l'exercice en plein air. La plupart des plans dressés en France contiennent aussi des promenoirs. L'expérience a prouvé que cet exercice, dont on peut fournir aux détenus le moyen sans entraîner l'État dans de grandes dépenses, est indispensable à leur santé. La commission espère que toutes les nouvelles prisons seront bâties de manière à ce que cet exercice salutaire puisse être donné.

Elle a également pensé qu'il était fort nécessaire de bâtir les prisons cellulaires de telle façon que l'air pût pénétrer très aisément dans toutes leurs parties. En conséquence, elle émet le vœu que quand les nouveaux pénitenciers seront composés de plusieurs ailes, ces ailes ne soient pas rapprochées les unes des autres; erreur préjudiciable à la santé des détenus, dans laquelle on est souvent tombé.

La commission croit enfin devoir rappeler qu'il ne s'agit pas d'élever de somptueux monuments, mais de bâtir des maisons de répression dans la construction desquelles toutes les dépenses inutiles doivent être évitées avec grand soin. L'avenir de la réforme pénitentiaire en France dépend en partie de la sage économie qui présidera à son introduction. C'est ce que ne doivent jamais oublier ceux qui entreprennent cette grande œuvre.

Nous avons dit que le but de la loi était de séparer les détenus entre eux, mais non de les plonger dans la solitude.

Après s'être occupée de la prison elle-même, la commission a donc dû examiner si les détenus y étaient mis, le plus souvent possible, en contact avec la société honnête.

Le projet de loi indique qu'à chaque prison serait attaché, indépendamment du directeur et du médecin, un instituteur.

Les comptes de la justice criminelle font connaître qu'en 1838 la proportion de ceux qui ne savent ni lire ni écrire était de cinquante-six sur cent, et que presque tous sont plus ou moins dans l'ignorance des notions les plus élémentaires des connaissances humaines. D'une autre part, l'expérience a prouvé en Amérique et prouve encore tous les jours à la prison de la Roquette que les détenus soumis à l'emprisonnement individuel s'adonnent très volontiers à l'étude et y font aisément de grands progrès.

« Les résultats de l'instruction élémentaire, dit M. le préfet de
« police dans son rapport du 22 février 1840, tels qu'ils se sont
« révélés depuis deux ans dans le quartier de la correction pater-
« nelle (le plus anciennement divisé en cellules) m'autorisent à
« dire qu'il est hors de doute que les progrès des élèves seront
« bien plus marqués dans la séquestration solitaire où l'étude de-
« vient une distraction, que dans l'école commune. »

Les rapports subséquents prouvent que cette prévision s'est réalisée.

Les hommes les plus grossiers, réduits à eux-mêmes, ne considèrent plus les efforts de l'esprit comme un travail, mais comme un délassement. Il est utile de leur procurer, avec ce soulagement de la solitude, l'instruction élémentaire dont ils manquent.

A la prison sera attaché un aumônier. La commission vous propose d'ajouter qu'on placera également dans la prison un ministre appartenant à l'un des cultes non catholiques autorisés par la loi, si les besoins l'exigent. Si le nombre des détenus non catholiques n'était pas assez grand pour qu'un ministre de leur culte fût attaché à la prison, il est bien entendu, du moins, que le détenu non catholique ne sera jamais forcé de recevoir la visite de l'aumônier, s'il s'y refuse, et qu'il lui sera loisible de se procurer les secours religieux au dehors.

Trente-une pétitions ont été adressées à la Chambre à l'occasion du projet de loi des prisons. Ces pétitions ont été mises sous les yeux de la commission, qui en a fait l'objet d'un très sérieux examen. La plupart d'entre elles émanent de consistoires protestants. Toutes ont pour but de réclamer la création d'un pénitencier uniquement destiné à recevoir des détenus appartenant à la religion réformée.

La commission reconnaît tout ce qu'a de respectable une demande qui prend son origine dans la première de toutes nos libertés, la liberté religieuse; cependant elle ne croit pas pouvoir vous proposer d'ajouter à la loi les dispositions qu'on réclame. Elle a pensé que la réunion en un même lieu de tous les condamnés protestants de France présenterait dans la pratique des difficultés très grandes. Elle a jugé surtout que ce système serait souvent fort contraire à l'intérêt même de ces individus; qu'il éloignerait beaucoup d'entre eux de leur famille, qui est souvent pour eux une source de moralité aussi bien que de consolation, et les soumettrait à de longs et pénibles transports qui leur fourniraient vraisemblablement de nouvelles occasions de se corrompre. Tout ceux qui se sont occupés spécialement du système pénitentiaire savent, en effet, que rien n'est plus dangereux que ces voyages pendant lesquels les condamnés, mal surveillés, achèvent d'ordinaire de se dépraver.

« C'est surtout par l'influence des croyances religieuses, dit un

« inspecteur-général dans son rapport, qu'on peut espérer la ré-
« forme morale d'un certain nombre de condamnés ; la discipline
« ne peut que lui préparer les voies. »

La commission a la même pensée : le régime cellulaire lui paraît, de tous les modes d'emprisonnement, le plus propre à ouvrir les cœurs des détenus à cette influence réformatrice. C'est là un des plus grands avantages de ce régime à ses yeux.

Dans le système de l'emprisonnement individuel, le condamné, isolé de ses pareils, écoute sans distraction et retient sans peine les vérités qui lui sont enseignées ; il reçoit sans rougir les conseils honnêtes qu'on lui donne ; le prêtre n'est plus pour lui un objet de dérision et de haine, sa seule présence est un grand soulagement de la solitude : le détenu souhaite sa venue et s'afflige en le voyant partir.

L'emprisonnement individuel est assurément, de tous les systèmes, celui qui laisse le plus de chances à la réforme religieuse. Il est donc à espérer que, lorsqu'il s'établira, on verra non seulement les ministres de toutes les religions, mais les hommes religieux de toutes les communions, tourner du côté des prisons leur zèle ; jamais champ plus fertile et plus vaste ne leur aura été ouvert.

La commission pense qu'il importe beaucoup au succès du régime pénitentiaire que ce mouvement naisse et soit encouragé et facilité.

Après l'aumônier, le projet de loi indique, parmi ceux qui doivent visiter le plus possible les détenus, les membres de la commission de surveillance.

Toutes ces visites sont de droit. Elles sont obligatoires une fois par semaine pour le médecin et l'instituteur. Afin de rendre l'exécution de cette dernière prescription possible, la commission de 1840 avait prévu le cas où la prison contiendrait plus de cinq cents détenus. L'expérience, ainsi qu'on l'a dit plus haut, indique qu'une prison, quel que soit le système en vigueur dans ses murs, ne doit pas contenir plus de cinq cents détenus. Il est évident que les prisons qu'on aura désormais à bâtir ne devront pas dépasser cette limite ; mais il y a beaucoup de prisons déjà bâties et qui sont faites dans le but de renfermer un plus grand nombre de criminels. Pour celles-là, la commission de 1840 indiquait que le nombre des médecins, instituteurs et aumôniers, y devrait être augmenté proportionnellement au nombre des détenus, c'est-à-dire que si les détenus étaient plus de cinq cents, deux médecins, deux aumôniers, deux instituteurs, devaient être attachés à la prison, et trois si elles contenaient plus de mille criminels. Votre commission, messieurs, a pensé qu'il était très désirable que l'administration suivît cette règle, mais elle n'a pas cru qu'il convînt de l'y enchaîner d'une manière absolue.

Indépendamment des visites que certains fonctionnaires ont le droit ou l'obligation de faire aux condamnés, le projet de loi indique que les parents des détenus, les membres des sociétés charitables, les agents des travaux, pourront être autorisés à les visiter. Pour ces visites, qui peuvent se reproduire régulièrement, et qui sont faites par des personnes dont on connaît d'avance les intentions et la moralité, une permission générale du préfet est suffisante; pour toutes les autres, une permission spéciale est nécessaire.

La chambre voit clairement quel a été le but général de la commission dans tout ce qui précède. Le point de départ des fondateurs du système pénitentiaire de Philadelphie avait été de rendre la solitude aussi complète qu'on peut l'imaginer. Le système du projet de loi s'efforce de la diminuer autant que possible, pour ne la réduire qu'à la séparation des criminels entre eux.

Après les visites que le condamné peut recevoir, le plus grand adoucissement de l'emprisonnement individuel, c'est le travail. Dans ce système, le travail est un plaisir nécessaire; l'oisiveté n'est pas seulement très pénible, elle devient, en se prolongeant, très dangereuse. L'emprisonnement individuel sans travail a été essayé en Amérique, et il y a produit les plus funestes effets. Aussi, votre commission est-elle d'avis de déclarer dans la loi que le travail est obligatoire, et qu'il ne peut être refusé, si ce n'est à titre de punition temporaire.

Ce que nous disons du travail matériel doit s'entendre, quoiqu'à un degré bien moindre, de celui de l'esprit. Il est sage et utile de permettre aux détenus la lecture, non-seulement de l'Ecriture sainte, ainsi que l'ont fait les Américains, mais des livres que la prison pourrait se procurer et dont le choix sera déterminé par la commission de surveillance.

A toutes ces précautions dont l'objet, ainsi que le voit la Chambre, est de faire que l'emprisonnement individuel soit sans danger pour la vie et la raison des condamnés, votre commission a pensé qu'il était nécessaire d'en joindre une dernière sans laquelle toutes les autres pourraient devenir presque illusoires.

En vain aurait-on disposé la prison de manière à ce que le détenu pût prendre de l'exercice; inutilement aurait-on permis à celui-ci de voir un certain nombre de personnes indiquées par la loi elle-même, si la discipline de la maison ou l'exigence de l'entrepreneur ne lui laissaient aucun moment de loisir. La commission, qui jugeait indispensable de tempérer la rigueur de l'emprisonnement solitaire, devait en assurer les moyens. En conséquence, un amendement introduit par elle déclare que deux heures au moins chaque jour seront réservées pour l'école, les visites des personnes désignées ci-dessus, et la lecture des livres dont il a été parlé plus haut. Tous ces amendements ont été consentis par le gouvernement.

votre commission, messieurs, a jugé que l'emprisonnement individuel ainsi adouci, non-seulement ne compromettrait pas la vie des condamnés, l'exemple de Philadelphie le prouve, mais qu'il produirait très rarement les accidents dont ce pénitencier a été témoin. Sa conviction sur ce point a été corroborée par l'opinion exprimée il y a quatre ans par une commission de l'Académie de médecine de Paris.

L'Académie avait à examiner l'ouvrage que lui avait soumis M. Moreau-Christophe, inspecteur-général des prisons de France, intitulé : *De la mortalité et de la folie dans le système pénitentiaire.*

Le rapport fut fait le 5 janvier 1839 par une commission composée de MM. Pariset, Villermé, Marc, Louis et Esquirol, ce dernier faisant les fonctions de rapporteur ; il se termine ainsi :

« Si la commission avait eu à exprimer son opinion sur la préfé-
« rence à accorder à un système pénitentiaire, elle n'hésiterait
« pas à se prononcer pour le système de Philadelphie comme le
« plus favorable à la réforme.

« La commission, n'ayant à se prononcer que sur la question
« sanitaire, est convaincue que le système de Pennsylvanie, c'est-
« à-dire la réclusion solitaire et continue de jour et de nuit avec
« travail, conversation avec les chefs et les inspecteurs, n'abrége
« pas la vie des prisonniers et ne compromet pas leur raison. »

Pour achever enfin de s'éclairer sur cette portion capitale de sa tâche, votre commission a cru devoir se transporter tout entière dans le pénitencier de la Roquette, où le système qu'elle préconise est depuis plus de quatre ans en vigueur. La vue de cette prison a achevé de la confirmer dans l'opinion qu'elle avait déjà.

A l'aide du regard qui existe à la porte de chaque cellule, les membres de la commission ont pu voir tous les détenus sans que ceux-ci sussent qu'on les regardait. Tous s'occupaient de leurs travaux avec l'apparence de l'application la plus soutenue et du plus grand zèle. La commission en a interrogé un grand nombre ; ils lui ont semblé avoir l'esprit tranquille et soumis. Elle a vu appliquer sous ses yeux la méthode simple et ingénieuse à l'aide de laquelle on parvient sans peine à enseigner à ces enfants le catéchisme et les premiers éléments des connaissances humaines. La commission a pu se convaincre que les détenus ne restaient jamais longtemps seuls. Les visites du directeur et de l'aumônier, les soins de l'école, les nécessités mêmes du travail manuel, qui forcent les gardiens à entrer souvent dans les cellules pour apprendre au jeune condamné son métier, diriger ses efforts ou en constater les résultats, interrompent fréquemment la solitude. Le bruit de l'industrie dont tous les corridors retentissent sans cesse, le mouvement incessant qui règne dans toutes les parties de la maison, ôtent à cette prison la physionomie morne et glacée qu'ont certains pénitenciers d'Amérique. Le vœu de la commission est qu'un grand nombre des membres de la chambre aille visiter la maison de la Roquette. Il serait imprudent sans doute de conclure, de ce qui se passe dans cette prison, que le système qui y est en pratique, appliqué à des hommes faits, ne produirait pas sur ceux-ci une impression plus profonde que celle qu'il fait naître chez des enfants. Toutefois, la commission se croit en droit d'affirmer qu'un pareil système ne fera pas naître dans l'intelligence des détenus le trouble qu'on redoute. Alors même, d'ailleurs, que les affections mentales seraient un peu moins rares dans les prisons nouvelles que dans les anciennes, la commission n'hésiterait pas encore à dire que cette raison, quelque puissante qu'elle soit, n'est pas suffisante pour faire abandonner, avec le système de l'emprisonnement individuel, tous les biens sociaux qu'on en doit attendre.

Les anciennes prisons causaient une souffrance physique ; c'est par ce côté qu'elles étaient surtout répressives. Les améliorations introduites successivement depuis dans le régime ont permis qu'on y jouît souvent d'une sorte de bien-être.

Si la peine de l'emprisonnement épargne le corps, il est juste et désirable qu'elle laisse du moins dans l'esprit des traces salutaires, attaquant ainsi le mal dans sa source. Or, il est impossible qu'un régime spécialement destiné à faire une impression vive sur un grand nombre d'esprits n'en pousse pas quelques-uns vers la folie. Si ce mal devient, comme le croit la commission, très rare, quelque déplorable qu'il soit, il faudrait encore le préférer aux maux de mille espèces que le système actuel engendre.

Le Code pénal n'accorde rien aux forçats sur les produits de leur travail, mais il permet d'abandonner aux condamnés à la réclusion une portion de ce produit, et il crée un véritable droit en faveur des condamnés pour délits correctionnels ; ainsi qu'il résulte de l'article 41, qui dispose « que les produits du travail de « chaque détenu pour délit correctionnel seront appliqués, par- « tie aux dépenses de la maison, partie à lui procurer quelques « adoucissements, s'il les mérite, partie à former pour lui, au « temps de sa sortie, un fonds de réserve. »

Une ordonnance de 1817 a voulu que ces trois parts fussent égales ; conséquemment, dans l'état actuel de la législation, les deux tiers du produit du travail des détenus pour délits correctionnels leur appartiennent. La même faveur est faite aux réclusionnaires que renferment nos maisons centrales.

Le projet de loi change complètement cet ordre de choses, et propose de déclarer d'une manière générale que le produit du travail de tous les condamnés appartient à l'Etat ; qu'une portion déterminée de ce produit *pourra* seulement leur être accordée. Ainsi, il fait plus pour les forçats, et moins pour les condamnés correctionnellement que n'avait fait le Code pénal, et il traite tous les condamnés comme ce même Code avait traité les seuls réclusionnaires.

La commission de 1840 avait refusé d'admettre une disposition semblable ; rentrant dans l'esprit du Code pénal, elle avait établi que les condamnés aux travaux forcés ne recevraient rien ; que les condamnés à la réclusion *pourraient* recevoir, et que les condamnés pour délits correctionnels *devraient* recevoir une partie du produit de leur travail. Le minimum de ce salaire était fixé, non aux deux tiers comme le portait l'ordonnance de 1817, mais au tiers seulement, et les détenus pouvaient en être privés comme punition disciplinaire ; quelques membres de votre commission ont reproduit ces idées.

Ils pensaient que, bien qu'en droit strict l'Etat puisse s'attribuer le produit complet du travail des criminels, l'usage de ce droit était très rigoureux, et qu'il pourrait être dangereux d'y recourir au sortir d'un régime dans lequel on avait poussé la condescendance à cet excès d'accorder comme règle générale au plus grand nombre des condamnés les deux tiers de ce qu'ils gagnaient en prison. Que d'ailleurs le but de l'emprisonnement pénitentiaire n'était pas seulement de forcer au travail, mais d'en donner le goût et d'en faire sentir le prix. Qu'un travail sans salaire ne pouvait inspirer que du dégoût.

La majorité répondait qu'il était sans doute utile et nécessaire de salarier dans une certaine mesure le travail des condamnés ; que l'article même du gouvernement supposait qu'il en serait ainsi, mais qu'il était immoral et dangereux de reconnaître à des condamnés quelconques un droit au salaire. Que le travail dans les prisons était obligatoire, et que ses produits étaient une indemnité due par les coupables à la société, pour la couvrir des dépenses que leur crime lui occasionait.

La minorité, envisageant la question sous un nouveau jour, faisait remarquer que le système du Code pénal, suivi par la commission de 1840, avait ce résultat d'établir une distinction importante entre les peines, et de permettre de les graduer suivant la gravité des crimes ; avantage très grand que le projet du gouvernement faisait perdre, et qu'il fallait cependant d'autant plus apprécier aujourd'hui, que l'adoption du système cellulaire allait rendre fort difficile de graduer la peine de l'emprisonnement autrement que par la durée.

La majorité, qui persistait à ne vouloir accorder aucun droit aux condamnés sur le produit de leur travail, et qui cependant trouvait utile d'établir dans la loi, quant au salaire, une gradation analogue à celle du Code pénal, après avoir adopté l'article du projet, y a ajouté une disposition d'après laquelle l'administration ne peut accorder aux condamnés aux travaux forcés plus des 3/10ᵉˢ du produit de leur travail, aux condamnés à la réclusion plus des 4/10ᵉˢ, et aux condamnés à l'emprisonnement plus des 5/10ᵉˢ.

Cette disposition forme, avec les deux premiers paragraphes détachés de l'art. 23, l'art. 24 du projet amendé par la commission.

La commission ayant examiné, approuvé, et, suivant son opinion, amélioré dans quelques détails le système d'emprisonnement que le projet de loi indique, plusieurs questions très difficiles et très graves lui restaient encore à résoudre.

La première était de savoir dans quelles prisons le nouveau système serait introduit.

Deux membres ont pensé que la suppression des bagnes présenterait quelques dangers.

Une grande partie de l'accroissement des crimes, ont-ils dit, doit être attribuée aux adoucissements peut-être imprudents qu'on a fait subir en 1832 à la loi pénale. Il faut prendre garde d'énerver encore cette loi en faisant disparaître celle des peines qui frappent le plus l'imagination du public.

La peine des travaux forcés, ou, comme l'appelle encore le peuple, des galères, n'est pas, il est vrai, favorable à la réforme de ceux qui la subissent; mais, plus qu'aucune autre, elle est redoutée par ceux que leurs penchants vicieux ou leurs passions violentes peuvent amener à la subir. L'appareil infamant et terrible qui l'environne frappe de terreur les hommes qui seraient tentés de commettre les grands crimes. C'est là une terreur salutaire qu'il ne faut pas se hâter de faire disparaître.

On a répondu :

D'abord la terreur qu'inspire le bagne au criminel est beaucoup moindre qu'on ne le suppose. Dans le bagne, la vie est moins monotone, moins contrainte et plus saine que dans les prisons proprement dites; le chiffre de la mortalité y est moindre.

Aussi a-t-on vu des accusés et des condamnés préférer hautement le bagne à certaines maisons centrales. De telle sorte qu'avec toutes les apparences de l'extrême rigueur, il arrive souvent que la peine du bagne n'est pas suffisamment réprimante.

En second lieu, croit-on que l'emprisonnement individuel, surtout quand il doit durer longtemps, ne soit pas de nature à faire naître ces craintes utiles que la loi pénale veut inspirer ? L'expérience a prouvé le contraire. Il n'y a rien que le condamné redoute plus qu'une longue solitude, ni qui produise une impression plus profonde sur les âmes les plus endurcies et les plus fermes.

Alors même que la peine du bagne serait plus intimidante que celle de l'emprisonnement individuel, pourrait-elle, d'ailleurs, être préférée ? Est-ce de nos jours, et dans notre pays, qu'on peut chercher à intimider les coupables en les plongeant sans ressources dans une atmosphère inévitable de corruption et d'infamie, en les chargeant de chaînes, en les accouplant les uns aux autres, et en leur imposant le contact incessant et nécessaire de leur immoralité réciproque?

L'opinion publique dit hautement que non; et à plusieurs reprises elle a trouvé un interprète dans vos commissions elles-mêmes.

Voici notamment ce qu'on lit dans le rapport de la commission du budget de cette année, à l'article *Chiourmes*, p. 271.

« N'y a-t-il donc rien à faire pour changer l'état des bagnes? On avait pensé qu'il y avait à s'en préoccuper dans l'intérêt de la société; qu'il y avait là une école permanente de crime d'où les hommes sortaient plus corrompus et plus dégradés. Au nom de la morale et de l'humanité, une réforme du système actuel qui régit les bagnes avait été demandée; la commission croit de son devoir d'appeler de nouveau l'attention du gouvernement sur un état de choses qui se continue pour le plus grand dommage de la société. »

Le projet actuel réalise ce vœu. Le gouvernement a eu d'autant plus de facilité à y céder, que, sous le point de vue de l'économie publique, les bagnes sont une détestable institution.

Voici ce qu'on lit dans le rapport présenté au ministre de la marine, en 1838, par M. le baron Tupinier, alors directeur des ports :

« Les forçats ne sont pas des auxiliaires nécessaires pour les tra-
« vaux des ports; ils y sont, au contraire, des collaborateurs fâ-
« cheux pour les ouvriers qu'ils corrompent, des hôtes fort dange-
« reux pour la sûreté des arsenaux et du matériel.

« Il s'en faut de beaucoup que la marine retrouve dans la va-
« leur du travail des forçats l'équivalent des sommes qu'elle dé-
« pense pour l'entretien des bagnes. Il y aurait environ neuf cent
« mille francs d'économie chaque année à employer des ouvriers
« libres : on rendrait ainsi un grand service à la population des
« ports, qui souffre faute de pouvoir trouver un salaire, et on dé-
« barrasserait la marine d'un véritable fléau. »

Les mêmes assertions se retrouvent dans une lettre écrite, en 1838, par M. le ministre de la marine à M. le ministre de l'intérieur, lettre qui a passé sous les yeux de la commission (1).

---

(1) Voici les principaux passages de cette lettre.

Paris, le 22 août 1838.

Toutes les personnes qui se sont occupées d'examiner à fond le régime des arsenaux maritimes ont été frappées des inconvénients graves qui sont atta-

La majorité de votre commission croit devoir vous proposer d'adopter la disposition du projet de loi qui supprime les bagnes et les remplace par des maisons de travaux forcés où le système de l'emprisonnement individuel sera introduit.

La commission de 1840 avait été unanime quant à la destruction des bagnes. Mais elle s'était divisée sur le point de savoir s'il fallait soumettre dès à présent les condamnés aux travaux forcés, les réclusionnaires et même tous les détenus correctionnellement, au système de l'emprisonnement individuel.

chés à l'emploi des forçats dans ces établissements, et des dangers de leur présence au milieu d'une grande masse d'ouvriers libres, parmi lesquels ils circulent sans cesse, et dont ils partagent les travaux. Il y a, en effet, un scandale de tous les instants ; et, indépendamment des inconvénients déplorables qui en résultent pour la morale, c'est la source d'un grand nombre de vols qui occasionnent à la marine des pertes annuelles fort considérables sur la masse de ses approvisionnements.

Ma conviction est entière à cet égard : elle se fonde sur l'expérience que j'ai acquise, comme préfet maritime, de ce qui se passe dans nos ports ; et je partage complètement les opinions émises sur ce sujet par M. le baron Tupinier, dans son rapport sur le matériel de la marine.

Ainsi, je crois fermement qu'il y a danger pour la sûreté des arsenaux maritimes et pour la conservation de ce qu'ils renferment à employer des forçats dans ces établissements.

Je suis également convaincu qu'il y aurait pour la marine un très grand avantage, sous le rapport financier, à n'avoir plus l'obligation d'entretenir les bagnes.

Ainsi que le fait remarquer M. Tupinier, il y a beaucoup de travaux dont il eût été possible de se passer, et qu'on n'aurait pas même songé à entreprendre sans la facilité d'y employer des forçats auxquels on n'avait à payer chaque jour que des salaires insignifiants, et dont la dépense véritable devait demeurer inaperçue tant qu'on ne règlerait pas les comptes de l'année.

Il est à remarquer, d'ailleurs, que si, pour ramener le régime des bagnes à ce qu'il aurait dû toujours être dans l'intérêt de la morale publique et suivant le vœu de la loi, on s'arrangeait de manière à ce que les condamnés fussent constamment séparés des ouvriers libres, sans communication avec le dehors, et occupés seulement à des travaux de force au lieu d'être employés à des ouvrages d'art, la marine éprouverait encore un plus grand mécompte dans l'appréciation de leur travail.

Il est évident aussi qu'on suppléerait facilement et économiquement par des machines à une partie des travaux que font les forçats.

Par toutes ces considérations, je demeure persuadé que M. le baron Tupinier n'a pas exagéré en portant à 900,000 fr. la perte réelle que fait la marine sur son budget, par l'obligation où elle est d'employer dans des arsenaux les criminels condamnés aux travaux forcés.

La misère dont se plaignent les masses d'ouvriers sans travail qui peuplent les villes maritimes et les campagnes d'alentour suffirait à prouver qu'il sera toujours facile de se procurer le nombre de journaliers nécessaires pour l'exé-

La minorité de cette époque avait jugé qu'il fallait commencer par n'appliquer la détention cellulaire qu'aux individus condamnés à de courtes peines. Cette opinion moyenne a été de nouveau soutenue avec beaucoup de vivacité et de talent par un membre de votre commission.

D'abord, a-t-il dit, est-il vrai que la société ait un aussi grand intérêt qu'on le prétend à s'occuper immédiatement de la réforme des bagnes et des maisons centrales ? Le contraire est prouvé par les tableaux de la justice criminelle. Ces documents statistiques démontrent qu'on s'exagère beaucoup le nombre et l'atrocité des crimes commis par les hommes qui sortent des maisons centrales et des bagnes, et, qu'à tout prendre, ces hommes sont moins redoutables à l'ordre public que les autres libérés (1).

Alors même, d'ailleurs, que l'intérêt social serait aussi pressant qu'on se l'imagine, serait-il sage d'entreprendre immédiatement la réforme ?

Une très grande incertitude règne encore, de l'aveu de tout le monde, sur les effets physiques et moraux que doit produire l'emprisonnement cellulaire sur les criminels condamnés à de longues peines. Il est probable que ces effets seront salutaires ; mais enfin l'expérience sur ce point est muette ou incomplète. Attendons qu'elle se soit expliquée avant de demander au trésor public les sacrifices considérables qu'exige la construction des maisons cellulaires destinées à remplacer les bagnes et les maisons centrales. Bornons-nous à la portion de l'œuvre qu'on peut entreprendre avec certitude de succès.

A ces raisons, il a été répondu : fût-il vrai que, comparative-

---

cution des travaux auxquels les forçats sont maintenant appliqués, d'autant plus que ceux-ci travaillent avec tant de nonchalance, que six d'entre eux font à peine autant de besogne que deux hommes libres.

L'expérience de ce qui s'est passé lors de la suppression des bagnes de Cherbourg et de Lorient vient à l'appui de cette assertion, et je ne doute pas qu'il n'en soit absolument de même dans les autres ports.

Je n'hésite donc point à me ranger à l'opinion de ceux qui pensent que la marine n'a aucun intérêt à rester chargée de la garde des forçats. Je crois qu'il y aurait pour elle comme pour la morale publique un très grand avantage à ce que les criminels condamnés aux travaux forcés fussent détenus dans l'intérieur du royaume, et renfermés dans des prisons où ils seraient appliqués à des ouvrages qui n'exigeraient aucun contact avec des ouvriers libres.

Signé ROSAMEL.

(1) C'est ainsi qu'en 1841, sur 126 assassinats, meurtres, empoisonnements imputables aux récidivistes, 55 seulement ont été commis par les hommes qui sortaient des bagnes et des maisons centrales, tandis que 71 ont eu pour auteurs des individus qui sortaient des prisons départementales.

ment aux autres libérés, les libérés des bagnes et des maisons centrales commissent moins de crimes, et des crimes moins graves qu'on ne se le figure, il n'en resterait pas moins constant que tous ces hommes sortent des prisons dans un état d'immoralité profonde et *radicale*, qui en fait un objet de terreur légitime pour les populations au sein desquelles ils retournent après avoir subi leur peine. Le mal social peut être moindre qu'on ne le suppose; mais nul ne saurait nier qu'il ne soit très grand, et qu'il n'y ait nécessité pressante à y appliquer le remède.

On veut, dit on, attendre que l'expérience de l'emprisonnement individuel à long terme soit complètement faite : c'est rejeter à un avenir indéfini la réforme des bagnes et la construction des nouvelles maisons centrales dès à présent nécessaires. Une grande prison dirigée d'après le régime de l'emprisonnement individuel existe depuis treize ans aux États-Unis ; des commissaires envoyés par plusieurs des principales nations de l'Europe l'ont vue et l'ont préconisée. Si l'on ne veut pas se contenter de cet exemple, il faut donc attendre que des prisons semblables à celle de Philadelphie s'élèvent en Europe; si cela a lieu, il faudra encore surseoir jusqu'à ce que les peines les plus longues aient été subies dans ces prisons; et, si l'on tient à connaître exactement l'effet réformateur du régime, il conviendra de rester inactif jusqu'à ce que les récidives soient reconnues. Ce point éclairci, la question ne sera pas encore tranchée, car l'effet qu'un système d'emprisonnement peut produire sur les détenus ne peut être complètement apprécié que quand on agit sur des criminels qu'un autre système d'emprisonnement n'a pas déjà dépravés ; c'est-à-dire que, pour juger en parfaite connaissance de cause un nouveau système, il est nécessaire que toute la génération de ceux qui ont été condamnés et emprisonnés sous le précédent ait disparu. Quand enfin ces diverses notions seront acquises, on pourra encore se demander si l'emprisonnement qui réussit chez un peuple ne trouve pas dans le caractère et les dispositions naturelles d'un autre des obstacles insurmontables.

La vérité est que tout changement considérable dans le régime des prisons est une opération difficile qui entraîne avec elle, quoi qu'on fasse, quelques incertitudes. C'est là un mal nécessaire, mais qui n'est pas irrémédiable ; car il n'est personne qui prétende changer tout à coup et d'un bout à l'autre d'un grand royaume comme la France la construction et l'appropriation de toutes les prisons qu'il renferme. Une pareille réforme ne saurait se faire que graduellement : si le changement est graduel et ne peut s'opérer qu'à l'aide d'un certain nombre d'années, l'expérience acquise dans les premières prisons construites apprendra ce qu'il faut ajouter ou retrancher dans les autres.

De quoi s'agit-il aujourd'hui? de changer à l'instant l'état de toutes nos prisons ? Non. Il s'agit seulement d'indiquer un régime en vue duquel on devra agir désormais toutes les fois qu'on aura à modifier d'anciennes prisons ou à en bâtir de nouvelles. Or, quelles sont les prisons dont il est, en ce moment, le plus urgent de s'occuper ? Ce ne sont pas les maisons départementales ; car ces prisons peuvent contenir les six à sept mille individus qui y sont détenus. Ce qui va manquer, ce sont les prisons destinées à renfermer les condamnés aux travaux forcés, puisque la destruction des bagnes, depuis si longtemps demandée par l'opinion publique, est enfin arrêtée. Ce qui manque déjà, ce sont des maisons appropriées à l'usage des condamnés réclusionnaires et correctionnels que les maisons centrales ne peuvent plus contenir. La nécessité de bâtir des prisons à long terme est pressante. Elle contraint dès aujourd'hui l'administration et les chambres à prendre un parti, et à adopter dès aujourd'hui un système de détention qui puisse être mis en vigueur dans les prisons nouvelles. Car, ainsi que nous l'avons déjà dit, il est impossible de bâtir des prisons, et surtout de grandes prisons, sans savoir quel régime doit y être mis en pratique. Y eût-il encore quelques doutes sur ce régime, et par conséquent sur la construction à adopter, il serait encore sage, ainsi que le disait M. le ministre de l'intérieur dans son exposé des motifs en 1840, puisqu'on est forcé d'élever des prisons nouvelles, de bâtir celles-ci eu égard au régime de l'emprisonnement individuel plutôt que dans la prévision de la vie commune, parce que la construction qui se prête à l'emprisonnement individuel peut, jusqu'à un certain point, se prêter à la communication des détenus entre eux ; tandis que la cellule, construite en vue de la vie commune, ne saurait s'approprier à l'emprisonnement individuel.

A Philadelphie, on pourrait faire communiquer de temps en temps les détenus entre eux, ne fût-ce que dans les préaux, si cette communication devenait nécessaire. A Auburn, il serait impossible de les isoler, sans compromettre leur santé et rendre impossibles presque tous leurs travaux.

Il y a d'ailleurs ici un intérêt social du premier ordre qui nous oblige à ne point appliquer le nouveau système aux seuls individus condamnés à de courtes peines.

L'emprisonnement individuel est une chose nouvelle, qui est de nature à frapper les imaginations et à exciter d'avance de la terreur. Si ce mode d'emprisonnement n'était usité que pour les petits délits, il arriverait ceci : on semblerait appliquer le régime le plus sévère aux moins coupables, et réserver le plus doux pour les plus criminels ; ce qui est aussi contraire à tous les principes de l'équité naturelle qu'aux notions du droit pénal. Un pareil système serait, de plus, fécond en dangers. On pourrait craindre qu'il ne fût considéré comme une excitation donnée par la loi elle-même à la perpétration des grands délits ou des crimes.

Nous en avons l'exemple sous les yeux : depuis quatre ans, le régime de nos maisons centrales a été rendu beaucoup plus sévère, tandis que celui de nos bagnes est resté le même. Il en résulte qu'un certain nombre d'individus, détenus dans les maisons centrales, ont commis de nouveaux délits, dans le but unique de se faire condamner aux travaux forcés (1). Tout se tient en effet dans le régime des prisons. Se borner à rendre plus dure la maison départementale, c'est pousser aux délits qui conduisent aux maisons centrales. Rendre plus austère le régime des maisons centrales, c'est engager à commettre les crimes qui mènent au bagne. La raison et l'intérêt public indiquent que, quand on aggrave un mode d'emprisonnement, il faut que l'aggravation se fasse sentir à la fois sur tous les degrés de l'échelle pénale.

La majorité de votre commission a pensé que le nouveau système d'emprisonnement devait être appliqué aux maisons centrales et aux maisons des travaux forcés, aussi bien qu'aux prisons départementales.

Mais la question s'est élevée de savoir s'il convenait de l'appliquer indistinctement et de la même manière à tous les détenus.

L'art. 23 du projet de loi porte que le *travail est obligatoire pour tous les condamnés, à moins qu'ils n'en aient été dispensés par l'arrêt de condamnation.*

Cet article est-il applicable aux individus condamnés à la détention ?

La chambre n'ignore pas qu'il existe dans le Code pénal une peine spécialement destinée à réprimer la plupart des crimes contre la sûreté de l'État, c'est la *détention*. Dans l'emprisonnement connu sous le nom de détention, tel que le définit l'art. 20 du Code pénal, les détenus ne sont pas contraints au travail. Le projet de loi doit-il laisser subsister cet état de choses ?

Plusieurs membres ont pensé que les règles indiquées par l'art. 23 du projet s'étendaient et devaient s'étendre aux condamnés à la détention comme à tous les autres. Qu'il était contraire à la raison et à l'intérêt social que la loi eût l'air de faire une classification à part des condamnés pour crimes contre la sûreté de l'État, et qu'elle exceptât du travail ceux qui en faisaient partie, tandis qu'elle y assujétirait tous les autres. Qu'en donnant au juge le droit de soustraire à l'obligation du travail, suivant les circonstances et exceptionnellement, ceux des condamnés pour lesquels il était naturel de

---

(1) Voici ce qu'on lit dans une circulaire adressée par M. le ministre de l'intérieur aux préfets, le 8 juin 1842 :

« Vous pouvez savoir que des condamnés ont commis de nouveaux crimes dans les maisons centrales, uniquement pour se soustraire à leur régime et aller au bagne. Dans ce cas,.... » (Suit l'instruction sur ce qu'il y a à faire dans ce cas)

faire une pareille exception, la loi avait suffisamment pourvu à toutes ces éventualités.

La majorité de votre commission a été d'un avis contraire.

Suivant un membre, il fallait s'applaudir de ce que la loi du 18 avril 1832, devenue en cette partie l'art. 20 du Code pénal, avait soustrait au travail manuel la plupart des auteurs des crimes contre la sûreté de l'Etat. Elle n'avait fait ainsi que suivre l'exemple du plus grand nombre des législations pénales, qui, d'ordinaire, réservent à ces grands crimes des peines particulières et évitent avec soin de leur infliger un châtiment dégradant. Considérez les peines que les différents peuples ont destinées à réprimer les crimes contre la sûreté de l'État, et vous verrez que ces peines ont souvent été plus dures, quelquefois plus douces, mais presque toujours autres que celles appliquées aux auteurs des crimes ordinaires.

Les autres membres ont été mus principalement par cette considération que le caractère essentiel de la peine de la détention, telle qu'elle apparaît dans le Code, est l'emprisonnement *sans travail obligatoire;* qu'introduire le travail forcé dans la détention, c'était en quelque sorte faire disparaître cette peine, qui, cependant, est souvent prononcée dans le Code ; que tout changement profond dans le Code pénal était un danger qu'il ne fallait courir que quand il était nécessaire de le faire. Que c'était une chose très grave que de modifier un grand nombre d'articles de ce Code par occasion et à propos de la loi des prisons.

M. le ministre de l'intérieur, entendu dans le sein de la commission, a paru adhérer à cet avis.

En conséquence, nous avons l'honneur de vous proposer d'ajouter à l'art. 23 du projet, après ces mots : « Le travail est obligatoire pour tous les condamnés, à moins qu'ils n'en aient été dispensés par l'arrêt, » ceux-ci : « Ou qu'ils n'aient été condamnés en vertu de l'art. 20 du Code pénal. »

Elle vous propose également de retrancher, ainsi que l'avait fait la commission de 1840, de l'art 38 du projet, ces mots : « Sont abrogés les paragraphes 1 et 2 de l'art. 20 du Code. »

Un membre a été plus loin. Il a soulevé la question de savoir si la dispense du travail obligatoire que le Code pénal accorde dans la plupart des cas aux auteurs des crimes contre la sûreté de l'État ne devait pas être étendue jusqu'aux auteurs des délits politiques? Si on soustrait les grands criminels au travail forcé, disait-il, pourquoi y astreindre les moindres ?

Si, en général, le principe du Code pénal est de ne point contraindre au travail les auteurs des crimes contre la sûreté de l'État, pourquoi punir de cette manière les auteurs des délits qui ont le même caractère ?

On a répondu qu'il était impossible de tirer du Code pénal une conclusion aussi rigoureuse ; que le Code pénal n'avait point, comme on le prétendait, classé d'une manière absolue dans un rang spécial, par la nature de la peine, les auteurs des crimes contre la sûreté de l'État ; qu'en effet, il y avait quelques crimes qui, malgré qu'ils eussent plutôt le caractère de crime ordinaire que de crime politique, étaient cependant punis de la même manière que les crimes contre la sûreté de l'État ; qu'il arrivait quelquefois que des crimes contre la sûreté de l'État étaient punis comme des crimes ordinaires ; qu'ainsi l'enchaînement logique qu'on voulait former n'existait pas. Que le même motif qui venait de porter la majorité à ne point modifier l'art. 20 du Code pénal devait à plus forte raison l'arrêter ici ; que c'était toujours une innovation très considérable et très dangereuse que de créer une classe particulière de condamnés et d'établir pour eux une peine spéciale. Que, d'ailleurs, les limites de cette classe seraient toujours fort incertaines et par conséquent très difficiles à poser dans la loi ; qu'enfin le projet du gouvernement, en permettant aux tribunaux de dispenser du travail, qui, auparavant, était toujours obligatoire, apportait déjà un adoucissement notable à la législation actuelle, adoucissement qui devait suffire à tous les besoins.

La majorité de votre commission a partagé cet avis, et elle a décidé à huit contre un qu'on ne modifierait pas le Code pénal dans le sens qui avait été proposé.

Plusieurs membres ont enfin ouvert l'avis que la loi dispensât du travail les auteurs d'écrits punis par les lois relatives à la presse.

Il s'agit ici, disaient-ils, d'un délit d'une espèce absolument particulière. Sa nature est tellement intellectuelle que, par lui-même, il indique que ceux qui l'ont commis ont des mœurs et des habitudes intellectuelles. Convient-il de soumettre ces condamnés aux travaux manuels et grossiers des maisons centrales ? L'opinion publique, l'usage même de l'administration disent le contraire. Pourquoi donc ne pas introduire dans la loi une exception qui est déjà dans les mœurs ? Pourquoi exposer le juge à faillir quand on peut lui tracer une règle ? La maxime tutélaire du droit criminel, c'est que le législateur ne doit abandonner à l'appréciation des tribunaux que ce qu'il lui est impossible de décider lui-même. Ici la règle est facile à indiquer et à suivre, car les auteurs d'écrits punis par les lois de la presse forment naturellement une catégorie à part dont les limites sont toujours reconnaissables.

On répliquait : qu'il y avait au contraire des différences très grandes à établir parmi les individus condamnés en vertu des lois de la presse ; que, dans le nombre, figuraient notamment les auteurs de ces livres anti-sociaux qui attaquent la morale publique et les mœurs ; classe particulièrement et justement flétrie par l'opinion. Qu'il y avait sans doute beaucoup d'écrivains qu'il était convenable de ne point astreindre au travail ; mais qu'en laissant l'appréciation de ce fait au juge, on avait suffisamment répondu à ce besoin. Qu'il y aurait un très grand inconvénient à faire plus ; qu'indiquer qu'il y avait une espèce de délit qui, par lui-même et indépendamment des circonstances, méritait à ses auteurs des égards particuliers, était dangereux ; que c'était accorder d'avance une sorte de privilége légal que ne reconnaissait pas le Code, et que la raison ne saurait admettre ; qu'enfin, c'était porter une atteinte profonde à nos lois pénales.

La commission, messieurs, après avoir paru quelque temps partagée, a fini par décider, à la majorité de cinq contre quatre, qu'il ne serait apporté aucune modification à la législation existante en matière de délits de la presse.

La commission, après avoir examiné quel serait le nouveau système d'emprisonnement, dans quelles maisons il convenait de l'introduire, et à quels détenus on l'appliquerait, s'est demandé s'il ne devait pas réagir sur la durée des peines.

Plusieurs membres ont vivement contesté qu'il dût en être ainsi. Suivant eux, il y avait beaucoup d'exagération dans l'idée qu'on se faisait des rigueurs du régime cellulaire. En tous cas, les effets que ce régime devait produire étaient encore trop peu connus pour qu'il fût convenable, en diminuant la durée des peines, de porter une atteinte indirecte au Code pénal. La majorité de la commission n'a pas été de cet avis.

Elle a pensé que le mode d'emprisonnement et la durée de l'emprisonnement sont deux idées corrélatives qu'on ne saurait séparer. Il est évident que, pour atteindre le même résultat, un emprisonnement dont le régime est doux doit être plus long, et un emprisonnement dont le régime est dur, plus court. Modifier le régime sans toucher à la durée, c'est vouloir que la loi pénale soit cruelle ou impuissante.

Cette vérité générale paraîtra surtout applicable dans le cas présent, si l'on examine l'état actuel de notre législation, et si l'on songe à la nature particulière du nouveau régime d'emprisonnement qu'il s'agit d'admettre.

Il est hors de doute que les rédacteurs du Code pénal n'ont jamais prévu que chaque condamné dût être placé dans l'isolement continu. L'emprisonnement individuel, comme caractère général de la peine, n'était usité nulle part en 1810.

Non-seulement les rédacteurs du Code pénal n'ont pas songé à faire subir au criminel la peine de l'emprisonnement individuel, mais on peut dire qu'ils ont eu formellement l'intention contraire.

Il existait, en effet, dans le Code pénal de 1791, une peine plus dure que celle dont il s'agit en ce moment, mais dont l'isolement formait également la base. C'était la *gêne* (1). Le Code pénal l'a fait disparaître.

L'art. 614 du Code d'instruction criminelle, antérieur au Code pénal, porte que si le prisonnier use de menaces, d'injures ou de violences, il pourra être resserré plus étroitement et *enfermé seul*.

Si l'emprisonnement individuel est entré dans l'esprit des rédacteurs du Code, il a été considéré par eux comme le fait exceptionnel, sans qu'ils imaginassent qu'il dût jamais dégénérer en règle générale.

Le changement qui consiste à introduire dans nos prisons l'isolement des détenus les uns par rapport aux autres n'est donc pas, il faut le reconnaître, une modification de détail, une de ces variations de régime que l'administration a le droit de faire subir aux condamnés, quand le pouvoir judiciaire les lui livre. Le changement dont il s'agit ici altère profondément la nature et le caractère de la peine d'emprisonnement; il lui donne une face nouvelle; non seulement la peine est nouvelle, mais elle est, quoi qu'on en dise, beaucoup plus sévère que celle qu'elle remplace. Le sentiment public indique qu'il en est ainsi, l'expérience et l'observation des hommes spéciaux le prouvent, le sens pratique des gouvernements n'a pas tardé à le découvrir.

Si la peine nouvelle est plus sévère que celle qui l'a précédée, le projet de loi a raison de vouloir que sa durée soit courte.

Mais ici se présente une question, on doit l'avouer, très difficile à résoudre.

Un temps fort long doit nécessairement s'écouler entre l'adoption du système cellulaire et son application dans toutes les prisons du royaume : que fera-t-on pendant cette époque transitoire? Comment changer, dès à présent, la loi pénale, puisque les anciennes prisons, en vue desquelles cette loi a été faite, existent encore? Si on ne change pas la loi pénale, comment arriver à diminuer la durée des peines subies dans les prisons nouvelles?

Plusieurs membres ont pensé que le seul moyen de sortir de la difficulté qu'on vient de signaler était de s'en rapporter entièrement au zèle et à l'intelligence du pouvoir exécutif. Jusqu'à ce que toutes nos prisons fussent réformées, et tant que la loi pénale actuelle resterait en vigueur, l'administration devait veiller à ce que son application dans les nouvelles prisons ne donnât pas lieu

---

(1) Tout condamné à la peine de la gêne, portait l'art. 14 du titre premier du Code pénal, sera renfermé seul, dans un lieu éclairé, sans fers ni liens ; il ne pourra avoir, pendant la durée de la peine, aucune communication avec les autres condamnés ou avec les personnes du dehors.

On voit que cet article ne parlait point du travail, et n'admettait aucune communication au dehors.

à des rigueurs excessives ni à des inégalités choquantes. Elle y parviendrait aisément, soit en adoucissant temporairement le régime de ces prisons, soit en transportant au besoin les détenus, après un certain temps, dans d'autres établissements, soit enfin en abrégeant elle-même leur détention à l'aide du droit de grâce.

La majorité de la commission a été d'un avis opposé.

Il lui a paru contraire à l'idée d'une justice régulière qu'on abandonnât à l'administration d'une manière générale et pour un temps considérable le soin de régler les conséquences pénales des arrêts du tribunal; de telle façon qu'il fût établi que, suivant son bon plaisir, la peine subie pour le même crime pût être longue ou courte, douce ou dure. Rien n'eût été plus propre, suivant elle, à jeter du trouble dans la conscience publique : le droit de grâce ne saurait, d'ailleurs, dans une société bien réglée, être employé comme moyen habituel d'administrer les prisons.

La commission de 1840 avait déjà repoussé à l'unanimité ce système, contre lequel, du reste, l'administration elle-même s'est prononcée.

Mais, si on écarte en cette matière l'arbitraire, comment arriver à faire prononcer la loi?

La commission de 1840 avait cru pouvoir immédiatement procéder à une réforme du Code, et elle avait ensuite restreint l'application de cette nouvelle loi pénale aux portions du territoire où les prisons cellulaires seraient d'abord établies.

Ce moyen a paru au gouvernement présenter des difficultés d'exécution très graves, et il y a substitué celui qu'indique le projet de loi; moyen qui, du reste, avait déjà été proposé et presque adopté dans le sein de la commission de 1840.

On se bornerait à déclarer que, toutes les fois qu'un condamné serait renfermé dans une des nouvelles prisons cellulaires, la peine subie de cette manière serait nécessairement plus courte d'un cinquième que celle qui aurait été subie dans les prisons ordinaires. On conserverait ainsi à l'administration la liberté d'action qu'il peut paraître utile de lui reconnaître à l'époque transitoire, et l'on donnerait aux condamnés les garanties qu'il est nécessaire en tous temps de leur laisser.

C'est à ce système que la majorité de la commission s'est arrêtée. Toutefois, cette résolution n'a pas été prise sans un vif débat.

Les honorables membres qui pensaient qu'il fallait s'en rapporter entièrement aux lumières et au zèle de l'administration pour faciliter la transition du régime actuel au nouveau régime, ces honorables membres ont représenté que la loi avait ici la prétention de faire ce qu'en réalité elle ne faisait pas : elle voulait poser une règle, et elle livrait tout au hasard.

Chaque article d'une loi pénale a besoin d'être examiné à part avant d'être révisé. La raison qui doit porter à diminuer la durée de telle peine peut ne pas porter à diminuer la durée de telle autre. Ce qui peut se faire sans danger pour un long emprisonnement pourrait rendre entièrement inefficace et presque dérisoire un emprisonnement court. Cependant la règle posée par le projet de loi est générale et absolue ; elle frappe en aveugle et du même coup tous les articles du Code pénal.

Le but de la loi est d'établir une sorte d'égalité entre les peines subies dans les deux systèmes, afin que l'administration puisse, sans injustice et sans arbitraire, soumettre les détenus soit à l'un, soit à l'autre. Mais qui peut dire, dès à présent, que l'un des deux systèmes est, à tout prendre, plus dur que l'autre ? Et, en tous cas, qui peut affirmer que l'aggravation de peine qui résulte de l'application du plus sévère doit être représentée par le cinquième de la durée ? L'expérience seule peut donner des certitudes sur ce point, et le projet ne veut pas l'attendre.

Enfin, il n'y a pas seulement dans le Code des peines temporaires : on y rencontre aussi des peines perpétuelles. Comment, en vue du régime d'emprisonnement, diminuer d'un cinquième la durée d'une peine perpétuelle ? Les condamnés à perpétuité, que l'administration renfermera dans les maisons cellulaires, seront donc traités autrement et plus durement que ceux qui resteraient dans les prisons actuelles ? Ici, il faut bien le reconnaître, la loi est impuissante, il n'y a plus de remède que dans l'intelligence et le zèle de l'administration.

Ces raisons n'ont pas convaincu la majorité de votre commission.

Elle a pensé que, parce qu'il était impossible de faire disparaître entièrement un mal, ce n'était pas une raison pour renoncer au moyen qui s'offrait de le réduire.

Si le danger de l'inégalité des peines est grand quand il s'agit d'une classe de condamnés, on doit avouer qu'il est bien plus grand encore, quand on opère sur l'ensemble de ces mêmes condamnés. Si l'arbitraire renfermé dans de certaines limites fait peur, il semble qu'on le doive redouter bien plus encore quand il n'a pas de limites.

Sans doute, il y a certaines peines d'emprisonnement dont il pourrait être dangereux de diminuer du cinquième la durée. Mais, en fait, où est le péril, puisque le gouvernement conserve le pouvoir de ne renfermer dans les maisons cellulaires que ceux qu'il désigne.

Sans doute, il n'est pas pratiquement démontré, et il ne pourra jamais l'être, que quatre ans d'une prison cellulaire équivalent précisément à cinq ans des prisons actuelles. Mais parce qu'on ne peut atteindre cet équilibre rigoureux, s'ensuit-il qu'il faut renoncer à s'en approcher ? Parce qu'on n'est pas sûr de diminuer la peine dans la proportion exacte, faut-il courir la chance qu'elle ne soit point du tout diminuée ?

Quand on raisonne sur cette matière, il ne faut, d'ailleurs, jamais perdre de vue cette vérité, qu'ici il y a un mal auquel on ne saurait entièrement se soustraire.

Entre le moment où un nouveau système d'emprisonnement commence à être mis en vigueur dans un grand pays comme le nôtre, et celui où on peut l'appliquer d'une manière universelle à tout le monde à la fois, il se passe toujours un certain temps durant lequel, quoi qu'on fasse, on verra apparaître quelques inégalités dans les peines, et une part quelconque d'arbitraire dans la manière dont les peines sont subies. Le devoir du législateur est de rendre ces inégalités aussi rares et cette portion d'arbitraire aussi petite que possible. Mais se flatter qu'on réussisse complètement à les faire disparaître, c'est se croire plus fort que la nécessité même des choses.

En définitive, que veut-on? Changer un système d'emprisonnement qu'on juge dangereux à la société. Pour être efficace, il faut que le changement soit considérable; si le changement est considérable, il constituera une peine différente de celle qui l'a précédé; si les peines sont différentes, il arrivera toujours que, pendant l'époque transitoire durant laquelle elles seront concurremment appliquées, un certain nombre de détenus sera traité d'une autre manière que le reste. Si vous ne voulez pas subir cet inconvénient inévitable, et supporter ces embarras passagers, laissez les prisons dans l'état où elles se trouvent. C'est le seul moyen qui reste pour échapper à une difficulté de cette espèce.

Une dernière et importante question relative au nouveau régime d'emprisonnement a partagé la commission.

Le projet de loi porte que, quelle que soit la durée de la peine prononcée, on ne pourra subir plus de douze années consécutives dans la cellule; après ces douze ans, le condamné sera employé à un travail commun en silence.

Cette disposition, que le projet de loi a empruntée au projet de la commission de 1840, a été l'objet de plusieurs critiques très vives dans les bureaux de la Chambre. Il a été aussi fort attaqué dans le sein de la commission; on a dit :

Quel est le principal but que se propose la loi? Séparer les criminels les uns des autres; empêcher qu'ils ne se corrompent mutuellement, et qu'ils ne forment en prison de nouveaux complots. Or, qu'arrive-t-il ici ? Après avoir poursuivi ce but pendant douze ans, on y renonce. On défait le bien si laborieusement produit. On rend le criminel à la société corruptrice de ses pareils, afin qu'après avoir repris les habitudes et les idées du vice, il les transporte de nouveau au dehors. On agit ainsi, non point à l'égard des coupables ordinaires, mais à l'égard des criminels les plus dangereux, ceux qui sont condamnés aux plus longues peines.

Le gouvernement, en proposant une pareille infraction à sa

propre règle, a été évidemment violenté par l'idée qu'il se faisait de la rigueur du nouveau système. Il a craint qu'on ne pût, sans inhumanité, y soumettre indéfiniment les condamnés; mais, suivant l'opinion des honorables membres, cette idée que le gouvernment se forme de l'emprisonnement cellulaire est fort exagérée.

On l'a dit, l'emprisonnement cellulaire n'est pas la solitude : c'est l'obligation, on pourrait plutôt dire le privilége de vivre à part d'une société de criminels. Cet emprisonnement n'est accompagné d'aucune souffrance physique ; il est distrait plutôt qu'aggravé par le travail. Il n'y a pas de détenus qui ne le préfèrent au système actuel, pour peu qu'il leur reste quelque trace d'honnêteté dans l'âme.

La majorité a répondu :

Cette appréciation du régime cellulaire est de nature à surprendre, car elle est nouvelle. Parmi les auteurs qui ont traité la matière, les uns ont repoussé le système cellulaire comme trop sévère ; les autres ont pensé que, malgré sa sévérité, on pouvait, sans inhumanité, l'appliquer ; mais nul n'a mis en doute ses rigueurs. On peut en dire autant des hommes qui s'occupent pratiquement des prisons, et surtout de ceux qui ont eu l'occasion de visiter des pénitenciers cellulaires d'adultes. Il serait bien difficile, sinon impossible, d'en citer un seul qui n'ait exprimé cette opinion, que si l'emprisonnement individuel peut paraître, dans quelques cas très rares, un adoucissement à certains condamnés, il est pour la presque totalité d'entre eux une peine beaucoup plus forte que l'emprisonnement ordinaire. Tous ont remarqué quelle impression salutaire, mais en même temps douleureuse, ce système laissait dans l'âme des hommes qui y étaient soumis ; quelle agitation profonde, et parfois quel trouble il jetait dans leur imagination ! Voilà ce que la théorie et la pratique avaient jusqu'ici appris.

Non-seulement la peine est sévère, mais sa sévérité s'accroît beaucoup plus par sa durée que cela ne se voit dans l'emprisonnement ordinaire.

Quand un homme a passé plusieurs années de sa vie en prison, les relations qu'il peut entretenir avec ceux de ses parents et de ses amis qui sont restés libres deviennent plus rares et finissent souvent pas cesser entièrement. La société du dehors est un monde qu'il ne connaît plus et où il se figure aisément qu'on ne songe plus à lui. Ce changement se fait sentir dans toutes les prisons, quel qu'en soit le régime. Mais on le supporte sans peine dans les prisons où règne la vie commune, parce que là le détenu remplace les liens qui se brisent hors de la prison par des liens qu'il forme en dedans parmi ses compagnons de captivité. Cette aggravation qu'amène la durée de l'emprisonnement est au contraire sentie de la manière la plus vive dans l'emprisonnement individuel. Un homme qui a passé dix ou douze années détenu de cette manière se croit de plus en plus abandonné de ses semblables, réduit à lui-même et mis à part du reste de l'espèce humaine. C'est ce qui a fait penser au gouvernement de la Pennsylvanie qu'au delà d'un certain nombre d'années, ce mode d'emprisonnement devenait si sévère, qu'il plaçait l'esprit humain dans une situation si exceptionnelle et si violente, qu'il valait mieux condamner le criminel à mort que de l'y soumettre. Dans le nouveau code de cet État, la peine immédiatement supérieure à douze années d'emprisonnement est le gibet.

Nous avons lieu de croire que, frappé des mêmes considérations, le gouvernement prussien, sans abolir les peines perpétuelles, ainsi que l'a fait la Pennsylvanie, a cru devoir cependant poser des limites assez étroites à la durée de l'emprisonnement cellulaire. Le gouvernement français peut-il, en cette matière, se montrer plus hardi que les Américains, plus sévère que l'administration prussienne? La majorité de la commission l'approuve de ne pas l'avoir voulu.

Les inconvénients qu'on signale sont d'ailleurs beaucoup moins grands en fait qu'ils ne paraissent.

Il y a péril pour la société, dit-on, à remettre dans la vie commune des criminels qu'on a isolés pendant douze ans.

D'abord, le raisonnement ne s'applique point aux condamnés à perpétuité. Ceux-là ne doivent jamais revenir dans le monde ; et, au point de vue social, ce qui leur arrive en prison importe peu.

Reste les condamnés à temps, qui, après avoir passé plus de douze ans en cellule, devront être replacés durant un certain temps dans la vie commune avant d'être mis en liberté.

Il y en a 1,350 environ dans ce cas : et, sur ces 1,350, on en libère au plus, chaque année, 60. Encore la commission a-t-elle des raisons de croire qu'il en rentrerait annuellement dans la société un bien moindre nombre, sans le fréquent exercice du droit de grâce.

Voilà l'étendue réelle du mal.

On ne saurait admettre, d'ailleurs, que l'emprisonnement individuel soit inefficace, parce qu'il n'a pas duré jusqu'à la fin de la peine. Croit-on qu'un homme, séparé du monde pendant douze ans, dont l'âme a été durant ce temps soumise à ce travail intérieur et puissant qui se fait dans la solitude, apporte dans la vie commune le même esprit qu'il y aurait apporté douze ans plus tôt? Il est bien improbable que, parmi le très petit nombre de criminels avec lesquels il va se retrouver en contact, il rencontre quelques-uns de ses anciens amis de débauche ou de crime. Il est plus improbable encore qu'à sa sortie de la prison il se retrouve jamais avec quelques-uns de ceux qu'il y a vus. Le nombre des détenus qui, après avoir passé douze ans dans la solitude, seront réunis par un travail commun, ce nombre sera dans chaque prison très petit, et il est difficile à croire que plusieurs d'entre eux soient jamais mis en liberté en même temps.

Les dangers qu'on redoute sont donc bien plus imaginaires que réels ; cependant ils existent dans une certaine mesure. Il serait plus conforme à la logique de ne mêler dans aucun cas les deux systèmes. Mais la commission a pensé, avec le gouvernement, qu'après tout il valait encore mieux manquer à la logique que de s'exposer à manquer à l'humanité.

Le meilleur moyen d'éviter les embarras qui naissent de l'application du régime cellulaire aux individus condamnés à des peines perpétuelles ou à des peines temporaires de longue durée ne serait-il pas de combiner le système pénitentiaire et le système de la déportation ? Un membre a ouvert cet avis. Après avoir tenu, pendant douze ans, le criminel dans sa cellule, a-t-il dit, on le rendrait à la vie commune mais, on le transporterait hors du territoire continental de la France. Le système de la déportation appliqué d'une manière générale a donné lieu à des reproches très graves et très mérités. L'expérience a fait voir que ce système n'est pas assez répressif et qu'il est excessivement onéreux. Mais quand la déportation est précédée d'un long et sévère emprisonnement, et qu'elle ne s'applique qu'à un très petit nombre de grands criminels, presque tous les inconvénients qu'on lui trouve disparaissent ou deviennent peu sensibles, et elle conserve son principal avantage qui est de délivrer radicalement le pays d'un dangereux élément de désordre, et de placer le condamné dans une situation nouvelle qui lui permette de mettre à profit la leçon que l'emprisonnement lui a donnée.

La commission, messieurs, n'a pas cru devoir discuter cette opinion, non qu'elle ne la crût très digne d'attention, mais elle a jugé qu'en se livrant à un pareil travail, elle sortirait du cercle naturel de ses pouvoirs. Le système de la déportation, lors même qu'on ne l'applique que par exception et à un très petit nombre de condamnés, constitue encore une innovation trop considérable pour qu'on puisse le discuter accidentellement et l'admettre sans un long et spécial examen. Ce système ne peut manquer, en effet, de réagir sur l'économie du Code pénal; il soulève des questions de haute administration et de politique proprement dite. La Chambre n'est saisie de rien de semblable. La commission n'a été chargée que d'examiner un projet relatif aux prisons, et c'est à l'étude de cette seule matière qu'elle doit borner son travail.

Ayant ainsi réglé tout ce qui concernait les prisons ordinaires, la commission a dû s'occuper des maisons spéciales destinées aux jeunes délinquants. Le projet du gouvernement indique d'une manière générale que des maisons spéciales seront affectées aux enfants condamnés en vertu des articles 67 et 69 du Code pénal, et aux enfants détenus, soit en vertu de l'article 66 du même Code, soit par voie de correction paternelle.

La commission a admis à l'unanimité le même principe. Une maison de jeunes détenus doit être soumise à un régime tout différent et conduite par d'autres principes qu'une prison d'adultes. Il faut dans l'homme qui la dirige des qualités particulières. Il est donc à désirer non-seulement qu'il y ait des quartiers séparés pour les jeunes détenus, mais encore des maisons spéciales. Cependant, la commission approuve le gouvernement de n'avoir pas voulu faire de cette dernière prescription une règle absolue.

On comprend, en effet, que le nombre des enfants détenus, en vertu des différents articles dont on vient de parler, n'excédant pas en ce moment deux mille pour toute la France, le nombre des maisons qui leur sont destinées doit être fort petit, et que ces maisons devront être fort éloignées les unes des autres.

Or, le jeune délinquant peut être condamné à une peine dont la durée soit courte. Dans ce cas, ce serait faire une dépense inutile que de l'envoyer à la maison centrale. Parmi les jeunes détenus, il y a des enfants qui ont été arrêtés sur la demande de leur père ; à chaque instant, la volonté du père peut faire cesser la détention. Il est évident que les enfants appartenant à cette catégorie ne sauraient être renfermés que sous les yeux de leur famille. La même considération peut s'appliquer aux jeunes condamnés dont les parents sont honnêtes. Dans ce cas, malheureusement assez rare, il y aurait de l'inconvénient à envoyer au loin ces jeunes délinquants.

L'article 21 du projet de loi, relatif aux jeunes détenus, a fait naître une discussion assez longue dans le sein de la commission.

Aujourd'hui, l'administration ne peut mettre un jeune condamné en apprentissage, ou le réintégrer dans la prison, qu'avec le concours de l'autorité judiciaire.

L'article 21 l'affranchit de cette obligation ; est-ce à raison ou à tort ?

Plusieurs membres de la commission pensaient qu'à l'autorité judiciaire seule devait, dans ce cas, comme dans tous les autres, appartenir le droit de veiller à ce que les peines portées à un arrêt fussent subies. Ils ajoutaient que, pour juger s'il convenait de mettre un jeune condamné dans la demi-liberté de l'apprentissage, il était nécessaire de savoir non-seulement quelle était sa conduite en prison, mais encore quels faits avaient amené sa condamnation, ce que le dossier judiciaire pouvait seul apprendre.

Les autres membres, tout en reconnaissant qu'en général il fallait laisser à l'autorité judiciaire le droit de veiller à ce que les peines prononcées par les arrêts fussent subies, faisaient remarquer qu'il s'agissait ici d'un cas tout spécial. Le jeune détenu était moins un condamné aux yeux de la loi qu'un enfant pauvre que l'Etat se chargeait de ramener au bien. L'emprisonnement était ici une affaire d'éducation plus que de punition et d'exemple. Tout le monde était d'accord de l'utilité réformatrice de la mise en apprentissage. N'était-il pas juste de remettre le droit d'y procéder au fonctionnaire qui seul était en état de savoir dans quelles dispositions se trouvait le jeune délinquant, quelle occasion se rencontrait de le ramener à l'honnêteté par la liberté jointe au travail, quelles personnes consentiraient à le recevoir en apprentissage, etc., etc.? Toutes ces circonstances étaient ignorées des magistrats.

Il pouvait sans doute arriver que les faits antérieurs à la condamnation fussent de nature à retarder ou à hâter la mise en apprentissage; mais ces faits n'étaient point complètement inconnus de l'autorité administrative. D'ailleurs, il était possible de tout concilier en établissant que l'élargissement provisoire ne pourrait être accordé par l'administration qu'après avoir consulté l'autorité judiciaire. C'est à ce système que la commission s'est arrêtée. Elle vous propose de déclarer que la mise en apprentissage et la réintégration auront lieu en vertu des ordres de l'administration, et sur l'avis de l'autorité judiciaire.

Le système de mise en apprentissage des détenus, pour être fécond, a besoin d'être mis en action par les sociétés de patronage.

Ces sociétés ont déjà produit de grands biens et promettent d'en produire de plus grands encore. La commission pense que toutes les mesures que l'administration pourrait prendre dans le but de favoriser le développement de sociétés semblables seront d'un secours efficace à la réforme des criminels, et serviront puissamment à la diminution des crimes.

Quant au régime à suivre dans les maisons spéciales créées par l'article 18, le projet du gouvernement n'en dit rien, et la commission a cru devoir imiter ce silence. Voici quelles ont été ses raisons.

Les jeunes détenus qui sont renfermés dans les prisons forment une classe à part très différente de toutes les autres.

Les uns, et c'est le plus petit nombre, sont condamnés pour des crimes et des délits que leur âge rend excusables aux yeux de la raison aussi bien qu'aux yeux de la loi. Le but de l'emprisonnement auquel on les condamne est bien moins de les punir que de les corriger, et de changer, pendant qu'il en est temps encore, les instincts d'un mauvais naturel ou les penchants qu'une mauvaise éducation a fait naître.

Les autres, et c'est le plus grand nombre, ont été déclarés non coupables par les tribunaux, qui, n'osant pas les rendre à leur famille, les ont confiés, pendant un certain nombre d'années, aux soins de l'administration.

Le but principal de l'emprisonnement pour ces deux catégories est donc de réformer. C'est, ainsi qu'on l'a dit plus haut, une affaire d'éducation plutôt que de vindicte publique; c'est une mesure de précaution plutôt qu'une peine ; et il faut considérer ici le gouvernement moins comme un gardien que comme un tuteur.

Comme il ne sagit pas, à proprement parler, d'une peine, le législateur n'est point étroitement obligé d'en fixer lui-même les détails d'exécution et d'en rendre l'application générale et uniforme. Cela n'est pas nécessaire, et pourrait aller contre le but qu'il est sage de se proposer principalement ici, la réforme.

Les moyens de préparer un enfant à la vie civile, et d'en faire un citoyen laborieux et honnête, varient suivant les individus, suivant les lieux, les professions, les âges. Il peut être bon, dans certains cas, d'isoler les jeunes détenus pendant un temps plus ou moins long les uns des autres, ainsi que cela se pratique à la Roquette, avec un succès que les amis mêmes du système de l'emprisonnement individuel n'espéraient pas. Dans d'autres, il peut être utile de les réunir et de les occuper des travaux industriels qui sont en usage dans les lieux qu'ils doivent habiter. Un autre système consiste à les employer aux travaux de l'agriculture. Il en est un dernier enfin suivant lequel on réunirait dans un même établissement un atelier industriel et les travaux d'une ferme. Presque tous ces systèmes ont été heureusement appliqués soit en France, soit en Amérique, soit en Angleterre et en Allemagne. Tous peuvent concourir à l'œuvre de la moralisation des jeunes détenus ; et il est sage de laisser à l'administration le droit de faire entre eux un choix, ou de les employer simultanément.

Dans tout ce qui précède, la commission a indiqué quels devaient être la nature et le régime des maisons consacrées aux différentes espèces de détenus ; la tâche qui lui reste à remplir est d'examiner à quelle autorité il convient de confier la direction de ces maisons, et de quelle manière on doit pourvoir aux dépenses de premier établissement et d'entretien qu'elles entraînent.

Le projet du gouvernement centralise au ministère de l'intérieur l'administration des prisons ; la commission a été d'avis qu'il en devait être ainsi.

Le régime de la prison fait partie, comme il a été dit précédemment, de la peine même de l'emprisonnement. Or, la morale publique et l'intérêt général exigent que des châtiments égaux soient appliqués à des délits semblables, et cette uniformité de la répression ne peut être obtenue qu'en confiant la direction de toutes les prisons à la puissance centrale.

Il ne s'agit pas d'ailleurs d'appliquer un système d'emprisonnement déjà établi, mais de mettre en pratique un nouveau système, entreprise vaste et compliquée qui ne saurait être confiée qu'à un seul pouvoir.

La commission a donc admis la centralisation administrative que le projet du gouvernement propose. Mais en même temps elle a voulu que le rapporteur fît remarquer à la Chambre que cette disposition n'a nullement pour objet de changer ou de diminuer, quant aux prisons, les attributions judiciaires telles qu'elles sont réglées. Il est donc bien entendu que l'autorité judiciaire conserve, comme par le passé, tous les droits qui lui permettent de veiller à ce que les décisions de la justice reçoivent leur plein et entier effet, et à ce que les condamnés ne restent en prison ni moins ni plus que ne le porte l'arrêt. M. le ministre de l'intérieur s'est, du reste, empressé de reconnaître devant la commission que l'intention du gouvernement avait toujours été qu'il en fût ainsi.

L'ordonnance du 9 avril 1819, modifiée en 1822, a créé des commissions de surveillance auprès des prisons départementales. Les membres en sont pris dans la localité ; mais tous, à une seule exception près, sont choisis par l'administration. Ces commissions, qui ne peuvent jamais administrer, sont chargées de surveiller tout ce qui a rapport à la salubrité, à l'instruction religieuse et à la réforme morale.

Votre commission a été unanime pour reconnaître l'utilité de cette institution. Elle a jugé qu'il était nécessaire de l'étendre, et de soumettre à la surveillance de ces comités locaux non-seulement les prisons départementales, mais toutes les prisons, et principalement celles qui doivent remplacer les maisons centrales et les bagnes. Telle paraît être du reste l'intention du gouvernement, ainsi qu'on en peut juger si on étudie attentivement l'économie du projet de loi, et si l'on fait attention au sens général qui s'attache à toutes les dispositions qu'il renferme. Toutefois, pour rendre cette idée encore plus claire et plus obligatoire, la commission a cru devoir ajouter à l'article 2, qui parle des commissions de surveillance, ces mots : *Qui seront instituées dans chaque arrondissement.*

Quant à la composition de ces comités locaux, l'art. 2 s'en rapporte, pour la déterminer, à une ordonnance royale portant règlement d'administration publique.

La commission de 1840 avait jugé utile de faire régler les bases de cette composition par la loi elle-même.

Cette pensée a été reproduite dans le sein de votre commission, et y a donné naissance à un très long débat. On demandait que, indépendamment des membres dont la nomination est entièrement laissée au choix de l'administration, la loi désignât certains fonctionnaires qui dussent nécessairement faire partie de la commission de surveillance, et que d'autres ne pussent être choisis par l'administration que dans certaines catégories. C'est ainsi qu'on proposait d'appeler comme membres de droit le premier président et le procureur-général dans le chef-lieu de la cour royale; le président du tribunal et le procureur du roi, dans les autres chefs-lieux d'arrondissements, deux des membres du conseil-général et deux des membres du conseil d'arrondissement, choisis par le ministre tous les trois ans, leur eussent été nécessairement adjoints.

A l'appui de cette proposition on disait :

Le projet de loi enlève aux autorités locales la portion d'administration qu'elles possèdent aujourd'hui, pour centraliser toute la puissance exécutive dans les mains du ministre. Ce changement ne saurait produire que de bons effets, pourvu qu'en ôtant aux localités le pouvoir d'agir, qui, en cette matière, ne leur appartient pas, on leur permît d'exercer sur les prisons la surveillance réelle et efficace qu'il est à désirer qu'elles conservent. Or, la meilleure méthode qu'on puisse suivre pour atteindre ce but, c'est d'introduire dans toutes les commissions de surveillance des hommes considérables par les places qu'ils tiennent du gouvernement, ou par les positions qu'ils occupent en vertu du vote des électeurs.

On disait encore :

Le système qu'il s'agit d'introduire dans nos prisons est nouveau. Il peut donner lieu dans son exécution à des abus qu'il est difficile de prévoir; il rencontre dans le juge des préjugés enracinés; il excite dans beaucoup d'esprits des appréhensions assez vives. En même temps qu'on met en pratique un semblable régime, il est juste, et il peut être utile de donner au public une garantie sérieuse de surveillance et de publicité. Il convient donc de placer dans les commissions chargées de cette surveillance des hommes déjà revêtus, à d'autres titres, de la confiance du pays (1).

(1) Quand les Anglais ont établi la grande prison cellulaire de Pentonville, ils n'en ont pas abandonné la direction au gouvernement seul; celui-ci est assisté par une commission nommée par lui, mais dans laquelle figuraient, en 1842, les hommes les plus éminents du pays, le duc de Richemont, lord John Russel, l'orateur de la Chambre des communes... Cette commission fait chaque année un rapport sur l'état de la prison, et ce rapport est mis sous les yeux du parlement. Dans les comtés, les juges de paix prennent une part considérable à l'administration des prisons, et une grande publicité est donnée à tout ce qui s'y passe. On a vu, de plus, que chaque année le gouvernement anglais faisait imprimer et distribuer aux Chambres les volumineux rapports qui lui sont adressés par les inspecteurs-généraux des prisons. Cette grande publicité, qui est utile dans tous les systèmes, est plus nécessaire dans le régime cellulaire que partout ailleurs.

On doit ajouter que M. le préfet de police, qui dirige avec tant de zèle la prison de la Roquette, a institué près de cette maison une commission de surveillance composée d'hommes très considérables, et que dans tous ses rapports il reconnaît la grande utilité de cette institution.

On disait enfin :

Une vérité sur laquelle tous les hommes de théorie et de pratique sont d'accord, c'est que le système pénitentiaire ne peut produire les heureux effets qu'on est en droit d'en attendre que si l'administration proprement dite parvient à faire naître en dehors d'elle l'intérêt des populations, à s'assurer le concours libre d'un certain nombre de citoyens. Le meilleur moyen d'y parvenir n'est-il pas d'attirer et de retenir dans les commissions de surveillance les hommes les plus considérables de la localité?

A ces raisons on répondait qu'en effet il était nécessaire d'appeler dans les commissions de surveillance les citoyens les plus éminents de chaque localité ; qu'à ce titre, ainsi que l'avait reconnu sans hésitation M. le ministre de l'intérieur, il était naturel que des membres du conseil-général et du conseil d'administration fissent partie de ces commissions ; que la seule question était de savoir si la loi elle-même les y appellerait ou si on laisserait ce soin à l'ordonnance dont parle l'art. 2. La composition des commissions de surveillance doit naturellement varier suivant les lieux, le nombre des prisons à visiter, leur importance; toutes circonstances que la loi peut difficilement prévoir, et dont l'appréciation doit être laissée à l'ordonnance.

Ces raisons ont déterminé la commission, qui, après avoir paru hésiter, a enfin écarté l'amendement proposé à la majorité de cinq contre quatre.

Restait à examiner la partie financière de la loi. Aujourd'hui ce sont les départements qui construisent et entretiennent les prisons destinées aux prévenus, aux accusés et aux condamnés à un emprisonnement de moins d'un an. L'État est chargé des maisons centrales et des bagnes. Le projet de loi consacre ce classement des dépenses, et la commission ne vous propose pas de le changer.

C'est donc l'État qui se chargera de pourvoir graduellement aux dépenses nouvelles que fera naître la destruction des bagnes et la réforme des maisons centrales.

Voici, d'après les documents qui ont été fournis à la commission, à quelle somme s'élèverait cette dépense.

On a vu plus haut qu'en 1838, quatre architectes, qui avaient déjà fait des études spéciales relativement à la construction des prisons, ont parcouru, par l'ordre de M. le ministre de l'intérieur, les différentes maisons centrales de France. Ils ont trouvé que dix-sept [1] seulement pouvaient être appropriées au nouveau régime, ce qui nécessiterait une dépense de. . . . . 20,540,680 fr.

Mais ces prisons, ainsi appropriées, ne devant

---

[1] Dix-sept sur dix neuf. La vingtième maison centrale a été occupée depuis 1838.

plus contenir que 9,359 détenus, 10,641 resteraient à pourvoir, pour lesquels il faudrait bâtir des maisons nouvelles. A ces 10,641 détenus des maisons centrales, il faut ajouter les 7,000 détenus des bagnes, — 17,641. Les mêmes architectes ont calculé que les prisons nouvelles coûteraient à bâtir 2,750 fr. par détenu, ce qui donnera pour les 17,641. 48,682,750

Total. . . 69,223,430 fr.

La Chambre remarquera que les architectes en question ont pris pour base de leur évaluation, quant aux prisons nouvelles, la somme de 2,750 fr. par détenu.

Or, depuis 1838, trente prisons départementales, contenant 2,740 cellules, ont été bâties d'après le système de l'emprisonnement individuel, ou sont en cours avancé d'exécution. La moyenne de la dépense de ces prisons ne s'élève qu'à 2,900 fr. environ par cellule. Proportion gardée, cependant, il est beaucoup plus cher de bâtir une petite prison qu'une grande. Pour la plupart des maisons dont on vient de parler, la dépense est restée au-dessous de la somme de 2,750 fr. indiquée par les architectes; c'est le département de la Seine et celui de Seine-et-Oise qui ont fait monter la moyenne jusqu'à 2,900 fr. par cellule.

Déjà, d'ailleurs, de grandes prisons cellulaires existent en Angleterre. On y a construit, notamment dans la banlieue de Londres, à Pentonville, un pénitencier pour 500 détenus. Cette prison passe généralement pour le modèle le plus parfait qu'on connaisse de ces sortes d'établissements. On y a pris les précautions les plus minutieuses pour que les détenus n'aient point à souffrir de l'habitation de la cellule et qu'ils n'y courent aucun danger. Indépendamment des bâtiments qui constituent d'ordinaire une prison cellulaire, on y a bâti une chapelle qui peut contenir tous les détenus sans qu'ils se voient les uns les autres.

Le gouvernement anglais a fait dresser un devis de ce que doit coûter en Angleterre une prison cellulaire, en prenant pour base le plan de Pentonville et les dépenses qui y ont été faites. Ce devis a été envoyé, sur sa demande, au gouvernement français, et il a passé sous les yeux de la commission. Il en résulte qu'une prison, en tout semblable à celle de Pentonville, doit coûter à Londres la somme de 71,655 livres sterling, et dans les comtés, à Manchester, par exemple, 55,227 livres sterling; ce qui donne une dépense de 3,500 f. à peu près par détenu dans le premier cas, et environ 2,700 fr. dans le second.

Il est évident que si, malgré la grande élévation de la main-d'œuvre, une prison semblable à Pentonville ne coûte pas plus de 2,700 fr. par cellule dans les comtés d'Angleterre, une pareille prison doit coûter moins cher dans nos départements.

On peut donc compter que si le chiffre de devis est atteint, il ne sera pas du moins dépassé.

Tel qu'il est, il constitue assurément une forte charge; mais la Chambre n'oubliera pas qu'il ne s'agit pas de dépenser sur-le-champ la somme demandée, mais seulement d'indiquer au gouvernement de quelle manière doit être désormais dépensé l'argent que l'État consacre aux prisons. Elle se souviendra surtout que ce dont il est ici question, c'est de la moralité du pays et de la sécurité des citoyens.

Les départements auront à supporter une charge analogue quant aux maisons où sont renfermés les accusés, les prévenus et les condamnés à moins d'un an.

En 1840, on estimait que le nombre de cellules nécessaires pour remplir cet objet s'élevait à 20,985. Sur ces 20,985, 10,260 peuvent être obtenues par des travaux d'appropriation estimés à. . . . . 10,818,070 fr.

Et 10,725 nécessiteront des constructions nouvelles évaluées à 27,708,513

Total. . . . 38,526,583 fr.

Sur ces 38 millions, il y en a 7 qui doivent être dépensés et qui le sont déjà en partie par le seul département de la Seine.

Pour engager les départements à faire de prompts et d'utiles efforts, le projet de loi indique qu'une somme annuellement fixée par les Chambres sera accordée à titre de subvention à ceux d'entre eux qui feront des dépenses de construction ou d'appropriation, afin de hâter l'accomplissement de la réforme. L'expérience a déjà montré, en d'autres matières, l'utilité de ce système, et la commission lui a donné son entier assentiment.

Elle en espère d'autant plus le succès, que c'est dans les départements, il faut le reconnaître, que la réforme pénitentiaire a été entreprise d'abord. L'administration centrale ne s'est prononcée que plus tard. Aujourd'hui, cette même réforme se poursuit dans les départements avec activité. Depuis très peu d'années, diverses localités ont demandé ou obtenu l'autorisation de bâtir des prisons cellulaires; la plupart de ces prisons sont en voie d'exécution, plusieurs sont terminées. Le département de la Seine se prépare à pourvoir de cellules 1,200 détenus; le devis s'élève à 3,500,000 fr.

Si les départements ont ainsi pris l'initiative à un moment où le gouvernement n'avait pas encore fait un choix et où l'État ne pouvait leur venir en aide, il est à croire qu'ils procèderont rapidement aux changements nécessaires, dès que le projet dont nous avons l'honneur d'entretenir la Chambre aura été converti en loi.

Tel est, messieurs, l'ensemble des considérations que la commission a dû vous présenter. Elle aurait voulu resserrer son rapport dans des limites plus étroites; mais la difficulté aussi bien que l'importance du sujet qu'elle avait à traiter ne le lui ont pas permis, et justifieront, sans doute, à vos yeux, l'étendue un peu inusitée de son œuvre.

PROJET DE LOI

Tel qu'il a été adopté par la Chambre des Députés, le 18 mai 1844,

PAR 231 VOIX CONTRE 128.

TITRE PREMIER.

Du régime général des prisons.

ARTICLE 1er. — Toutes les prisons affectées aux détenus non militaires sont placées sous l'autorité du ministre chargé de l'administration départementale.

ART. 2. — Des ordonnances royales portant règlement d'administration publique détermineront le mode de surveillance des prisons, les attributions respectives, en ce qui les concerne, des préfets, des maires et autres délégués de l'autorité administrative, la composition et les attributions des commissions de surveillance qui seront instituées dans chaque arrondissement.

Les premiers présidents et les procureurs-généraux seront membres de droit de toutes les commissions de surveillance de leur ressort.

Les présidents et procureurs du roi seront membres de droit des commissions de surveillance de l'arrondissement.

Deux membres du conseil-général et deux membres du conseil d'arrondissement feront partie de chaque commission de surveillance.

ART. 3. — Un règlement spécial, relatif au régime intérieur d chaque prison, sera arrêté par le ministre.

ART. 4. — Tous les agents préposés à l'administration et à la garde des prisons seront nommés ou révoqués par le ministre, ou, sous son autorité, par le préfet.

TITRE II.

Du régime des prisons affectées aux inculpés, prévenus et accusés.

ART. 5. — Dans les lieux où des maisons spéciales ne seront pas destinées aux inculpés, prévenus et accusés de chaque sexe, il sera affecté aux hommes et aux femmes des quartiers distincts.

La surveillance immédiate des prisons ou quartiers affectés aux femmes sera exercée par des personnes de leur sexe.

Art. 6. — Les inculpés, prévenus et accusés, seront séparés les uns des autres pendant le jour et la nuit.

Chacun aura une cellule suffisamment spacieuse, saine et aérée.

Une heure au moins d'exercice en plein air sera accordée tous les jours à chacun d'eux.

Art. 7. — Les règlements internes de la prison détermineront dans quelles circonstances ils sortiront de leurs cellules, et les prescriptions nécessaires pour empêcher toute communication entre eux.

Art. 8. — Toutefois, des communications de détenu à détenu pourront être permises, par le chef de la maison, entre les parents et les alliés.

Art. 9. — Quand le juge n'aura pas interdit les communications entre les détenus compris dans la même instruction, les communications leur seront permises, s'ils le demandent réciproquement. aux heures, dans les lieux et sous la surveillance qui seront déterminés par les règlements de la maison.

Dans tous les autres cas, les communications de détenu à détenu pourront être autorisées par le préfet.

Art. 10. — Les inculpés, prévenus et accusés, pourront communiquer tous les jours avec leurs conseils, parents et amis. Un règlement d'administration publique déterminera les heures et les conditions.

S'il y a refus de la part du chef de la maison dans le cas prévu au précédent paragraphe, comme aussi au cas de l'art. 8, il en sura référé aux magistrats chargés de l'instruction, qui pourront permettre la communication demandée.

Art. 11. — Les communications autorisées par les art. 8, 9 et 10 ne pourront avoir lieu dans le cas où les magistrats chargés de l'instruction auraient ordonné que le prévenu fût privé de toute communication.

Art. 12. — Les prévenus et accusés pourront travailler dans leurs cellules à tous les ouvrages compatibles avec la sûreté et l'ordre de la maison.

Le produit de leur travail leur appartiendra.

TITRE III.

Des prisons affectées aux condamnés, et du régime de ces prisons.

Art. 13. — Les travaux forcés seront subis dans des maisons appelées *Maisons des travaux forcés.*

Art. 14. — Les condamnés à la réclusion subiront leur peine dans une prison qui sera appelée *Maison de réclusion.*

Art. 15. — Les condamnés à l'emprisonnement subiront leur peine dans une prison qui sera appelée *Maison d'emprisonnement.*

Art. 16. — Dans le cas où il serait nécessaire de recevoir dans la même maison des condamnés à la réclusion et à l'emprisonnement, ils seront renfermés dans des quartiers distincts, et qui porteront les noms de *Quartier de la réclusion,* et *Quartier de l'emprisonnement.*

Art. 17. — Des maisons spéciales seront affectées aux femmes condamnées aux travaux forcés, à la réclusion et à l'emprisonnement.

Dans le cas où il serait nécessaire de recevoir, dans la même maison, des femmes condamnées aux travaux forcés, à la réclusion et à l'emprisonnement, elles seront renfermées dans des quartiers spéciaux et portant chacun des dénominations distinctes.

Art. 18. — Les enfants condamnés en vertu des art. 67 et 69 du Code pénal, et les enfants détenus, soit en vertu de l'art. 66 du même Code, soit par voie de correction paternelle, seront détenus dans des maisons spéciales.

Ceux des enfants ci-dessus dénommés qui ne pourront être placés dans une maison spéciale, ainsi qu'il vient d'être dit, seront renfermés dans la maison des condamnés à l'emprisonnement, où un quartier distinct leur sera consacré.

Art. 19. — Les condamnés à l'emprisonnement d'un an et au-dessous pourront être détenus dans les mêmes prisons que les inculpés, les prévenus et les accusés.

Art. 20. — Les enfants condamnés en vertu de l'art. 69 du Code pénal, et les enfants détenus en vertu de l'art. 66, pourront être placés en apprentissage, soit chez des cultivateurs des artisans ou des industriels, soit dans des établissements spéciaux, avec la réserve expresse, pour l'administration, du droit d'ordonner leur réintégration dans les maisons spécifiées en l'art. 18.

La mise en apprentissage et la réintégration auront lieu en vertu des ordres de l'administration, et sur l'avis du ministère public.

Art. 21. — Dans toutes les maisons de travaux forcés, de réclusion et d'emprisonnement, les condamnés seront, sauf l'exception indiquée ci-après, séparés les uns des autres pendant le jour et la nuit.

Art. 22. — Chaque détenu sera renfermé dans un lieu suffisamment spacieux, sain et aéré, conformément à l'art. 6, dont toutes les dispositions seront applicables aux cas prévus par l'article précédent.

Art. 23. — Le travail est obligatoire pour tous les condamnés, à moins qu'ils n'en aient été dispensés par le jugement ou l'arrêt de condamnation.

Art. 24. — Le produit du travail des condamnés appartient à l'État. Cependant une portion déterminée de ce produit pourra être accordée aux condamnés, soit individuellement, soit en commun, soit pendant leur captivité, soit à leur sortie, soit à des époques déterminées après leur sortie; le tout ainsi qu'il sera ordonné par des règlements d'administration publique.

Cette portion ne pourra excéder 3 dixièmes pour les condamnés aux travaux forcés; 4 dixièmes pour les condamnés à la réclusion, et 5 dixièmes pour les condamnés à l'emprisonnement.

Art. 25. — Les condamnés ne pourront recevoir aucun objet du dehors, et, dans l'intérieur de la maison, il ne pourra leur être rien vendu ni donné à loyer. Néanmoins, les condamnés à l'emprisonnement à un an et au-dessous pourront recevoir du dehors des objets admis par le préposé en chef ou directeur.

Art. 26. — Il sera attaché au service de chaque prison un ou plusieurs aumôniers. Un ministre appartenant à l'un des cultes non catholiques sera attaché au service de la maison où se trouveront des condamnés appartenant à l'un de ces cultes.

Art. 27. — Chaque condamné sera visité au moins une fois par semaine par le médecin et l'instituteur. Les ministres des différents cultes et les membres de la commission de surveillance auront accès auprès des condamnés, aux heures qui seront déterminées par le règlement de la maison.

Art. 28. — Pourront être autorisés à visiter les détenus, 1° leurs parents; 2° les membres des associations de charité et de patronage régulièrement autorisés; 3° les agents des travaux; 4° toutes autres personnes ayant une permission spéciale du préfet du département.

Art. 29. — Deux heures au moins par jour seront réservées aux condamnés pour l'école, les visites ci-dessus indiquées, enfin pour la lecture des livres dont le choix sera déterminé par le préfet, sur la proposition de la commission de surveillance.

Art. 30. — La lecture et le travail ne pourront être refusés aux condamnés, si ce n'est à titre de punition temporaire.

Art. 31. — Les condamnés aux travaux forcés, à la réclusion et à l'emprisonnement, ne seront soumis aux conditions prescrites par l'art. 21 que lorsque le fait qui aura donné lieu à la poursuite sera postérieur à la promulgation de la présente loi.

Art. 32. — Jusqu'à ce que toutes les prisons nécessaires à l'établissement du régime prescrit par la présente loi aient été construites, des ordonnances royales insérées au *Bulletin des lois* détermineront, au fur et à mesure de la construction desdites prisons, les ressorts judiciaires dont les condamnés seront soumis à ce régime.

Art. 33. — Les tribunaux continueront à appliquer les peines fixées par les lois existantes. Mais l'emprisonnement individuel sera compté pour un quart en sus de la captivité réellement subie, aux individus condamnés, soit à l'emprisonnement, soit à la réclusion.

Art. 34. — Les condamnés, lorsqu'ils auront été soumis pendant dix ans consécutifs au régime prescrit par l'art. 21, seront transportés hors du territoire continental de la France, et demeureront à la disposition du gouvernement jusqu'à l'expiration de leur peine, suivant un mode qui sera ultérieurement fixé par une loi spéciale.

Les tribunaux pourront, daus l'arrêt de condamnation, réduire jusqu'à cinq ans le temps durant lequel le comdamné, avant d'être transporté, doit être soumis à l'emprisonnement individuel.

Art. 35. — Les dispositions de l'article précédent ne seront point appliquées aux condamnés correctionnellement.

Art. 36. — Les individus qui auront été condamnés pour des faits antérieurs à la promulgation de la loi, dont il est parlé dans l'article 34, cesseront d'être soumis, après le terme de dix ans, au régime de la séparation pendant le jour.

Art. 37. — Les condamnés septuagénaires ne seront pas soumis au régime de l'emprisonnement individuel.

Art. 38. Les dispositions de la présente loi ne sont point applicables aux individus poursuivis ou condamnés :

1° Pour crimes punis de la détention ou dont la peine est remplacée par la détention, conformément à l'art. 17 du Code pénal ;

2° Pour délits réputés politiques, aux termes de la loi du 8 octobre 1830 ;

3° Pour délits commis, soit par la voie de la presse, soit par tous autres moyens de publication énoncés en l'art. 1re de la loi du 17 mai 1819.

La présente loi n'est pas non plus applicable aux condamnés pour contravention de simple police.

TITRE IV.

Dépenses des prisons.

Art. 39. — Les dépenses de construction et d'appropriation des prisons destinées aux inculpés, prévenus et accusés, et aux condamnés à un an d'emprisonnement et au-dessous, sont à la charge des départements.

Une somme annuellement déterminée par la loi des finances sera accordée, à titre de subvention, aux départements qui feront des dépenses de construction et d'appropriation pour l'exécution de la présente loi.

Art. 40. — Sont également à la charge des départements les

dépenses des prisons dites chambres ou dépôts de sûreté, et destinées au transfèrement des prisonniers.

Art. 41. — Les dépenses ordinaires des prisons, mises à la charge des départements, sont :

1° Les frais d'entretien et de réparation quelconque des bâtiments ;

2° Les frais de garde, d'administration, de greffe, de nourriture, de mobilier, de blanchissage, chauffage et autres menues dépenses ; les vêtements des condamnés ; ceux des accusés et des prévenus, lorsqu'il y aura nécessité d'y pourvoir ;

3° Les frais d'infirmerie et les journées d'hôpital pour les détenus malades ;

4° Enfin, les frais que pourront exiger l'organisation du travail et l'instruction élémentaire, morale et religieuse.

La portion du produit du travail des condamnés à l'emprisonnement d'un an et au-dessous, qui ne leur serait pas attribuée, conformément à l'art. 24, appartiendra au département.

Art. 42. — Sont à la charge de l'État les dépenses de construction et d'appropriation, et les dépenses ordinaires des maisons établies par les articles 13, 14, 15, 16, 17 et 18.

Art. 43. — Sur la demande des communes, le ministre pourra autoriser la réunion, dans un même local, de diverses espèces de prisons municipales et départementales ; dans ce cas, le conseil-général du département déterminera la somme que les communes devront fournir, pour leur part, dans les frais de construction, de réparation et d'entretien.

TITRE V.

Dispositions générales.

Art. 44. — Le préposé en chef à l'administration d'une prison, sous le titre de directeur ou tout autre, sera soumis aux obligations prescrites par les articles 607, 608, 609 et 610 du Code d'instruction criminelle.

Les dispositions des articles 230, 231 et 233 du Code pénal lui seront applicables, ainsi qu'aux autres fonctionnaires attachés à l'administration des prisons.

Art. 45. — En cas de menaces, injures ou violences commises par un prisonnier, ou de toute autre infraction aux règlements de la maison, les moyens que le préposé en chef pourra employer seront :

1° La cellule obscure pendant cinq jours au plus ;

2° La privation du travail ;

3° La mise au pain et à l'eau pendant cinq jours au plus ;

4° Une retenue sur la part qui lui aurait été allouée sur les travaux ou sur son dépôt d'argent à la caisse de la maison ;

5° L'interdiction de communiquer avec ses parents et amis.

Le préposé en chef pourra employer tout ou partie de ces moyens de correction selon les cas.

Il pourra, de même, ordonner la mise aux fers, en cas de violence grave ou de fureur.

Dans tous les cas, il en rendrait compte dans le délai et selon les formes qui seront déterminées par une ordonnance du roi portant règlement d'administration publique.

Chaque mois, le préposé en chef de la maison rendra compte par écrit au procureur-général des punitions disciplinaires qui auront été infligées aux termes de l'art. 41.

Art. 46. — Il n'est point innové à l'action de l'autorité judiciaire sur les prisons, dans les cas prévus par les lois et règlements.

Art. 47. — Sont abrogés le premier paragraphe de l'art. 613, et l'art. 614 du Code d'instruction criminelle.

Art. 48. — Il sera rendu compte annuellement aux Chambres de l'exécution et des résultats de la présente loi.

FIN.

TABLE DES MATIÈRES

CONTENUES DANS CE VOLUME.

Avertissement de l'éditeur. 1
Introduction à la seconde édition. 5
Notes de l'introduction. 69
Indication des pièces justificatives. 76
Avant-propos. 81

PREMIÈRE PARTIE.

CHAPITRE Ier. — Historique du système pénitentiaire. . 85
CHAPITRE II. — Discussion. 106
   SECTION Ire. — Principes fondamentaux. 107
   SECTION II. — Administration. 114
   SECTION III. — Moyens disciplinaires. 129
CHAPITRE III. — Réforme. 139
   SECTION Ire. — Sa nature. . . . . ib.
   SECTION II — Ses limites. 152
CHAPITRE IV. — Partie financière. 166
   SECTION Ire. — Distinctions à faire. . . . . ib.
   SECTION II. — Avantages du nouveau système. . . . 172

DEUXIÈME PARTIE.

CHAPITRE Ier. — Examen des prisons de France. . . . 177
CHAPITRE II. — Le système pénitentiaire pourrait-il y être introduit? 180
N^{os} I. — SYSTÈME PÉNITENTIAIRE AUX ÉTATS-UNIS. . . 204
   II. — Appendice sur les colonies pénales. 228
   III. — Notes alphabétiques. 252
   IV. — Des colonies agricoles. 276
   V. — Instruction aux États-Unis. 280

VI.— Paupérisme en Amérique.	286
VII.— Emprisonnement pour dettes.	291
VIII.— Emprisonnement des témoins.	293
IX.— Sociétés de tempérance.	295
X.— Enquête sur le pénitencier de Philadelphie.	297
XI.— Conversation avec M. Elam Lynds.	310
XII.— Traduction du règlement de la prison du Connecticut.	315
XIII.— Règlement de M. Wells pour la maison de refuge de Boston.	323
XIV.— (Quelques notes statistiques sur les États de New-York, du Maryland et de la Pennsylvanie, relatives au système pénitentiaire, notamment à l'état sanitaire des prisons, au droit de grâce, aux lois pénales contre les esclaves, à la mortalité des noirs dans la société, etc.	329
XV.— Observations statistiques et comparées sur les États de New-York, Massachussetts, etc.	338
XVI.— Quelques points de comparaison entre la France et l'Amérique..	352
XVII.— Partie financière.	360
Rapport de M. Tocqueville au nom de la Commission de la Chambre des députés chargée d'examiner le projet de loi sur la réforme des prisons.	373
Texte de cette loi, telle que la Chambre des députés l'a adoptée.	437

FIN DE LA TABLE

www.ingramcontent.com/pod-product-compliance
Lightning Source LLC
Chambersburg PA
CBHW071059230426
43666CB00009B/1764